目　录

第一章　公路工程造价组成与计算 …… 1
第一节　公路工程造价组成 …… 1
第二节　公路工程建筑安装工程费用标准与计算 …… 2
一、直接费 …… 2
二、间接费 …… 17
三、利润 …… 21
四、税金 …… 21
第三节　公路工程设备、工具及家具购置费计算 …… 22
一、设备购置费 …… 22
二、工器具及生产家具（简称工器具）购置费 …… 24
三、办公和生活用家具购置费 …… 25
第四节　公路工程建设其他费用的计算 …… 25
一、土地征用及拆迁补偿费 …… 25
二、建设项目管理费 …… 26
三、研究试验费 …… 28
四、建设项目前期工作费 …… 29
五、专项评价（估）费 …… 29
六、施工机构迁移费 …… 29
七、供电贴费 …… 29
八、联合试运转费 …… 30
九、生产人员培训费 …… 30
十、固定资产投资方向调节税 …… 30
十一、建设期贷款利息 …… 30
第五节　公路工程预留费及回收金额计算 …… 31
一、预备费 …… 31
二、回收金额 …… 32
三、公路工程建设各项费用的计算程序及计算方式 …… 32
第六节　公路工程交工前养护费和绿化工程费 …… 33
一、公路交工前养护费指标 …… 33
二、绿化补助费指标 …… 34

第二章 公路工程工程量清单 …… 35
第一节 公路工程工程量清单 …… 35
一、工程量清单和清单工程量 …… 35
二、工程量清单的内容 …… 35
第二节 公路工程工程量清单编制 …… 57
一、工程量清单的编制 …… 57
二、工程量清单的价格编制 …… 59
三、采用工程量清单计价法与传统定额计价法的差别 …… 60
第三章 路基工程计量与计价 …… 62
第一节 路基工程定额工程量计量 …… 62
一、路基土、土方工程 …… 62
二、排水工程 …… 64
三、路基软基处理工程 …… 65
四、其他需要说明的部分 …… 65
第二节 路基工程清单项目工程量计量 …… 68
一、场地清理 …… 68
二、挖方路基 …… 70
三、填方路基 …… 72
四、特殊地区路基处理 …… 75
五、路基排水 …… 79
六、边坡防护 …… 81
七、挡土墙 …… 84
八、锚杆、锚定板挡土墙 …… 85
九、加筋土挡土墙 …… 87
十、喷射混凝土和喷浆边坡支护 …… 88
十一、边坡加固 …… 89
十二、混凝土抗滑桩 …… 90
十三、河道防护 …… 91
十四、弃土场恢复 …… 92
第三节 路基工程计价实例 …… 93
一、路基工程定额计价 …… 98
二、路基工程工程量清单计价 …… 116
第四章 路面工程计量与计价 …… 123
第一节 路面工程定额工程量计量 …… 123
一、定额说明 …… 123
二、路面基层及垫层 …… 123
三、路面面层 …… 124
四、路面附属工程 …… 125

第二节　路面工程清单项目工程量计量…… 128
一、有关问题的说明及提示 …… 128
二、垫层 …… 128
三、路面底基层与基层 …… 129
四、透层与黏层 …… 132
五、沥青混凝土面层 …… 133
六、表面处治及其他面层 …… 134
七、改性沥青混凝土面层 …… 136
八、水泥混凝土面层 …… 137
九、培土路肩、中央分隔填土、土路肩加固及路缘石 …… 138
十、路面及中央分隔带排水 …… 139
第三节　路面工程计价实例…… 142
一、路面工程定额计价 …… 143
二、路面工程工程量清单计价 …… 162
第五章　桥涵工程计量与计价…… 166
第一节　桥梁工程定额工程量计量…… 166
一、定额说明 …… 166
二、开挖基坑 …… 168
三、筑岛、围堰及沉井工程 …… 169
四、打桩工程 …… 170
五、灌注桩工程 …… 172
六、砌筑工程 …… 174
七、现浇混凝土及钢筋混凝土 …… 174
八、预制、安装混凝土及钢筋混凝土构件 …… 175
九、构件运输 …… 176
十、拱盔、支架工程 …… 177
十一、钢结构工程 …… 178
十二、杂项工程 …… 179
第二节　桥涵工程清单项目工程量计量…… 183
一、有关问题的说明及提示 …… 183
二、桥梁、涵洞检测 …… 184
三、模板、拱架和支架 …… 185
四、钢筋 …… 185
五、基础挖方及回填 …… 187
六、钻孔灌注桩 …… 188
七、沉桩 …… 189
八、挖孔灌注桩 …… 190
九、桩的垂直静荷载试验 …… 191

十、沉井 …… 192
十一、结构混凝土工程 …… 193
十二、预应力混凝土工程 …… 196
十三、预制构件的安装 …… 197
十四、砌石工程 …… 198
十五、小型钢构件 …… 199
十六、桥面铺装 …… 199
十七、桥梁支座 …… 200
十八、桥梁接缝和伸缩装置 …… 201
十九、防水处理 …… 202
二十、圆管涵及倒虹吸管涵 …… 202
二十一、盖板涵及箱涵 …… 204
二十二、拱涵 …… 206
第三节 桥涵工程计价实例 …… 207
一、桥梁工程定额计价 …… 213
二、桥梁工程工程量清单计价 …… 252
第六章 隧道工程计量与计价 …… 259
第一节 隧道工程定额工程量计量 …… 259
一、定额说明 …… 259
二、洞身工程 …… 259
三、洞门工程 …… 261
四、辅助坑道 …… 261
五、通风及消防设施安装 …… 262
第二节 隧道工程清单项目工程量计量 …… 265
一、有关问题的说明及提示 …… 265
二、洞口与明洞工程 …… 265
三、洞身开挖 …… 270
四、洞身衬砌 …… 273
五、防水与排水 …… 277
六、洞内防火涂料和装饰工程 …… 278
七、风水电作业及通风防尘 …… 279
八、监控量测 …… 280
九、特殊地质地段的施工与地质预报 …… 280
第三节 隧道工程计价实例 …… 281
一、隧道工程定额计价 …… 281
二、隧道工程工程量清单计价 …… 322
附录 …… 330
附录一 全国冬期施工气温区划分表 …… 330

附录二　全国雨季期施工雨量区及雨季期划分表…………………………………… 334
附录三　全国风沙地区公路施工区划表……………………………………………… 339
参考文献……………………………………………………………………………… 340

第一章　公路工程造价组成与计算

第一节　公路工程造价组成

公路工程造价由建筑安装工程费，设备、工具、器具及家具购置费，工程建设其他费用及预备费四部分组成，如图 1-1 所示。

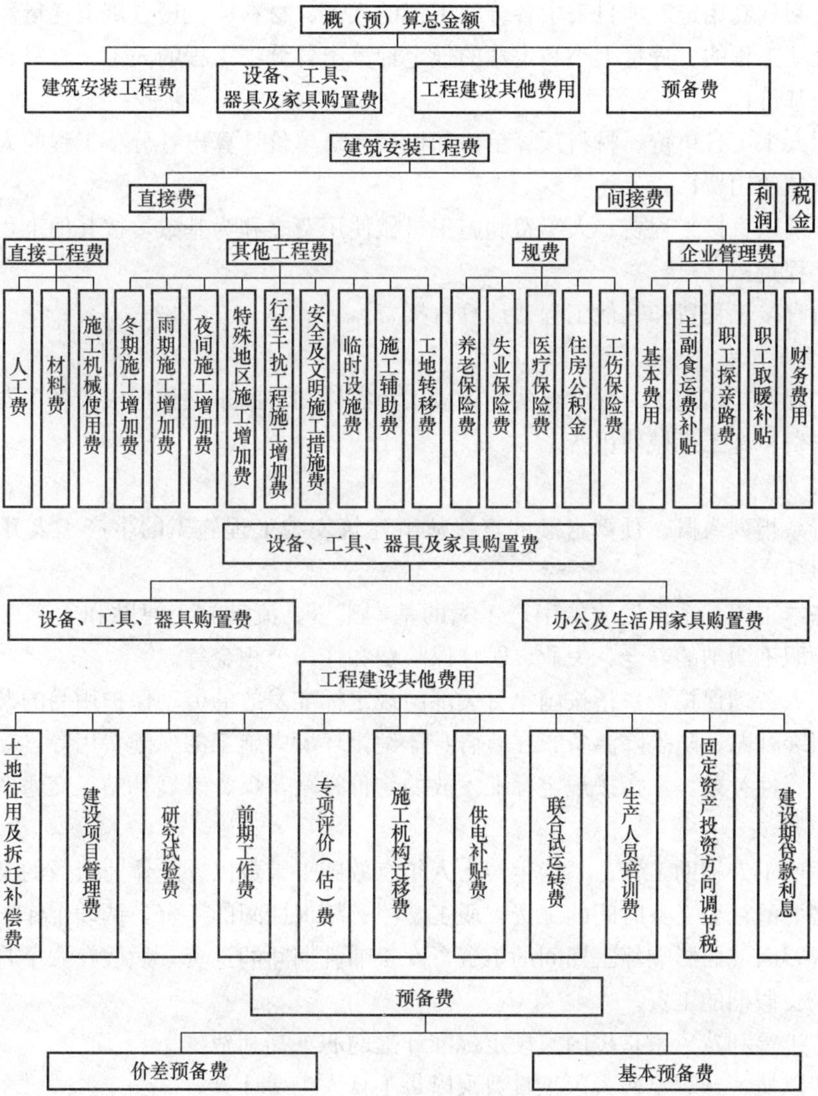

图 1-1　公路工程造价组成

第二节 公路工程建筑安装工程费用标准与计算

建筑安装工程费是直接形成工程实体时所发生的费用，建筑安装工程费包括直接费、间接费、施工技术装备费、利润、税金。直接费的计算是关键和核心，其他三部分费用则分别以规定的基数按各自费率计算。

一、直接费

直接费由直接工程费和其他工程费组成，它的高低直接决定了工程造价的高低，计算过程如下：

(1) 将工程项目按要求分解成分项工程，并计算各分项工程的工程量；

(2) 查阅和套用定额项目表中各分项工程的人工、材料、机械台班消耗量及定额基价；

(3) 分项工程的工程量大小和定额的规定计算出各分项工程的人工、材料、机械台班消耗量及定额基价；

(4) 用人工工日单价、材料预算单价和机械台班单价计算出各分项工程的人工费、材料费、施工机械使用费；

(5) 分别以直接工程费、人工费和施工机械使用费之和为基数，按其他工程费相关费率计算其他工程费；

(6) 由直接工程费和其他工程费计算直接费。

(一) 直接工程费

直接工程费是指施工过程中耗费的构成工程实体和有助于工程形成的各项费用，包括人工费、材料费、施工机械使用费。

1. 人工费

人工费系指列入概、预算定额的直接从事建筑安装工程施工的生产工人开支的各项费用，内容包括：

(1) 基本工资。系指发放给生产工人的基本工资、流动施工津贴和生产工人劳动保护费，以及为职工缴纳的养老、失业、医疗保险费和住房公积金等。

生产工人劳动保护费系指按国家有关部门规定标准发放的劳动保护用品的购置费及修理费、徒工服装补贴、防暑降温费、在有碍身体健康环境中施工的保健费用等。

(2) 工资性补贴。系指按规定标准发放的物价补贴，煤、燃气补贴，交通费补贴，地区津贴等。

(3) 生产工人辅助工资。系指生产工人年有效施工天数以外非作业天数的工资，包括开会和执行必要的社会义务时间的工资，职工学习、培训期间的工资，调动工作、探亲、休假期间的工资，因气候影响停工期间的工资，女工哺乳期间的工资，病假在六个月以内的工资及产、婚、丧假期的工资。

(4) 职工福利费。系指按国家规定标准计提的职工福利费。

人工费以概、预算定额人工工日数乘以每工日人工费计算。

公路工程生产工人每工日人工费按如下公式计算：

人工费(元/工日)=[基本工资(元/月)+地区生活补贴(元/月)+
工资性津贴(元/月)]+(1+14%)×12 月÷240(工日)

式中　生产工人基本工资——按不低于工程所在地政府主管部门发布的最低工资标准的 1.2 倍计算；

地区生活补贴——指国家规定的边远地区生活补贴、特区补贴；

工资性津贴——指物价补贴，煤、燃气补贴，交通费补贴等。

以上各项标准由各省、自治区、直辖市公路（交通）工程造价（定额）管理站根据当地人民政府的有关规定核定后公布执行，并抄送交通部公路司备案，并应根据最低工资标准的变化情况及时调整公路工程生产工人工资标准。

人工费单价仅作为编制概、预算的依据，不作为施工企业实发工资的依据。

2. 材料费

材料费是指施工过程中耗用的构成工程实体的原材料、辅助材料、构（配）件、零件、半成品、成品的用量和周转材料的摊销量，按工程所在地的材料预算价格计算的费用。

材料预算价格由材料原价、运杂费、场外运输损耗、采购及仓库保管费组成。

材料预算价格=(材料原价+运杂费)×(1+场外运输损耗费)×
(1+采购及保管费率)— 包装品回收价值

(1) 材料原价

各种材料原价按以下规定计算。

外购材料：国家或地方的工业产品，按工业产品出厂价格或供销部门的供应价格计算，并根据情况加计供销部门手续费和包装费。如供应情况、交货条件不明确时，可采用当地规定的价格计算。

地方性材料：地方性材料包括外购的砂、石材料等，按实际调查价格或当地主管部门规定的预算价格计算。

自采材料：自采的砂、石、黏土等材料，按定额中开采单价加辅助生产间接费和矿产资源税（如有）计算。

材料原价应按实计取。各省、自治区、直辖市公路（交通）工程造价（定额）管理站应通过调查，编制本地区的材料价格信息，供编制概、预算使用。

外购材料和地方性材料的原价一般容易确定，只要通过实地调查或向有关部门咨询即可；而自采材料的原价确定比较困难，应通过“自采材料料场价格计算表”进行计算。自采材料料场价格需要用《预算定额》第八章材料采集与加工的定额进行计算，计算时需注意：定额中人工工日消耗按人工工日单价计算人工费，材料消耗按材料预算价格计算材料费，机械台班消耗按机械台班单价计算机械使用费；辅助生产间接费以人工费为基数计算，《编制办法》中规定辅助生产间接费的费率为 5%。

【例 1-1】　计算机械轧碎石的料场单价：已知碎石已筛分，碎石机的装料口径 400mm×250mm，碎石的最大粒径为 4cm，人工费预算单价为 49.59 元/工日，片石的预算单价为 45 元/m^3，电动碎石机的台班单价为 163.13 元/台班，滚筒式筛分机的台班单价为 135.11 元/台班。

解：①由《预算定额》目录可知，定额在 964 页，定额表号为［964—8—1—9—14］或

[80109014]。

②计算各项费用。

人工费：0.45×49.59＝22.32(元)

辅助生产间接费：22.32×5％＝1.12(元)

材料费：1.149×45＝51.71(元)

机械费：碎石机 0.0342×163.3＝5.58(元)

筛分机 0.0348×135.11＝4.70(元)

③汇总计算料场价格。

碎石的料场价格：22.32＋1.12＋51.71＋5.58＋4.70＝85.43(元/m^3)

应特别注意的是，辅助生产间接费只出现在材料预算单价计算中，施工单位自己开采、采集、加工、装卸、运输时需要计算，按《编制办法》规定以人工费的5％为基数计算。

(2) 运杂费

运杂费系指材料自供应地点至工地仓库（施工地点存放材料的地方）的运杂费用，包括装卸费、运费，如果发生，还应计囤存费及其他杂费（如过磅、标签、支撑加固、路桥通行等费用）。

通过铁路、水路和公路运输部门运输的材料，按铁路、航运和当地交通部门规定的运价计算运费。

①铁路运杂费的计算。一般应考虑装卸费、调车费、运费及其他杂费等。

由铁路专用线或非公用装货地点取送车辆时，需计取调车费。我国铁道部关于调车费规定是：用铁路机车往专用线上取送车辆时（不论车皮多少），按往返里程计算，不足三机车公里者，收取三机车公里费；在站界范围内其他线路（专用装卸货地点）取送车辆，按次数取费；在站界公用装卸货地点取送车辆免费。调车费应分摊到每次托运的全部货物上。

运费按铁道部的《铁路货物运输规则》规定计算，一般按以下三个条件来决定：按货物重量规定运费标准（整车或零担）；按运载的货物等级分别规定运费标准；按不同里程分别规定里程的运费标准。根据以上规定，计算铁路运费时，首先，按交货条件查出铁路运价里程，有几个交货地点时，按每个地点供应数量，采用加权平均方法确定其运距；其次，根据货物运价号表查出所托运的材料的运价等级；最后，按托运货物的数量确定是整车运输还是零担运输，找出相应的运输标准。

其他杂费（如标签、过磅等）也按铁路部门规定计费。

②水路运杂费的计算。沿海、内河的运输，应按交通运输部规定的建筑材料及设备沿海和主要大河、地方内河运输价格表计算。一般应考虑驳船费、运费和其他杂费等。

在港口用驳船从码头至船舶取送货物的费用，如驳船费，每吨货物驳船费率由各港口分别按不同类别货物规定。一般各港口按不同货物分别规定每吨货物装卸费率，以及按货物的不同等级、不同运价里程和质量规定的各种运价标准来进行运费计算。

③公路运杂费的计算。当材料经过公路，用汽车自供应点（供应厂、场、仓库、起运站、码头等）运至工地仓库（施工现场堆料点）时，应计算材料的公路运杂费。目前，公路工程建设项目的筑路材料很大部分是通过汽车运输的，一般应考虑装卸费、运费和其他杂费。

全国各地区公路运输运价的规定，基本上都是根据交通运输部颁发的《汽车运价规则》，结合各地实际情况，按各省交通厅制订的实施细则执行。不同省（地区）的货物等级划分方法不同，一般分为整车一二三等普通货物、特种货物、零担货物等，公路运价按吨公里计。按不同地区、不同区段（或路线分级）分别规定有长途运价和短途运价，并规定有货物杂费，如空驶损失费，车辆延滞费，吊车、铲车费，保管、手续费，标签标志费等。各地对拖拉机、马车运价和装卸费也有具体规定。长途（或短途）汽车运输按当地交通部门的《汽运规则实施细则》计算材料运费时，步骤如下：首先，在公路里程图中查出运输里程（另加上便道运输里程）；其次，按货物分等表查出货物所属等级类别；再确定货物质量是整车运输还是零担运输，以体积作计量单位的货物，可利用《预算定额》附录四中材料单位质量进行换算，对于特殊材料，当无法取得单位质量时，可以从体积和面积的比例上适当计算其近似质量。

施工单位自办的运输，单程运距15km以上的长途汽车运输按当地交通部门规定的统一运价计算运费；单程运距5～15km的汽车运输按当地交通部门规定的统一运价计算运费，当工程所在地交通不便、社会运输力量缺乏时，如边远地区和某些山岭区，允许按当地交通部门规定的统一运价加50%计算运费；单程运距5km及以内的汽车运输以及人力场外运输，按预算定额计算运费，其中人力装卸和运输另按人工费加计辅助生产间接费。

一种材料如有两个以上的供应点时，都应根据不同的运距、运量、运价采用加权平均的方法计算运费。

由于预算定额中汽车运输台班已考虑工地便道特点，以及定额中已计入了“工地小搬运”项目，因此平均运距中汽车运输便道里程不得乘调整系数，也不得在工地仓库或堆料场之外再加场内运距或二次倒运的运距。

有容器或包装的材料及长大轻浮材料，应按表1-1规定的毛重计算。桶装沥青、汽油、柴油按每吨摊销一个旧汽油桶计算包装费（不计回收）。

表1-1　材料毛重系数及单位毛重表

材料名称	单位	毛重系数	单位毛重
爆破材料	t	1.35	—
水泥、块状沥青	t	1.01	—
铁钉、铁件、焊条	t	1.10	—
液体沥青、液体燃料、水	t	桶装1.17，油罐车装1.00	—
木料	m^3	—	1.000t
草袋	个	—	0.004t

【例1-2】　水泥的原价为370元/t，自办运输，运距分别为20km和12km，运价0.55元/（t·km），装卸费3.5元/t，分别计算水泥20km和12km的运杂费。

解：①运距20km，属于单程运距15km以上的长途汽车运输，按当地交通部门规定的统一运价计算运费，即按题目给定的运距20km计算运杂费；水泥的毛重系数查表1-1为1.01，计算如下：

$$(20\times0.55+3.5)\times1.01=14.65(\text{元/t})$$

②运距 12km，属于单程运距 5～15km 的汽车运输，按当地交通部门规定的统一运价计算运费，并加计 50%，计算运费，计算如下：

$$[12\times0.55\times(1+50\%)+3.5]\times1.01=13.53(元/t)$$

【例 1-3】 水泥的原价为 370 元/t，自办运输，运距 4km，采用人工装卸，8t 载货汽车运输，人工工日单价为 49.59 元/工日，8t 载货汽车的台班单价为 528.74 元/台班，试计算水泥的运杂费。

解：①运距 4km，属于单程运距 5km 及以内的汽车运输以及人力场外运输，按预算定额计算运费，其中人力装卸和运输另按人工费加计辅助生产间接费。自办运输单程运距 5km 及以内的汽车运输以及人力场外运输需要用《预算定额》第九章“材料运输”的定额进行计算，计算时需要注意：定额中人工工日消耗按人工工日单价计算人工费，机械台班消耗按机械台班单价计算机械使用费；辅助生产间接费以人工费为基数计算，《编制办法》中规定辅助生产间接费的费率为 5%。

②由预算定额目录可知，运输定额在 976 页，定额表号为［976－9－1－5－31 和 32］或［90105031 和 90105032］；装卸定额在 989 页，定额表号为［989－9－1－94］或［9010904］。

③计算运杂费：

$$[(1.75+0.1\times3)\times528.74+10.5\times49.59\times(1+5\%)]\times1.01/100=16.50(元/t)$$

【例 1-4】 某高速公路沥青路面项目，路线长 36km，行车道宽 22m，沥青混凝土厚度 18cm。在距离路线两段 1/3 处各有 1 处较平整场地适宜设置沥青拌合场，上路距离均为 200m，根据经验估计每设置 1 处拌合场的费用为 90 万元。施工组织提出了设 1 处和设 2 处拌合场的两种施工组织方案进行比较。

问题：假设施工时工料机价格水平与定额基价一致，请从经济角度出发，选择费用较省的施工组织方案。

解：综合平均运距与需要运输的数量有关。假设需要运输的沥青混凝土数量为 $1m^3$，则综合平均运距计算方式为：

①混合料综合平均运距计算

设置 1 处拌合场：

拌合场设置在路线 1/3 处，距路线起、终点分别为 12km 和 24km，平均运距分别为 6km 和 12km，其混合料综合平均运距为：

$$(6/3+12\times2/3)+0.2=10.2(km)$$

设置 2 处拌合场：

拌合场设置在距离路线两端 1/3 处，两个拌合场供料范围均为 18km，每个拌合场距其供料路段的起、终点分别为 12km 和 6km，平均运距分别为 6km 和 3km，其混合料综合平均运距为：

$$(6/3+3/6+3/6+6/3)+0.2=5.2(km)$$

②混合料运输费用计算

混合料工程量＝0.18×22×36000＝142 560（m^3）

设置 1 处拌合场混合料运输费用为：

(5473+425×18)×142560÷1000=1871996(元)

设置2处拌合场时混合料运输费用为：

(5473+445×8)×142560÷1000=1287744(元)

③两方案的经济性比较

设置1处拌合场时的综合费用为：

900000+1871996=2771996(元)

设置2处拌合场时的费用为：

900000+1287744+900000=3087744(元)

由于设置1处拌合场的综合费用低于设置2处拌合场的综合费用，从经济角度出发，推荐设置1处拌合场的施工组织方案。

(3) 场外运输损耗

场外运输损耗系指有些材料在正常的运输过程中发生的损耗，这部分损耗应摊入材料单价内。材料场外运输操作损耗率见表1-2。

表1-2　材料场外运输操作损耗率表

材料名称		场外运输（包括一次装卸）	每增加一次装卸
块状沥青		0.5	0.2
石屑、碎砾石、砂砾、煤渣、工业废渣、煤		1.0	0.4
砖、瓦、桶装沥青、石灰、黏土		3.0	1.0
草皮		7.0	3.0
水泥（袋装、散装）		1.0	0.4
砂	一般地区	2.5	1.0
	多风地区	5.0	2.0

注：汽车运水泥，如运距超过500km时，增加损耗率：袋装0.5%。

(4) 采购及保管费

材料采购及保管费系指材料供应部门（包括工地仓库以及各级材料管理部门）在组织采购、供应和保管材料过程中，所需的各项费用及工地仓库的材料储存损耗。

材料采购及保管费，以材料的原价加运杂费及场外运输损耗的合计数为基数，乘以采购保管费率计算。材料的采购及保管费费率为2.5%。

外购的构件、成品及半成品的预算价格，其计算方法与材料相同，但构件（如外购的钢桥梁、钢筋混凝土构件及加工钢材等半成品）的采购保管费率为1%。

商品混凝土预算价格的计算方法与材料相同，但其采购保管费率为0。

(5) 材料费计算步骤

①分项并计算工程数量。将工程按要求分项，计算各分项工程的工程量，并按定额单位计算定额工程数量。

②查定额。由各分项工程查相应定额，确定材料的消耗种类及相应数量。

③计算材料预算价格。将定额中所出现的种类材料，按规定分别计算其预算价格。

④计算材料费。先计算各分项工程的材料费，然后按下式计算工程项目的材料费：

材料费=∑（分项工程数量×相应项目定额单位材料消耗量×材料预算价格）

⑤有容器或包装的材料及长大轻浮材料，应按表1-1规定的毛重计算。桶装沥青、汽油、柴油按每吨摊销一个旧汽油桶计算包装费（不计回收）。

3. 施工机械使用费

施工机械使用费系指列入概、预算定额的施工机械台班数量，按相应的机械台班费用定额计算的施工机械使用费和小型机具使用费。

（1）分项工程数量

同前。

（2）定额机械台班消耗量

由定额直接查得完成一定数量单位的分项工程定额所规定消耗的机械种类的台班数量。

（3）机械台班单价

施工机械台班预算价格应按交通部公布的现行《公路工程机械台班费用定额》（JTG/TB 06—03）计算，台班单价由不变费用和可变费用组成。不变费用包括折旧费、大修理费、经常修理费、安装拆卸及辅助设施费等；可变费用包括机上人员人工费、动力燃料费、养路费及车船使用税。可变费用中的人工工日数及动力燃料消耗量，应以机械台班费用定额中的数值为准。台班人工费工日单价同生产工人人工费单价。动力燃料费用则按材料费的计算规定计算。

当工程用电为自行发电时，电动机械每千瓦时（度）电的单价可由下述近似公式计算：

$$A = 0.24\frac{K}{N}$$

式中 A——每千瓦时电单价（元）；

K——发电机组的台班单价（元）；

N——发电机组的总功率（kW）

【例1-5】 某工地有一台水泥混凝土拌合站，其动力依靠工地配备的柴油发电机组供应。假定当地柴油价格为5.0元/kg，人工工资单价为20元/工日，发电机组总功率为300kW，见表1-3。

表1-3 拌合站和发电机组的基本情况

项目	机械名称	
	水泥混凝土拌合站	发电机组
折旧费（元/台班）	800	200
大修理费（元/台班）	150	90
经常修理费（元/台班）	250	200
安拆及辅助设施费（元/台班）	0	10
人工（工日/台班）	8	2
电（kW·h/台班）	700	
柴油（kg/台班）		300

计算发电机的台班预算单价。

计算水泥混凝土拌合站的机械台班预算单价。

解：

1. 计算发电机组的台班预算单价

不变费用：200＋90＋200＋10＝500（元/台班）

可变费用：2×20＋300×5＝1540（元/台班）

发电机组台班单价：500＋1540＝2040（元/台班）

2. 计算自发电电价

根据编制方法中电价计算公式 A＝0.24×发电机台班单价/发电机总功率

电价＝0.24×2040/300＝1.63［元/（kW·h）］

3. 计算水泥混凝土拌合站台班预算单价

不变费用：800＋150＋250＝1200（元/台班）

可变费用：8×20＋700×1.63＝1301（元/台班）

水泥混凝土拌合站台班预算单价 1200＋1301＝2501（元/台班）

（二）其他工程费

其他工程费系指直接工程费以外施工过程中发生的直接用于工程的费用。内容包括冬期施工增加费、雨季期施工增加费、夜间施工增加费、特殊地区施工增加费、行车干扰工程施工增加费、安全及文明施工措施费、临时设施费、施工辅助费、工地转移费九项。公路工程中的水、电费及因场地狭小等特殊情况而发生的材料二次搬运等其他工程费已包括在概、预算定额中，不再另计。

其他工程费及间接费取费标准的工程类别划分：

（1）人工土方。系指人工施工的路基、改河等土方工程，以及人工施工的砍树、挖根、除草、平整场地、挖盖山土等工程项目，并适用于无路面的便道工程。

（2）机械土方。系指机械施工的路基、改河等土方工程，以及机械施工的砍树、挖根、除草等工程项目。

（3）汽车运输。系指汽车、拖拉机、机动翻斗车等运送的路基、改河土（石）方、路面基层和面层混合料、水泥混凝土及预制构件、绿化苗木等。

（4）人工石方。系指人工施工的路基、改河等石方工程，以及人工施工的挖盖山石项目。

（5）机械石方。系指机械施工的路基、改河等石方工程（机械打眼即属机械施工）。

（6）高级路面。系指沥青混凝土路面、厂拌沥青碎石路面和水泥混凝土路面的面层。

（7）其他路面。系指除高级路面以外的其他路面面层，各等级路面的基层、底基层、垫层、透层、黏层、封层，采用结合料稳定的路基和软土等特殊路基处理等工程，以及有路面的便道工程。

（8）构造物Ⅰ。系指无夜间施工的桥梁、涵洞、防护（包括绿化）及其他工程，交通工程及沿线设施工程［设备安装及金属标志牌、防撞钢护栏、防眩板（网）、隔离栅、防护网除外礁，以及临时工程中的便桥、电力电信线路、轨道铺设等工程项目］。

（9）构造物Ⅱ。系指有夜间施工的桥梁工程。

(10) 构造物Ⅲ。系指商品混凝土(包括沥青混凝土和水泥混凝土)的浇筑和外购构件及设备的安装工程。商品混凝土和外购构件及设备的费用不作为其他工程费和间接费的计算基数。

(11) 技术复杂大桥。系指单孔跨径在120m以上(含120m)和基础水深在10m以上(含120m)的大桥主桥部分的基础、下部和上部工程。

(12) 隧道。系指隧道工程的洞门及洞内土建工程。

(13) 钢材及钢结构。系指钢桥及钢索吊桥的上部构造,钢沉井、钢围堰、钢套箱及钢护筒等基础工程,钢索塔,钢锚箱,钢筋及预应力钢材,模数式及橡胶板式伸缩缝,钢盆式橡胶支座,四氟板式橡胶支座,金属标志牌,防撞钢护栏,防眩板(网),隔离栅,防护网等工程项目。

购买路基填料的费用不作为其他工程费和间接费的计算基数。

1. 冬期施工增加费

冬期施工增加费系指按照公路工程施工及验收规范所规定的冬期施工要求,为保证工程质量和安全生产所需采取的防寒保温措施、工效降低和机械作业率降低以及技术操作过程的改变等所增加的有关费用。

冬期施工增加费的内容包括:

(1) 因冬期施工所需增加的一切人工、机械与材料的支出。

(2) 施工机具所需修建的暖棚(包括拆、移),增加油脂及其他保温设备费用。

(3) 因施工组织设计确定,需增加的一切保温、加温及照明等有关支出。

(4) 与冬期施工有关的其他各项费用,如清除工作地点的冰雪等费用。

冬季气温区的划分是根据气象部门提供的满15年以上的气温资料确定的。每年秋冬第一次连续5d出现室外日平均温度在5℃以下、日最低温度在-3℃以下的第一天算起,至第二年春夏最后一次连续5d出现同样温度的最末一天为冬季期。冬季期内平均气温在-1℃以上者为冬一区,-1~-4℃者为冬二区,-4~-7℃者为冬三区,-7~-10℃者为冬四区,-10~-14℃者为冬五区,-14℃以下者为冬六区。冬一区内平均气温低于0℃的连续天数在70d以内的为Ⅰ副区,70d以上的为Ⅱ副区;冬二区内平均气温低于0℃的连续天数在100d以内的为Ⅰ副区,100d以上的为Ⅱ副区。

气温高于冬一区,但砖石、混凝土工程施工须采取一定措施的地区为准冬季区。准冬季区分两个副区,简称准一区和准二区。凡一年内日最低气温在0℃以下的天数多于20d,日平均气温在0℃以下的天数少于15d的为准一区,多于15d的为准二区。

全国冬期施工气温区划分见附录一。若当地气温资料与附录一中划定的冬季气温区划分有较大出入时,可按当地气温资料及上述划分标准确定工程所在地的冬季气温区。

冬期施工增加费的计算方法,是根据各类工程的特点,规定各气温区的取费标准。为了简化计算手续,采用全年平均摊销的方法,即不论是否在冬期施工,均按规定的取费标准计取冬期施工增加费。一条路线穿过两个以上的气温区时,可分段计算或按各区的工程量比例求得全线的平均增加率,计算冬期施工增加费。

冬期施工增加费以各类工程的直接工程费之和为基数,按工程所在地的气温区选用表1-4的费率计算。

表 1-4　冬期施工增加费费率表　%

气温区 \ 工程类别	冬季期平均气温（℃）								准一区	准二区
	－1 以上		－1～－4		－4～－7	－7～－10	－10～－14	－14 以下		
	冬一区		冬二区		冬三区	冬四区	冬五区	冬六区		
	Ⅰ	Ⅱ	Ⅰ	Ⅱ						
人工土方	0.28	0.44	0.59	0.76	1.44	2.05	3.07	4.61	—	—
机械土方	0.43	0.67	0.93	1.17	2.21	3.14	4.71	7.07	—	—
汽车运输	0.08	0.12	0.17	0.21	0.40	0.56	0.84	1.27	—	—
人工石方	0.06	0.10	0.13	0.15	0.30	0.44	0.65	0.98	—	—
机械石方	0.08	0.13	0.18	0.21	0.42	0.61	0.91	1.37	—	—
高级路面	0.37	0.52	0.72	0.81	1.48	2.00	3.00	4.50	0.06	0.16
其他路面	0.11	0.20	0.29	0.37	0.62	0.80	1.20	1.80	—	—
构造物Ⅰ	0.34	0.49	0.66	0.75	1.36	1.84	2.76	4.14	0.06	0.15
构造物Ⅱ	0.42	0.60	0.81	0.92	1.67	2.27	3.40	5.10	0.08	0.19
构造物Ⅲ	0.83	1.18	1.60	1.81	3.29	4.46	6.69	10.03	0.15	0.37
技术复杂大桥	0.48	0.68	0.93	1.05	1.91	2.58	3.87	5.81	0.08	0.21
隧道	0.10	0.19	0.27	0.35	0.58	0.75	1.12	1.69	—	—
钢材及钢结构	0.02	0.05	0.07	0.09	0.15	0.19	0.29	0.43	—	—

2. 雨季期施工增加费

雨季期施工增加费系指雨季期间施工为保证工程质量和安全生产所需采取的防雨、排水、防潮和防护措施，工效降低和机械作业率降低以及技术作业过程的改变等，所需增加的有关费用。

雨季期施工增加费的内容包括：

(1) 因雨季期施工所需增加的工、料、机费用的支出，包括工作效率的降低及易被雨水冲毁的工程所增加的工作内容等（如基坑坍塌和排水沟等堵塞的清理、路基边坡冲沟的填补等）。

(2) 路基土方工程的开挖和运输，因雨季期施工（非土壤中水影响）而引起的黏附工具，降低工效所增加的费用。

(3) 因防止雨水必须采取的防护措施的费用，如挖临时排水沟，防止基坑坍塌所需的支撑、挡板等费用。

(4) 材料因受潮、受湿的耗损费用。

(5) 增加防雨、防潮设备的费用。

(6) 其他有关雨季施工所需增加的费用，如因河水高涨致使工作困难而增加的费用等。

雨量区和雨季期的划分，是根据气象部门提供的满 15 年以上的降雨资料确定的。凡月平均降雨天数在 10d 以上，月平均日降雨量在 3.5～5mm 之间者为Ⅰ区，月平均日降雨量在 5mm 以上者为Ⅱ区。全国雨季期施工雨量区及雨季期的划分见附录二。若当地气象资料与附录二所划定的雨量区及雨季期出入较大时，可按当地气象资料及上述划分标准确定工程所在地的雨量区及雨季期。

雨季期施工增加费的计算方法，是将全国划分为若干雨量区和雨季期，并根据各类工程的特点规定各雨量区和雨季期的取费标准，采用全年平均摊销的方法，即不论是否在雨季期施工，均按规定的取费标准计取雨季期施工增加费。

一条路线通过不同的雨量区和雨季期时，应分别计算雨季期施工增加费或按工程量比例求得平均的增加率，计算全线雨季期施工增加费。

雨季期施工增加费以各类工程的直接工程费之和为基数，按工程所在地的雨量区、雨季期选用表 1-5 的费率计算。

表 1-5 雨季期施工增加费费率表 %

雨季期（月数）	1	1.5	2		2.5		3		3.5		4		4.5		5		6		7	8
工程类别 \ 雨量区	Ⅰ	Ⅰ	Ⅰ	Ⅱ	Ⅰ	Ⅱ	Ⅰ	Ⅱ	Ⅰ	Ⅱ	Ⅰ	Ⅱ	Ⅰ	Ⅱ	Ⅰ	Ⅱ	Ⅰ	Ⅱ	Ⅱ	Ⅱ
人工土方	0.04	0.05	0.07	0.11	0.09	0.13	0.11	0.15	0.13	0.17	0.15	0.20	0.17	0.23	0.19	0.26	0.21	0.31	0.36	0.42
机械土方	0.04	0.05	0.07	0.11	0.09	0.13	0.11	0.15	0.13	0.17	0.15	0.20	0.17	0.23	0.19	0.27	0.22	0.32	0.37	0.43
汽车运输	0.04	0.05	0.07	0.11	0.09	0.13	0.11	0.16	0.13	0.19	0.15	0.22	0.17	0.25	0.19	0.27	0.22	0.32	0.37	0.43
人工石方	0.02	0.03	0.05	0.07	0.06	0.09	0.07	0.11	0.08	0.13	0.09	0.15	0.10	0.17	0.12	0.19	0.15	0.23	0.27	0.32
机械石方	0.03	0.04	0.06	0.10	0.08	0.12	0.10	0.14	0.12	0.16	0.14	0.19	0.16	0.22	0.18	0.25	0.20	0.29	0.34	0.39
高级路面	0.03	0.04	0.06	0.10	0.08	0.13	0.10	0.15	0.12	0.17	0.14	0.19	0.16	0.22	0.18	0.25	0.20	0.29	0.34	0.39
其他路面	0.03	0.04	0.06	0.09	0.08	0.12	0.09	0.14	0.10	0.16	0.12	0.18	0.14	0.21	0.16	0.24	0.19	0.28	0.32	0.37
构造物Ⅰ	0.03	0.04	0.05	0.08	0.06	0.09	0.07	0.11	0.08	0.13	0.10	0.15	0.12	0.17	0.14	0.19	0.16	0.23	0.27	0.31
构造物Ⅱ	0.03	0.04	0.05	0.08	0.07	0.10	0.08	0.12	0.09	0.14	0.11	0.16	0.13	0.18	0.15	0.21	0.17	0.25	0.30	0.34
构造物Ⅲ	0.06	0.08	0.11	0.17	0.14	0.21	0.17	0.25	0.20	0.30	0.23	0.35	0.27	0.40	0.31	0.45	0.35	0.52	0.60	0.69
技术复杂大桥	0.03	0.05	0.07	0.10	0.08	0.12	0.10	0.14	0.12	0.16	0.14	0.19	0.16	0.22	0.18	0.25	0.20	0.29	0.34	0.39
隧道	—	—	—	—	—	—	—	—	—	—	—	—	—	—	—	—	—	—	—	—
钢材及钢结构	—	—	—	—	—	—	—	—	—	—	—	—	—	—	—	—	—	—	—	—

室内管道及设备安装工程不计雨季期施工增加费。

3. 夜间施工增加费

夜间施工增加费系指根据设计、施工的技术要求和合理的施工进度要求，必须在夜间连续施工而发生的工效降低、夜班津贴以及有关照明设施（包括所需照明设施的安拆、摊销、维修及油燃料、电）等增加的费用。

夜间施工增加费按夜间施工工程项目（如桥梁工程项目包括上、下部构造全部工程）的直接工程费之和为基数，按表 1-6 的费率计算。

表 1-6 夜间施工增加费费率表 %

工程类别	费率	工程类别	费率
构造物Ⅱ	0.35	技术复杂大桥	0.35
构造物Ⅲ	0.70	钢材及钢结构	0.35

注：设备安装工程及金属标志牌、防撞钢护栏、防眩板（网）、隔离栅、防护网等不计夜间施工增加费。

4. 特殊地区施工增加费

特殊地区施工增加费包括高原地区施工增加费、风沙地区施工增加费和沿海地区施工增加费三项。

(1) 高原地区施工增加费

高原地区施工增加费系指在海拔高度1500m以上地区施工，由于受气候、气压的影响，致使人工、机械效率降低而增加的费用。该费用以各类工程人工费和机械使用费之和为基数，按表1-7的费率计算。

表1-7　高原地区施工增加费费率表　%

工程类别	海拔高度(m)							
	1501～2000	2001～2500	2501～3000	3001～3500	3501～4000	4001～4500	4501～5000	5000以上
人工土方	7.00	13.25	19.75	29.75	43.25	60.00	80.00	110.00
机械土方	6.56	12.60	18.66	25.60	36.05	49.08	64.72	83.80
汽车运输	6.50	12.50	18.50	25.00	35.00	47.50	62.50	80.00
人工石方	7.00	13.25	19.75	29.75	43.25	60.00	80.00	110.00
机械石方	6.71	12.82	19.03	27.01	38.50	52.80	69.92	92.72
高级路面	6.58	12.61	18.69	25.72	36.26	49.41	65.17	84.58
其他路面	6.73	12.84	19.07	27.15	38.74	53.17	70.44	93.60
构造物Ⅰ	6.87	13.06	19.44	28.56	41.18	56.86	75.61	102.47
构造物Ⅱ	6.77	12.90	19.17	27.54	39.41	54.18	71.85	96.03
构造物Ⅲ	6.73	12.85	19.08	27.19	38.81	53.27	70.57	93.84
技术复杂大桥	6.70	12.81	19.01	26.94	38.37	52.61	69.65	92.27
隧道	6.76	12.90	19.16	27.50	39.35	54.09	71.72	95.81
钢材及钢结构	6.78	12.92	19.20	27.66	39.62	54.50	72.30	96.80

一条路线通过两个以上（含两个）不同的海拔高度分区时，应分别计算高原地区施工增加费或按工程量比例求得平均的增加率，计算全线高原地区施工增加费。

(2) 风沙地区施工增加费

风沙地区施工增加费系指在沙漠地区施工时，由于受风沙影响，按照施工及验收规范的要求，为保证工程质量和安全生产而增加的有关费用。内容包括防风、防沙及气候影响的措施费，材料费，人工、机械效率降低增加的费用，以及积沙、风蚀的清理修复等费用。

风沙地区的划分，根据《公路自然区划标准》"沙漠地区公路建设成套技术研究报告"的公路自然区划和沙漠公路区划，结合风沙地区的气候状况将风沙地区分为三区九类：半干旱、半湿润沙地为风沙一区，干旱、极干旱寒冷沙漠地区为风沙二区，极干旱炎热沙漠地区为风沙三区；根据覆盖度（沙漠中植被、戈壁等覆盖程度）又将每区分为固定沙漠（覆盖度>50%）、半固定沙漠（覆盖度10%～50%）、流动沙漠（覆盖度<10%）三类，覆盖度由工程勘察设计人员在公路工程勘察设计时确定。

全国风沙地区公路施工区划见附录三。若当地气象资料及自然特征与附录三中的风沙地区划分有较大出入时，由工程所在省、自治区、直辖市公路（交通）工程造价（定额）管理站按当地气象资料和自然特征及上述划分标准确定工程所在地的风沙区划，并抄送交通部公路司备案。

一条路线穿过两个以上（含两个）不同风沙区时，按路线长度经过不同的风沙区加权计算项目全线风沙地区施工增加费。

风沙地区施工增加费以各类工程的人工费和机械使用费之和为基数，根据工程所在地的风沙区划及类别，按表1-8的费率计算。

表1-8 风沙地区施工增加费费率表 %

风沙区划 / 工程类别	风沙一区			风沙二区			风沙三区		
	沙漠类型								
	固定	半固定	流动	固定	半固定	流动	固定	半固定	流动
人工土方	6.00	11.00	18.00	7.00	17.00	26.00	11.00	24.00	37.00
机械土方	4.00	7.00	12.00	5.00	11.00	17.00	7.00	15.00	24.00
汽车运输	4.00	8.00	13.00	5.00	12.00	18.00	8.00	17.00	26.00
人工石方	—	—	—	—	—	—	—	—	—
机械石方	—	—	—	—	—	—	—	—	—
高级路面	0.50	1.00	2.00	1.00	2.00	3.00	2.00	3.00	5.00
其他路面	2.00	4.00	7.00	3.00	7.00	10.00	4.00	10.00	15.00
构造物Ⅰ	4.00	7.00	12.00	5.00	11.00	17.00	7.00	16.00	24.00
构造物Ⅱ	—	—	—	—	—	—	—	—	—
构造物Ⅲ	—	—	—	—	—	—	—	—	—
技术复杂大桥	—	—	—	—	—	—	—	—	—
隧道	—	—	—	—	—	—	—	—	—
钢材及钢结构	1.00	2.00	4.00	1.00	3.00	5.00	2.00	5.00	7.00

(3) 沿海地区工程施工增加费

沿海地区工程施工增加费系指工程项目在沿海地区施工受海风、海浪和潮汐的影响，致使人工、机械效率降低等所需增加的费用。本项费用由沿海各省、自治区、直辖市交通厅（局）制定具体的适用范围（地区），并抄送交通部公路司备案。

沿海地区工程施工增加费以各类工程的直接工程费之和为基数，按表1-9的费率计算。

表1-9 沿海地区工程施工增加费费率表 %

工程类别	费率	工程类别	费率
构造物Ⅱ	0.15	技术复杂大桥	0.15
构造物Ⅲ	0.15	钢材及钢结构	0.15

5. 行车干扰工程施工增加费

行车干扰工程施工增加费系指由于边施工边维持通车，受行车干扰的影响，致使人工、机械效率降低而增加的费用。该费用以受行车影响部分的工程项目的人工费和机械使用费之和为基数，按表1-10的费率计算。

表 1-10　行车干扰工程施工增加费费率表　%

工程类别	施工期间平均每昼夜双向行车次数（汽车、畜力车合计）							
	51～100	101～500	501～1000	1001～2000	2001～3000	3001～4000	4001～5000	5000 以上
人工土方	1.64	2.46	3.28	4.10	4.76	5.29	5.86	6.44
机械土方	1.39	2.19	3.00	3.89	4.51	5.02	5.56	6.11
汽车运输	1.36	2.09	2.85	3.75	4.35	4.84	5.36	5.89
人工石方	1.66	2.40	3.33	4.06	4.71	5.24	5.81	6.37
机械石方	1.16	1.71	2.38	3.19	3.70	4.12	4.56	5.01
高级路面	1.24	1.87	2.50	3.11	3.61	4.01	4.45	4.88
其他路面	1.17	1.77	2.36	2.94	3.41	3.79	4.20	4.62
构造物Ⅰ	0.94	1.41	1.89	2.36	2.74	3.04	3.37	3.71
构造物Ⅱ	0.95	1.43	1.90	2.37	2.75	3.06	3.39	3.72
构造物Ⅲ	0.95	1.42	1.90	2.37	2.75	3.05	3.38	3.72
技术复杂大桥	—	—	—	—	—	—	—	—
隧道	—	—	—	—	—	—	—	—
钢材及钢结构	—	—	—	—	—	—	—	—

6. 安全及文明施工措施费

安全及文明施工措施费系指工程施工期间为满足安全生产、文明施工、职工健康生活所发生的费用。该费用不包括施工期间为保证交通安全而设置的临时安全设施和标志、标牌的费用，需要时，应根据设计要求计算。安全及文明施工措施费以各类工程的直接工程费之和为基数，按表 1-11 的费率计算。

表 1-11　安全及文明施工措施费费率表　%

工 程 类 别	费　率	工 程 类 别	费　率
人工土方	0.59	构造物Ⅰ	0.72
机械土方	0.59	构造物Ⅱ	0.78
汽车运输	0.21	构造物Ⅲ	1.57
人工石方	0.59	技术复杂大桥	0.86
机械石方	0.59	隧道	0.73
高级路面	1.00	钢材及钢结构	0.53
其他路面	1.02		

注：设备安装工程按表中费率的 50%计算。

7. 临时设施费

临时设施费系指施工企业为进行建筑安装工程施工所必需的生活和生产用的临时建筑物、构筑物和其他临时设施的费用等，但不包括概、预算定额中临时工程。

临时设施包括：临时生活及居住房屋（包括职工家属房屋及探亲房屋）、文化福利及公用房屋（如广播室、文体活动室等）和生产、办公房屋（如仓库、加工厂、加工棚、发电站、变电站、空压机站、停机棚等），工地范围内的各种临时的工作便道（包括汽车、畜力车、人力车道)、人行便道，工地临时用水、用电的水管支线和电线支线，临时构筑物（如水井、水塔等）以及其他小型临时设施。

临时设施费用内容包括：临时设施的搭设、维修、拆除费或摊销费。

临时设施费以各类工程的直接工程费之和为基数，按表 1-12 的费率计算。

表 1-12 临时设施费费率表 %

工程类别	费率	工程类别	费率
人工土方	1.57	构造物Ⅰ	2.65
机械土方	1.42	构造物Ⅱ	3.14
汽车运输	0.92	构造物Ⅲ	5.81
人工石方	1.60	技术复杂大桥	2.92
机械石方	1.97	隧道	2.57
高级路面	1.92	钢材及钢结构	2.48
其他路面	1.87		

8. 施工辅助费

施工辅助费包括生产工具用具使用费、检验试验费和工程定位复测、工程点交、场地清理等费用。

生产工具用具使用费系指施工所需不属于固定资产的生产工具、检验用具、试验用具及仪器、仪表等的购置、摊销和维修费，以及支付给生产工人自备工具的补贴费。

检验试验费系指施工企业对建筑材料、构件和建筑安装工程进行一般鉴定、检查所发生的费用，包括自设试验室进行试验所耗用的材料和化学药品的费用，以及技术革新和研究试验费，但不包括新结构、新材料的试验费和建设单位要求对具有出厂合格证明的材料进行检验、对构件进行破坏性试验及其他特殊要求检验的费用。

施工辅助费以各类工程的直接工程费之和为基数，按表 1-13 的费率计算。

表 1-13 施工辅助费费率表 %

工程类别	费率	工程类别	费率
人工土方	0.89	构造物Ⅰ	1.30
机械土方	0.49	构造物Ⅱ	1.56
汽车运输	0.16	构造物Ⅲ	3.03
人工石方	0.85	技术复杂大桥	1.68
机械石方	0.46	隧道	1.23
高级路面	0.80	钢材及钢结构	0.56
其他路面	0.74		

9. 工地转移费

工地转移费系指施工企业根据建设任务的需要，由已竣工的工地或后方基地迁至新工地的搬迁费用。其内容包括：

(1) 施工单位全体职工及随职工迁移的家属向新工地转移的车费、家具行李运费、途中住宿费、行程补助费、杂费及工资与工资附加费等。

（2）公物、工具、施工设备器材、施工机械的运杂费，以及外租机械的往返费及本工程内部各工地之间施工机械、设备、公物、工具的转移费等。

（3）非固定工人进退场及一条路线中各工地转移的费用。

工地转移费以各类工程的直接工程费之和为基数，按表 1-14 的费率计算。

表 1-14　工地转移费费率表　　%

工程类别	工地转移距离（km）					
	50	100	300	500	1000	每增加 100
人工土方	0.15	0.21	0.32	0.43	0.56	0.03
机械土方	0.50	0.67	1.05	1.37	1.82	0.08
汽车运输	0.31	0.40	0.62	0.82	1.07	0.05
人工石方	0.16	0.22	0.33	0.45	0.58	0.03
机械石方	0.36	0.43	0.74	0.97	1.28	0.06
高级路面	0.61	0.83	1.30	1.70	2.27	0.12
其他路面	0.56	0.75	1.18	1.54	2.06	0.10
构造物Ⅰ	0.56	0.75	1.18	1.54	2.06	0.11
构造物Ⅱ	0.66	0.89	1.40	1.83	2.45	0.13
构造物Ⅲ	1.31	1.77	2.77	3.62	4.85	0.25
技术复杂大桥	0.75	1.01	1.58	2.06	2.76	0.14
隧道	0.52	0.71	1.11	1.45	1.94	0.10
钢材及钢结构	0.72	0.97	1.51	1.97	2.64	0.13

转移距离以工程承包单位（如工程处、工程公司等）转移前后驻地距离或两路线中点的距离为准；编制概（预）算时，如施工单位不明确时，高速、一级公路及独立大桥、隧道按省会（自治区首府）至工地的里程，二级及以下公路按地区（市、盟）至工地的里程计算工地转移费；工地转移里程数在表列里程之间时，费率可内插计算。工地转移距离在 50km 以内的工程不计取本项费用。

10. 其他工程费综合费率计算

其他工程费的计算基数分为两部分：一部分是直接工程费，另一部分是人工费和机械使用费的合计。因此其他工程费的综合费率可分为综合费率Ⅰ和综合费率Ⅱ。综合费率Ⅰ为冬期施工增加费费率、雨季期施工增加费费率、夜间施工增加费费率、沿海地区工程施工增加费费率、安全及文明施工措施费费率、临时设施费费率、施工辅助费费率和工地转移费费率之和；综合费率Ⅱ为高原地区施工增加费费率、风沙地区施工增加费费率和行车干扰施工增加费费率之和。

二、间接费

间接费由规费和企业管理费两项组成。

（一）规费

规费系指法律、法规、规章、规程规定施工企业必须缴纳的费用（简称规费），包括：

1. 养老保险费。系指施工企业按规定标准为职工缴纳的基本养老保险费。

2. 失业保险费。系指施工企业按国家规定标准为职工缴纳的失业保险费。

3. 医疗保险费。系指施工企业按规定标准为职工缴纳的基本医疗保险费和生育保险费。

4. 住房公积金。系指施工企业按规定标准为职工缴纳的住房公积金。

5. 工伤保险费。系指施工企业按规定标准为职工缴纳的工伤保险费。

各项规费以各类工程的人工费之和为基数，按国家或工程所在地法律、法规、规章、规程规定的标准计算。

（二）企业管理费

企业管理费由基本费用、主副食运费补贴、职工探亲路费、职工取暖补贴和财务费用五项组成。

1. 基本费用

企业管理费基本费用系指施工企业为组织施工生产和经营管理所需的费用，内容包括：

（1）管理人员工资。系指管理人员的基本工资、工资性补贴、职工福利费、劳动保护费以及缴纳的养老、失业、医疗、生育、工伤保险费和住房公积金等。

（2）办公费。系指企业办公用的文具、纸张、账表、印刷、邮电、书报、会议、水、电、烧水和集体取暖（包括现场临时宿舍取暖）用煤（气）等费用。

（3）差旅交通费。系指职工因公出差和工作调动（包括随行家属的旅费）的差旅费，住勤补助费，市内交通费和误餐补助费，职工探亲路费，劳动力招募费，职工离退休、退职一次性路费，工伤人员就医路费，以及管理部门使用的交通工具的油料、燃料、养路费及牌照费。

（4）固定资产使用费。系指管理和试验部门及附属生产单位使用的属于固定资产的房屋、设备、仪器等的折旧、大修、维修或租赁费等。

（5）工具用具使用费。系指管理使用的不属于固定资产的生产工具、器具、家具、交通工具和检验、试验、测绘、消防用具等的购置、维修和摊销费。

（6）劳动保险费。系指企业支付离退休职工的易地安家补助费、职工退职金、六个月以上的病假人员工资、职工死亡丧葬补助费、抚恤费、按规定支付给离休干部的各项经费。

（7）工会经费。系指企业按职工工资总额计提的工会经费。

（8）职工教育经费。系指企业为职工学习先进技术和提高文化水平，按职工工资总额计提的费用。

（9）保险费。系指企业财产保险、管理用车辆等保险费用。

（10）工程保修费。系指工程竣工交付使用后，在规定保修期以内的修理费用。

（11）工程排污费。系指施工现场按规定缴纳的排污费用。

（12）税金。系指企业按规定缴纳的房产税、车船使用税、土地使用税、印花税等。

（13）其他。系指上述项目以外的其他必要的费用支出，包括技术转让费、技术开发费、业务招待费、绿化费、广告费、投标费、公证费、定额测定费、法律顾问费、审计费、咨询费等。

基本费用以各类工程的直接费之和为基数，按表 1-15 的费率计算。

表 1-15　基本费用费率表　%

工程类别	费率	工程类别	费率
人工土方	3.36	构造物Ⅰ	4.44
机械土方	3.26	构造物Ⅱ	5.53
汽车运输	1.44	构造物Ⅲ	9.79
人工石方	3.45	技术复杂大桥	4.72
机械石方	3.28	隧道	4.22
高级路面	1.91	钢材及钢结构	2.42
其他路面	3.28		

2. 主副食运费补贴

主副食运费补贴系指施工企业在远离城镇及乡村的野外施工购买生活必需品所需增加的费用。该费用以各类工程的直接费之和为基数，按表 1-16 的费率计算。

综合里程＝粮食运距×0.06＋燃料运距×0.09＋蔬菜运距×0.15＋水运距×0.70

表 1-16　主副食运费补贴费费率表　%

工程类别	综合里程（km）										
	1	3	5	8	10	15	20	25	30	40	50	每增加 10
人工土方	0.17	0.25	0.31	0.39	0.45	0.56	0.67	0.76	0.89	1.06	1.22	0.16
机械土方	0.13	0.19	0.24	0.30	0.35	0.43	0.52	0.59	0.69	0.81	0.95	0.13
汽车运输	0.14	0.20	0.25	0.32	0.37	0.45	0.55	0.62	0.73	0.86	1.00	0.14
人工石方	0.13	0.19	0.24	0.30	0.34	0.42	0.51	0.58	0.67	0.80	0.92	0.12
机械石方	0.12	0.18	0.22	0.28	0.33	0.41	0.49	0.55	0.65	0.76	0.89	0.12
高级路面	0.08	0.12	0.15	0.20	0.22	0.28	0.33	0.38	0.44	0.52	0.60	0.08
其他路面	0.09	0.12	0.15	0.20	0.22	0.28	0.33	0.38	0.44	0.52	0.61	0.09
构造物Ⅰ	0.13	0.18	0.23	0.28	0.32	0.40	0.49	0.55	0.65	0.76	0.89	0.12
构造物Ⅱ	0.14	0.20	0.25	0.30	0.35	0.43	0.52	0.60	0.70	0.83	0.96	0.13
构造物Ⅲ	0.25	0.36	0.45	0.55	0.64	0.79	0.96	1.09	1.28	1.51	1.76	0.24
技术复杂大桥	0.11	0.16	0.20	0.25	0.29	0.36	0.43	0.49	0.57	0.68	0.79	0.11
隧道	0.11	0.16	0.19	0.24	0.28	0.34	0.42	0.48	0.56	0.66	0.77	0.10
钢材及钢结构	0.11	0.16	0.20	0.26	0.30	0.37	0.44	0.50	0.59	0.69	0.80	0.11

粮食、燃料、蔬菜、水的运距均为全线平均运距；综合里程数在表列里程之间时，费率可内插；综合里程在 1km 以内的工程不计取本项费用。

3. 职工探亲路费

职工探亲路费系指按照有关规定施工企业职工在探亲期间发生的往返车船费、市内交通费和途中住宿费等费用。该费用以各类工程的直接费之和为基数，按表 1-17 的费率计算。

表 1-17　职工探亲路费费率表

%

工程类别	费率	工程类别	费率
人工土方	0.10	构造物Ⅰ	0.29
机械土方	0.22	构造物Ⅱ	0.34
汽车运输	0.14	构造物Ⅲ	0.55
人工石方	0.10	技术复杂大桥	0.20
机械石方	0.22	隧道	0.27
高级路面	0.14	钢材及钢结构	0.16
其他路面	0.16		

4. 职工取暖补贴

职工取暖补贴系指按规定发放给职工的冬季取暖费或在施工现场设置的临时取暖设施的费用。该费用以各类工程的直接费之和为基数，按工程所在地的气温区（见附录一）选用表1-18 的费率计算。

表 1-18　职工取暖补贴费费率表

%

工程类别	气温区						
	准二区	冬一区	冬二区	冬三区	冬四区	冬五区	冬六区
人工土方	0.03	0.06	0.10	0.15	0.17	0.26	0.31
机械土方	0.06	0.13	0.22	0.33	0.44	0.55	0.66
汽车运输	0.06	0.12	0.21	0.31	0.41	0.51	0.62
人工石方	0.03	0.06	0.10	0.15	0.17	0.25	0.31
机械石方	0.05	0.11	0.17	0.26	0.35	0.44	0.53
高级路面	0.04	0.07	0.13	0.19	0.25	0.31	0.38
其他路面	0.04	0.07	0.12	0.18	0.24	0.30	0.36
构造物Ⅰ	0.06	0.12	0.19	0.28	0.36	0.46	0.56
构造物Ⅱ	0.06	0.13	0.20	0.30	0.41	0.51	0.62
构造物Ⅲ	0.11	0.23	0.37	0.56	0.74	0.93	1.13
技术复杂大桥	0.05	0.10	0.17	0.26	0.34	0.42	0.51
隧道	0.04	0.08	0.14	0.22	0.28	0.36	0.43
钢材及钢结构	0.04	0.07	0.12	0.19	0.25	0.31	0.37

5. 财务费用

财务费用系指施工企业为筹集资金而发生的各项费用，包括企业经营期间发生的短期贷款利息净支出产生的其他财务费用、汇兑净损失、调剂外汇手续费、金融机构手续费，以及企业筹集资金发生的财务费用以各类工程的直接费之和为基数，按表 1-19 的费率计算。

表 1-19　财务费用费率表　%

工程类别	费率	工程类别	费率
人工土方	0.23	构造物Ⅰ	0.37
机械土方	0.21	构造物Ⅱ	0.40
汽车运输	0.21	构造物Ⅲ	0.82
人工石方	0.22	技术复杂大桥	0.46
机械石方	0.20	隧道	0.39
高级路面	0.27	钢材及钢结构	0.48
其他路面	0.30		

（三）辅助生产间接费

辅助生产间接费系指由施工单位自行开采加工的砂、石等材料及施工单位自办的人工装卸和运输的间接费。

辅助生产间接费按人工费的5%计。该项费用并入材料预算单价内构成材料费，不直接出现在概（预）算中。

高原地区施工单位的辅助生产，可按其他工程费中高原地区施工增加费费率，以直接工程费为基数计算高原地区施工增加费（其中：人工采集、加工材料、人工装卸、运输材料按人工土方费率计算；机械采集、加工材料按机械石方费率计算；机械装卸、运输材料按汽车运输费费率计算）。辅助生产地高原地区施工增加费不作为辅助生产间接费的计算基数。

三、利润

利润系指施工企业完成所承包工程应取得的赢利。利润按直接费与间接费之和扣除规费的7%计算。

四、税金

税金系指按国家税法规定应计入建筑安装工程造价内的营业税、城市维护建设税及教育费附加等。

计算公式：

$$综合税金额=(直接费+间接费+利润)\times综合税率$$

1. 纳税地点在市区的企业，综合税率为：

$$综合税率=\left(\frac{1}{1-3\%-3\%\times7\%-3\%\times3\%}-1\right)\times100=3.41\ (\%)$$

2. 纳税地点在县城、乡镇的企业，综合税率为：

$$综合税率=\left(\frac{1}{1-3\%-3\%\times5\%-3\%\times3\%}-1\right)\times100=3.35\ (\%)$$

3. 纳税地点不在市区、县城、乡镇的企业，综合税率为：

$$综合税率=\left(\frac{1}{1-3\%-3\%\times1\%-3\%\times3\%}-1\right)\times100=3.22\ (\%)$$

【例 1-6】　某路桥公司在浙江省金华市施工，该项目为新建项目。公司驻地距工地

100km，粮食运距75km，燃料运距50km，蔬菜运距20km，水运距15km。工程内容为水泥碎石基层60000m²，压实厚度为18cm，确定该项目其他工程费费率Ⅰ、Ⅱ及企业管理费费率（不考虑地方补充规定）。

解：各费率的确定和计算如下：

（1）水稳基层属于其他路面（概预算编制办法P8）：

查附录一，浙江金华气温为准二区；

查附录二，浙江金华雨量区为Ⅱ区，雨季期为7个月。

（2）确定其他工程费费率：

冬期施工增加费费率：0；雨季期施工增加费费率：0.32%；夜间施工增加费费率：0；沿海地区施工增加费：0；高原地区施工增加费：0；风沙地区施工增加费：0；行车干扰施工增加费：0；安全及文明施工措施费：1.02%；临时设施费：1.87%；施工辅助费率：0.74%；工地转移费：0.75%。

综合费率Ⅰ＝0＋0.32＋0＋0＋1.02＋1.87＋0.74＋0.75＝4.7(%)

综合费率Ⅱ＝0

（3）确定企业管理费费率

基本费用费率：3.28%；

主副食综合里程＝75×0.06＋50×0.09＋20×0.15＋15×0.7＝22.5（km）；综合里程为20km，其他路面的费率为0.33%；综合里程为25m，其他路面的费率为0.38%，用内插的方法得综合里程为22.5km时的费率为0.355%；

职工探亲路费费率：0.16%；职工取暖补贴费率：0.04%；财务费用费率：0.30%。

第三节　公路工程设备、工具及家具购置费计算

一、设备购置费

设备购置费系指为满足公路的营运、管理、养护需要购置的达到固定资产标准的设备和虽低于固定资产标准但属于设计明确列入设备清单的设备的费用，包括渡口设备，隧道照明、消防、通风的动力设备，高等级公路的收费、监控、通信、供电设备，养护用的机械、设备和工具、器具等的购置费用。

设备购置费应由设计单位列出计划购置的清单（包括设备的规格、型号、数量），以设备原价加综合业务费和运杂费，按以下公式计算：

设备购置费＝设备原价＋运杂费（运输费＋装卸费＋搬运费）＋运输保险费＋采购及保管费

1. 国产设备原价的构成及计算

国产设备的原价一般是指设备制造厂的交货价，即出厂价或订货合同价。它一般根据生产厂或供应商的询价、报价、合同价确定或采用一定的方法计算确定。其内容包括按专业标准规定的在运输过程中不受损失的一般包装费，以及按产品设计规定配带的工具、附件和易损件的费用。即：

设备原价＝出厂价(或供货地点价)＋包装费＋手续费

2. 进口设备原价的构成及计算

进口设备的原价是指进口设备的抵岸价，即抵达买方边境港口或边境车站，且交完关税为止形成的价格。即：

进口设备原价＝货价＋国际运费＋运输保险费＋银行财务费＋外贸手续费＋关税＋增值税＋消费税＋商检费＋检疫费＋车辆购置附加费

(1) 货价：一般指装运港船上交货价（FOB，习惯称离岸价）。设备货价分为原币货价和人民币货价。原币货价一律折算为美元表示，人民币货价按原币货价乘以外汇市场美元兑换人民币的中间价确定。进口设备货价按有关生产厂商询价、报价、订货合同价计算。

(2) 国际运费：即从装运港（站）到达我国抵达港（站）的运费。即：

国际运费＝原币货价(FOB 价)×运费费率

我国进口设备大多采用海洋运输，小部分采用铁路运输，个别采用航空运输。运费费率参照有关部门或进出口公司的规定执行，海运费费率一般为 6%。

(3) 运输保险费：对外贸易货物运输保险是由保险人（保险公司）与被保险人（出口人或进口人）订立保险契约，在被保险人交付议定的保险费后，保险人根据保险契约的规定对货物在运输过程中发生的承保责任范围内的损失给予经济上的补偿。这是一种财产保险。计算公式为：

运输保险费＝[原币货价(FOB 价)＋国际运费]÷(1－保险费费率)×保险费费率。

保险费费率按保险公司规定的进口货物保险费费率计算，一般为 0.35%。

(4) 银行财务费：一般指中国银行手续费。其可按下式简化计算：

银行财务费＝人民币货价(FOB 价)×银行财务费费率

银行财务费费率一般为 0.4%～0.5%。

(5) 外贸手续费：指按规定计取的外贸手续费。其计算公式为：

外贸手续费＝[人民币货价(FOB 价)＋国际运费＋运输保险费]×外贸手续费费率

外贸手续费费率一般为 1%～5%。

(6) 关税：指海关对进出国境或关境的货物和物品征收的一种税。其计算公式为：

关税＝[人民币货价(FOB 价)＋国际运费＋运输保险费]×进口关税税率

进口关税税率按我国海关总署发布的进口关税税率计算。

(7) 增值税：是对从事进口贸易的单位和个人，在进口商品报关进口后征收的税种。

按《中华人民共和国增值税条例》的规定，进口应税产品均按组成计税价格和增值税税率直接计算应纳税额。即：

增值税＝[人民币货价(FOB 价)＋国际运输＋运输保险费＋关税＋消费税]×增值税税率

增值税税率根据规定的税率计算，目前进口设备适用的税率为 17%。

(8) 消费税：对部分进口设备（如轿车、摩托车等）征收。其计算公式为：

应纳消费税额＝[人民币货价(FOB 价)＋国际运费＋运输保险费＋关税]÷(1－消费税税率)×消费税税率

消费税税率根据规定的税率计算。

(9) 商检费：指进口设备按规定付给商品检查部门的进口设备检验鉴定费。其计算公式为：

商检费=[人民币货价(FOB价)+国际运费+运输保险费]×商检费费率

商检费费率一般为0.8%。

(10)检疫费：指进口设备按规定付给商品检疫部门的进口设备检验鉴定费。其计算公式为：

检疫费=[人民币货价(FOB价)+国际运费+运输保险费]×检疫费费率

检疫费费率一般为0.17%。

(11) 车辆购置附加费：指进口车辆需缴纳的进口车辆购置附加费。其计算公式为：

进口车辆购置附加费=[人民币货价(FOB价)+国际运费+运输保险费+关税+消费税+增值税]×进口车辆购置附加费费率

在计算进口设备原价时，应注意工程项目的性质，有无按国家有关规定减免进口环节税的可能。

3. 设备运杂费的构成及计算

国产设备运杂费指由设备制造厂交货地点起至工地仓库（或施工组织设计指定的需要安装设备的堆放地点）止所发生的运费和装卸费；进口设备运杂费指由我国到岸港口或边境车站起至工地仓库（或施工组织设计指定的需要安装设备的堆放地点）止所发生的运费和装卸费。设备运杂费费率见表1-20。其计算公式为：

运杂费=设备原价×运杂费费率

表1-20 设备运杂费费率表 %

运输里程(km)	100以内	101～200	201～300	301～400	401～500	501～750	751～1000	1001～1250	1251～1500	1501～1750	1751～2000	2000以上每增250
费率(%)	0.8	0.9	1.0	1.1	1.2	1.5	1.7	2.0	2.2	2.4	2.6	0.2

4. 设备运输保险费的构成及计算

设备运输保险费指国内运输保险费。其计算公式为：

运输保险费=设备原价×保险费费率

设备运输保险费费率一般为1%。

5. 设备采购及保管费的构成及计算

设备采购及保管费指采购、验收、保管和收发设备所发生的各种费用，包括设备采购人员、保管人员和管理人员的工资、工资附加费、办公费、差旅交通费，设备供应部门办公和仓库所占固定资产使用费、工具用具使用费、劳动保护费、检验试验费等。其计算公式为：

采购及保管费=设备原价×采购及保管费费率

需要安装的设备的采购及保管费费率为2.4%，不需要安装的设备的采购及保管费费率为1.2%。

二、工器具及生产家具（简称工器具）购置费

工器具购置费系指建设项目交付使用后为满足初期正常营运必须购置的第一套不构成固

定资产的设备、仪器、仪表、工卡模具、器具、工作台（框、架、柜）等的费用。该费用不包括构成固定资产的设备、工器具和备品、备件，以及已列入设备购置费中的专用工具和备品、备件。

对于工器具购置，应由设计单位列出计划购置的清单（包括规格、型号、数量），购置费的计算方法同设备购置费。

三、办公和生活用家具购置费

办公和生活用家具购置费系指为保证新建、改建项目初期正常生产、使用和管理所必须购置的办公和生活用家具、用具的费用。

范围包括：行政、生产部门的办公室、会议室、资料档案室、阅览室、单身宿舍及生活福利设施等的家具、用具。

办公和生活用家具购置费按表 1-21 的规定计算。

表 1-21　办公和生活用家具购置费标准表

工程所在地	路线（元/公路公里）				有看桥房的独立大桥（元/座）	
	高速公路	一级公路	二级公路	三、四级公路	一般大桥	技术复杂大桥
内蒙古、黑龙江、青海、新疆、西藏	21500	15600	7800	4000	24000	60000
其他省、自治区、直辖市	17500	14600	5800	2900	19800	49000

注：改建工程按表列数 80%计。

第四节　公路工程建设其他费用的计算

一、土地征用及拆迁补偿费

土地征用及拆迁补偿费系指按照《中华人民共和国土地管理法》及《中华人民共和国土地管理法实施条例》、《中华人民共和国基本农田保护条例》等法律、法规的规定，为进行公路建设需征用土地所支付的土地征用及拆迁补偿费等费用。

1. 费用内容

（1）土地补偿费：指被征用土地地上、地下附着物及青苗补偿费，征用城市郊区的菜地等缴纳的菜地开发建设基金，租用土地费，耕地占用税，用地图编制费及勘界费，征地管理费等。

（2）征用耕地安置补助费：指征用耕地需要安置农业人口的补助费。

（3）拆迁补偿费：指被征用或占用土地上的房屋及附属构筑物、城市公用设施等拆除、迁建补偿费，拆迁管理费等。

（4）复耕费：指临时占用的耕地、鱼塘等，待工程竣工后将其恢复到原有标准所发生的费用。

(5) 耕地开垦费：指公路建设项目占用耕地的，应由建设项目法人（业主）负责补充耕地所发生的费用；没有条件开垦或者开垦的耕地不符合要求的，按规定缴纳的耕地开垦费。

(6) 森林植被恢复费：指公路建设项目需要占用、征用或者临时占用林地的，经县级以上林业主管部门审核同意或批准，建设项目法人（业主）单位按照有关规定向县级以上林业主管部门预缴的森林植被恢复费。

2. 计算方法

土地征用及拆迁补偿费应根据审批单位批准的建设工程用地和临时用地面积及其附着物的情况，以及实际发生的费用项目，按国家有关规定及工程所在地的省（自治区、直辖市）人民政府颁发的有关规定和标准计算。

森林植被恢复费应根据审批单位批准的建设工程占用林地的类型及面积，按国家有关规定及工程所在地的省（自治区、直辖市）人民政府颁发的有关规定和标准计算。

当与原有的电力电信设施、水利工程、铁路及铁路设施互相干扰时，应与有关部门联系，商定合理的解决方案和补偿金额，也可由这些部门按规定编制费用以确定补偿金额。

二、建设项目管理费

建设项目管理费包括建设单位（业主）管理费、工程质量监督费、工程监理费、工程定额测定费、设计文件审查费和竣（交）工验收试验检测费。

（一）建设单位（业主）管理费

建设单位（业主）管理费系指建设单位（业主）为建设项目的立项、筹建、建设、竣（交）工验收、总结等工作所发生的费用，不包括应计入设备、材料预算价格的建设单位采购及保管设备、材料所需的费用。

费用内容包括：工作人员的工资、工资性补贴、施工现场津贴、社会保障费用（基本养老、基本医疗、失业、工伤保险）、住房公积金、职工福利费、工会经费、劳动保护费；办公费、会议费、差旅交通费、固定资产使用费（包括办公及生活房屋折旧、维修或租赁费，车辆折旧、维修、使用或租赁费，通信设备购置、使用费，测量、试验设备仪器折旧、维修或租赁费，其他设备折旧、维修或租赁费等）、零星固定资产购置费、招募生产工人费；技术图书资料费、职工教育经费、工程招标费（不含招标文件及标底或造价控制值编制费）；合同契约公证费、法律顾问费、咨询费；建设单位的临时设施费、完工清理费、竣（交）工验收费（含其他行业或部门要求的竣工验收费用）、各种税费（包括房产税、车船使用税、印花税等）；建设项目审计费、境内外融资费用（不含建设期贷款利息）、业务招待费、安全生产管理费和其他管理性开支。

由施工企业代建设单位（业主）办理“土地、青苗等补偿费”的工作人员所发生的费用，应在建设单位（业主）管理费项目中支付。当建设单位（业主）委托有资质的单位代理招标时，其代理费应在建设单位（业主）管理费中支出。

建设单位（业主）管理费以建筑安装工程费总额为基数，按表 1-22 的费率，以累进办法计算。

表 1-22　建设单位管理费费率表

第一部分　建筑安装工程费（万元）	费率（%）	算例（万元）	
		建筑安装工程费	建设单位（业主）管理费
500 以下	3.48	500	500×3.48%=17.4
501～1000	2.73	1000	17.4+500×2.73%=31.05
1001～5000	2.18	5000	31.05+4000×2.18%=118.25
5001～10000	1.84	10000	118.25+5000×1.84%=210.25
10001～30000	1.52	30000	210.25+20000×1.52%=514.25
30001～50000	1.27	50000	514.25+20000=1.27%=768.25
50001～100000	0.94	100000	768.25+50000×0.94%=1238.25
100001～150000	0.76	150000	1238.25+50000×0.76%=1618.25
150001～200000	0.59	200000	1618.25+50000×0.59%=1913.25
200001～300000	0.43	300000	1913.25+100000×0.43%=2343.25
300000 以上	0.32	310000	2343.25+10000×0.32%=2375.25

水深≥15m、跨度≥400m 的斜拉桥和跨度≥800m 的悬索桥等独立特大型桥梁工程的建设单位（业主）管理费按表 1-22 中的费率乘以 1.0～1.2 的系数计算；海上工程［指由于风浪影响，工程施工期（不包括封冻期）全年月平均工作日少于 15d 的工程］的建设单位（业主）管理费按表 1-22 中的费率乘以 1.0～1.3 的系数计算。

（二）工程质量监督费

工程质量监督费系指根据国家有关部门规定，各级公路工程质量监督机构对工程建设质量和安全生产实施监督应收取的管理费用。

工程质量监督费以建筑安装工程费总额为基数，按 0.15%计算。

（三）工程监理费

工程监理费系指建设单位（业主）委托具有公路工程监理资格的单位，按施工监理规范进行全面的监督和管理所发生的费用。

费用内容包括：工作人员的基本工资、工资性津贴、社会保障费用（基本养老、基本医疗、失业、工伤保险）、住房公积金、职工福利费、工会经费、劳动保护费；办公费、会议费、差旅交通费、固定资产使用费（包括办公及生活房屋折旧、维修或租赁费，车辆折旧、维修、使用或租赁费，通信设备购置、使用费，测量、试验、检测设备仪器折旧、维修或租赁费，其他设备折旧、维修或租赁费等）、零星固定资产购置费、招募生产工人费；技术图书资料费、职工教育经费、投标费用；合同契约公证费、咨询费、业务招待费；财务费用、监理单位的临时设施费、各种税费和其他管理性开支。

工程监理费以建筑安装工程费总额为基数，按表 1-23 的费率计算。

表 1-23　工程监理费费率表

工程类别	高速公路	一级及二级公路	三级及四级公路	桥梁及隧道
费率（%）	2.0	2.5	3.0	2.5

表1-23中的桥梁指水深大于15m、斜拉桥和悬索桥等独立特大型桥梁工程；隧道指水下隧道工程。

建设单位（业主）管理费和工程监理费均为实施建设项目管理的费用，执行时根据建设单位（业主）和施工监理单位所实际承担的工作内容和工作量，在保证监理费用的前提下，可统筹使用。

（四）工程定额测定费

工程定额测定费系指各级公路（交通）工程定额（造价管理）站为测定劳动定额、收集定额资料、编制工程定额及定额管理所需要的工作经费。

工程定额测定费以建筑安装工程费总额为基数，按0.12%计算。

（五）设计文件审查费

设计文件审查费系指国家和省级交通主管部门在项目审批前，为保证勘察设计工作的质量，组织有关专家或委托有资质的单位，对设计单位提交的建设项目可行性研究报告和勘察设计文件以及对设计变更、调整概算进行审查所需要的相关费用。

设计文件审查费以建筑安装工程费总额为基数，按0.1%计算。

（六）竣（交）工验收试验检测费

竣（交）工验收试验检测费系指在公路建设项目交工验收和竣工验收前，由建设单位（业主）或工程质量监督机构委托有资质的公路工程质量检测单位按照有关规定对建设项目的工程质量进行检测，并出具检测意见所需要的相关费用。

竣（交）工验收试验检测费按表1-24的规定计算。

表1-24　竣（交）工验收试验检测费标准表

项　目	路线（元/公路公里）				独立大桥（元/座）	
	高速公路	一级公路	二级公路	三、四级公路	一般大桥	技术复杂大桥
试验检测费	15000	12000	10000	5000	30000	100000

关于竣（交）工验收试验检测费，高速公路、一级公路按四车道计算，二级及以下等级公路按双车道计算，每增加一条车道，按表1-24的费用增加10%。

三、研究试验费

研究试验费系指为本建设项目提供或验证设计数据、资料进行必要的研究试验和按照设计规定在施工过程中必须进行试验、验证所需的费用，以及支付科技成果、先进技术的一次性技术转让费。该费用不包括：

(1) 应由科技三项费用（即新产品试制费、中间试验费和重要科学研究补助费）开支的项目。

(2) 应由施工辅助费开支的施工企业对建筑材料、构件和建筑物进行一般鉴定、检查所发生的费用及技术革新研究试验费。

(3) 应由勘察设计费或建筑安装工程费用中开支的项目。

计算方法：按照设计提出的研究试验内容和要求进行编制，不需验证设计基础资料的不计本项费用。

四、建设项目前期工作费

建设项目前期工作费系指委托勘察设计、咨询单位对建设项目进行可行性研究、工程勘察设计，以及设计、监理、施工招标文件及招标标底或造价控制值文件编制时，按规定应支付的费用。该费用包括：

（1）编制项目建议书（或预可行性研究报告）、可行性研究报告、投资估算，以及相应的勘察、设计、专题研究等所需的费用。

（2）初步设计和施工图设计的勘察费（包括测量、水文调查、地质勘探等）、设计费、概（预）算及调整概算编制费等。

（3）设计、监理、施工招标文件及招标标底（或造价控制值或清单预算）文件编制费等。计算方法：依据委托合同计列，或按国家颁发的收费标准和有关规定进行编制。

五、专项评价（估）费

专项评价（估）费系指依据国家法律、法规规定须进行评价（评估）、咨询，按规定应支付的费用。该费用包括环境影响评价费、水土保持评估费、地震安全性评价费、地质灾害危险性评价费、压覆重要矿床评估费、文物勘察费、通航论证费、行洪论证（评估）费、使用林地可行性研究报告编制费、用地预审报告编制费等费用。

计算方法：按国家颁发的收费标准和有关规定进行编制。

六、施工机构迁移费

施工机构迁移费系指施工机构根据建设任务的需要，经有关部门决定成建制地（指工程处等）由原驻地迁移到另一地区所发生的一次性搬迁费用。该费用不包括：

（1）应由施工企业自行负担的，在规定距离范围内调动施工力量以及内部平衡施工力量所发生的迁移费用。

（2）由于违反基建程序，盲目调迁队伍所发生的迁移费。

（3）因中标而引起施工机构迁移所发生的迁移费。

费用内容包括：职工及随同家属的差旅费，调迁期间的工资，施工机械、设备、工具、用具和周转性材料的搬运费。

计算方法：施工机构迁移费应经建设项目的主管部门同意按实计算。但计算施工机构迁移费后，如迁移地点即新工地地点（如独立大桥），则其他工程费内的工地转移费应不再计算；如施工机构迁移地点至新工地地点尚有部分距离，则工地转移费的距离，应以施工机构新地点为计算起点。

七、供电贴费

供电贴费系指按照国家规定，建设项目应交付的供电工程贴费、施工临时用电贴费。

计算方法：按国家有关规定计列（目前停止征收）。

八、联合试运转费

联合试运转费系指新建、改（扩）建工程项目，在竣工验收前按照设计规定的工程质量标准，进行动（静）载荷载实验所需的费用，或进行整套设备带负荷联合试运转期间所需的全部费用抵扣试车期间收入的差额。该费用不包括应由设备安装工程项下开支的调试费的费用。

费用内容包括：联合试运转期间所需的材料、油燃料和动力的消耗，机械和检测设备使用费，工具用具和低值易耗品费，参加联合试运转人员工资及其他费用等。

联合试运转费以建筑安装工程费总额为基数，独立特大型桥梁按 0.075％、其他工程按 0.05％计算。

九、生产人员培训费

生产人员培训费系指新建、改（扩）建公路工程项目，为保证生产的正常运行，在工程竣工验收交付使用前对运营部门生产人员和管理人员进行培训所必需的费用。

费用内容包括：培训人员的工资、工资性补贴、职工福利费、差旅交通费、劳动保护费、培训及教学实习费等。

生产人员培训费按设计定员和 2000 元/人的标准计算。

十、固定资产投资方向调节税

固定资产投资方向调节税系指为了贯彻国家产业政策，控制投资规模，引导投资方向，调整投资结构，加强重点建设，促进国民经济持续稳定协调发展，依照《中华人民共和国固定资产投资方向调节税暂行条例》规定，公路建设项目应缴纳的固定资产投资方向调节税。

计算方法：按国家有关规定计算（目前暂停征收）。

十一、建设期贷款利息

建设期贷款利息系指建设项目中分年度使用国内贷款或国外贷款部分，在建设期内应归还的贷款利息。费用内容包括各种金融机构贷款、企业集资、建设债券和外汇贷款等利息。

计算方法：根据不同的资金来源按需付息的分年度投资计算。

计算公式如下：

建设期贷款利息＝∑（上年末付息贷款本息累计＋本年度付息贷款额÷2）×年利率

即：

$$S=\sum_{n=1}^{N}(F_{n-1}+b_n\div 2)\times i$$

式中 S——建设期贷款利息（元）；

N——项目建设期（年）；

n——施工年度；

F_{n-1}——建设期第（$n-1$）年末需付息贷款本息累计（元）；

b_n——建设期第 n 年度付息贷款额（元）；

i——建设期贷款年利率（％）。

第五节　公路工程预备费及回收金额计算

一、预备费

预备费由价差预备费及基本预备费两部分组成。在公路工程建设期限内，凡需动用预备费时，属于公路交通部门投资的项目，需经建设单位提出，按建设项目隶属关系，报交通部或交通厅（局、委）基建主管部门核定批准；属于其他部门投资的建设项目，按其隶属关系报有关部门核定批准。

（一）价差预备费

价差预备费系指设计文件编制年至工程竣工年期间，第一部分费用的人工费、材料费、机械使用费、其他工程费、间接费等，以及第二、三部分费用由于政策、价格变化可能发生上浮而预留的费用及外资贷款汇率变动部分的费用。

（1）计算方法：价差预备费以概（预）算或修正概算第一部分建筑安装工程费总额为基数，按设计文件编制年始至建设项目工程竣工年终的年数和年工程造价增长率计算。

计算公式如下：

$$价差预备费 = P\times[(1+i)^{n-1}-1]$$

式中　P——建筑安装工程费总额（元）；

i——年工程造价增长率（%）；

n——设计文件编制年至建设项目开工年＋建设项目建设期限（年）。

（2）年工程造价增长率按有关部门公布的工程投资价格指数计算或由设计单位会同建设单位根据该工程人工费、材料费、施工机械使用费、其他工程费、间接费以及第二、三部分费用可能发生的上浮等因素，以第一部分建安费为基数进行综合分析预测。

（3）设计文件编制至工程完工在一年以内的工程，不列此项费用。

（二）基本预备费

基本预备费系指在初步设计和概算中难以预料的工程和费用。其用途如下：

（1）在进行技术设计、施工图设计和施工过程中，在批准的初步设计和概算范围内所增加的工程费用。

（2）在设备订货时，由于规格、型号改变的价差；材料货源变更、运输距离或方式的改变，以及因规格不同而代换使用等原因发生的价差。

（3）由于一般自然灾害所造成的损失和预防自然灾害所采取的措施费用。

（4）在项目主管部门组织竣（交）工验收时，验收委员会（或小组）为鉴定工程质量必须开挖和修复隐蔽工程的费用。

（5）投保的工程根据工程特点和保险合同发生的工程保险费用。

计算方法：以第一、二、三部分费用之和（扣除固定资产投资方向调节税和建设期贷款利息两项费用）为基数按下列费率计算：

设计概算按5%计列；

修正概算按4%计列；

施工图预算按3%计列。

采用施工图预算加系数包干承包的工程，包干系数为施工图预算中直接费与间接费之和的3%。施工图预算包干费用由施工单位包干使用。

该包干费用的内容为：

(1) 在施工过程中，设计单位对分部分项工程修改设计而增加的费用，但不包括因水文地质条件变化造成的基础变更、结构变更、标准提高、工程规模改变而增加的费用。

(2) 预算审定后，施工单位负责采购的材料由于货源变更、运输距离或方式的改变，以及因规格不同而代换使用等原因发生的价差。

(3) 由于一般自然灾害所造成的损失和预防自然灾害所采取的措施的费用（例如一般防台风、防洪的费用）等。

二、回收金额

概、预算定额所列材料一般不计回收，只对按全部材料计价的一些临时工程项目和由于工程规模或工期限制达不到规定周转次数的拱盔、支架及施工金属设备的材料计算回收金额。回收率见表1-25。

表1-25 回收率表

回收项目	使用年限或周转次数				计算基数
	一年或一次	两年或两次	三年或三次	四年或四次	
临时电力、电信线路	50%	30%	10%	—	材料原价
拱盔、支架	60%	45%	30%	15%	
施工金属设备	65%	65%	50%	30%	

注：施工金属设备指钢壳沉井、钢护筒等。

三、公路工程建设各项费用的计算程序及计算方式

公路工程建设各项费用的计算程序及计算方式见表1-26。

表1-26 公路工程建设各项费用的计算程序及计算方式

代号	项目	说明及计算式
(一)	直接工程费（即工、料、机费）	按编制年工程所在地的预算价格计算
(二)	其他工程费	(一)×其他工程费综合费率或各类工程人工费和机械费之和×其他工程费综合费率
(三)	直接费	(一)+(二)
(四)	间接费	各类工程人工费×规费综合费率+(三)×企业管理费综合费率
(五)	利润	[(三)+(四)−规费]×利润率
(六)	税金	[(三)+(四)+(五)]×综合税率
(七)	建筑安装工程费	(三)+(四)+(五)+(六)
(八)	设备、工具、器具购置费（包括备品备件）	Σ(设备、工具、器具购置数量×单价+运杂费)×(1+采购保管费率)

续表

代　号	项　　目	说明及计算式
	办公及生活用家具购置费	按有关规定计算
（九）	工程建设其他费用	
	土地征用及拆迁补偿费	按有关规定计算
	建设单位（业主）管理费	（七）×费率
	工程质量监督费	（七）×费率
	工程监理费	（七）×费率
	工程定额测定费	（七）×费率
	设计文件审查费	（七）×费率
	竣（交）工验收试验检测费	按有关规定计算
	研究试验费	按批准的计划编制
	前期工作费	按有关规定计算
	专项评价（估）费	按有关规定计算
	施工机构迁移费	按实计算
	供电贴费	按有关规定计算
	联合试运转费	（七）×费率
	生产人员培训费	按有关规定计算
	固定资产投资方向调节税	按有关规定计算
	建设期贷款利息	按实际贷款数及利率计算
（十）	预备费	包括价差预备费和基本预备费两项
	价差预备费	按规定的公式计算
	基本预备费	[（七）+（八）+（九）－固定资产投资方向调节税－建设期贷款利息]×费率
	预备费中施工图预算包干系数	[（三）+（四）]×费率
（十一）	建设项目总费用	（七）+（八）+（九）+（十）

第六节　公路工程交工前养护费和绿化工程费

一、公路交工前养护费指标

公路交工前养护费为陆续完工的路段，到路段交工初验时止，以路面为主，包括路基、构造物在内的养护费用。该费用按全线里程及平均养护月数，以下列标准计算：

三、四级公路每月养护费按每公里每月 60 个工日计算；

二级及二级以上公路每月养护费按每公里每月 30 个工日计算；

另按路面工程类别计算其他工程费和间接费。

二、绿化补助费指标

新建公路的绿化补助费指标如下：

平原微丘区：5000 元/km；

山岭重丘区：1000 元/km。

以上费用标准内已包括其他工程费和间接费。

本指标仅适用于无绿化设计的二级以下等级公路建设项目。

【例 1-7】 某一级公路全长 60km，平均养护月数为 2 个月，工程所在地人工单价为 20 元/工日，定额人工单价为 16.02 元/工日，平原微丘区，试计算该工程公路交工前养护的用工、直接工程费及定额直接工程费。

解： 1. 公路交工前养护用工

一级公路交工前养护用工的指标为 30 工日/(月 · km)，本工程全长 60km，平均养护月数为 2 个月，则：

公路交工前养护用工＝30×60×2＝3600（工日）

2. 建筑安装工程费

直接工程费＝3600×20＝72000（元）

定额直接工程费＝3600×16.02＝57672（元）

第二章　公路工程工程量清单

第一节　公路工程工程量清单

一、工程量清单和清单工程量

1. 工程量清单及其作用

工程量清单又叫工程数量清单，是按照招标要求和施工设计图纸要求规定将拟建招标工程的全部项目和内容，依据统一的工程量计算规则、统一的工程量清单项目编制规则要求，计算拟建招标工程的分部分项工程数量的表格。包括分部分项工程量清单、措施项目的清单、其他项目清单。

它是工程招标及实施工程时计量与支付的重要依据，在工程实施期间，对工程费用起着控制作用。其作用主要体现在以下几个方面：

（1）为编制标底服务；

（2）为所有投标人提供一个报价计算的共同基础；

（3）提供对已完工程计价的基础。

工程量清单描述了工程项目的范围、内容及计量方式和方法，在工程实施期间对工程的计量与支付必须以工程量清单为依据，当发生工程变更及费用索赔时，其参考作用更明显，直接影响监理工程师对单价的确定。

2. 清单工程量

清单工程量是指工程量清单中所列的工程数量，它是在实际施工生产前根据设计图纸和说明及工程量计算规则所得到的一种准确性较高的预计数量，而不是承包人应予以完成的实际和准确的工程量。因为在实际施工过程中，情况千差万别，所以完成的实际工程数量，应由承包人按监理工程师认可的尺寸断面或其他计量方法进行计量，并最终经监理工程师确认。尽管如此，在制作工程量清单时，应认真细致地计算工程量，力求准确，从而使清单所列工程量与实际工程量的差距尽可能小。

计算清单工程量时，一定要注意与技术规范和设计图纸的统一，也就是说工程量清单的工程量，其计算规则应与技术规范的计算规则完全一致。特别是当同一个工程由不同单位设计，不同单位编制技术规范和工程量清单时，应通过认真分析确定统一的工程量计算规则并注意搞好协调工作。

二、工程量清单的内容

1. 工程量清单说明

（1）本工程量清单是根据招标文件中包括的、有合同约束力的图纸以及有关工程量清单的国家标准、行业标准、合同条款中约定的工程量计算规则编制。约定计量规则中没有的子目，其工程量按照有合同约束力的图纸所标示尺寸的理论净量计算。计量采用中华人民共和国法定计量单位。

（2）本工程量清单应与招标文件中的投标人须知、通用合同条款、专用合同条款、技术规范及图纸等一起阅读和理解。

（3）本工程量清单中所列工程数量是估算的或设计的预计数量，仅作为投标报价的共同基础，不能作为最终结算与支付的依据。实际支付应按实际完成的工程量，由承包人按技术规范规定的计量方法，以监理人认可的尺寸、断面计量，按本工程量清单的单价和总额价计算支付金额；或者根据具体情况，按合同条款第 15.4 款的规定，由监理人确定的单价或总额价计算支付额。

（4）工程量清单各章是按第七章“技术规范”的相应章次编号的，因此，工程量清单中各章的工程子目的范围与计量等应与“技术规范”相应章节的范围、计量与支付条款结合起来理解或解释。

（5）对作业和材料的一般说明或规定，未重复写入工程量清单内，在给工程量清单各子目标价前，应参阅第七章“技术规范”的有关内容。

（6）工程量清单中所列工程量的变动，丝毫不会降低或影响合同条款的效力，也不免除承包人按规定的标准进行施工和修复缺陷的责任。

（7）图纸中所列的工程数量表及数量汇总表仅是提供资料，不是工程量清单的外延。当图纸与工程量清单所列数量不一致时，以工程量清单所列数量作为报价的依据。

2. 投标报价说明

（1）工程量清单中的每一子目须填入单价或价格，且只允许有一个报价。

（2）除非合同另有规定，工程量清单中有标价的单价和总额价均已包括了为实施和完成合同工程所需的劳务、材料、机械、质检（自检）、安装、缺陷修复、管理、保险、税费、利润等费用，以及合同明示或暗示的所有责任、义务和一般风险。

（3）工程量清单中投标人没有填入单价或价格的子目，其费用视为已分摊在工程量清单中其他相关子目的单价或价格之中。承包人必须按监理人指令完成工程量清单中未填入单价或价格的子目，但不能得到结算与支付。

（4）符合合同条款规定的全部费用应认为已被计入有标价的工程量清单所列各子目之中，未列子目不予计量的工作，其费用应视为已分摊在本合同工程的有关子目的单价或总额价之中。

（5）承包人用于本合同工程的各类装备的提供、运输、维护、拆卸、拼装等支付的费用，已包括在工程量清单的单价与总额价之中。

（6）工程量清单中各项金额均以人民币（元）结算。

（7）暂列金额（不含计日工总额）的数量及拟用子目的说明。

（8）暂估价的数量及拟用子目的说明。

3. 计日工说明

（1）总则

①本说明应参照《公路工程标准施工招标文件》（2009 年版）通用合同条款第 15.7 款

一并理解。

②未经监理人书面指令，任何工程不得按计日工施工；接到监理人按计日工施工的书面指令，承包人也不得拒绝。

③投标人应在计日工单价表中填列计日工子目的基本单价或租价，该基本单价或租价适用于监理人指令的任何数量的计日工的结算与支付。计日工的劳务、材料和施工机械由招标人（或发包人）列出正常的估计数量，投标人报出单价，计算出计日工总额后列入工程量清单汇总表中并进入评标价。

④计日工不调价。

(2) 计日工劳务

①在计算应付给承包人的计日工工资时，工时应从工人到达施工现场，并开始从事指定的工作算起，到返回原出发地点为止，扣去用餐和休息的时间。只有直接从事指定的工作，且能胜任该工作的工人才能计工，随同工人一起做工的班长应计算在内，但不包括领工（工长）和其他质检管理人员。

②承包人可以得到用于计日工劳务的全部工时的支付，此支付按承包人填报的“计日工劳务单价表”所列单价计算，该单价应包括基本单价及承包人的管理费、税费、利润等所有附加费，说明如下：

a. 劳务基本单价包括：承包人劳务的全部直接费用，如：工资、加班费、津贴、福利费及劳动保护费等。

b. 承包人的利润、管理、质检、保险、税费；易耗品的使用、水电及照明费，工作台、脚手架、临时设施费，手动机具与工具的使用及维修，以及上述各项伴随而来的费用。

(3) 计日工材料

①承包人可以得到计日工使用的材料费用［上述（2）款已计入劳务费内的材料费用除外］的支付，此费用按承包人“计日工材料单价表”中所填报的单价计算，该单价应包括基本单价及承包人的管理费、税费、利润等所有附加费。

②材料基本单价按供货价加运杂费（到达承包人现场仓库）、保险费、仓库管理费及运输损耗等计算。

③ 承包人的利润、管理、质检、保险、税费及其他附加费。

④从现场运至使用地点的人工费和施工机械使用费不包括在上述基本单价内。

(4) 计日工施工机械

①承包人可以得到用于计日工作业的施工机械费用的支付，该费用按承包人填报的“计日工施工机械单价表”中的租价计算。该租价应包括施工机械的折旧、利息、维修、保养、零配件、油燃料、保险和其他消耗品的费用以及全部有关使用这些机械的管理费、税费、利润和司机与助手的劳务费等费用。

②在计日工作业中，承包人计算所用的施工机械费用时，应按实际工作小时支付。除非经监理人的同意，计算的工作小时才能将施工机械从现场某处运到监理人指令的计日工作业的另一现场往返运送时间包括在内。

4. 其他说明

根据工程项目特点进行填写。

5. 工程量清单（表 2-1～表 2-7）

(1) 工程量清单表是招标工程中按章的顺序排列的各个项目表。表中有子目号、子目名称、工程数量、单位、单价及合价等栏目。其中单价或金额栏的数字一般由承包商投标时填写，而其他部分由业主或者招标单位在编制工程量清单时确定。

表 2-1 工程量清单 第 100 章 总则

清单 第 100 章 总则

子目号	子 目 名 称	单位	数量	单价	合价
101-1	保险费				
-a	按合同条款规定，提供建筑工程一切险	总额			
-b	按合同条款规定，提供第三者责任险	总额			
102-1	竣工文件	总额			
102-2	施工环保费	总额			
102-3	安全生产费	总额			
102-4	工程管理软件（暂定金额）	总额			
103-1	临时道路修建、养护与拆除（包括原道路的养护费）	总额			
103-2	临时占地	总额			
103-3	临时供电设施				
-a	设施架设、拆除	总额			
-b	设施维修	月			
103-4	电讯设施的提供、维修与拆除	总额			
103-5	供水与排污设施	总额			
104-1	承包人驻地建设	总额			

清单第 100 章合计 人民币________

表 2-2 工程量清单 第 200 章 路基

清单 第 200 章 路基

子目号	子 目 名 称	单位	数量	单价	合价
201-1	清理与掘除				
-a	清理现场	m^2			
-b	砍伐树木	棵			
-c	挖除树根	棵			
202-2	挖除旧路面				
-a	水泥混凝土路面	m^2			

续表

清单　第200章　路基					
子目号	子　目　名　称	单位	数量	单价	合价
-b	沥青混凝土路面	m^2			
-c	碎石路面	m^2			
202-3	拆除结构物				
-a	钢筋混凝土结构	m^3			
-b	混凝土结构	m^3			
-c	砖、石及其他砌体结构	m^3			
202-1	路基挖方				
-a	挖土方	m^3			
-b	挖石方	m^3			
-c	挖除非适用材料（包括淤泥）	m^3			
203-2	改河、改渠、改路挖方				
-a	挖土方	m^3			
-b	挖石方	m^3			
-c	…				
204-1	路基填筑（包括填前压实）				
-a	换填土	m^3			
-b	利用土方	m^3			
-c	利用石方	m^3			
-d	利用土石混填	m^3			
-e	借土填方	m^3			
-f	粉煤灰路堤	m^3			
-g	结构物台背回填	m^3			
-h	锥坡及台前溜坡	m^3			
204-2	改路、改河、改渠填筑				
-a	利用土方	m^3			
-b	利用石方	m^3			
-c	借土填筑	m^3			
205-1	软土地基处理				
-a	抛石挤淤	m^3			
-b	砂垫层、砂砾垫层	m^3			
-c	灰土垫层	m^3			
-d	预压与超载预压	m^3			
-e	真空预压与真空堆载预压	m^3			
-f	袋装砂井	m^3			
-g	塑料排水板	m^3			

续表

清单　第200章　路基					
子目号	子　目　名　称	单位	数量	单价	合价
-h	加固土桩	m^3			
-i	碎石桩	m^3			
-j	砂桩	m^3			
-k	CFG桩	m^3			
-l	土工织物	m^3			
-m	强夯	m^3			
-n	强夯置换	m^3			
205-2	滑坡处理	m^3			
205-3	岩溶洞回填	m^3			
205-4	膨胀土处理				
-a	厚…mm石灰土改良	m^2			
205-5	黄土处理				
-a	陷穴	m^3			
205-6	盐渍土处理				
-a	厚…mm	m^2			
205-7	风积砂填筑	m^3			
205-8	季节性冻土改性处理	m^3			
207-1	M…浆砌片石边沟	m			
207-2	M…浆砌片石排水沟	m			
207-3	M…浆砌片石边截水沟	m			
207-4	M…浆砌片石急流槽	m^3			
207-5	…mm×…mm路基盲沟	m			
207-6	涵洞上下游改沟、改渠铺砌	m^3			
207-7	现浇混凝土坡面排水结构物	m^3			
207-8	预制混凝土坡面排水结构物	m^3			
208-1	植物护坡				
-a	种草	m^2			
-b	三维植被网护坡	m^2			
-c	客土喷播护坡	m^2			
208-2	干砌片石	m^3			
208-3	M…浆砌片石护坡				
-a	拱形护坡	m^3			
-b	方格护坡	m^3			
208-4	预制混凝土块护坡				
-a	预制空心砖护坡	m^3			

续表

清单　第200章　路基					
子目号	子　目　名　称	单位	数量	单价	合价
-b	拱形骨架护坡	m^3			
-c	方格护坡	m^3			
-d	预制六棱砖护坡	m^3			
208-5	护面墙				
-a	M…浆砌片（块）石	m^3			
-b	C…混凝土	m^3			
208-6	封面	m^2			
208-7	捶面	m^2			
209-1	砌体挡土墙				
-a	M…浆砌片石	m^3			
-b	M…浆砌混凝土块	m^3			
-c	M…浆砌料石	m^3			
-d	砂砾垫层	m^3			
209-2	干砌挡土墙				
-a	片（块）石	m^3			
-b	砂砾垫层	m^3			
209-3	混凝土挡土墙				
-a	C…混凝土	m^3			
-b	钢筋	kg			
-c	砂砾垫层	m^3			
210-1	锚杆挡土墙				
-a	混凝土立柱	m^3			
-b	混凝土挡板	m^3			
-c	锚杆	kg			
-d	钢筋	kg			
210-2	锚定板挡土墙				
-a	混凝土锚定板	m^3			
-b	钢筋混凝土肋柱	m^3			
-c	混凝土挡板	m^3			
-d	拉杆	m^3			
-e	钢筋	kg			
211-1	加筋土挡墙				
-a	M…浆砌片石基础	m^3			
-b	C…混凝土基础	m^3			
-c	C…混凝土帽石	m^3			
-d	C…混凝土墙面板	m^3			

续表

清单　第200章　路基

子目号	子　目　名　称	单位	数量	单价	合价
-e	C…钢筋混凝土带	m^3			
-f	聚丙烯土工带	kg			
212-1	挂网土工格栅喷浆防护边坡				
-a	厚…mm喷浆防护边坡	m^3			
-b	铁丝网	kg			
-c	土工格栅	m^2			
-d	锚杆	m			
212-2	挂网锚喷混凝土防护边坡（全坡面）				
-a	厚…mm喷混凝土防护边坡	m^2			
-b	钢筋网	kg			
-c	铁丝网	kg			
-d	土工格栅	m^2			
-e	锚杆	m			
212-3	坡面防护				
-a	厚…mm喷射混凝土	m^2			
-b	厚…mm喷射水泥砂浆	m^2			
212-4	土钉支护				
-a	土钉钻孔桩	m			
-b	土钉预制击入桩	m			
-c	厚…mm喷射混凝土	m^2			
-d	钢筋	kg			
-e	钢筋网	kg			
-f	网格梁、立柱、挡土板	m^3			
-g	土工格栅	m^2			
213-1	预应力锚索（钢绞线规格）	m			
213-2	混凝土锚固板（C…）	m^3			
214-1	混凝土抗滑桩				
-a	…m×…m，C…混凝土抗滑桩	m			
-b	…m×…m，C…混凝土抗滑桩	m			
-c	钢筋（带肋钢筋）	kg			
214-2	桩板式抗滑挡墙				
-a	挡土板	m^3			
-b	…				
215-1	浆砌片石河床铺砌（M…）	m^3			
215-2	浆砌片石顺坝（M…）	m^3			
215-3	浆砌片石丁坝（M…）	m^3			
215-4	浆砌片石调水坝（M…）	m^3			
215-5	浆砌片石锥坡（M…）	m^3			

清单第200章合计　人民币________

表 2-3　工程量清单　第 300 章　路面

清单　第 300 章　路面					
子目号	子　目　名　称	单位	数量	单价	合价
302-1	碎石垫层				
-a	厚…mm	m^2			
302-2	砂砾垫层				
-a	厚…mm	m^2			
302-2	水泥稳定土垫层				
-a	厚…mm	m^2			
302-2	石灰稳定土垫层				
-a	厚…mm	m^2			
303-1	石灰稳定土底基层				
-a	厚…mm	m^2			
303-2	搭板、埋板下水泥稳定土底基层	m^3			
304-1	水泥稳定土底基层				
-a	厚…mm	m^2			
304-2	水泥稳定土基层				
-a	厚…mm	m^2			
305-1	石灰粉煤灰稳定土底基层				
-a	厚…mm	m^2			
205-2	搭板、埋板下石灰粉煤灰稳定土底基层	m^3			
305-2	石灰工业废渣稳定土基层				
-a	厚…mm				
306-1	级配碎石底基层				
-a	厚…mm	m^2			
306-2	搭板、埋板下级配碎石底基层	m^3			
306-3	级配碎石基层				
-a	厚…mm	m^2			
306-4	级配砾石底基层				
-a	厚…mm	m^2			
306-5	搭板、埋板下级配砾石底基层	m^3			
306-6	级配砾石基层				
-a	厚…mm	m^2			
307-1	沥青稳定碎石基层（ATB-25）				
-a	厚…mm	m^2			
-b	厚…mm	m^2			
308-1	透层	m^2			
308-2	黏层	m^2			

续表

清单 第300章 路面					
子目号	子 目 名 称	单位	数量	单价	合价
309-1	细粒式沥青混凝土				
-a	厚…mm	m^2			
-b	厚…mm	m^2			
309-2	中粒式沥青混凝土				
-a	厚…mm	m^2			
-b	厚…mm	m^2			
309-3	粗粒式沥青混凝土				
-a	厚…mm	m^2			
-b	厚…mm	m^2			
310-1	沥青表面处治				
-a	厚…mm	m^2			
-b	厚…mm	m^2			
310-2	封层	m^2			
311-1	细粒式改性沥青混合料路面				
-a	厚…mm	m^2			
-b	厚…mm	m^2			
311-2	中粒式改性沥青混合料路面				
-a	厚…mm	m^2			
-b	厚…mm	m^2			
311-3	SMA路面				
-a	厚…mm	m^2			
-b	厚…mm	m^2			
312-1	水泥混凝土面板				
-a	厚…mm（混凝土弯拉强度MPa）	m^2			
-b	厚…mm（混凝土弯拉强度MPa）	m^2			
312-2	钢筋				
-a	HPB235	kg			
-b	HRB335	kg			
313-1	培土路肩	m^3			
313-2	中央分隔带回填土	m^3			
313-3	现浇混凝土加固土路肩（厚…mm）	m			
313-4	混凝土预制块加固土路肩（厚…mm）	m			
313-5	混凝土预制块路缘石	m			
314-1	排水管				
-a	PVC-U管（ϕ…mm）	m			

续表

清单　第 300 章　路面					
子目号	子　目　名　称	单位	数量	单价	合价
-b	铸铁管（ϕ…mm）	m			
-c	混凝土管（ϕ…mm）	m			
314-2	纵向雨水沟（管）	m			
314-3	C…混凝土集水井	座			
314-4	中央分隔带渗沟（…mm×…mm×…mm）	m			
314-5	沥青油毡防水层	m^2			
314-6	路肩排水沟				
-a	混凝土路肩排水沟	m			
-b	砂砾垫层	m^3			
-c	土工布	m^2			
314-7	拦水带				
-a	沥青混凝土拦水带	m			
-b	水泥混凝土拦水带	m			

清单第 300 章合计　人民币 ________

表 2-4　工程量清单　第 400 章　桥梁、涵洞

清单　第 400 章　桥梁、涵洞					
子目号	子　目　名　称	单位	数量	单价	合价
401-1	桥梁荷载试验（暂估价）	总额			
401-2	地质钻探及取样试验（暂定工程量）				
-a	ϕ70mm	m			
-b	ϕ110mm	m			
403-1	基础钢筋（包括灌注桩、承台、沉桩、沉井等）				
-a	光圆钢筋（HPB235、HPB300）	kg			
-b	带肋钢筋（HRB335、HRB400）	kg			
403-2	下部结构钢筋				
-a	光圆钢筋（HPB235、HPB300）	kg			
-b	带肋钢筋（HRB335、HRB400）	kg			

续表

清单　第 400 章　桥梁、涵洞					
子目号	子　目　名　称	单位	数量	单价	合价
403-3	上部结构钢筋				
-a	光圆钢筋（HPB235、HPB300）	kg			
-b	带肋钢筋（HRB335、HRB400）	kg			
403-4	附属结构钢筋				
-a	光圆钢筋（HPB235、HPB300）	kg			
-b	带肋钢筋（HRB335、HRB400）	kg			
404-1	干处挖土方	m^3			
404-2	水下挖土方	m^3			
404-3	干处挖石方	m^3			
404-4	水下挖石方	m^3			
405-1	钻孔灌注桩（ϕ…mm）	m			
405-2	钻取混凝土芯样（ϕ70mm）（暂定工程量）	m			
405-3	破坏荷载试验用桩（ϕ…mm）（暂定工程量）	m			
406-1	钢筋混凝土沉桩（ϕ…mm）	m			
406-2	预应力混凝土沉桩（ϕ…mm）				
406-3	试桩（ϕ…mm）	m			
407-1	挖孔灌注桩（ϕ…mm）	m			
407-2	钻取混凝土芯样（ϕ70mm）（暂定工程量）	m			
407-3	破坏荷载试验用桩（ϕ…mm）（暂定工程量）	m			
408-1	桩的检验荷载试验（暂定工程量）（ϕ…mm）（kN）	每一试桩			
408-2	ϕ…mm 桩破坏荷载试验（ϕ…m）（暂定工程量）	每一试桩			
409-1	钢筋混凝土沉井				
-a	井壁混凝土（C…）	m^3			
-b	顶板混凝土（C…）	m^3			
-c	填芯混凝土（C…）	m^3			
-d	封底混凝土（C…）	m^3			
410-1	混凝土基础（包括支撑梁、桩基承台，但不包括桩基）	m^3			
410-2	混凝土下部结构	m^3			
410-3	现浇混凝土上部结构	m^3			
410-4	预制混凝土上部结构	m^3			
410-5	上部结构现浇整体化混凝土	m^3			
410-6	现浇混凝土附属结构	m^3			
410-7	预制混凝土附属结构	m^3			
411-1	先张法预应力钢丝	kg			
411-2	先张法预应力钢绞线	kg			
411-3	先张法预应力钢筋	kg			
411-4	后张法预应力钢丝	kg			
411-5	后张法预应力钢绞线	kg			
411-6	后张法预应力钢筋	kg			

续表

清单　第 400 章　桥梁、涵洞

子目号	子 目 名 称	单位	数量	单价	合价
411-3	先张法预应力钢筋	kg			
411-7	现浇预应力混凝土上部结构	m^3			
411-8	预制预应力混凝土上部结构	m^3			
413-1	浆砌片石				
-a	M…	m^3			
413-2	浆砌块石				
-a	M…	m^3			
413-3	浆砌料石				
-a	M…	m^3			
413-4	浆砌预制混凝土块				
-a	M…	m^3			
415-1	沥青混凝土桥面铺装（厚…mm）	m^2			
415-2	水泥混凝土桥面铺装（C…，厚…mm）	m^2			
415-3	防水层（厚…mm）	m^2			
416-1	矩形板式橡胶支座	个			
416-2	圆形板式橡胶支座	个			
416-3	球冠圆板式橡胶支座	个			
416-4	盆式支座	个			
416-5	球形支座	个			
417-1	橡胶伸缩装置	m			
411-2	模数式伸缩装置	m			
417-3	梳齿板式伸缩装置	m			
417-4	填充式材料伸缩装置	m			
419-1	单孔钢筋混凝土圆管涵（ϕ…m）	m			
419-2	双孔钢筋混凝土圆管涵（ϕ…m）	m			
419-3	钢筋混凝土圆管倒虹吸管（ϕ…m）	m			
420-1	钢筋混凝土盖板涵（…m×…m）	m			
420-2	钢筋混凝土箱涵（…m×…m）	m			
421-1	拱涵（…m×…m）	m			
421-2	拱形通道涵（…m×…m）	m			

清单第 400 章合计　人民币＿＿＿＿＿

表 2-5 工程量清单 第 500 章 隧道

清单 第 500 章 隧道					
子目号	子 目 名 称	单位	数量	单价	合价
502-1	洞口、明洞开挖				
-a	土方	m^3			
-b	石方	m^3			
-c	弃方超运	$m^3 \cdot km$			
502-2	防水与排水				
-a	M…浆砌片石截水沟	m^3			
-b	无纺布	m^2			
	…				
502-3	洞口坡面防护				
-a	M…级浆砌片石	m^3			
-b	C…喷射混凝土	m^3			
-c	种植草皮	m^2			
-d	锚杆	kg			
-e	钢筋网	kg			
502-4	洞门建筑				
-a	C…混凝土	m^3			
-b	M…浆砌粗料石（块石）	m^3			
-c	钢筋	kg			
502-5	明洞衬砌				
-a	C…混凝土	m^3			
-b	光圆钢筋（HPB235）	kg			
-c	带肋钢筋（HRB335）	kg			
	…				
502-6	遮光棚（板）				
-a	C…混凝土	m^3			
-b	光圆钢筋（HPB235）	kg			
-c	带肋钢筋（HRB335）	kg			
	…				
502-7	洞顶回填				
-a	回填土石方	m^3			
503-1	洞身开挖				

续表

清单　第500章　隧道					
子目号	子　目　名　称	单位	数量	单价	合价
-a	土方	m^3			
-b	石方	m^3			
-c	弃方超运	$m^3 \cdot km$			
503-2	超前支护				
-a	锚杆（规格）	m			
-b	小钢管（规格）	m			
-c	管棚（规格）	m			
-d	注浆小导管（规格）	m			
-e	型钢（规格型号）	kg			
	…				
503-3	初期支护				
-a	C…喷射钢纤维混凝土	m^3			
-b	C…喷射混凝土	m^3			
-c	注浆锚杆（规格）	m			
-d	锚杆（规格）	m			
-e	钢筋网	kg			
503-4	木材	m^3			
504-1	洞身衬砌				
-a	C…混凝土	m^3			
-b	C…防水混凝土	m^3			
-c	M…浆砌粗料石（块石）	m^3			
-d	光圆钢筋（HPB235）	kg			
-e	带肋钢筋（HRB335）	kg			
504-2	C…仰拱、铺底混凝土	m^3			
504-3	C…边沟、电缆沟混凝土	m^3			
504-4	洞室门（规格）	个			
504-5	洞内路面				
-a	C…混凝土（厚…mm）	m^2			
-b	光圆钢筋（HPB235）	kg			
-c	带肋钢筋（HRB335）	kg			
505-1	防水与排水				
-a	防水板	m^2			
-b	无纺布	m^2			

续表

清单 第500章 隧道

子目号	子目名称	单位	数量	单价	合价
-c	止水带	m			
-d	止水条	m			
-e	压注水泥水玻璃浆液	t			
-f	压注水泥浆液	t			
-g	压浆钻孔	m			
-h	排水管（ϕ…mm）	m			
	…				
506-1	洞内防火涂料				
-a	喷涂防火涂料	m^2			
506-2	洞内装饰工程				
-a	镶贴瓷砖	m^2			
-b	喷涂混凝土专用漆	m^2			
508-1	监控量测				
-a	必测项目（项目名称）	总额			
-b	选测项目（项目名称）	总额			
509-1	地质预报（探测手段）	总额			
510-1	预埋件				
-a	通风设施预埋件	kg			
-b	通信设施预埋件	kg			
-c	照明设施预埋件	kg			
-d	监控设施预埋件	kg			
-e	供配电设施预埋件	kg			
	…				
510-2	消防设施				
-a	供水钢管（铸铁管）（ϕ…mm）	m			
-b	消防洞室防火门	套			
-c	集水池	座			
-d	蓄水池	座			
-e	泵房	座			
	…				

清单第500章合计 人民币________

表 2-6　工程量清单　第 600 章　安全设施及预埋管线

清单　第 600 章　安全设施及预埋管线					
子目号	子　目　名　称	单位	数量	单价	合价
602-1	C…混凝土护栏	m			
602-2	单面波形梁钢护栏	m			
602-3	双面波形梁钢护栏	m			
602-4	活动式钢护栏	个			
602-5	波形梁钢护栏起、终端头				
-a	分设型圆头式端头	个			
-b	分设型地锚式端头	个			
-c	组合型圆端头	个			
602-6	缆索护栏				
-a	路侧缆索护栏	m			
-b	中央分隔带缆索护栏	m^3			
602-7	C…混凝土基础	m			
603-1	铁丝编织网隔离栅	m			
603-2	刺铁丝隔离栅	m			
603-3	钢板网隔离栅	m			
603-4	电焊网隔离栅	m			
603-5	桥上防护网	根			
603-6	钢筋混凝土立柱	根			
603-7	钢立柱	个			
604-1	单柱式交通标志	个			
604-2	双柱式交通标志	个			
604-3	三挂式交通标志	个			
604-4	门架式交通标志	个			
604-5	单悬臂式交通标志	个			
604-6	双悬臂式交通标志	个			
604-7	悬挂式交通标志里程碑	个			
604-8	里程碑	个			
604-9	公路界碑	个			
604-10	百米桩	个			
604-11	防撞桶	个			
605-1	热熔型涂料路面标线				

续表

清单　第600章　安全设施及预埋管线

子目号	子　目　名　称	单位	数量	单价	合价
-a	…	m^2			
605-2	溶剂常温涂料路面标线				
-a	…	m^2			
605-3	溶剂加热涂料路面标线				
-a	…	m^2			
605-4	水性涂料路面标线				
-a	…	m^2			
605-5	突起路标	个			
605-6	轮廓标				
-a	柱式轮廓标	m			
-b	附着式轮廓标	m			
605-7	立面标记	处			
605-8	锥形路标	个			
606-1	防眩板	块			
606-2	防眩网	m			
607-1	人（手）孔	个			
607-2	紧急电话平台	个			
607-3	管道工程				
-a	铺设…孔 ϕ…塑料管（钢管）管道	m			
-b	铺设…孔 ϕ…塑料管（钢管）管道	m			
-c	铺设…孔 ϕ…塑料管（钢管）管道	m			
-d	铺设…孔 ϕ…塑料管（钢管）管道	m			
-e	制作、安装过桥管箱（包括两端接头管箱）	m			
608-1	收费亭				
-a	单人收费亭	个			
-b	双人收费亭	个			
608-2	收费天棚	m^2			
608-3	收费岛				
-a	单向收费岛	个			
-b	双向收费岛	个			
608-4	地下通道（高×宽）	m			

续表

清单　第600章　安全设施及预埋管线

子目号	子 目 名 称	单位	数量	单价	合价
608-5	预埋管线				
-a	（管线规格）	m			
-b	（管线规格）	m			
608-6	架设管线				
-a	（管线规格）	m			
-b	（管线规格）	m			

清单第600章合计　人民币________

表 2-7　工程量清单　第 700 章　绿化及环境保护设施

清单　第 700 章　绿化及环境保护设施

子目号	子 目 名 称	单位	数量	单价	合价
702-1	开挖并铺设表土	m^3			
702-2	铺设利用的表土	m^3			
703-1	撒播草种	m^2			
703-2	铺植草皮				
-a	马尼拉草皮	m^2			
-b	美国二号草皮	m^2			
	…				
703-3	绿地喷灌管道	m			
704-1	人工种植乔木				
-a	香樟	棵			
-b	大叶樟	棵			
-c	杜英	棵			
	…				
704-2	人工种植灌木				
-a	夹竹桃	棵			
-b	木芙蓉	棵			
-c	春杜鹃	棵			
	…				
704-3	人工种植攀缘植物	棵			
706-1	吸、隔声板声屏障	m			
706-2	吸声砖声屏障	m^3			
706-3	砖墙声屏障	m^3			

清单第 700 章合计　人民币________

（2）计日工表（表 2-8～表 2-11）

计日工也称散工或点工，指在工程实施过程中，业主可能有一些临时性的或新增加的项目，而且这种临时的新增项目的工程量在招投标阶段很难估计，希望通过招投标阶段事先定价，避免开工后可能发生时出现的争端，故需要以计日工明细表的方法在工程量清单中予以明确。

表 2-8　计日工劳务计价表

编　号	子目名称	单位	暂定数量	单　价	合　价
101	班长	h			
102	普通工	h			
103	焊工	h			
104	电工	h			
105	混凝土工	h			
106	木工	h			
107	钢筋工	h			

劳务小计金额：________

（计入“计日工汇总表”）

表 2-9　计日工材料计价表

编号	子目名称	单　位	暂定数量	单　价	合　价
201	水泥	t			
202	钢筋	t			
203	钢绞线	t			
204	沥青	t			
205	木材	m^3			
206	砂	m^3			
207	碎石	m^3			
208	片石	m^3			

材料小计金额：________

（计入“计日工汇总表”）

表 2-10　计日工施工机械单价表

编　号	子目名称	单　位	暂定数量	单　价	合　价
301	装载机				
301-1	1.5m^3 以下	h			
301-2	1.5～2.5 m^3	h			
301-3	2.5 m^3以上	h			
302	推土机				
302-1	90kW 以下	h			
302-2	90～180kW	h			
302-3	180kW 以下	h			
	…				

施工机械小计金额：________

（计入“计日工汇总表”）

表 2-11 计日工汇总表

名 称	金 额	备 注
劳务		
材料		
施工机械		

计日工总计：________
（计入“投标报价汇总表”）

（3）暂估价表（表 2-12～表 2-14）

暂估价表包括材料暂估表、工程设备暂估表和专业工程暂估表。

表 2-12 材料暂估价表

序 号	名 称	单 位	数 量	单 价	合 价	备 注

表 2-13 工程设备暂估价表

序 号	名 称	单 位	数 量	单 价	合 价	备 注

表 2-14 专业工程暂估价表

序 号	专业工程名称	工程内容	金 额

小计：________

（4）投标报价汇总表（表 2-15）

工程量清单汇总表是将各章的工程细目表及计日工明细表进行总汇，再加上暂定金额而得出该项目的总报价，该报价与投标书中填写的投标总价一致。

表 2-15 投标报价汇总表

________（项目名称）________标段

序 号	章 次	科目名称	金额（元）
1	100	总则	
2	200	路基	
3	300	路面	
4	400	桥梁、涵洞	
5	500	隧道	

续表

序　号	章　次	科目名称	金额（元）
6	600	安全设施及预埋管线	
7	700	绿化及环境保护设施	
8	第 100 章～第 700 章清单合计		
9	已包含在清单合计中的材料、工程设备、专业工程暂估价合计		
10	清单合计减去材料、工程设备、专业工程暂估价合计（即 8－9＝10）		
11	计日工合计		
12	暂列金额（不含计日工总额）		
13	投标报价（8＋11＋12）＝13		

注：材料、工程设备、专业工程暂估价已包括在清单合计中，不应重复计入投标报价。

（5）工程量清单单价分析表（表 2-16）

表 2-16　工程量清单单价分析表

<table>
<tr><th rowspan="3">序号</th><th rowspan="3">编码</th><th rowspan="3">子目名称</th><th colspan="3">人工费</th><th colspan="6">材料费</th><th rowspan="3">机械使用费</th><th rowspan="3">其他</th><th rowspan="3">管理费</th><th rowspan="3">税费</th><th rowspan="3">利润</th><th rowspan="3">综合单价</th></tr>
<tr><th rowspan="2">工日</th><th rowspan="2">单价</th><th rowspan="2">金额</th><th colspan="4">主　材</th><th rowspan="2">辅材费</th><th rowspan="2">金额</th></tr>
<tr><th>主材耗量</th><th>单位</th><th>单价</th><th>主材费</th></tr>
<tr><td></td><td></td><td></td><td></td><td></td><td></td><td></td><td></td><td></td><td></td><td></td><td></td><td></td><td></td><td></td><td></td><td></td><td></td></tr>
<tr><td></td><td></td><td></td><td></td><td></td><td></td><td></td><td></td><td></td><td></td><td></td><td></td><td></td><td></td><td></td><td></td><td></td><td></td></tr>
<tr><td></td><td></td><td></td><td></td><td></td><td></td><td></td><td></td><td></td><td></td><td></td><td></td><td></td><td></td><td></td><td></td><td></td><td></td></tr>
</table>

第二节　公路工程工程量清单编制

一、工程量清单的编制

工程量清单包括分部分项工程量清单、措施项目清单和其他项目清单，分部分项工程量清单的内容的是构成实体工程项目的组成，其编制要坚持以下原则。

1. 编制要贯彻“四统一”原则

分部分项工程量清单的编制，首先要贯彻附录中规定的“四统一”原则，即统一项目编码、统一项目名称、统一计量单位、统一计算，进行编制。

（1）项目编码

项目编码是为工程造价信息全国共享而设的，要求全国统一。

（2）设置项目名称

项目名称设置要规范，即清单项目名称一定要按计价规范附录的规定设置，不能各行其是。

项目的设置或划分是以形成工程实体为原则，它也是计量的前提。因此项目名称均以工程实体命名。项目设置的另一个原则是不能重复，完全相同的项目，只能相加后列一项，用同一编码，即一个项目只有一个编码，只有一个对应的综合单价。

（3）计量单位

“计价规范”附录按国际惯例，工程量清单的计量单位均采用基本单位计量，编制清单或清单报价时一定要以“计价规范”附录中规定的计量单位计量，这也是“计价规范”要求“四统一”的第三个统一，必须严格遵守。

长度计量采用“m”为单位；

面积计量采用“m^2”为单位；

重量计量采用“kg”为单位；

体积和容积计量采用“m^3”为单位；

自然计量单位有“台”、“套”、“个”、“棵”……

（4）工程量计算规则

“计价规范”附录每一个清单项目都有一个相应的工程量计算规则，这个规则全国统一。

2. 项目特征

项目的特征按不同的工程部位、施工工艺或材料品种、规格等分别列项。凡项目特征中来描述到的其他独有特征，由清单编制人视项目具体情况编制。

它是用附录该项目所对应的“工程内容”中应完成的工程来描述项目的，将完成该项目的全部内容体现在清单上，不能有遗漏，以便投标人报价。如果因描述不清而引发纠纷，将以清单的描述论责任，而不是以附录提示的“工程内容”评定。

计价规范每一清单条目，项目特征不尽相同，都有其特定的含义，对特征的理解要对应不同的主页来理解。

3. 工程内容

工程内容是指完成该清单项目可能发生的具体工程。以建筑工程的砖墙为例，可能发生的具体工程有塔拆内墙脚手架、运输、砌砖、勾缝等。

凡工程内容中未列的其他具体工程，由清单编制人视项目具体情况编制，投标人按招标文件或图纸要求，以完成清单项目为准，包含在报价中。

未列的清单项目计量规则与清单项目设置，可按本规则的原则进行补充，补充项目报有关部门备案。

4. 列工程清单项目

根据设计图纸、工程量清单计量规则、消耗量定额、工程量清单表等，按顺序列出全部需要编制预算的建设工程项目。注意，这里所指的项目是设计图纸中所包含的，又与消耗量定额相对应的那些项目，当然，消耗量定额中没有图纸上有的分项内容也须列出。通常称所列的工程量清单项目为分项、子项或子目。

（1）列工程子项时应掌握的基本原则

既不能对列、错列，也不能少列、漏列。具体列项如下：

①凡图纸上有的工程内容，规范和定额中也有相应子目，列子项；

②凡图纸上有的工程内容，而规范和定额中却无相应子目，也要列项；

③当图纸上无而定额中有的，不得列子项。

（2）子项工程名称

当图纸的构造做法、所用材料、规格与定额规定完全相同时，则列出定额所示子目名称及其编号；当定额规定内容及做法与图纸要求不完全相符时，应按图纸列出子项名称，并在定额编号的右下角加一个脚注“换”字或“＊”，以示该子项应按定额中的工程量计算规则，仔细认真的逐项计算。

5. 工程量计算

（1）认真细致逐项计算工程量，保证实物量的准确性。

计算工程量的工作是一项枯燥烦琐且花费时间长的工作，需要计算人员耐心细致，一丝不苟，努力将误差减小到最低限度。在计算时首先应熟悉和读懂设计图纸及说明，以工程所在地定额进行项目划分及其工程量计算规则为依据，根据工程现场情况，考虑合理的施工方法和施工机械，分部分项地逐项计算工程量。定额子目的确定必须明确。对于工程内容及工序符合定额，按定额项目名称；对于大部分工程内容及工序附和定额，只是局部材料不同，而定额允许换算者，应加以注明，如运距、强度等级、厚度断面等；对于定额缺项须补充增加的子目，应根据图纸内容做补充，补充的子目应力求表达清楚以免影响报价。

（2）认真进行全面复核，确保清单内容符合实际，科学合理

清单准确与否，关系到工程投资的控制。此清单编制完成后应认真进行全面复核。可采用如下方法：

①技术经济指标复核法。将编制好的清单进行套定额计价从工程造价指标，主要材料消耗量指标，主要工程量指标等方面与同类建筑工程进行比较分析。在复核时，要选择与此工程具有相同或相似结构类型、建筑形式、装修标准、层数等的以往工程，将上述几种技术经济指标逐一比较，如果出入不大，可判定清单基本正确，如果出入较大则应引起注意，那就按图纸在各分部中查找原因。用技术经济指标复核法可从宏观上判断清单是否大致准确。

②利用相关工程量之间的关系复核，如：外墙装饰面积＝外墙面积－外墙门窗面积

③仔细阅读建筑说明、结构说明及各节点详图，从中可以发现一些疏忽和遗漏的项目，及时补足。核对清单定额子目名称是否与设计相同，表达是否明确清楚，有无错漏项。

6. 确定工程技术措施和其他的措施项目

根据工程情况、建筑构造做法以及施工方法等的具体要求，确定措施项目和其他项目的名称、计量单位，并计算所需措施的数量额度。

措施费项目的设置更要从实际出发，结合国家的质量、安全等方面的法则、政策，合理列项，并全面详细地说明具体应包含的工作内容。

7. 行政事业性收费和税金只要按国家规定列出即可

总之，清单的编制一定要符合招标文件和规范的要求，每一个子目的工作内容与工作要求应表述准确与完整，应做到不多算，不少算，不漏算，重要的是不留缺口，以防止日后的工程造价追加。

二、工程量清单的价格编制

投标报价，按照工程量清单计价办法和招标文件的有关规定，依据发包人提供的工程量

清单，施工设计图纸，施工现场情况，施工方案，企业定额及市场价格或参照造价管理部门公布的《建设工程消耗量定额》，建设行政主管部门和工程造价主管机构的有关规定，并自行考虑风险情况等进行编制。

工程量清单计价的工程总造价，由工程量清单项目费、措施项目费、其他项目费、规费、税金组成（利润已包含在各综合单价内），见表 2-17。

表 2-17 工程造价计价程序表

序号	名 称	计算方法	备 注
1	工程量清单项目费	（清单的工程量的综合单价）	工程量清单项目费是指为完成施工设计图纸所要求的且在工程量清单列出的各分部分项工程量所需的费用 综合单价是指完成单位分部分项工程量清单项目所需的各项费用。它包括完成该工程量清单项目所发生的人工费、材料费、机械费、管理费利润等。除招标文件或合同约定外，结算不得调整
2	措施项目费	措施工程费用	措施项目费是指工程量清单中，除工程清单项目费以外，为保证工程顺利进行按照国家现行有关建筑规范、规程要求必须配套完成的工程内容所需的费用，除招标文件或合同约定外，结算不得调整
3	其他项目费	（其他项目单价）	其他项目清单应根据拟建工程的具体情况，参照下列内容列项：预留金、材料购置费、总承包服务费、零星工作项目费等
4	行政事业性收费或称规费	1＋2＋3	行政事业性收费是指经国家和市政批准，列入工程造价的费用。根据规定计算，按规定足额上缴
5	不含税工程造价	1＋2＋3＋4	
6	税金	5×费率	税金是指按照税收法律、法则的规定列入工程造价的费用
7	含税工程造价	5＋6	

三、采用工程量清单计价法与传统定额计价法的差别

“工程量清单计价规范”在编制过程中，应该以现行定额为基础，特别是在项目划分、计量单位、工程量计算规则等方面，应尽可能多地与现行定额衔接。但在采用《计价规范》编制造价时，还是要减少现行定额对工程量清单计价的影响。这是因为传统的定额计价法有许多不适应“计价规范”编制指导思想的，它们之间存在着不适应对工程造价合理确定和有效控制的差别，具体的差别主要有以下几点：

1. 编制工程量的单位不同

传统定额预算计价办法是：建设工程的工程量由招标单位和投标单位分别按图计算。工程量清单计价是：工程量由招标单位统一计算或由工程造价咨询资质单位统一计算，“工程量清单”是招标文件的重要组成部分，各投标单位按照招标人提供的“工程量清单”，根据自身的技术装备、施工经验、企业成本、企业定额、管理水平自主填写报价单。

2. 表现形式不同

采用传统的定额预算计价法一般是总价形式。工程量清单报价法采用综合单价形式，综合单价包括人工费、材料费、机械使用费、管理费、利润，并考虑风险因素。工程量清单报

价具有直观、单价相对固定的特点，工程量发生变化时，单价一般不作调整。

3. 编制的依据不同

传统的定额预算计价法依据图纸、人工、材料、机械台班单价依据工程造价管理部门发布的价格信息进行计算。工程量清单报价法，根据建设部第107号令规定，标底的编制根据招标文件中的工程量清单和有关要求、施工现场情况、合理的施工方法以及按建设行政主管部门制定的有关工程造价计价办法编制。企业的投标则根据企业定额或参照建设行政主管部门发布的社会平均消耗量定额和市场价格信息来编制投标书。

4. 费用组成不同

传统预算定额计价法的工程造价由直接工程费乘以一定的百分比、间接费、利润、税金组成。而工程量清单计价法工程造价是由分部分项工程量、措施项目费、其他项目费所构成的，并将工程实体消耗与施工措施实施分离，让施工企业的施工技术（措施）在竞争中充分得以体现。

5. 评标采用的办法不同

传统预算定额计价投标一般只对投标总价进行评审，且以社会平均单价水平为标准来决定中标人。而现在工程量清单计价法，不仅对投标总价进行评审，还要对分部分项工程量报价、措施项目费报价、其他项目费用报价逐一进行对比分析，为实施经评审的最低投标价竞标创造条件。

6. 项目编码不同

采用传统的预算定额项目编码，全国各省市自行编制，无法统一。而采用工程量清单计价，实现了全国统一编码、统一项目名称、统一计量单位、统一计算规则的“四统一”，这样为形成全国大市场奠定了基础。

7. 合同价调整方式不同

传统的定额预算计价合同调整方式有：变更签证、定额解释、政策性调整。工程量清单计价法合同价调整方式主要是索赔。工程量清单的综合单价一般通过招标中报价的形式体现，一旦中标，报价作为签订施工合同的依据相对固定下来，工程结算按承包商实际完成工程量乘以清单中相应的单价计算，减少了调整活口。采用传统的预算定额经常有这个定额解释、那个定额规定，结算中又有政策性文件调整。工程量清单计价单价不能随意调整。

8. 索赔事件增加

因为承包商对工程量清单单价包含的工作内容一目了然，所以凡建设方不按清单内容施工的，任意要求改清单的，都会增加施工索赔的因素。

第三章 路基工程计量与计价

第一节 路基工程定额工程量计量

路基工程包括路基土石方工程、路基排水工程、软土地基处理工程等项目。

路基工程按开挖的难易程度将土壤、岩石分为六类。

土壤分为三类：松土、普通土、硬土。

岩石分为三类：软石、次坚石、坚石。

土、石分类与六级土、石分类和十六级土、石分类对照见表 3-1。

表 3-1 土、石分类与六级土、石分类和十六级土、石分类对照

本定额分类	松土	普通土	硬土	软石	次坚石	坚石
六级分类	Ⅰ	Ⅱ	Ⅲ	Ⅳ	Ⅴ	Ⅵ
十六级分类	Ⅰ～Ⅱ	Ⅲ	Ⅳ	Ⅴ～Ⅵ	Ⅶ～Ⅸ	Ⅹ～ⅩⅥ

一、路基土、石方工程

1. 工程量计算规则

(1) 土石方体积的计算。除定额中另有说明者外，土方挖方按天然密实体积计算，填方按压（夯）实后的体积计算，石方爆破按天然密实体积计算。当以填方压实体积为工程量，采用以天然密实方为计量单位的定额时，所采用的定额应乘以表 3-2 中的系数。

表 3-2 土、石方换算系数表

土类 / 公路等级	土方			石方
	松土	普通土	硬土	
二级及二级以上公路	1.23	1.16	1.09	0.92
三、四级公路	1.11	1.05	1.00	0.84

其中推土机、铲运机施工土方的增运定额按普通土栏目的系数计算，人工挖运土方的增运定额和机械翻斗车、手扶拖拉机运输土方、自卸车运输土方的运输定额在上表的基础上增加 0.03 的土方运输损耗，但弃方运输不应计算运输损耗。

(2) 零填及挖方地段基底压实面积等于路槽底面宽度（m）和长度（m）的乘积。

(3) 抛坍爆破的工程量，按抛坍爆破设计计算。

(4) 整修边坡的工程量，按公路路基长度计算。

【例 3-1】 某一二级公路路段挖方 1000m^3（其中松土 200m^3，普通土 600m^3，硬土 200m^3），填方数量为 1200m^3。本断面挖方可利用方量为 900m^3（松土 100m^3、普通土

600m³、硬土 200m³），远运利用方量为普通土 200m³（天然方）。

解：

本桩利用方（压实方）为： 100/1.23+600/1.16+200/1.09=782（m³）

远运利用方（压实方）为： 200/1.16=172（m³）

借方（压实方）为： 1200−782−172=246（m³）

弃方（天然方）为： 100m³

上例的挖方、填方、本桩利用方、远运利用方、借方、弃方均引自施工图设计"路基土石方数量计算表"。

2. 下列数量应由施工组织设计提出，并入路基填方数内计算。

（1）清除表土或零填方地段的基底压实、耕地填前夯（压）实后，回填至原地面标高所需的土、石方数量。

（2）因路基沉陷需增加填筑的土、石方数量。

（3）为保证路基边缘的压实度须加宽填筑时，所需的土、石方数量。

【例 3-2】 某高速公路路基工程，全长 20km，按设计断面计算的填缺为 600000m³，无利用方，平均填土高度为 5.0m，平均边坡长度为 10.5m，宽填厚度 0.2m，路基平均占地宽 45m，路基占地及取土坑均为耕地，土质为Ⅲ类土，填前以 12t 压路机压实耕地。试计算：

①填前压实增加土方量为多少？

②路基宽填增加土方量多少？

解：

①填前压实耕地增加的土方量

先计算天然土因压实而产生的沉降量 h：

$$h=p/c$$

式中 h——天然土因压实而产生的沉降量（cm）；

p——有效作用力(N/cm^2)，一般按 12～15t 压路机的有效作用力 $p=66kN/cm^2$ 计算；

c——土的抗沉陷系数（N/cm^3），其值见表 3-3。

表 3-3 各种原状土的 c 值参考表

原状土名称	c（N/cm^3）	原状土名称	c（N/cm^3）
沼泽土	1～1.5	大块胶结的砂、潮湿黏土	3.5～6.0
凝滞土、细粒砂	1.8～1.5	坚实的黏土	10.0～12.5
松砂、松湿黏土、耕土	2.5～3.5	泥灰石	13.0～18.0

根据表 3-3 查得 $c=3.5N/cm^3$，$p=66cm^2$。

由公式算得：$h=66/3.5=18.86$（cm）

碾压天然土地面的面积乘以沉降量就是需增加的填方数量。即：

$$Q=F\cdot h$$

式中 Q——增加的填方数量（m³）；

F——填前压（夯）实的天然土的地面面积（m²）；

h——沉降量（m）。

$$Q=45\times 20000\times 0.186=169740\ (\mathrm{m}^3)$$

②路基宽填增加土方量

填筑路堤时，为保证路基边缘有足够的压实度，一般在施工时需超出设计宽度填筑，为使路基边缘达到压实标准，设计时应根据具体情况予以增加。《公路路基施工技术规范》（JTG F10—2006）明确规定："整修用机械填筑的路堤表面时，应将其两侧超填的宽度切除超填宽度的允许值为：砂性土 0.20～0.30m，粉性土 0.15～0.20m，黏性土 0.10～0.20m"。

路基因加宽所应增加的土石方数量采用机械碾压时，路基每边加宽的填筑宽度视路堤填筑高度而定，通常在 20～50cm 之间，路基加宽填筑部分如需清除时，按土方运输定额计算。需填宽的土方量一般可用下列公式计算：

宽填土方量＝填方区边缘全长×边坡平均坡长×宽填厚度

由此得路基宽填增加土方量$=10.5\times 20000\times 0.2\times 2=84000\ (\mathrm{m}^3)$

3. "人工挖运土方"、"人工开炸石方"、"机械打眼开炸石方"、"抛坍爆破石方" 等定额中，已包括开挖边沟消耗的人工、材料和机械台班数量。因此，开挖边沟的数量应合并在路基土、石数量内计算。

4. 各种开炸石方定额中，均已包括清理边坡工作。

5. 机械施工土、石方，挖方部分因机械达不到而需由人工完成的工程量应由施工组织设计确定。其中，人工操作部分按相应定额乘以 1.15 的系数。

6. 抛坍爆破石方定额按地面横坡坡度划分，地面横坡变化复杂，为简化计算，凡变化长度在 20m 以内，以及零星变化长度累计不超过设计长度的 10%时，可并入附近路段计算。

抛坍爆破的石方清运及增运定额，系按设计数量乘以（1－抛坍率）编制。

7. 自卸汽车运输路基土、石方定额项目和洒水汽车洒水定额项目，仅适用于平均运距在 15km 以内的土、石方或水的运输，当平均运距超过 15km 时，应按社会运输的有关规定计算其运输费用。当运距超过第一个定额运距单位时，其运距尾数不足一个增运定额单位的半数不计算，等于或超过半数时按一个增运定额运距单位计算。

8. 路基加宽填筑部分如需清除时，按刷坡定额中普通土子目计算；清除的土方如需远运，按土方运输定额计算。

【例 3-3】 某路基工程采用挖掘机挖装土方，机械无法操作之处需采用人工挖装土方，其工程量 $6500\mathrm{m}^3$，并查得其定额表的定额值为 21.5 工日/$100\mathrm{m}^3$ 天然密实土，试问实际采用的计算定额值为多少？其所需劳动量为多少？

解：

根据题意可知，人工挖装土方的工程量 $6500\mathrm{m}^3$ 是由施工组织设计提供的。

实际采用的计算定额值为相应定额值乘以 1.15 系数，即 $21.5\times 1.15=24.73$（工日/$100\mathrm{m}^3$）天然密实土

所需总劳动量 $6500\times 24.73\div 100=1607.45$（工日）

二、排水工程

1. 工程量计算规则：

（1）砌筑工程的工程量为砌体的实际体积，包括构成砌体的砂浆体积。

(2) 预制混凝土构件的工程量为预制构件的实际体积，不包括预制构件空心部分的体积。

(3) 挖截水沟、排水沟的工程量为设计水沟断面积乘以水沟长度与水沟圬工体积之和。

(4) 路基盲沟的工程量为设计设置盲沟的长度。

(5) 轻型井点降水定额按50根井管为一套计算。井点使用天数按日历天数计算，使用时间按施工组织的设计来确定。

2. 边沟、排水沟、截水沟的挖基费用按人工挖截水沟、排水沟定额计算，其他排水工程的挖基费用按土、石方工程的相关定额计算。

3. 边沟、排水沟、截水沟、急流槽定额均未包括垫层的费用，需要时按有关定额另行计算。

4. 雨水箅子的规格与定额不同时，可按设计用量抽换定额中铸铁箅子的消耗。

三、路基软基处理工程

1. 袋装砂井及塑料排水板处理软土地基，工程量为设计深度，定额材料消耗中已包括砂袋或塑料排水板的预留长度。

2. 振冲碎石桩定额中不包括污泥排放处理的费用，需要时另行计算。

3. 挤密砂桩和石灰桩处理软土地基定额的工程量为设计桩长。

4. 粉体喷射搅拌桩拌合高压旋喷桩处理软土地基定额的工程量设计桩长。

5. 高压旋喷桩定额中的浆液是按普通水泥浆编制的，当设计采用添加剂或水泥用量与定额不同时，可按设计要求进行抽换。

6. 土工布的铺设面积为锚固沟外边缘所包围的面积，包括锚固沟的底面积和侧面积。定额中不包括排水内容，需要时另行计算。

7. 强夯定额适用于处理松、软的碎石土、砂土、低饱和度的粉土与黏性土、湿陷性黄土、杂填土和素填土等地基。定额中已综合考虑夯坑的排水费用，使用定额时不得另行增加费用。夯击遍数应根据地基土的性质由设计确定，低能量满夯不能作为夯击遍数计算。

8. 堆载预压定额中包括了堆载四面的放坡、沉降观测、修坡道增加的工、料、机消耗以及施工中测量放线、定位的工、料消耗，使用定额时均不得另行计算。

四、其他需要说明的部分

1. 洒水汽车洒水定额中的水不计费用，若用水需计水费时，应按相应的水价另行计算。

2. 凡工作内容中未包括运输，而又需要有运输配合时，运输按有关的定额另行计算。

3. 路基碾压定额中编制了推土机推平土方及平地机摊平土方两种方式，推土机的台班数量列于括号内。推土机及平地机不可同时选用，定额基价是按平地机计算的。对零填及挖方路段路基，只考虑铺设高等级路面的情况。如三、四级公路铺设高等级路面，按二级公路取定，对铺设低等级路面的公路，不考虑压实。

【例3-4】 某标段高速公路路基土石方设计，无挖方，按断面计算的填方数量为201000m^3，平均填土高度5.0m，边坡坡度1∶1.5。本标段路线长度6km，路基宽度为26m，地面以上范围内填方中40%从其他标段调用，平均运距为3000m，其他为借方，平均运距为 2000m（均按普通土考虑）。为保证路基边缘的压实度须加宽铺筑，宽填宽度为 50cm，完工后要刷坡但不远运。假设填前压实沉陷厚度为 15cm，土的压实干密度为 $1.4t/m^3$。自然土的含水量约低于其最佳含水量 2%，水的平均运距为 1km。

列出编制本项目土、石方施工图预算所需的工程细目、定额代号、单位、数量等内容，并填入表格，见表 3-4，需要时应列式计算。

解： 1. 路基填前压实沉陷增加数量：$6000\times(26+5\times1.5\times2)\times0.15=36900(m^3)$

2. 路基宽填增加数量：$6000\times0.5\times2\times5=30000(m^3)$

3. 实际填方数量：$201000+30000+36900=267900(m^3)$

4. 利用方数量：$201000\times40\%=80400(m^3)$

5. 借方数量：$267900-80400=187500(m^3)$

6. 填前压实数量：$6000\times(26+5\times1.5\times2)=246000(m^2)$

7. 土方压实需加水数量：$267900\times1.4\times2\%=7501(m^2)$

8. 整修路拱数量：$6000\times26=156000(m^2)$

表 3-4 土、石方工程细目、定额代号表

序号	工程细目		定额代号	单位	数量	定额调整系数
1	$3m^3$ 装载机装土（利用方）		10110003	$1000m^3$	80.4	1.16
2	15t 自卸汽车运土方（借方）	第一个 1km	10111021	$1000m^3$	80.4	1.19
3		增运 2km	10111022	$1000m^3$	80.4	1.19×4
4	$2m^3$ 装载机装土（借方）		10109008	$1000m^3$	187.5	1.16
5	15t 自卸汽车运土方（借方）	第一个 1km	10111021	$1000m^3$	187.5	1.19
6		增运 2km	10111022	$1000m^3$	187.5	1.19×2
7	土方碾压		10118004	$1000m^3$	267.9	
8	土方洒水（8000L 洒水车）		10122009	$1000m^3$	7.501	
9	耕地填前压实		10105004	$1000m^3$	246	
10	刷坡		10121002	$100m^3$	300	
11	整修路拱		10120001	$1000m^3$	156	
12	整修边坡		10120003	1km	6	

【例 3-5】 某平原微丘区二级公路，路线总长度为 30km，其路基土、石方工程的设计资料见表 3-5，试确定：

1. 路基设计断面方、计价方数量。

2. 若编制年工程所在地的各项预算价格，以定额基价为基础上调 10%计算，编制该路基土、石方的施工图预算建筑安装工程费（注：其他工程费和间接费不计）。

表 3-5 路基土、石方工程的设计资料

序号	项目名称	单位	数量	附注
1	本桩利用土方	m^3	22000	硬土
2	远运利用土方	m^3	48000	硬土、运距 250m

续表

序　号	项目名称	单　位	数　量	附　注
3	借土方	m^3	620000	硬土、运距40m
4	填土方	m^3	690000	
5	本桩利用方	m^3	9000	软石
6	远运利用石方	m^3	77000	软石、运距200m
7	填石方	m^3	93478	

解：根据已知条件给定的工程量，经分析后发现：

土方中填方（$690000m^3$）：利用方（$22000m^3+48000m^3$）＋借方（$620000m^3$），说明土方是平衡的，也就是说已知条件给定的工程量均为压实方。而石方：填方（$93478m^3$）大于利用方（$9000m^3+77000m^3$），假如已知条件给定的工程量均为压实方，则说明需要借石填筑，显然是不合理的，也不符合公路工程常规要求。假如已知条件给定工程量利用方是天然密实方，是否平衡呢？计算发现如果利用石方是天然密实方是平衡的，即说明已知条件给定的土方部分是压实方，而石方部分利用方是天然密实方，填方是压实方。

1. 设计断面方、计价方数量

(1)设计断面方数量＝挖方数量＋填方数量

挖土方数量：(22000＋48000)×1.09＝76300（m^3）

挖石方数量：9000＋77000＝86000（m^3）

填方数量：690000＋93478＝783478m（m^3）

断面方数量：76300＋86000＋783478＝954778（m^3）

(2) 计价方数量

计价方数量＝挖方数量＋借方数量：

76300＋86000＋620000＝782300（m^3）

或　945778－22000－48000－(9000＋77000)÷0.92＝782300（m^3）

2. 建筑安装工程费

(1) 定额基价见表3-6；

(2) 直接费：13511397×(1＋10%)＝14862537（元）

(3) 利润：14862537×7%＝1040378（元）

(4) 税金：(14862537＋1040378)×3.41%＝542289（元）

(5) 建筑安装工程费：14862537＋1040378＋542289＝16445204（元）

表3-6　定额基价表

项目名称	定额代号	单　位	数　量	基　价	调整系数	定额直接费
135kW推土机推土（第一个20m）	10112015	$1000m^3$	22	2199	1.09	52732
135kW推土机推土（增运10m）	10112016	$1000m^3$	22	521	1.09	12494
$8m^3$铲运机铲土（第一个100m）	10113003	$1000m^3$	48	3650	1.09	190968
$8m^3$铲运机铲土（增运150m）	10113004	$1000m^3$	48	434	1.09×3	68121
135kW推土机推松集土	10112015	$1000m^3$	620	2199	1.09×0.8	1188867

续表

项目名称	定额代号	单 位	数 量	基 价	调整系数	定额直接费
$2m^3$ 装载机装土	10110002	$1000m^3$	620	1001	1.09	676476
12t 自卸汽车运土（第一个 1km）	10111009	$1000m^3$	620	4952	1.12	3653586
12t 自卸汽车运土（增运 3km）	10111010	$1000m^3$	620	686	1.12×6	3036785
15t 振动压路机碾压土方	10118009	$1000m^3$	690	3218		2220420
135kW 推土机推石（第一个 20m）	10115024	$1000m^3$	9	8944		80496
135kW 推土机推石（增运 10m）	10115027	$1000m^3$	9	1195		10755
135kW 推土机推石（第一个 20m）	10115024	$1000m^3$	77	8944	0.8	688688
1 m^3 装载机装石	10110004	$1000m^3$	77	1585		122045
机动翻斗车运石（第一个 100m）	10108002	$1000m^3$	77	6453		496881
机动翻斗车运石（增运 100m）	10108004	$1000m^3$	77	389		29953
15t 振动压路机碾压石方	10118020	$1000m^3$	93.478	4724		441590
整修路拱	10120001	$1000m^2$	360	121		43560
整修边坡	10120003	1km	30	16566		496980
合 计						13511397

第二节 路基工程清单项目工程量计量

根据《公路工程工程量计量规则》，路基工程包括：清理与挖除、路基挖方、路基填方、特殊地区路基处理、排水设施、边坡防护、挡土墙、挂网坡面防护、预应力锚索及锚固板、抗滑桩、河床及护坡铺砌工程。

一、场地清理

工作内容为公路用地范围及借土场范围内施工场地的清理、拆除和挖掘，以及必要的平整场地等有关作业。

1. 工程量清单计量规则（表 3-7）

表 3-7 场地清理工程量清单计量规则

项	目	节	细目	项目名称	项目特征	计量单位	工程量计算规则	工 程 内 容
二				路基				第 200 章
	2			场地清理				第 202 节
		1		清理与掘除				
			a	清理现场	1. 表土 2. 深度	m^2	按设计图表所示，以投影平面面积计算	1. 清除路基范围内所有垃圾 2. 清除草皮或农作物的根系与表土（10～30cm 厚） 3. 清除灌木、竹林、树木（胸径小于 150mm）和石头 4. 废料运输及堆放 5. 坑穴填平夯实

续表

项	目	节	细目	项目名称	项目特征	计量单位	工程量计算规则	工程内容
			b	砍树、挖根	胸径	棵	按设计图所示胸径（离地面 1.3m 处的直径）大于 150mm 的树木，以累计棵数计算	1. 砍树、截锯、挖根 2. 运输堆放 3. 坑穴填平夯实
		2		挖除旧路面				
			a	水泥混凝土路面	厚度	m²	按设计图所示，以面积计算	1. 挖除、坑穴回填、压实 2. 装卸、运输、堆放
			b	沥青混凝土路面				
			c	碎（砾）石路面				
		3		拆除结构物				
			a	钢筋混凝土结构	形状	m³	按设计图所示，以体积计算	1. 拆除、坑穴回填、压实 2. 装卸、运输、堆放
			b	混凝土结构				
			c	砖、石及其他砌体结构				

2. 计量与支付

（1）计量

①施工场地清理的计量应按监理人书面指定的范围（路基范围以外临时工程用地清场等除外）进行验收。现场实地测量的平面投影面积以平方米计量。现场清理包括路基范围内的所有垃圾、灌木、竹林及胸径小于 100mm 的树木、石头、废料、表土（腐殖土）、草皮的铲除与开挖。借土场的场地清理与拆除（包括临时工程）均应列入土方单价之内，不另行计量。

②砍伐树木仅计胸径（即离地面 1.3m 高处的直径）大于 100mm 的树木，以棵计量，包括砍伐后的截锯、移运（移运至监理人指定的地点）、堆放等一切有关作业；挖除树根以棵计量，包括挖除、移运、堆放等一切有关的作业。

③挖除旧路面（包括路面基层）应按不同结构类型的路面以平方米计量；拆除原有公路结构物应分别按结构物的类型，依据监理人现场指示范围和量测方法量测，以立方米计量。

④所有场地清理、拆除与挖掘工作的一切挖方、坑穴的回填、整平、压实，以及适用材料的移运、堆放和废料的移运处理等作业费用均含入相关子目单价之中，不另行计量。

（2）支付

按上述规定计量，经监理人验收并列入工程量清单的以下支付子目的工程量，其每一计量单位，将以合同单价支付。此项支付包括材料、劳力、设备、运输等及其为完成此项工程所必需的全部费用。

（3）支付子目（表 3-8）

表 3-8 支 付 子 目

子目号	子目名称	单 位	子目号	子目名称	单 位
202-1	清理与掘除		-b	沥青混凝土路面	m^2
-a	清理现场	m^2	-c	碎石路面	m^2
-b	砍伐树木	棵	202-3	拆除结构物	
-c	挖除树根	棵	-a	钢筋混凝土结构	m^3
202-2	挖除旧路面		-b	混凝土结构	m^3
-a	水泥混凝土路面	m^2	-c	砖、石及其他砌体结构	m^3

二、挖方路基

工作内容为挖方路基施工和边沟、截水沟、排水沟以及改河、改渠、改路等开挖有关作业。

1. 工程量清单计量规则（表 3-9）

表 3-9 挖方路基工程量清单计量规则

项	目	节	细目	项目名称	项目特征	计量单位	工程量计算规则	工 程 内 容
	3			挖方				第 203 节、第 206 节
		1		路基挖方				
			a	挖土方	1. 土壤类别 2. 运距	m^3	按路线中线长度乘以核定的断面面积（扣除 10～30cm 厚清表土及路面厚度），以开挖天然密实体积计算	1. 施工防、排水 2. 开挖、装卸、运输 3. 路基顶面挖松压实 4. 整修边坡 5. 弃方和剩余材料的处理（包括弃土堆的堆置、整理）
			b	挖石方	1. 岩石类别 2. 爆破要求 3. 运距	m^3	按路线中线长度乘以核定的断面面积（扣除 10～30cm 厚清表土及路面厚度），以开挖天然密实体积计算	1. 施工防、排水 2. 石方爆破、开挖、装卸、运输 3. 岩石开凿、解小、清理坡面危石 4. 路基顶面凿平或填平压实 5. 整修路基 6. 弃方和剩余材料的处理（包括弃土堆的堆置、整理）
			c	挖除非适用材料（包括淤泥）	1. 土壤类别 2. 运距	m^3	按设计图所示，以体积计算（不包括清理原地面线以下 10～30cm 以内的表土）	1. 围堰排水 2. 挖装 3. 运弃（包括弃土堆的堆置、整理）

续表

项	目	节	细目	项目名称	项目特征	计量单位	工程量计算规则	工 程 内 容
		3		借土挖方				
			a	借土（石）方	1. 土壤类别 2. 爆破要求 3. 运距（图纸规定）	m^3	按设计图所示经监理工程师验收的取土场借土或经监理工程师批准由于变更引起增加的借土，以体积计算（不包括借土场表土及不适宜材料）	1. 借土场的表土清除、移运、整平、修坡 2. 土方开挖（或石方爆破）、装运、堆放、分理填料 3. 岩石开凿、解小、清理坡面危石
			b	借土（石）方增（减）运费	1. 土壤类别 2. 超运里程	$m^3 \cdot km$	按设计图所示，经监理工程师批准变更或增加的取土场导致借方超过（或低于）图纸规定运距，则增加或减少借方的运量，按该部分借土的数量乘以增加或减少超运里程计算	借方增（减）运距

有关问题的说明及提示：

(1) 路基石方的界定。用不小于 165kW（220 匹马力）推土机单齿松土器无法勾动，须用爆破、钢楔或气钻方法开挖，且体积大于或等于 $1m^3$ 的孤石为石方。

(2) 土石方体积用平均断面积法计算。但与似棱体公式计算方式计算结果比较，如果误差超过 5%时，采用似棱体公式计算。

(3) 路基挖方以批准的路基设计图纸所示界限为限，均以开挖天然密实体积计量。其中包括边沟、排水沟、截水沟、改河、改渠、改路的开挖。

(4) 挖方作业应保持边坡稳定，应做到开挖与防护同步施工，如因施工方法不当，排水不良或开挖后未按设计及时进行防护而造成的塌方，则塌方的清除和回填由承包人负责。

(5) 借土挖方按天然密实体积计量，借土场或取土坑中非适用材料的挖除、弃运及场地清理、地貌恢复、施工便道便桥的修建与养护、临时排水与防护作为借土挖方的附属工程，不另行计量。

2. 计量与支付

(1) 计量

①路基土石方开挖数量包括边沟、排水沟、截水沟，应以经监理人校核批准的横断面地面线和土石分界的补充测量为基础，按路线中线长度乘以经监理人核准的横断面面积进行计算，以立方米计量。

②挖除路基范围内非适用材料及淤泥（不包括借土场）的数量，应以承包人测量，并经监理人审核批准的断面或实际范围为依据的计算数量，分别以立方米计量。

③除非监理人另有指示，凡超过图纸或监理人规定尺寸的开挖，均不予计量。

④石方爆破安全措施、弃方的运输和堆放、质量检验、临时道路和临时排水等均含入相

关于子目单价或费率之中，不另行计量。

⑤在挖方路基的路床顶面以下，土方断面挖松深 300mm 再压实；石方断面应辅以人工凿平或填平压实，作为承包人应做的附属工作，均不另行计量。

改河、改渠、改路的开挖工程按合同图纸施工，计量方法可按上述（1）款进行。改路挖方线外工程的工作量计入 203-2 子目内。

（2）支付

①按上述规定计量，经监理人验收并列入工程量清单的以下支付子目的工程量，每一计量单位，将以合同单价支付。此项支付包括材料、劳力、设备、运输等及其为完成此项工程所必需的全部费用。

②土方和石方的单价费用，包括开挖、运输、堆放、分理填料、装卸、弃方和剩余材料的处理，以及其他有关的全部施工费用。

（3）支付子目（表 3-10）

表 3-10 支 付 子 目

子目号	子目名称	单 位	子目号	子目名称	单 位
203-1	路基挖方		203-2	改河、改渠、改路挖方	
-a	挖土方	m^3	-a	挖土方	m^3
-b	挖石方	m^3	-b	挖石方	m^3
-c	挖除非适用材料（不含淤泥）	m^3	-c		
-d	挖淤泥	m^3			

三、填方路基

工作内容为填筑路基和结构物处的台背回填以及改路填筑等有关的施工作业。

1. 工程量清单计量规则（表 3-11）

表 3-11 填方路基工程量清单计量规则

项	目	节	细目	项目名称	项目特征	计量单位	工程量计算规则	工 程 内 容
	4			填方				第 204 节、第 206 节
		1		路基填筑				
			a	回填土	1. 土壤类别 2. 压实度	m^3	按设计图表所示，以压实体积计算	回填好土的摊平、压实
			b	土方	1. 土壤类别 2. 粒径 3. 碾压要求	m^3	按路线中线长度乘以核定的断面面积（含 10～30cm 清表回填不含路面厚度），以压实体积计算（为保证压实度路基两侧加宽超填的土石方不予计量）	1. 施工防、排水 2. 填前压实或挖台阶 3. 摊平、洒水或晾晒压实 4. 整修路基和边坡

续表

项	目	节	细目	项目名称	项目特征	计量单位	工程量计算规则	工 程 内 容
			c	石方				1. 施工防、排水 2. 填前压实或挖台阶 3. 人工码砌嵌锁、改碴 4. 摊平、洒水或晾晒压实 5. 整修路基和边坡
		2		改路、改河、改渠填筑				
			a	回填土	1. 土壤类别 2. 运距 3. 压实度	m^3	按设计图所示，以压实体积计算	回填好土的摊平、压实
			b	土方	1. 土壤类别 2. 粒径 3. 碾压要求	m^3	按设计图所示，以压实体积计算	1. 施工防、排水 2. 填前压实或挖台阶 3. 摊平、洒水或晾晒压实 4. 整修路基和边坡
			c	石方	1. 土壤类别 2. 粒径 3. 碾压要求	m^3	按设计图所示，以压实体积计算	1. 施工防、排水 2. 填前压实或挖台阶 3. 人工码砌嵌锁、改碴 4. 摊平、洒水或晾晒压实 5. 整修路基和边坡
		3		结构物台背及锥坡填筑				
			a	涵洞、通道台背回填	1. 材料规格、类别 2. 压实度 3. 碾压要求	m^3	按设计图所示，以压实体积计算	1. 挖运、掺配、拌合 2. 摊平、压实 3. 洒水、养护 4. 整形
			b	桥梁台背回填				
			c	锥坡填筑				

有关问题的说明及提示：

(1) 路基填料中石料含量等于或大于70%时，按填石路堤计量；小于70%时，按填土路堤计量。

（2）路基填方以批准的路基设计图纸所示界限为限，按压实后路床顶面设计高程计算。应扣除跨径大于5m的通道、涵洞空间体积，跨径大于5m的桥则按桥长的空间体积扣除。为保证压实度两侧加宽超填的增加体积，零填零挖的翻松压实，均不另行计量。

（3）桥涵台背回填只计按设计图纸或工程师指示进行的桥涵台背特殊处理数量。但在路基土石方填筑计量中应扣除涵洞、通道台背及桥梁桥长范围外台背特殊处理的数量。

（4）回填土指零挖以下或填方路基（扣除10～30cm清表）路段挖除非适用材料后好土的回填。

（5）填方按压实的体积以立方米计量，包括挖台阶、摊平、压实、整型，其开挖作业在挖方中计量。

2. 计量与支付

（1）计量

①填筑路堤的土石方数量，应以承包人的施工测量和补充测量经监理人校核批准的横断面地面线为基础，以监理人批准的横断面图为依据，由承包人按不同来源（包括利用土方、利用石方和借方等）分别计算，经监理人校核认可的工程数量作为计量的工程数量。

②零填挖路段的翻松、压实含入报价之中，不另计量。

③零填挖路段的换填土，按压实的体积，以立方米计量。计价中包括表面不良土的翻挖、运弃（不计运距）、换填好土的挖运、摊平、压实等一切与此有关作业的费用。

④利用土、石填方及土石混合填料的填方，按压实的体积，以立方米计量。计价中包括挖台阶、摊平、压实、整型等一切与此有关作业的费用。利用土、石方的开挖作业在路基挖方中计量。承包人不得因为土石混填的工艺、压实标准及检测方法的变化而要求增加额外的费用。

⑤借土填方，按压实的体积，以立方米计量，计价中包括借土场（取土坑）中非适用材料的挖除、弃运及借土场的资源使用费、场地清理、地貌恢复、施工便道、便桥的修建与养护、临时排水与防护等和填方材料的开挖、运输、挖台阶、摊平、压实、整型等一切与此有关作业的费用。

⑥粉煤灰路堤按压实体积，以立方米计量，计价中包括材料储运（含储灰场建设）、摊铺、晾晒、土质护坡、压实、整型以及试验路段施工等一切与此有关的作业费用。土质包边土在支付子目号204-l-e中计量。

⑦结构物台背回填按压实体积，以立方米计量，计价中包括：挖运、摊平、压实、整型等一切与此有关的作业费用。

⑧锥坡及台前溜坡填土，按图纸要求施工，经监理人验收的压实体积，以立方米计量。

⑨临时排水以及超出图纸要求以外的超填，均不计量。

（2）支付

按上述规定计量，经监理人验收并列入工程量清单的以下支付子目的工程量，其每一计量单位，将以合同单价支付。此项支付包括材料、劳力、设备、运输等及其为完成此项工程所必需的全部费用。

（3）支付子目（表3-12）

表 3-12　支　付　子　目

子目号	子目名称	单　位	子目号	子目名称	单　位
204-1	路基填筑（包括填前压实）		-g	结构物台背回填	m^3
-a	换填土	m^3	-h	锥坡及台前溜坡填土	m^3
-b	利用土方	m^3	204-2	改河、改渠、改路填筑	
-c	利用石方	m^3	-a	利用土方	m^3
-d	利用土石混填	m^3	-b	利用石方	m^3
-e	借土填方	m^3	-c	借土填筑	m^3
-f	粉煤灰路堤	m^3			

四、特殊地区路基处理

工作内容包括：软土地区路基、滑坡地段路基、岩溶地区路基、膨胀土地区路基、黄土地区路基、盐渍土地区路基、风积沙及沙漠地区路基、季节性冻土地区路基和河、塘、湖、海地区路基的处理及其有关的工程作业。

1. 工程量清单计量规则（表 3-13）

表 3-13　特殊地区路基处理工程量清单计量规则

项	目	节	细目	项目名称	项目特征	计量单位	工程量计算规则	工程内容
	5			特殊地区路基处理				第 205 节
		1		软土地基处理				
			a	抛石挤淤	材料规格	m^3	按设计图所示，以体积计算	1. 排水清淤 2. 抛填片石 3. 填塞垫平、压实
			b	干砌片石				1. 砌片石 2. 填塞垫平、压实
			c	砂（砂砾）垫层、碎石垫层				1. 运料 2. 铺料、整平 3. 压实
			d	灰土垫层	1. 材料规格 2. 配合比			1. 拌合 2. 摊铺、整形 3. 碾压 4. 养生
			e	浆砌片石	1. 材料规格 2. 强度等级			1. 浆砌片石 2. 养生

续表

项	目	节	细目	项目名称	项目特征	计量单位	工程量计算规则	工程内容
			f	预压与超载预压	1. 材料规格 2. 时间			1. 布载 2. 卸载 3. 清理场地
			g	袋装砂井	1. 材料规格 2. 桩径	m	按设计图所示，按不同孔径以长度计算(砂及砂袋不单独计量)	1. 轨道铺设 2. 装砂袋 3. 定位 4. 打钢管 5. 下砂袋 6. 拔钢管 7. 桩机移位 8. 拆卸
			h	塑料排水板	材料规格	m	按设计图所示，按不同宽度以长度计算(不计伸入长度)	1. 轨道铺设 2. 定位 3. 穿塑料排水板 4. 按桩靴 5. 打拔钢管 6. 剪断排水板 7. 桩机移位 8. 拆卸
			i	粉喷桩	1. 材料规格 2. 桩径 3. 喷粉量	m	按设计图所示，按不同桩径以长度计算	1. 场地清理 2. 设备安装、移位、拆除 3. 成孔喷粉 4. 二次搅拌
			j	碎石桩	1. 材料规格 2. 桩径	m	按设计图所示，按不同桩径以长度计算	1. 设备安装、移位、拆除 2. 试桩 3. 冲孔填料
			k	砂桩	1. 材料规格 2. 桩径	m	按设计图所示，按不同桩径以长度计算	1. 设备安装、移位、拆除 2. 试桩 3. 冲孔填料
			l	松木桩	1. 材料规格 2. 桩径	m	按设计图所示，以桩打入土的长度计算	1. 打桩 2. 锯桩头
			m	土工布	材料规格	m^2	按设计图所示尺寸，以净面积计算(不计入按规范要求的搭接卷边部分)	1. 铺设 2. 搭接 3. 铆固或缝接或粘接
			n	土工格栅	材料规格	m^2	按设计图所示尺寸，以净面积计算(不计入按规范要求的搭接卷边部分)	1. 铺设 2. 搭接 3. 铆固或缝接或粘接
			o	土工格室	材料规格	m^2	按设计图所示尺寸，以净面积计算(不计入按规范要求的搭接卷边部分)	1. 铺设 2. 搭接 3. 铆固
		2		滑坡处理	1. 土质 2. 运距	m^3	按实际量测的体积计算	1. 排水 2. 挖、装、运、卸
		3		岩溶洞回填	1. 材料规格 2. 填实	m^3	按实际量测验收的填筑体积计算	1. 排水 2. 挖装运回填 3. 夯实

续表

项	目	节	细目	项目名称	项目特征	计量单位	工程量计算规则	工程内容
		4		改良土				
			a	水泥	1. 强度等级 2. 掺配料剂量 3. 含水量	t	按设计图所示，以掺配料重量计算	1. 掺配、拌合 2. 养护
			b	石灰				
		5		黄土处理				
			a	陷穴	1. 体积 2. 压实度	m^3	按实际回填体积计算	1. 排水 2. 开挖 3. 运输 4. 取料回填 5. 压实
			b	湿陷性黄土	1. 范围 2. 压实度	m^2	按设计图所示强夯处理合格面积计算	1. 排水 2. 开挖运输 3. 设备安装及拆除 4. 强夯等加固处理 5. 取料回填压实
		6		盐渍土处理				
			a	厚…mm	1. 含盐量 2. 厚度 3. 压实度	m^2	按设计图所示，按规定的厚度以换填面积计算	1. 清除 2. 运输 3. 取料换填 4. 压实

2. 计量与支付

(1) 计量

①挖除换填。挖除原路基一定深度及范围内淤泥以立方米计量；列入第 203 节相应的支付子目中。

换填的填方，包括由于施工过程中地面下沉而增加的填方量以立方米计量；列入本规第 204 节相应的支付子目中。

抛石挤淤。按图纸或验收的尺寸计算抛石体积的片石数量，以立方米计量，包括有关的一切作业。

②砂垫层、砂砾垫层及灰土垫层。按垫层类型分别以立方米计量，包括材料、机械及有关的一切作业。

铺设土工织物以图纸为依据，经监理人验收合格以设计图为依据计算单层净面积数量(不计搭接及反包边增加量)，包括材料、机械及与此有关的一切作业。

③预压、超载预压。按图纸或监理人要求的预压宽度和高度以立方米计量，包括材料、机械及有关的一切作业。

真空预压、真空堆载联合预压。应以图纸或监理人所要求预压范围（宽度、高度、长度）经监理人验收合格，预压后体积以立方米为单位计量；计量中包括预压所用垫层材料、密封膜、滤管及密封沟与围堰等一切相关的材料、机械、人工费用。

④袋装砂井。按不同直径及深（长）度分别以米计量。砂及砂袋不单独计量。

塑料排水板。按规格及深（长）度分别以米计量，不计伸入垫层内长度，包括材料、机械及有关的一切作业。

砂桩、碎石桩、加固土桩、CFG 桩。按不同桩径及桩深（长）度以图纸为依据经验收合格按米为单位计量，包括材料、机械及有关的一切作业。

⑤滑坡处理。按实际发生的挖除及回填体积，经监理人验收合格后以立方米计量。计价中包括施工中所采取的安全保护措施、采取措施截断流向滑体的地表水、地下水及临时用水，以及采取措施封闭滑体上的裂隙等全部作业。

滑坡处理采用抗滑支挡工程施工时所发生工程量按不同工程项目，分别在相关支付子目下计量。

⑥岩溶洞按实际填筑体积，经监理人验收合格后以立方米计量。经批准采取其他处理措施时，经验收合格后，参照类似项目的规定进行计量。

黄土陷穴按实际开挖和回填体积，经监理人验收合格后以立方米计量。

⑦膨胀土路基按图纸及监理人指示进行铺筑，经监理人验收合格，按不同厚度以平方米计量，其内容仅指石灰土改良费用，包括石灰的购置、运输、消解、拌合及有关辅助作业等一切有关费用；土方的挖运、填筑及压实等作业含入第 203 节、第 204 节相关子目之中。

盐渍土路基处理换填，经监理人验收合格后按不同厚度以平方米计量，其内容包括铲除过盐渍土、材料运输、分层填筑、分层压实等相关作业。

风积沙填筑路基以图纸为依据，经验收合格以立方米为单位计量，包括材料、运输、摊平、碾压等相关作业。

季节性冻土地区路基施工以图纸为依据，经验收合格按不同填料规格，以立方米计量，其内容包括清除软层、材料运输、分层填筑、分层压实等相关作业。

⑧采用强夯处理，以图纸为依据经监理人验收合格后以平方米为单位计量，包括施工前的地表处理、拦截地表和地下水、强夯及强夯后的标准贯入、静力触探测试等相关作业。

⑨工地沉降观测作为承包人应做的工作，不予计量与支付。

⑩临时排水与防护设施认为已包括在相关工程中，不另行计量。

(2) 支付

按上述规定计量，经监理人验收，第一次支付按完成工程数量的 85%支付，其余部分经监理人核准承包人递交的沉降监测报告后再支付 15%。此项支付包括材料、劳力、设备、运输等及其他为完成安装工程所必需的全部费用。

(3) 支付子目（表 3-14）

表 3-14 支 付 子 目

子目号	子目名称	单 位	子目号	子目名称	单 位
205-1	软土地基处理		-c	灰土垫层	m^3
-a	抛石挤淤	m^3	-d	预压与超载预压	m^3
-b	砂垫层、砂砾垫层	m^3	-e	真空预压与真空堆载预压	m^3

续表

子目号	子目名称	单　位	子目号	子目名称	单　位
-f	袋装砂井	m	205-3	岩溶洞回填	m^3
-g	塑料排水板	m	205-4	膨胀土处理	m^3
-h	加固土桩	m	-a	厚…mm 石灰土改良	m^3
-i	碎石桩	m	205-5	黄土处理	m^3
-J	砂桩	m	-a	陷穴	m^3
-k	CFG 桩	m	205-6	盐渍土处理	m^3
-l	土工织物	m^2	-a	厚…mm	m^3
-m	强夯	m^2	205-7	风积沙填筑	m^3
-n	强夯置换	m^3	205-8	季节性冻土改性处理	m^3
205-2	滑坡处理	m^3			

五、路基排水

1. 工程量清单计量规则（表 3-15）

表 3-15　路基排水工程量清单计量规则

项	目	节	细目	项目名称	项目特征	计量单位	工程量计算规则	工程内容
	7			水沟				第 207 节
		1		边沟				
			a	浆砌片石边沟	1. 材料规格 2. 垫层厚度 3. 断面尺寸 4. 强度等级	m^3	按设计图所示以体积计算	1. 扩挖整形 2. 砌筑勾缝或预制混凝土块、铺砂砾垫层、砌筑 3. 伸缩缝填塞 4. 抹灰压顶 5. 预制安装(钢筋)混凝土盖板
			b	浆砌混凝土预制块边沟				
		2		排水沟				
			a	浆砌片石排水沟	1. 材料规格 2. 垫层厚度 3. 断面尺寸 4. 强度等级	m^3	按设计图所示，以体积计算	1. 扩挖整形 2. 砌筑勾缝或预制混凝土块、铺砂砾垫层、砌筑 3. 伸缩缝填塞 4. 抹灰压顶 5. 预制安装（钢筋）混凝土盖板
			b	浆砌混凝土预制块排水沟				

续表

项	目	节	细目	项目名称	项目特征	计量单位	工程量计算规则	工程内容
		3		截水沟				
			a	浆砌片石截水沟	1. 材料规格 2. 垫层厚度 3. 断面尺寸 4. 强度等级	m^3	按设计图所示，以体积计算	1. 扩挖整形 2. 砌筑勾缝或预制混凝土块、铺砂砾垫层、砌筑 3. 伸缩缝填塞 4. 抹灰压顶 5. 预制安装(钢筋)混凝土盖板
			b	浆砌混凝土预制块截水沟				
		4		浆砌片石急流槽（沟）	1. 材料规格 2. 断面尺寸 3. 强度等级	m^3	按设计图所示，以体积计算	1. 挖基整形 2. 铺设垫层 3. 砌筑 4. 预制安装（钢筋）混凝土盖板 5. 铺砂砾反滤层 6. 回填
		5		暗沟（…mm×…mm）				
		6		渗（盲）沟				
			a	带 PVC 管的渗（盲）沟	1. 材料规格 2. 断面尺寸	m	按设计图所示，以长度计算	1. 挖基整形 2. 混凝土垫层 3. 埋 PVC 管 4. 渗水土工布包碎砾石填充 5. 出水口砌筑 6. 试通水 7. 回填
			b	无 PVC 管的渗（盲）沟				1. 挖基整形 2. 混凝土垫层 3. 渗水土工布包碎砾石填充 4. 出水口砌筑 5. 回填

2. 计量与支付

(1) 计量

①边沟、排水沟、截水沟的加固铺砌，按图纸施工经监理人验收合格的实际长度，分不同结构类型以米计量。由于边沟、排水沟、截水沟加固铺砌而需扩挖部分的开挖，均作为承包人应做的附属工作，不另计量与支付。

②改沟、改渠护坡铺砌按图纸施工，经监理人验收合格的不同圬工体积，以立方米计量。

③急流槽按图纸施工，经验收合格的断面尺寸计算体积（包括消力池、消力槛、抗滑台等附属设施），以立方米计量。

④路基盲沟按图纸施工，经验收合格的断面尺寸及所用材料，按长度以米计量。

⑤所用砂砾垫层或基础材料、填缝材料、钢筋以及地基平整夯实及回填等土方工程均含入相关子目单价之中，不另行计量与支付。

⑥土工合成材料的计量、支付按《技术规范》第205节规定执行。

⑦井、检查井、雨水井的计量、支付按《技术规范》第314节规定执行。

（2）支付

按上述规定计量，经监理人验收的列入工程量清单的以下工程子目的工程量，其每一计量单位将以合同单价支付。此项支付包括材料、劳力、设备、运输等及其他为完成地面排水工程所必需的所有费用，是对完成工程的全部偿付。

（3）支付子目（表3-16）

表3-16　支　付　子　目

子目号	子目名称	单　位	子目号	子目名称	单　位
207-1	M…浆砌片石边沟	m	207-5	…mm×…mm路基盲沟	m
207-2	M…浆砌片石排水沟	m	207-6	涵洞上下游改沟、改渠铺砌	m^3
207-3	M…浆砌片石截水沟	m	207-7	现浇混凝土坡面排水结构物	m
207-4	M…浆砌片石急流槽	m^3	207-8	预制混凝土坡面排水结构物	m

六、边坡防护

工作内容包括：植物护坡、浆砌片（块）石或预制混凝土块护坡、护面墙、封面等有关的施工作业。

1. 工程量清单计量规则（表3-17）

表3-17　边坡防护工程量清单计量规则

项	目	节	细目	项目名称	项目特征	计量单位	工程量计算规则	工程内容
	8			边坡防护				第208节
		1		植草				
			a	播种草籽	1. 草籽种类 2. 养护期	m^2	按设计图所示，按合同规定成活率，以面积计算	1. 修整边坡、铺设表土 2. 播草籽 3. 洒水覆盖 4. 养护
			b	铺（植）草皮	1. 草皮种类 2. 铺设形式			1. 修整边坡、铺设表土 2. 铺设草皮 3. 洒水 4. 养护
			c	挂镀锌网客土喷播植草	1. 镀锌网规格 2. 草籽种类 3. 养护期	m^2	按设计图所示，按合同规定成活率，以面积计算	1. 镀锌网、种子、客土等采购、运输 2. 边坡找平、拍实 3. 挂网、喷播 4. 清理、养护

续表

项	目	节	细目	项目名称	项目特征	计量单位	工程量计算规则	工程内容
			d	挂镀锌网客土喷混植草	1. 镀锌网规格 2. 混植草种类 3. 养护期			1. 材料采购、运输 2. 混合草籽 3. 边坡找平、拍实 4. 挂网、喷播 5. 清理、养护
			e	土工格室植草	1. 格室尺寸 2. 植草种类 3. 养护期			1. 挖槽、清底、找平、混凝土浇筑 2. 格室安装、铺种植土、播草籽、拍实 3. 清理、养护
			f	植生袋植草	1. 植生袋种类 2. 草种种类 3. 营养土类别			1. 找坡、拍实 2. 灌袋、摆放、拍实 3. 清理、养护
			g	土壤改良喷播植草	1. 改良种类 2. 草种种类			1. 挖土、耙细 2. 土、改良剂、草籽拌合 3. 喷播改良土 4. 清理、养护
		2						
			a	满砌护坡	1. 材料规格 2. 断面尺寸 3. 强度等级	m^3	按设计图所示，以体积计算	1. 整修边坡 2. 挖槽 3. 铺垫层、铺筑滤水层、制作安装沉降缝、伸缩缝、泄水孔 4. 砌筑、勾缝
			b	骨架护坡				
		3		预制（现浇）混凝土护坡				
			a	预制块满铺护坡	1. 材料规格 2. 断面尺寸 3. 强度等级 4. 垫层厚度	m^3	按设计图所示，以体积计算	1. 整修边坡 2. 基坑开挖、回填 3. 砌筑、勾缝、抹灰压顶 4. 铺筑垫层、铺设滤水层、制作安装沉降缝、伸缩缝、泄水孔
			b	预制块骨架护坡				
			c	现浇骨架护坡	1. 材料规格 2. 断面尺寸 3. 强度等级 4. 垫层厚度	m^3	按设计图所示，以体积计算	1. 整修边坡 2. 浇筑 3. 铺筑垫层、铺设滤水层、制作安装沉降缝、泄水孔

续表

项	目	节	细目	项目名称	项目特征	计量单位	工程量计算规则	工 程 内 容
		4		护面墙				
			a	浆砌片（块）石	1. 材料规格 2. 断面尺寸 3. 强度等级	m^3	按设计图所示，以体积计算	1. 整修边坡 2. 基坑开挖、回填 3. 砌筑、勾缝、抹灰压顶 4. 铺筑垫层、铺设滤水层、制作安装沉降缝、伸缩缝、泄水孔
			b	混凝土				1. 整修边坡 2. 浇筑 3. 铺筑垫层、铺设滤水层、制作安装沉降缝、泄水孔

有关问题的说明及提示：

（1）本章项目未明确指出的工程内容如：养护、场地清理、脚手架的搭拆、模板的安装、拆除及场地运输等均包含在相应的工程项目中，不另行计量。

（2）排水、防护、支挡工程的钢筋、锚杆、锚索除锈制作安装运输及锚具、锚垫板、注浆管、封锚、护套、支架等，包括在相应的工程项目中，不另行计量。

2. 计量与支付

（1）计量

①干砌片石、浆砌片石护坡、护面墙等工程的计量，应以图纸所示和监理人的指示为依据，按实际完成并经验收的数量按不同的工程子目的不同的砂浆砌体分别以立方米计量。

②预制空心砖和拱形及方格骨架护坡，按其铺筑的实际体积以立方米计量。所有垫层、嵌缝材料、砂浆勾缝、泄水孔、滤水层、回填种植土以及基础的开挖和回填等有关作业，均作为承包人应做的附属工作，不另行计量与支付。

③种草、铺草皮、三维植被网、客土喷播等应以图纸要求和所示面积为依据实施，经监理人验收的实际面积以平方米计量。整修坡面、铺设表土、三维土工网、锚钉、客土、草种（灌木籽）、草皮、苗木、混合料、水、肥料、土壤稳定剂等（含运输）及其作业均作为承包人应做的附属工作，不另行计量。

④封面、捶面施工以图纸为依据，经监理人验收合格，以平方米为单位计量，该项支付包括了上述工作相关的工料机全部费用。

（2）支付

按上述规定计量，经监理人验收并列入了工程量清单的以下支付子目的工程量，其每一计量单位，将以合同单价支付。此项支付包括材料、劳力、设备、运输等及其为完成防护工程所必需的费用，是对完成工程的全部偿付。

（3）支付子目（表 3-18）

表 3-18 支 付 子 目

子目号	子目名称	单 位	子目号	子目名称	单 位
208-1	植物护坡	m^2	-a	预制空心砖护坡	m^3
-a	种草	m^2	-b	拱形骨架护坡	m^3
-b	三维植被网护坡	m^2	-c	方格护坡	m^3
-c	客土喷播护坡	m^3	-d	预制六棱砖护坡	m^3
208-2	干砌片石	m^3	208-5	护面墙	
208-3	M…浆砌片石护坡		-a	M…浆砌片（块）石	m^3
-a	拱形护坡	m^3	-b	C…混凝土	m^3
-b	方格护坡	m^3	208-6	封面	m^2
208—4	预制混凝土块护坡		208-7	捶面	m^2

七、挡土墙

内容包括砌体挡土墙、干砌挡土墙及混凝土挡土墙的施工及其相关作业。

1. 工程量清单计量规则（表 3-19）

表 3-19 挡土墙工程量清单计量规则

项	目	节	细目	项目名称	项目特征	计量单位	工程量计算规则	工 程 内 容
	9			挡土墙				第 209 节
		1		挡土墙				
			a	浆砌片（块）石挡土墙	1. 材料规格 2. 断面尺寸 3. 强度等级	m^3	按设计图所示，以体积计算	1. 围堰排水 2. 挖基、基底清理 3. 砌石、勾缝 4. 沉降缝、伸缩缝填塞、铺设滤水层、制作安装泄水孔 5. 抹灰压顶 6. 基坑及墙背回填
			b	混凝土挡土墙				1. 围堰排水 2. 挖基、基底清理 3. 浇筑、养生 4. 沉降缝、伸缩缝填塞、铺筑滤水层、制作安装泄水孔 5. 基坑及墙背回填
			c	钢筋混凝土挡土墙				1. 围堰排水 2. 挖基、基底清理 3. 钢筋制作安装 4. 浇筑、养生 5. 沉降缝、伸缩缝填塞、铺筑滤水层、制作安装泄水孔 6. 基坑及墙背回填

续表

项	目	节	细目	项目名称	项目特征	计量单位	工程量计算规则	工程内容
			d	砂砾（碎石）垫层	1. 材料规格 2. 厚度	m^3	按设计图所示，以体积计算	1. 运料 2. 铺料整平 3. 夯实

2. 计量与支付

（1）计量

①砌体挡土墙、干砌挡土墙和混凝土挡土墙工程应以图纸所示或监理人的指示为依据，按实际完成并经验收的数量，按砂浆强度等级及混凝土强度等级分别以立方米计量。砂砾或碎石垫层按完成数量以立方米计量。

②混凝土挡土墙的钢筋，按图纸所示经监理人验收后，以千克（kg）计量。

③）嵌缝材料、砂浆勾缝、泄水孔及其滤水层，混凝土工程的脚手架、模板、浇筑和养生、表面修整，基础开挖、运输与回填等有关作业，均作为承包人应做的附属工作，不另行计量与支付。

（2）支付

按上述规定计量，经监理人验收并列入了工程量清单的以下支付子目的工程量，其每一计量单位，将以合同单价支付。此项支付包括材料、劳力、设备、运输等及其为完成防护工程所必需的费用，是对完成工程的全部偿付。

（3）支付子目（表3-20）

表3-20 支 付 子 目

子目号	子目名称	单 位	子目号	子目名称	单 位
209-1	砌体挡土墙		-a	片（块）石	m^3
-a	M…浆砌片（块）石	m^3	-b	砂砾垫层	m^3
-b	M…浆砌混凝土块	m^3	209-3	混凝土挡土墙	
-c	M…浆砌料石	m^3	-a	C…混凝土	m^3
-d	砂砾垫层	m^3	-b	钢筋	kg
209-2	干砌挡土墙		-c	砂砾垫层	m^3

八、锚杆、锚定板挡土墙

工作内容为锚杆挡土墙的施工及有关的工程作业。

1. 工程量清单计量规则（表3-21）

表3-21 锚杆、锚定板挡土墙工程量清单计量规则

项	目	节	细目	项目名称	项目特征	计量单位	工程量计算规则	工程内容
	10			锚杆挡土墙				第210节
		1		锚杆挡土墙				

续表

项	目	节	细目	项目名称	项目特征	计量单位	工程量计算规则	工程内容
			a	混凝土立柱(C…)	1. 材料规格 2. 断面尺寸 3. 强度等级	m^3	按设计图所示，以体积计算	1. 挖基、基底清理 2. 模板制作安装 3. 现浇混凝土或预制、安装构件 4. 墙背回填
			b	混凝土挡板(C…)				
			c	钢筋	1. 材料规格 2. 抗拉强度等级	kg	按设计图所示，以重量计算	1. 钢筋制作安装
			d	锚杆				1. 钻孔、清孔 2. 锚杆制作安装 3. 注浆 4. 张拉 5. 抗拔力试验

2. 计量与支付

(1) 计量

①锚杆挡土墙、锚定板挡土墙工程计量应以图纸所示和监理人的指示为依据，按实际完成并经验收的数量，混凝土挡板和立柱以立方米为单位计量，钢筋及锚杆以千克（kg）为单位计量。

②锚孔的钻孔、锚杆的制作和安装、锚孔灌浆、钢筋混凝土立柱和挡土板的制作安装、墙背回填、防排水设置及锚杆的抗拔力试验等，以及一切未提及的相关工作均为完成锚杆挡土墙及锚定板挡土墙所必须的工作，均含入相关支付子目单价之中，不单独计量。

(2) 支付

按上述规定计量，经监理人验收并列入工程量清单的以下支付子目的工程量，其每一计量单位将以合同单价支付，此项支付包括材料、劳力、设备、运输、试验等及其他为完成本项工程所必需的费用，是对完成工程的全部偿付。

(3) 支付子目（表 3-22）

表 3-22 支 付 子 目

子目号	子目名称	单 位	子目号	子目名称	单 位
210-1	锚杆挡土墙		-a	混凝土锚定板	m^3
-a	混凝土立柱	m^3	-b	钢筋混凝土肋柱	m^3
-b	混凝土挡板	m^3	-c	混凝土挡板	m^3
-c	锚杆	kg	-d	拉杆	kg
-d	钢筋	kg	-e	钢筋	kg
210-2	锚定板挡土墙				

九、加筋土挡土墙

工作内容包括在公路填方路段修建加筋土挡土墙及其有关的全部作业。

1. 工程量清单计量规则（表 3-23）

表 3-23 加筋土挡土墙工程量清单计量规则

项	目	节	细目	项目名称	项目特征	计量单位	工程量计算规则	工 程 内 容
	11			加筋土挡土墙				第 211 节
		1		加筋土挡土墙				
			a	钢筋混凝土带挡土墙	1. 材料规格 2. 断面尺寸 3. 加筋用量 4. 强度等级	m^3	按设计图所示，以体积计算	1. 围堰排水 2. 挖基、基底清理 3. 浇筑或砌筑基础 4. 预制安装墙面板 5. 铺设加筋带 6. 沉降缝填塞、铺设滤水层、制作安装泄水孔 7. 填筑与碾压 8. 墙面封顶
			b	聚丙烯土工带挡土墙				

2. 计量与支付

（1）计量

①加筋土挡墙的墙面板、钢筋混凝土带、混凝土基础以及混凝土帽石，经监理人验收合格，以立方米计量。浆砌片石基础以立方米计量。

②铺设聚丙烯土工带，按图纸及验收数量以千克（kg）计量。

③基坑开挖与回填、墙顶抹平层、沉降缝的填塞、泄水管的设置及钢筋混凝土带的钢筋等，均作为承包人的附属工作，不另计量。

④加筋土挡墙的路堤填料按图纸的规定和要求，在本规范第 204 节计量。

（2）支付

按上述规定计量，经监理人验收并列入了工程量清单的以下支付子目的工程量，其每一计量单位，将以合同单价支付。此项支付包括材料、劳力、设备、运输等及其他为完成加筋挡土墙工程所必需的费用，是对完成工程的全部偿付。

（3）支付子目（表 3-24）

表 3-24 支 付 子 目

子目号	子目名称	单 位	子目号	子目名称	单 位
211-1	加筋土挡墙		-d	C…混凝土墙面板	m^3
-a	M…砂浆砌片石基础	m^3	-e	C…钢筋混凝土带	m^3
-b	C…混凝土基础	m^3	-f	聚丙烯土工带	kg
-c	C…混凝土帽石	m^3			

十、喷射混凝土和喷浆边坡支护

1. 工程量清单计量规则（表 3-25）

表 3-25 喷射混凝土和喷浆边坡支护工程量清单计量规则

项	目	节	细目	项目名称	项目特征	计量单位	工程量计算规则	工程内容
	12			喷射混凝土和喷浆边坡防护				第 212 节
		1		挂网喷浆防护边坡				
			a	挂铁丝网喷浆防护	1. 材料规格 2. 厚度 3. 强度等级	m^2	按设计图所示，以面积计算	1. 整修边坡 2. 挂网、锚固 3. 喷浆 4. 养生
		2		挂网锚喷混凝土防护边坡（全坡面）				
			a	挂钢筋网喷混凝土防护	1. 结构型式 2. 材料规格 3. 厚度 4. 强度等级	m^2	按设计图所示，以面积计算	1. 整修边坡 2. 挂网、锚固 3. 喷射混凝土 4. 养生
			b	挂铁丝网喷混凝土防护				
			c	挂土工格栅喷混凝土防护				
			d	锚杆	1. 材料规格 2. 抗拉强度	kg	按设计图所示，以重量计算	1. 清理边坡 2. 钻孔、清孔 3. 注浆 4. 放入锚杆、安装端头垫板 5. 抗拔力试验
		3		坡面防护				
			a	喷射水泥砂浆	1. 材料规格 2. 厚度 3. 强度等级	m^2	按设计图所示，以面积计算	1. 整修边坡 2. 喷射（砂浆）混凝土 3. 养生
			b	喷射混凝土				

有关问题的说明及提示：

排水、防护、支挡工程的钢筋、锚杆、锚索除锈制作安装运输及锚具、锚垫板、注浆管、封锚、护套、支架等，包括在相应的工程项目中，不另行计量。

2. 计量与支付

（1）计量

①锚杆按图纸或监理人指示为依据，经验收合格的实际数量，以米为单位计量。

②喷射混凝土和喷射水泥砂浆边坡防护的计量，应以图纸所示和监理人的指示为依据，按实际完成并经验收的数量，以平方米计量；钢筋网、铁丝网以千克（kg）计量；土工格栅以平方米计量。

③喷射前的岩面清理，锚孔钻孔，锚杆制作以及钢筋网和铁丝网编织及挂网土工格栅的安装铺设等工作，均为承包人为完成锚杆喷射混凝土和喷射砂浆边坡防护工程应做的附属工作，不另行计量与支付。

④土钉支护施工以图纸为依据，经监理人验收合格，分不同类型组合的工程项目按下列内容分别计量：

a. 土钉钻孔桩、击入桩分别按米为单位计量；

b. 含钢筋网或土工格栅网的喷射混凝土面层区分不同厚度按平方米为单位计量；

c. 钢筋、钢筋网以千克（kg）为单位计量；

d. 土工格栅以净面积为单位计量；

e. 网格梁、立柱、挡土板以立方米（m^3）为单位计量。

f. 永久排水系统依结构形式参照路基排水设施相关规定计量。

g. 土钉支护施工中的土方工程、临时排水工程以及未提及的其他工程均作为土钉支付施工的附属工作，不予单独计量，其费用含入相关工程子目单价之中。

（2）支付

按上述规定计量，经监理人验收并列入了工程量清单的以下支付子目的工程量，其每一计量单位，将以合同单价支付。此项支付包括材料、劳力、设备、运输等及其为完成防护工程所必需的费用，是对完成工程的全部偿付。

（3）支付子目（表 3-26）

表 3-26　支　付　子　目

子目号	子目名称	单　位	子目号	子目名称	单　位
212-1	挂网土工格栅喷浆防护边坡		-d	锚杆	m
-a	厚…mm 喷浆防护边坡	m^2	212-2	挂网锚喷混凝土防护边坡（全坡面）	
-b	铁丝网	kg			
-c	土工格栅	m^2	-a	厚…mm 喷混凝土防护边坡	m^2

十一、边坡加固

工作内容为开挖边坡的加固，其内容包括钻孔、锚索制作、锚索安装、注浆、张拉、锚固及检验等有关施工作业。

1. 工程量清单计量规则（表 3-27）

表 3-27　边坡加固工程量清单计量规则

项	目	节	细目	项目名称	项目特征	计量单位	工程量计算规则	工 程 内 容
	13			边坡加固				第 213 节

续表

<table>
<tr><th>项</th><th>目</th><th>节</th><th>细目</th><th>项目名称</th><th>项目特征</th><th>计量单位</th><th>工程量计算规则</th><th>工程内容</th></tr>
<tr><td></td><td></td><td>1</td><td></td><td>预应力锚索</td><td rowspan="3">1. 材料规格
2. 抗拉强度</td><td rowspan="2">kg</td><td rowspan="2">按设计图所示，以重量计算</td><td rowspan="2">1. 整修边坡
2. 钻孔、清孔
3. 锚索制作安装
4. 张拉
5. 注浆
6. 锚固、封端
7. 抗拔力试验</td></tr>
<tr><td></td><td></td><td>2</td><td></td><td>锚杆</td></tr>
<tr><td></td><td></td><td>3</td><td></td><td>锚固板</td><td>m^3</td><td>按设计图所示，以体积计算</td><td>1. 整修边坡
2. 钢筋制作安装
3. 现浇混凝土或预制安装构件
4. 养护</td></tr>
</table>

2. 计量与支付

(1) 计量

①预应力锚索长度按图纸要求，经监理人验收合格以米为单位计量。

②混凝土锚固板按图纸要求，经监理人验收合格以立方米为单位计量。

③钻孔、清孔、锚索安装、注浆、张拉、锚头、锚索护套、场地清理以及抗拔力试验等均为锚索的附属工作，不另行计量。

④混凝土的立模、浇筑、养生等为锚固板的附属工作，不另行计量。

(2) 支付

按上述规定计量，经监理人验收并列入工程量清单的以下支付子目的工程量，其每一计量单位将以合同单价支付。此项支付包括材料、劳力、设备、运输、试验等及其他为完成锚索工程所必需的费用，是对完成工程的全部偿付。

(3) 支付子目（表 3-28）

表 3-28 支付子目

子目号	子目名称	单位
213-1	预应力锚索（钢绞线规格）	m
213-2	混凝土锚固板（C…）	m^3

十二、混凝土抗滑桩

工作内容包括设置抗滑桩及其有关的施工作业。

1. 工程量清单计量规则（表 3-29）

2. 计量与支付

(1) 计量

①抗滑桩按图纸规定尺寸及深度为依据，现场实际完成并验收合格的实际桩长以米计量，设置支撑和护壁、挖孔、清孔、通风、钎探、排水及浇筑混凝土以及无破损检验，均作为抗滑桩的附属工程，不另行计量。

表 3-29　混凝土抗滑桩工程量清单计量规则

项	目	节	细目	项目名称	项目特征	计量单位	工程量计算规则	工程内容
	14			混凝土抗滑桩				第 214 节
		1		混凝土抗滑桩	1. 材料规格 2. 断面尺寸 3. 强度等级	m	按设计图所示，按不同桩尺寸，以长度计算	1. 挖运土石方 2. 通风排水 3. 支护 4. 钢筋制作安装 5. 灌注混凝土 6. 无破损检验
			a	…m×…m 钢筋混凝土抗滑桩				
			b	钢筋混凝土挡板		m^3	按设计图所示，以体积计算	1. 钢筋制作安装 2. 现浇混凝土或预制安装挡板

②抗滑桩用钢筋按图纸规定及经监理人验收的实际数量，以 kg 计量。

③桩板式抗滑挡墙应按图纸要求进行施工，经监理人验收合格，挡土板以立方米为单位计量。桩板式抗滑挡墙施工中的挖孔桩按第 214.05.1（1）款规定计量。钻孔灌注桩、锚杆、锚索等项工作按实际发生参照第 405 节、第 212 节、第 213 节相关规定进行计量。

④土方工程、临时排水等相关工作均作为辅助工作不予计量，费用含入相关工程报价中。

（2）支付

按上述规定计量，经监理人验收并列入了工程量清单的以下支付子目的工程量，其每一计量单位，将以合同单价支付。此项支付包括材料、劳力、设备、运输等及其为完成抗滑桩工程所必需的费用，是对完成工程的全部偿付。

（3）支付子目（表 3-30）

表 3-30　支　付　子　目

子目号	子目名称	单位
214-1	混凝土抗滑桩	
-a	…m×…m，C…混凝土抗滑桩	m
-b	…m×…m，C…混凝土抗滑桩	m
-c	钢筋（带肋钢筋）	kg
214-2	桩板式抗滑挡墙	
-a	挡土板	m^3
-b	…	

十三、河道防护

工作内容包括河床加固铺砌及顺坝、丁坝、调水坝及锥坡等砌筑工程及其有关的施工作业。

1. 工程量清单计量规则（表 3-31）

表 3-31 河道防护工程量清单计量规则

项	目	节	细目	项目名称	项目特征	计量单位	工程量计算规则	工程内容
	15			河道防护				第 215 节
		1		浆砌片石河床铺砌	1. 材料规格 2. 强度等级	m^3	按设计图所示，以体积计算	1. 围堰排水 2. 挖基、铺垫层 3. 砌筑（或抛石）、勾缝 4. 回填、夯实
		2		浆砌片石坝				
		3		浆砌片石护坡				
		4		抛片石				

2. 计量与支付

（1）计量

①河床铺砌、顺坝、丁坝、调水坝及锥坡砌筑等工程及抛石防护，应分别按图纸尺寸和监理人的指示，按实际完成并经验收的数量，以立方米计量。砂砾（碎石）垫层以立方米计量。

②砌体的基础开挖、回填、夯实、砌体勾缝等工作，均作为承包人应做的附属工作，不另行计量与支付。

（2）支付

按上述规定计量，经监理人验收并列入了工程量清单的以下支付子目的工程量，其每一计量单位，将以合同单价支付。此项支付包括材料、劳力、设备、运输等及其为完成防护工程所必需的费用，是对完成工程的全部偿付。

（3）支付子目（表 3-32）

表 3-32 支 付 子 目

子目号	子目名称	单位
215-1	浆砌片石河床铺砌（M…）	m^3
215-2	浆砌片石顺坝（M…）	m^3
215-3	浆砌片石丁坝（M…）	m^3
215-4	浆砌片石调水坝（M…）	m^3
215-5	浆砌片石锥坡（M…）	m^3

十四、弃土场恢复

1. 工程量清单计量规则（表 3-33）

表 3-33 弃土场工程量清单计量规则

项	目	节	细目	项目名称	项目特征	计量单位	工程量计算规则	工程内容
	16			取弃土场恢复				第 203 节、第 204 节

续表

项	目	节	细目	项目名称	项目特征	计量单位	工程量计算规则	工程内容
		1		浆砌片石挡土墙	1. 材料规格 2. 断面尺寸 3. 强度等级	m^3	按设计图所示，以体积计算	1. 围堰排水 2. 挖基、基底清理 3. 砌石、勾缝 4. 沉降缝填塞、铺设滤水层、制作安装泄水孔 5. 抹灰压顶 6. 墙背回填
		2		浆砌片石水沟				1. 挖基整形 2. 砌筑勾缝 3. 伸缩缝填塞 4. 抹灰压顶
		3		播种草籽	1. 草籽种类 2. 养护期	m^2	按设计图所示，以面积计算	1. 修整边坡、铺设表土 2. 播草籽 3. 洒水覆盖 4. 养护
		4		铺（植）草皮	1. 草皮种类 2. 铺设形式			1. 修整边坡、铺设表土 2. 铺设草皮 3. 洒水 4. 养护
		5		人工种植乔木	1. 胸径（离地1.2m处树干直径） 2. 高度	棵	按累计株数计算	1. 挖坑 2. 苗木运输 3. 施肥 4. 栽植 5. 清理、养护
	14			混凝土抗滑桩				第214节
		1		混凝土抗滑桩	1. 材料规格 2. 断面尺寸 3. 强度等级	m	按设计图所示，按不同桩尺寸，以长度计算	1. 挖运土石方 2. 通风排水 3. 支护 4. 钢筋制作安装 5. 灌注混凝土 6. 无破损检验
			a	…m×…m钢筋混凝土抗滑桩				
			b	钢筋混凝土挡板		m^3	按设计图所示，以体积计算	1. 钢筋制作安装 2. 现浇混凝土或预制安装挡板

有关问题的说明及提示：

取弃土场的防护、排水及绿化在本章的相应工程项目中计量。

第三节　路基工程计价实例

【例3-6】 浙江省金华地区某交通工程，为二级公路标准设计，本题截用设计路段K0+

000 至 K0＋182.385 路基设计。路基标准断面长 10.0m（其中行车道宽度 2×3.5m，硬路肩 2×1.0m，土路肩 2×0.5m）。路基填筑材料采用塘渣，该节段路基排水主要靠路基坡脚外的边沟，通过边沟与附近河道相沟通，使路基水能顺畅地通过边沟排入河道。具体如图 3-1～图 3-4 所示（图示工程量见表 3-34）。试分别用定额计价模式和工程量清单模式，进行该节段道路路基工程的计量与计价。

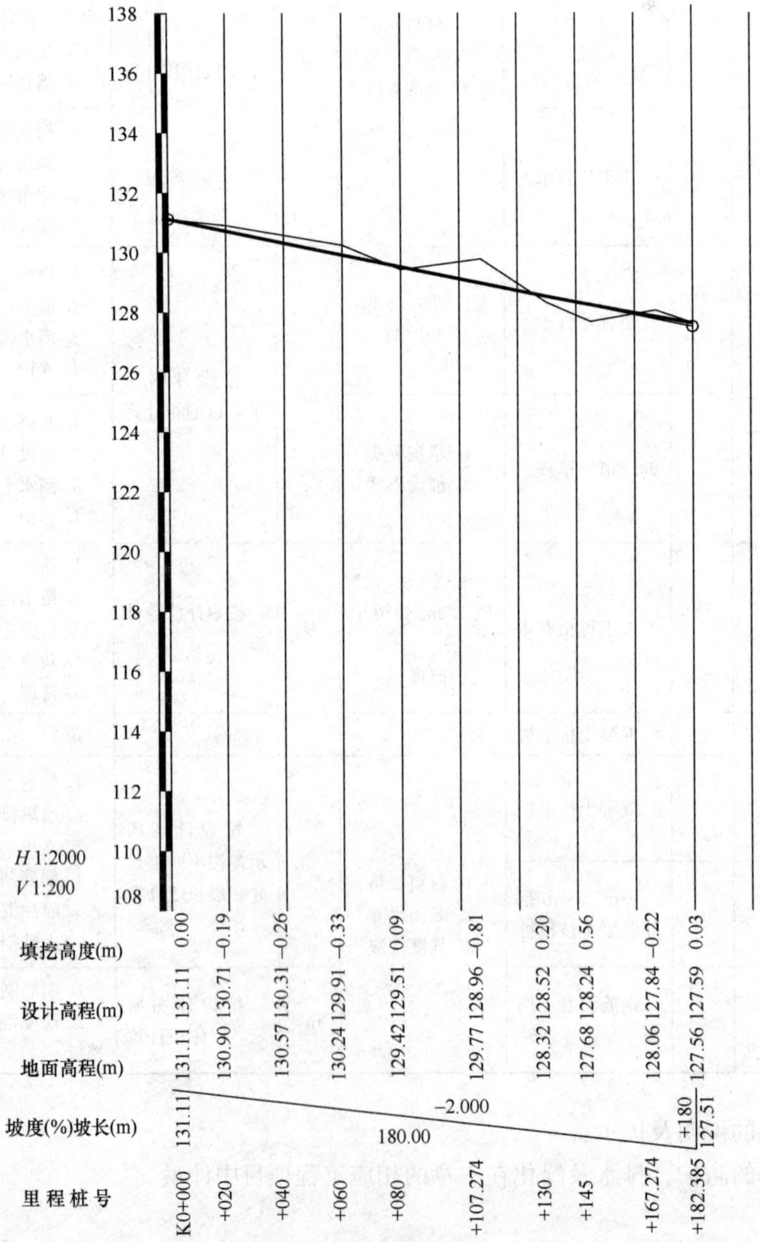

图 3-1　道路纵断面图

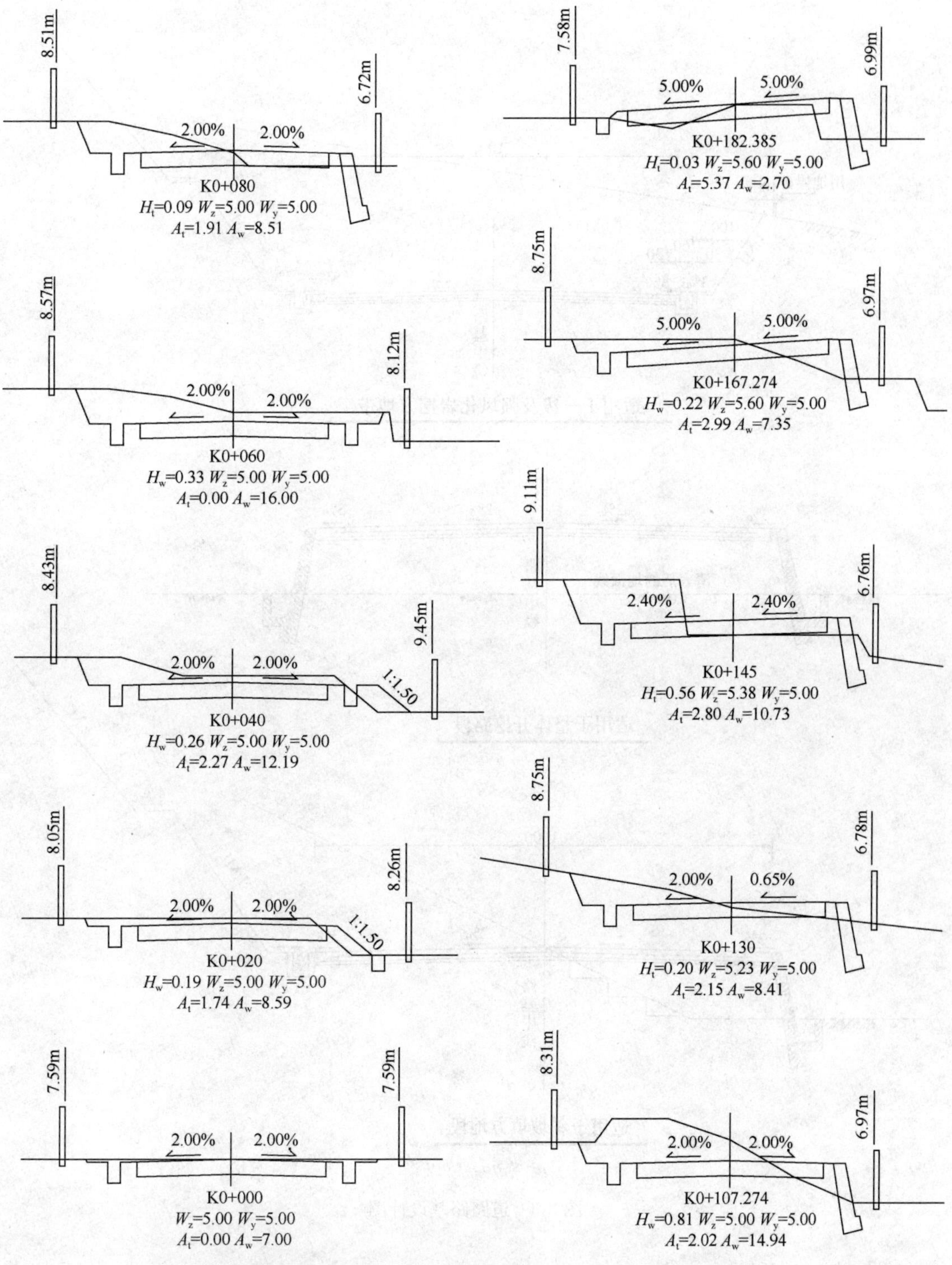

注：K0+020桩号，H_w=0.19路中挖方高度；

W_z=5.00左半幅路基宽度，W=5.00y为右半幅路基宽度；

A_t=1.74填方面积，A_n=8.59挖方面积。

图 3-2　道路横断面图

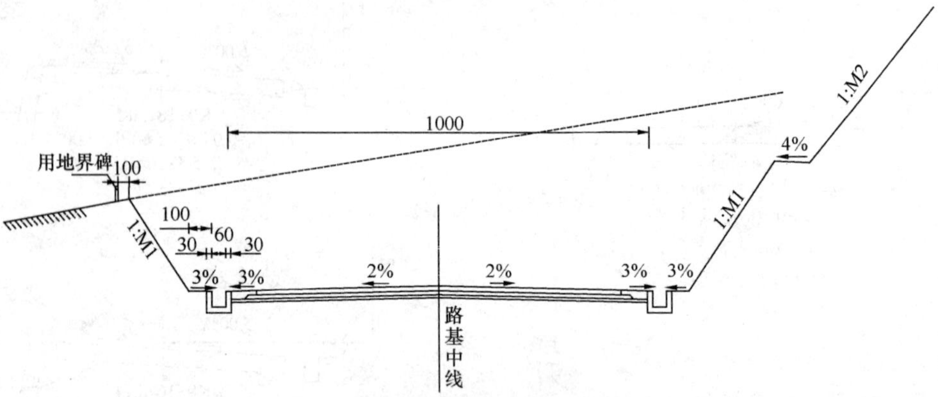

适用于一级及强风化岩挖方地带

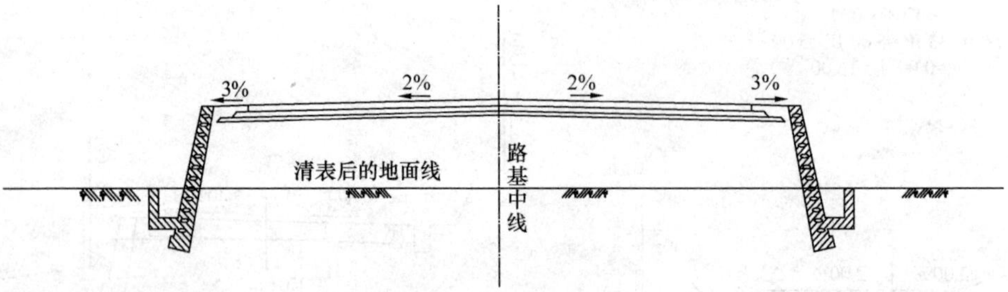

适用于整体开挖路段

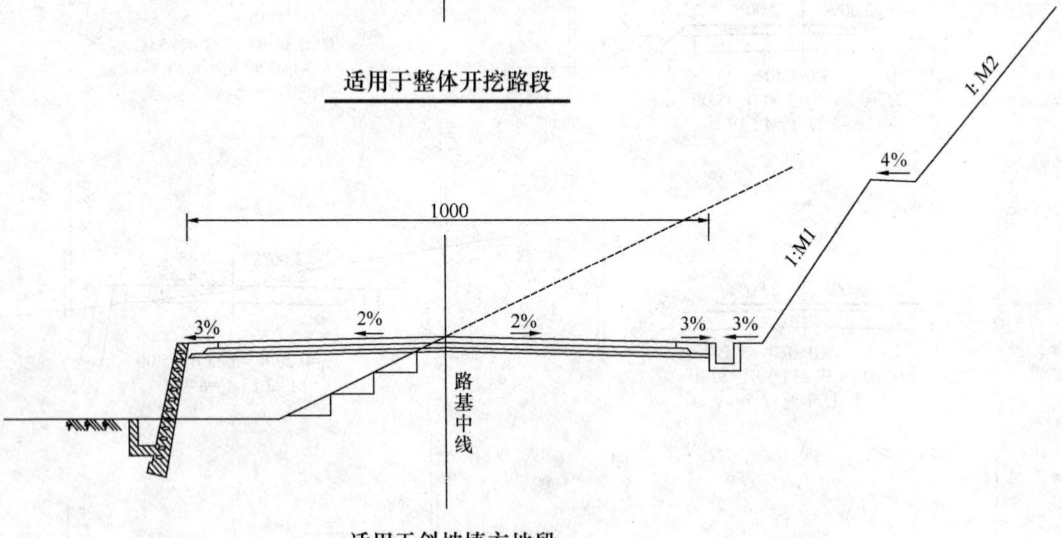

适用于斜坡填方地段

图 3-3　道路路基设计图

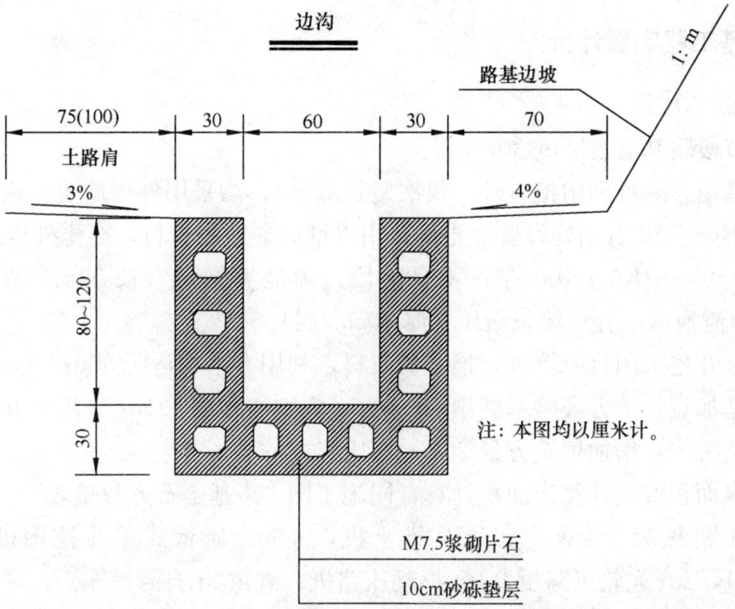

每延米工程数量表

类型	M7.5浆砌片石(m^3)	砂砾(m^3)	挖基(m^3)	挡水埂(m^3)	备注
边沟	0.84	0.12	1.44		沟深以80cm计

图 3-4　道路路基排水设计图

表 3-34　路基土石方数量表

工程

起讫桩号	长度(m)	挖方(m^3) 总体积	土方 松土	土方 普通土	土方 硬土	石方 软石	石方 次坚石	石方 坚石	填方(m^3) 总体积	填方 石方	清表面积(m^2)	清淤换填(m^3)
K0+000～K0+182.385	182.385	882.5	162	359.0	179.5		182		1635.3	1635.3	1823.9	600.0
合　计		882.5	162	359.0	179.5		182		1635.3	1635.3	1823.9	600.0

注：本标段挖方仅次坚石部分可作利用方外，其他挖方均为弃方。该标段填方须为软石以上岩质。

一、路基工程定额计价

1. 确定施工方案

(1) 该节段路基清表厚度 30cm。

(2) 路基填方除可利用挖方外（仅次坚石部分），均采用外运塘渣（软石类别），平均运距 3km；在 K0+220 右侧处设置弃土场，用以堆放非适用材料，弃土外运运距为 5km。

(3) K0+050～K0+100 存在不良地段，为池塘淤泥（长 50m，宽 12m，平均深度 1m），采用塘渣换填，分层填筑碾压（厚 30cm/层）。

(4) 石方开挖采用打眼爆破，推土机集料，利用方平均运距 50m。

(5) 路基加宽：填方段路基宽填 50cm，平均增加方量 $121m^3$（压实方）；

路基沉陷：增加填筑方量 $261m^3$（压实方）；

清表面积按设计路床面积计算，同施工图“路基土石方数量表”。

(6) 施工机械为 90kW～165kW 推土机，$0.6m^3$ 履带式单斗挖掘机，斗容量 1.0～$3.0m^3$ 装载机，15t 光轮压路机，10t 振动压路机；载重 8t 自卸汽车。

(7) 路拱、边坡整修工程量见表 3-35。

表 3-35 路拱、边坡整修工程量

项 目	整修路拱（m^2）	整修边坡（m）
挖土方	510	51
挖石方	130	13
利用石方填方	150	15
借方	1040	104
小计	1830	183

(8) 完工后刷坡共计 $80m^3$（其中利用石方段 $21m^3$，借土填方段 $59m^3$），远运不考虑。

(9) 临时便道等临时设施不考虑。

2. 取费标准

(1) 人工费

公路工程人工费采用 52.42 元/工日（含机械工）。

(2) 材料价格

参照浙江省交通厅工程定额站发布的《浙江交通建设工程质监与造价》价格信息专辑提供的材料信息价格，结合市场调查情况及外业调查资料综合确定（本例题按 2010 年第 1 期金华市区考虑）。

(3) 机械使用费

机械台班费按交通部 2007 年公布施行的《公路工程机械台班费用定额》（JTG/TB 06—03—2007）计列，机械台班费用中的养路费和车船使用税标准按《浙江省公路养路费征收管理办法》执行。

(4) 其他直接费、间接费

其他直接费、间接费均按“省补充规定”中二类项目费率取用。其中主副食运费补贴综合运距按 5km 计算；工地转移费的工地转移距离按 50km 计算，行车干扰费不计。

（5）计划利润、税金

根据“省补充规定”：计划利润按 6.3%计取，税金根据“部办法”规定按 3.41%计取。

（6）除以上说明外，其他费率、费用均按“补充规定”或“部办法”的有关规定执行。

3. 道路路基工程定额计量与计价

（1）计算《公路工程预算定额》第 200 章路基工程量，见表 3-36。

表 3-36　路基工程量计算表

序号	定额编号	工程项目名称	定额单位	计算式	定额数量
		路基工程			
1	1～1～1～11	90kW 以内推土机清除表土	$100m^3$	1823.9×0.3	5.472
2	1～1～2～5	挖掘机挖装淤泥、流沙	$1000m^3$	600	0.600
3	1～1～12～17	165kW 以内推土机第一个 20m 松土	$1000m^3$ 天然密实方	162	0.162
4	1～1～12～18	165kW 以内推土机第一个 20m 普通土	$1000m^3$ 天然密实方	359	0.359
5	1～1～12～19	165kW 以内推土机第一个 20m 硬土	$1000m^3$ 天然密实方	179.5	0.180
6	1～1～15～31	机械运输推土机 165kW 以内第一个 20m 开炸运次坚石	$1000m^3$ 天然密实方	182	0.182
7	1～1～15～34 换	机械运输推土机 165kW 以内每增运 10m 次坚石	$1000m^3$ 天然密实方	182	0.182
8	1～1～10～3	装载机斗容量 $3m^3$ 以内土方	$1000m^3$ 天然密实方	162＋359＋179.5＋600＋1823.9×0.3	1.848
9	1～1～11～9	8t 以内自卸汽车运输第一个 1km 土方	$1000m^3$ 天然密实方	162＋359＋179.5＋600＋1823.9×0.3	1.848
10	1～1～11～10 换	8t 以内自卸汽车运输每增运 0.5km 平均运距 5km 以内土方	$1000m^3$ 天然密实方	162＋359＋179.5＋600＋1823.9×0.3	1.848
11	1～1～5～4	填前 12～15t 光轮压路机压实	$1000m^2$	1823.9	1.824
12	1～1～15～30 换	机械运输推土机 165kW 以内第一个 20m 开炸运软石	$1000m^3$ 天然密实方	1635.3×0.92＋1823.9×0.3－182＋（121＋261）×0.92＋600	2.821
13	1～1～10～6	装载机斗容量 $3m^3$ 以内软石	$1000m^3$ 天然密实方	1635.3×0.92＋1823.9×0.3－182＋（121＋261）×0.92＋600	2.821
14	1～1～11～9	8t 以内自卸汽车运输第一个 1km 土方	$1000m^3$ 天然密实方	1635.3×0.92＋1823.9×0.3－182＋（121＋261）×0.92＋600	2.821

续表

序号	定额编号	工程项目名称	定额单位	计算式	定额数量
15	1～1～11～10 换	8t 以内自卸汽车运输每增运 0.5km 平均运距 5km 以内土方	$1000m^3$ 天然密实方	1635.3×0.92＋1823.9×0.3－182＋（121＋261）×0.92＋600	2.821
16	1～1～18～19	二级公路 10t 以内振动压路机碾压石方	$1000m^3$ 压实方	1635.3＋1823.9×0.3/0.92＋121＋261＋600/0.92	3.264
17	1～2～3～1	边沟、排水沟、截水沟浆砌片石	$10m^3$ 实体	2×182.385×0.84	30.641
18	1～1～20～3	整修边坡(二级及以上等级公路)	1km	0.183	0.183
19	1～1～20～1	机械整修路拱	$1000m^2$	1830	1.830
20	1～1～21～2	刷坡检底	$1000m^3$	80	0.080

注：路基工程套取定额时，需注意挖、填方中“天然密实体积”与“压实体积”的换算。

(2) 套取定额(表 3-37)。

表 3-37 原始数据表(预)

建设项目：道路路基

编制范围：

项	目	节	细目	名称	单位	工程量	费率号	备注
1				第一部分 建筑安装工程费	公路公里	1.0		
二				路基工程	km	1.0		
			1-1-1-11	90kW 以内推土机清除表土	$100m^3$	5.472	02	
			1-1-2-5	挖掘机挖装淤泥、流沙	$1000m^3$	0.6	02	
			1-1-12-17	165kW 以内推土机第一个 20m 松土	$1000m^3$ 天然密实方	0.162	02	
			1-1-12-18	165kW 以内推土机第一个 20m 普通土	$1000m^3$ 天然密实方	0.359	02	
			1-1-12-19	165kW 以内推土机第一个 20m 硬土	$1000m^3$ 天然密实方	0.18	02	
			1-1-15-31	机械运输推土机 165kW 以内第一个 20m 开炸运次坚石	$1000m^3$ 天然密实方	0.182	05	
			1-1-15-34 换	机械运输推土机 165kW 以内每增运 10m 次坚石	$1000m^3$ 天然密实方	0.182	05	定额×3.0
			1-1-10-3	装载机斗容量 $3m^3$ 以内土方	$1000m^3$ 天然密实方	1.848	02	
			1-1-11-9	8t 以内自卸汽车运输第一个 1km 土方	$1000m^3$ 天然密实方	1.848	03	
			1-1-11-10 换	8t 以内自卸汽车运输每增运 0.5km 平均运距 5km 以内土方	$1000m^3$ 天然密实方	1.848	03	定额×8.0
			1-1-5-4	填前 12～15t 光轮压路机压实	$1000m^2$	1.824	02	

续表

项	目	节	细目	名　　称	单位	工程量	费率号	备　注
			1-1-15-30 换	机械运输推土机 165kW 以内第一个 20m 开炸运软石	$1000m^3$ 天然密实方	2.821	05	定额×0.8
			1-1-10-6	装载机斗容量 $3m^3$ 以内软石	$1000m^3$ 天然密实方	2.821	05	
			1-1-11-9	8t 以内自卸汽车运输第一个 1km 土方	$1000m^3$ 天然密实方	2.821	03	
			1-1-11-10 换	8t 以内自卸汽车运输每增运 0.5km 平均运距 5km 以内土方	$1000m^3$ 天然密实方	2.821	03	定额×4.0
			1-1-18-19	二级公路 10t 以内振动压路机碾压石方	$1000m^3$ 压实方	3.264	05	
			1-2-3-1	边沟、排水沟、截水沟浆砌片石	$10m^3$ 实体	30.641	08	
			1-1-20-3	整修边坡(二级及以上等级公路)	1km	0.183	01	
			1-1-20-1	机械整修路拱	$1000m^2$	1.83	02	
			1-1-21-2	刷坡检底	$1000m^3$	0.08	01	
2				第二部分　设备及工具、器具购置费	公路公里	0.0		
3				第三部分　工程建设其他费用	公路公里	0.0		
4				第一、二、三部分费用合计	公路公里	0.0		
10				预备费	元	0.0		
1				1. 价差预备费	元	0.0		{部分预留上涨费}
2				2. 基本预备费	元	0.0		({I}-{N}-{P})×0%
20				预算总金额	元	0.0		
21				其中：回收金额	元	0.0		
22				公路基本造价	公路公里	0.0		

编制：　　　　　　　　　　　　复核：

(3) 人工、材料、机械台班单价汇总(表 3-38)。

表 3-38　人工、材料、机械台班单价汇总表

建设项目名称：道路路基

编制范围：

序号	名　　称	单位	代号	预算单价（元）	备　注
1	人工	工日	1	52.42	
2	机械工	工日	2	52.42	
3	空心钢纤	kg	212	7.00	
4	ϕ50mm 以内合金钻头	个	213	27.21	
5	32.5 级水泥	t	832	333.00	
6	硝铵炸药	kg	841	10.00	
7	导火线	m	842	1.00	
8	普通雷管	个	845	1.00	
9	柴油	kg	863	6.87	
10	水	m^3	866	2.90	
11	中(粗)砂	m^3	899	80.00	
12	片石	m^3	931	40.00	
13	其他材料费	元	996	1.00	
14	75kW 以内履带式推土机	台班	1003	727.62	
15	90kW 以内履带式推土机	台班	1004	865.07	
16	165kW 以内履带式推土机	台班	1007	1626.77	
17	0.6m^3 履带式单斗挖掘机	台班	1027	579.49	
18	3.0m^3 轮胎式装载机	台班	1051	1143.88	
19	120kW 以内平地机	台班	1057	1083.65	
20	6～8t 光轮压路机	台班	1075	292.79	
21	8～10t 光轮压路机	台班	1076	329.30	
22	12～15t 光轮压路机	台班	1078	494.70	
23	10t 以内振动压路机	台班	1087	748.46	
24	8t 以内自卸汽车	台班	1385	590.48	
25	9m^3/min 以内机动空气压缩机	台班	1842	670.02	
26	小型机具使用费	元	1998	1.00	
27	定额基价	元	1999	1.00	

编制：

（4）机械台班单价计算（表 3-39）。

表 3-39　机械台班单价计算表

建设项目名称：道路路基

编制范围：

序号	定额号	机械规格名称	台班单价（元）	不变费用（元）		可变费用（元）																养路费及车船税	合计
				调整系数		机械工		重油		汽油		柴油		煤		电		水		木柴			
				1.0		52.42 元/工日		0.0 元/kg		0.0 元/kg		6.87 元/kg		0.0 元/t		0.0 元/(kW·h)		2.9 元/m^3		0.0 元/kg			
				定额	调整值	定额	费用	定额	费用	定额	费用	定额	费用	定额	费用	定额	费用	定额	费用	定额	费用		
1	1003	75kW 以内履带式推土机	727.62	245.140	245.14	2.000	104.84					54.970	377.64										482.48
2	1004	90kW 以内履带式推土机	865.07	311.140	311.14	2.000	104.84					65.370	449.09										553.93
3	1007	165kW 以内履带式推土机	1626.77	695.130	695.13	2.000	104.84					120.350	826.80										931.64
4	1027	0.6m^3 履带式单斗挖掘机	579.49	219.840	219.84	2.000	104.84					37.090	254.81										359.65
5	1051	3.0m^3 轮胎式装载机	1143.88	241.360	241.36	2.000	104.84					115.150	791.08									6.60	902.52
6	1057	120kW 以内平地机	1083.65	408.050	408.05	2.000	104.84					82.130	564.23									6.53	675.60

续表

序号	定额号	机械规格名称	台班单价（元）	不变费用（元）		可变费用（元）																	
				调整系数		机械工		重油		汽油		柴油		煤		电		水		木柴		养路费及车船税	合计
				1.0		52.42 元/工日		0.0 元/kg		0.0 元/kg		6.87 元/kg		0.0 元/t		0.0 元/(kW·h)		2.9 元/m^3		0.0 元/kg			
				定额	调整值	定额	费用	定额	费用	定额	费用	定额	费用	定额	费用	定额	费用	定额	费用	定额	费用		
7	1075	6～8t 光轮压路机	292.79	107.570	107.57	1.000	52.42					19.330	132.80										185.22
8	1076	8～10t 光轮压路机	329.30	117.500	117.50	1.000	52.42					23.200	159.38										211.80
9	1078	12～15t 光轮压路机	494.70	164.320	164.32	1.000	52.42					40.460	277.96										330.38
10	1087	10t 以内振动压路机	748.46	236.920	236.92	2.000	104.84					59.200	406.70										511.54
11	1385	8t 以内自卸汽车	590.48	194.910	194.91	1.000	52.42					49.450	339.72									3.43	395.57
12	1842	$9m^3/min$ 以内机动空气压缩机	670.02	203.060	203.06	1.000	52.42					60.340	414.54										466.96

编制：　　　　复核：

（5）计算其他直接费及间接费综合费率见表 3-40。

表 3-40　其他工程费及间接费综合费率计算表

建设项目名称：道路路基

编制范围：

序号	工程类别	其他工程费费率（%）											综合费率		间接费费率（%）											
		冬期施工增加费	雨季期施工增加费	夜间施工增加费	高原地区施工增加费	风沙地区施工增加费	沿海地区施工增加费	行车干扰工程施工增加费	安全及文明施工措施费	临时设施费	施工辅助费	工地转移费	Ⅰ	Ⅱ	规费：养老保险费	失业保险费	医疗保险费	住房公积金	工伤保险费	综合费率	企业管理费：基本费用	主副食运费补贴	职工探亲路费	职工取暖补贴	财务费用	综合费率
1	2	3	4	5	6	7	8	9	10	11	12	13	14	15	16	17	18	19	20	21	22	23	24	25	26	27
01	人工土方		0.360						0.590	1.410	0.890	0.150	3.400		20.000	2.000	8.000	12.000	1.000	43.000	3.020	0.310	0.090		0.230	3.650
02	机械土方		0.370						0.590	1.280	0.490	0.500	3.230		20.000	2.000	8.000	12.000	1.000	43.000	2.930	0.240	0.200		0.210	3.580
03	汽车运输		0.370						0.210	0.830	0.160	0.310	1.880		20.000	2.000	8.000	12.000	1.000	43.000	1.300	0.250	0.130		0.210	1.890
04	人工石方		0.270						0.590	1.440	0.850	0.160	3.310		20.000	2.000	8.000	12.000	1.000	43.000	3.110	0.240	0.090		0.220	3.660
05	机械石方		0.340						0.590	1.770	0.460	0.360	3.520		20.000	2.000	8.000	12.000	1.000	43.000	2.950	0.220	0.200		0.200	3.570
06	高级路面	0.160	0.340						1.000	1.730	0.800	0.610	4.640		20.000	2.000	8.000	12.000	1.000	43.000	1.720	0.150	0.130		0.270	2.270
07	其他路面		0.320						1.020	1.680	0.740	0.560	4.320		20.000	2.000	8.000	12.000	1.000	43.000	2.950	0.150	0.140		0.300	3.540
08	构造物Ⅰ	0.150	0.270						0.720	2.390	1.300	0.560	5.390		20.000	2.000	8.000	12.000	1.000	43.000	4.000	0.230	0.260		0.370	4.860
09	构造物Ⅱ	0.190	0.300	0.350			0.150		0.780	2.830	1.560	0.660	6.820		20.000	2.000	8.000	12.000	1.000	43.000	4.980	0.250	0.310		0.400	5.940
10	构造物Ⅲ（一般）	0.370	0.600	0.700			0.150		1.570	5.230	3.030	1.310	12.960		20.000	2.000	8.000	12.000	1.000	43.000	8.810	0.450	0.500		0.820	10.580
10-1	构造物Ⅲ（室内管道）	0.370		0.700			0.150		1.570	5.230	3.030	1.310	12.360		20.000	2.000	8.000	12.000	1.000	43.000	8.810	0.450	0.500		0.820	10.580
10-2	构造物Ⅲ（安装工程）	0.370					0.150		0.785	5.230	3.030	1.310	10.875		20.000	2.000	8.000	12.000	1.000	43.000	8.810	0.450	0.500		0.820	10.580
11	技术复杂大桥	0.210	0.340	0.350			0.150		0.860	2.630	1.680	0.750	6.970		20.000	2.000	8.000	12.000	1.000	43.000	4.250	0.200	0.180		0.460	5.090
12	隧道								0.730	2.310	1.230	0.520	4.790		20.000	2.000	8.000	12.000	1.000	43.000	3.800	0.190	0.240		0.390	4.620
13	钢材及钢结构（一般）			0.350			0.150		0.530	2.230	0.560	0.720	4.540		20.000	2.000	8.000	12.000	1.000	43.000	2.180	0.200	0.140		0.480	3.000
13-1	钢材及钢结构（金属标志牌等）						0.150		0.530	2.230	0.560	0.720	4.190		20.000	2.000	8.000	12.000	1.000	43.000	2.180	0.200	0.140		0.480	3.000

编制：　　　　　　　　　　　　　　　　复核：

（6）分项工程预算（表 3-41）。

表 3-41 分项工程预算表

编制范围：

工程名称：路基工程

序号	工程项目			伐树、挖根、除草、清除表土			挖淤泥、湿土、流砂			推土机推土			推土机推土		
	工程细目			90kW 以内推土机 清除表土			挖掘机挖装淤泥、流砂			165kW 以内推土机 第一个 20m 松土			165kW 以内推土机 第一个 20m 普通土		
	定额单位			100 m³			1000 m³			1000m³ 天然密实方			1000m³ 天然密实方		
	工程数量			5.472			0.600			0.162			0.359		
	定额表号			1～1～1～11			1～1～2～5			1～1～12～17			1～1～12～18		
	工料机名称	单位	单价（元）	定额	数量	金额（元）	定额	数量	金额（元）	定额	数量	金额（元）	定额	数量	金额（元）
1	人工	工日	52.42	0.400	2.189	115	10.000	6.000	315	4.000	0.648	34	4.500	1.616	85
2	75kW 以内履带式推土机	台班	727.62				2.080	1.248	908						
3	90kW 以内履带式推土机	台班	865.07	0.260	1.423	1231									
4	165kW 以内履带式推土机	台班	1626.77							0.980	0.159	258	1.080	0.388	631
5	0.6m³ 履带式单斗挖掘机	台班	579.49				6.420	3.852	2232						
6	定额基价	元	1.00	209.000	1144.000	1144	4977.000	2986.000	2986	1552.000	251.000	251	1715.000	616.000	616
	直接工程费	元				1345			3455			292			715
	其他工程费 Ⅰ	元		3.230		43	3.230		112	3.230		9	3.230		23
	其他工程费 Ⅱ	元													
	间接费 规费	元		43.000		49	43.000		135	43.000		15	43.000		36
	间接费 企业管理费	元		3.580		50	3.580		128	3.580		11	3.580		26
	利润及税金	元		6.300 / 3.410		144	6.300 / 3.410		371	6.300 / 3.410		32	6.300 / 3.410		77
	建筑安装工程费	元				1632			4201			359			879

续表

序号	工程项目			推土机推土			机械打眼开炸石方			机械打眼开炸石方			装载机装土、石方		
	工程细目			165kW 以内推土机第一个 20m 硬土			机械运输推土机 165kW 以内第一个 20m 开炸运次坚石			机械运输推土机 165kW 以内每增运 10m 次坚石			装载机斗容量 $3m^3$ 以内土方		
	定额单位			$1000m^3$ 天然密实方			$1000m^3$ 天然密实方			$1000m^3$ 天然密实方			$1000m^3$ 天然密实方		
	工程数量			0.180			0.182			0.182			1.848		
	定额表号			1～1～12～19			1～1～15～31			1～1～15～34，定额×3.0			1～1～10～3		
	工料机名称	单位	单价（元）	定额	数量	金额（元）	定额	数量	金额（元）	定额	数量	金额（元）	定额	数量	金额（元）
1	人工	工日	52.42	5.000	0.898	47	78.600	14.305	750						
2	空心钢纤	kg	7.00				18.000	3.276	23						
3	ϕ50mm 以内合金钻头	个	27.21				25.000	4.550	124						
4	硝铵炸药	kg	10.00				179.000	32.578	326						
5	导火线	m	1.00				481.000	87.542	88						
6	普通雷管	个	1.00				381.000	69.342	69						
7	其他材料费	元	1.00				26.400	4.805	5						
8	165kW 以内履带式推土机	台班	1626.77	1.330	0.239	388	2.360	0.430	699	2.760	0.502	817			
9	$3.0m^3$ 轮胎式装载机	台班	1143.88										1.090	2.014	2304
10	$9m^3/min$ 以内机动空气压缩机	台班	670.02				8.370	1.523	1021						
11	小型机具使用费	元	1.00				489.500	89.089	89						
12	定额基价	元	1.00	2086.000	374.000	374	14765.000	2687.000	2687	3818.000	695.000	695	985.000	1820.000	1820
	直接工程费	元				435			3193			817			2304
	其他工程费 Ⅰ	元		3.230		14	3.520		112	3.520		29	3.230		74
	其他工程费 Ⅱ	元													
	间接费 规费	元		43.000		20	43.000		322	43.000			43.000		
	间接费 企业管理费	元		3.580		16	3.570		118	3.570		30	3.580		85
	利润及税金	元		6.300 / 3.410		47	6.300 / 3.410		351	6.300 / 3.410		87	6.300 / 3.410		244
	建筑安装工程费	元				533			4096			963			2708

续表

序号	工程项目			自卸汽车运土、石方			自卸汽车运土、石方			填前夯（压）实及填前挖松			机械打眼开炸石方		
	工程细目			8t以内自卸汽车运输第一个1km土方			8t以内自卸汽车运输每增运0.5km平均运距5km以内土方			填前12～15t光轮压路机压实			机械运输推土机165kW以内第一个20m开炸运软石		
	定额单位			1000m³天然密实方			1000m³天然密实方			1000m²			1000m³天然密实方		
	工程数量			1.848			1.848			1.824			2.821		
	定额表号			1～1～11～9			1～1～11～10，定额×8.0			1～1～5～4			1～1～15～30，定额×0.8		
	工料机名称	单位	单价（元）	定额	数量	金额（元）	定额	数量	金额（元）	定额	数量	金额（元）	定额	数量	金额（元）
1	人工	工日	52.42							2.800	5.107	268	22.800	64.321	3372
2	空心钢纤	kg	7.00										7.200	20.312	142
3	ϕ50mm以内合金钻头	个	27.21										13.600	38.367	1044
4	硝铵炸药	kg	10.00										103.200	291.138	2911
5	导火线	m	1.00										268.000	756.055	756
6	普通雷管	个	1.00										214.400	604.844	605
7	其他材料费	元	1.00										14.480	40.850	41
8	165kW以内履带式推土机	台班	1626.77										1.704	4.807	7820
9	12～15t光轮压路机	台班	494.70							0.300	0.547	271			
10	8t以内自卸汽车	台班	590.48	10.180	18.810	11107	11.280	20.842	12307						
11	9m³/min以内机动空气压缩机	台班	670.02										3.672	10.359	6941
12	小型机具使用费	元	1.00										216.400	610.486	610
13	定额基价	元	1.00	4952.000	9150.000	9150	5487.000	10138.000	10138	261.000	476.000	476	7126.000	20103.000	20103
	直接工程费	元				11107			12307			538			24242
	其他工程费 Ⅰ	元		1.880		209	1.880		231	3.230		17	3.520		853
	其他工程费 Ⅱ	元													
	间接费 规费	元		43.000			43.000			43.000		115	43.000		1450
	间接费 企业管理费	元		1.890		214	1.890		237	3.580		20	3.570		896
	利润及税金	元		6.300 / 3.410		1144	6.300 / 3.410		1268	6.300 / 3.410		61	6.300 / 3.410		2629
	建筑安装工程费	元				12674			14043			752			30071

续表

序号	工程项目			装载机装土、石方			自卸汽车运土、石方			自卸汽车运土、石方			填方路基		
	工程细目			装载机斗容量 $3m^3$ 以内软石			8t 以内自卸汽车运输第一个 1km 土方			8t 以内自卸汽车运输每增运 0.5km 平均运距 5km 以内土方			二级公路 10t 以内振动压路机碾压石方		
	定额单位			$1000m^3$ 天然密实方			$1000m^3$ 天然密实方			$1000m^3$ 天然密实方			$1000m^3$ 压实方		
	工程数量			2.821			2.821			2.821			3.264		
	定额表号			1～1～10～6			1～1～11～9			1～1～11～10，定额×4.0			1～1～18～19		
	工料机名称	单位	单价（元）	定额	数量	金额（元）	定额	数量	金额（元）	定额	数量	金额（元）	定额	数量	金额（元）
1	人工	工日	52.42										62.500	204.013	10694
2	75kW 以内履带式推土机	台班	727.62										2.680	8.748	6365
3	$3.0m^3$ 轮胎式装载机	台班	1143.88	1.610	4.542	5195									
4	6～8t 光轮压路机	台班	292.79										1.540	5.027	1472
5	10t 以内振动压路机	台班	748.46										2.270	7.410	5546
6	8t 以内自卸汽车	台班	590.48				10.180	28.719	16958	5.640	15.911	9395			
7	定额基价	元	1.00	1455.000	4105.000	4105	4952.000	13970.000	13970	2743.000	7738.000	7738	6524.000	21296.000	21296
	直接工程费	元				5195			16958			9395			24077
	其他工程费 Ⅰ	元		3.520		183	1.880		319	1.880		177	3.520		848
	其他工程费 Ⅱ	元													
	间接费 规费	元		43.000			43.000			43.000			43.000		4599
	间接费 企业管理费	元		3.570		192	1.890		327	1.890		181	3.570		890
	利润及税金	元		6.300 / 3.410		553	6.300 / 3.410		1747	6.300 / 3.410		968	6.300 / 3.410		2719
	建筑安装工程费	元				6123			19350			10721			33132

续表

序号	工程项目			石砌边沟、排水沟、截水沟、急流槽			整修路基			整修路基			旧路刷坡、改坡、帮坡、检底		
	工程细目			边沟、排水沟、截水沟浆砌片石			整修边坡（二级及以上等级公路）			机械整修路拱			刷坡检底		
	定额单位			$10m^3$ 实体			1km			$1000m^2$			$1000m^3$		
	工程数量			30.641			0.183			1.830			0.080		
	定额表号			1～2～3～1			1～1～20～3			1～1～20～1			1～1～21～2		
	工料机名称	单位	单价（元）	定额	数量	金额（元）	定额	数量	金额（元）	定额	数量	金额（元）	定额	数量	金额（元）
1	人工	工日	52.42	15.800	484.123	25378	336.700	61.616	3230				287.300	22.984	1205
2	32.5 级水泥	t	333.00	0.869	26.627	8867									
3	水	m^3	2.90	18.000	551.533	1599									
4	中（粗）砂	m^3	80.00	4.270	130.836	10467									
5	片石	m^3	40.00	11.500	352.368	14095									
6	其他材料费	元	1.00	2.400	73.538	74									
7	120kW 以内平地机	台班	1083.65							0.090	0.165	178			
8	8～10t 光轮压路机	台班	329.30							0.140	0.256	84			
9	定额基价	元	1.00	1714.000	52518.000	52518	16566.000	3032.000	3032	121.000	221.000	221	14135.000	1131.000	1131
	直接工程费	元				60479			3230			263			1205
	其他工程费 Ⅰ	元		5.390		3260	3.400		110	3.230		8	3.400		41
	其他工程费 Ⅱ	元													
	间接费 规费	元		43.000		10912	43.000		1389	43.000			43.000		518
	间接费 企业管理费	元		4.860		3098	3.650		122	3.580		10	3.650		45
	利润及税金	元		6.300 / 3.410		7006	6.300 / 3.410		391	6.300 / 3.410		28	6.300 / 3.410		146
	建筑安装工程费	元				84754			5241			309			1955

续表

序号	工程项目											合计	
	工程细目												
	定额单位												
	工程数量												
	定额表号												
	工料机名称	单位	单价（元）	定额	数量	金额（元）	定额	数量	金额（元）	定额	数量	金额（元）	数量	金额（元）
1	人工	工日	52.42										867.819	45491
2	空心钢纤	kg	7.00										23.588	165
3	φ50mm 以内合金钻头	个	27.21										42.917	1168
4	32.5 级水泥	t	333.00										26.627	8867
5	硝铵炸药	kg	10.00										323.716	3237
6	导火线	m	1.00										843.597	844
7	普通雷管	个	1.00										674.186	674
8	水	m^3	2.90										551.533	1599
9	中（粗）砂	m^3	80.00										130.836	10467
10	片石	m^3	40.00										352.368	14095
11	其他材料费	元	1.00										119.192	119
12	75kW 以内履带式推土机	台班	727.62										9.996	7273
13	90kW 以内履带式推土机	台班	865.07										1.423	1231
14	165kW 以内履带式推土机	台班	1626.77										6.524	10613
15	0.6m^3 履带式单斗挖掘机	台班	579.49										3.852	2232
16	3.0m^3 轮胎式装载机	台班	1143.88										6.556	7499

续表

序号	工程项目												合计	
	工程细目													
	定额单位													
	工程数量													
	定额表号													
	工料机名称	单位	单价（元）	定额	数量	金额（元）	定额	数量	金额（元）	定额	数量	金额（元）	数量	金额（元）
17	120kW 以内平地机	台班	1083.65										0.165	178
18	6～8t 光轮压路机	台班	292.79										5.027	1472
19	8～10t 光轮压路机	台班	329.30										0.256	84
20	12～15t 光轮压路机	台班	494.70										0.547	271
21	10t 以内振动压路机	台班	748.46										7.410	5546
22	8t 以内自卸汽车	台班	590.48										84.281	49767
23	$9m^3$/min 以内机动空气压缩机	台班	670.02										11.882	7961
24	小型机具使用费	元	1.00										699.575	700
25	定额基价	元	1.00										154451.000	154451
	直接工程费	元												181553
	其他工程费 Ⅰ	元												6673
	其他工程费 Ⅱ	元												
	间接费 规费	元												19561
	间接费 企业管理费	元												6695
	利润及税金	元												20013
	建筑安装工程费	元												234495

编制：　　　　复核：

（7）计算建筑安装工程费用（表 3-42）。

表 3-42　建筑安装工程费计算表

建设项目名称：道路路基

编制范围：

序号	工程名称	单位	工程量	直接费（元）						间接费（元）	利润（元）费率 6.3%	税金（元）综合税率 3.41%	建筑安装工程费	
				直接工程费				其他工程费	合计				合计（元）	单价（元）
				人工费	材料费	机械使用费	合计							
1	2	3	4	5	6	7	8	9	10	11	12	13	14	15
1	路基工程	km	1.000	45491	41235	94828	181553	6673	188226	26256	12280	7733	234495	234494.99
1～1～1～11	90kW 以内推土机清除表土	$100m^3$	5.472	115		1231	1345	43	1389	99	91	54	1632	298.33
1～1～2～5	挖掘机挖装淤泥、流砂	$1000m^3$	0.600	315		3140	3455	112	3566	263	233	139	4201	7000.89
1～1～12～17	165kW 以内推土机第一个 20m 松土	$1000m^3$ 天然密实方	0.162	34		258	292	9	302	25	20	12	359	2213.52
1～1～12～18	165kW 以内推土机第一个 20m 普通土	$1000m^3$ 天然密实方	0.359	85		631	715	23	739	63	48	29	879	2447.19
1～1～12～19	165kW 以内推土机第一个 20m 硬土	$1000m^3$ 天然密实方	0.180	47		388	435	14	449	36	29	18	533	2967.67
1～1～15～31	机械运输推土机 165kW 以内第一个 20m 开炸运次坚石	$1000m^3$ 天然密实方	0.182	750	634	1808	3193	112	3305	440	216	135	4096	22506.06
1～1～15～34	机械运输推土机 165kW 以内每增运 10m 次坚石	$1000m^3$ 天然密实方	0.182			817	817	29	846	30	55	32	963	5291.63

续表

序号	工程名称	单位	工程量	直接费（元）						间接费（元）	利润（元）费率6.3%	税金（元）综合税率3.41%	建筑安装工程费	
				直接工程费				其他工程费	合计				合计（元）	单价（元）
				人工费	材料费	机械使用费	合计							
1	2	3	4	5	6	7	8	9	10	11	12	13	14	15
1～1～10～3	装载机斗容量 $3m^3$ 以内土方	$1000m^3$ 天然密实方	1.848			2304	2304	74	2378	85	155	89	2708	1465.50
1～1～11～9	8t 以内自卸汽车运输第一个 1km 土方	$1000m^3$ 天然密实方	1.848			11107	11107	209	11315	214	726	418	12674	6859.13
1～1～11～10	8t 以内自卸汽车运输每增运 0.5km 平均运距 5km 以内土方	$1000m^3$ 天然密实方	1.848			12307	12307	231	12538	237	805	463	14043	7600.30
1～1～5～4	填前 12～15t 光轮压路机压实	$1000m^2$	1.824	268		271	538	17	556	135	36	25	752	412.22
1～1～15～30	机械运输推土机 165kW 以内第一个 20m 开炸运软石	$1000m^3$ 天然密实方	2.821	3372	5499	15371	24242	853	25096	2346	1637	992	30071	10659.16
1～1～10～6	装载机斗容量 $3m^3$ 以内软石	$1000m^3$ 天然密实方	2.821			5195	5195	183	5378	192	351	202	6123	2170.50
1～1～11～9	8t 以内自卸汽车运输第一个 1km 土方	$1000m^3$ 天然密实方	2.821			16958	16958	319	17277	327	1109	638	19350	6859.13
1～1～11～10	8t 以内自卸汽车运输每增运 0.5km 平均运距 5km 以内土方	$1000m^3$ 天然密实方	2.821			9395	9395	177	9572	181	614	354	10721	3800.15
1～1～18～19	二级公路 10t 以内振动压路机碾压石方	$1000m^3$ 压实方	3.264	10694		13383	24077	848	24925	5488	1626	1093	33132	10150.14

续表

序号	工程名称	单位	工程量	直接费（元）						间接费（元）	利润（元）费率 6.3%	税金（元）综合税率 3.41%	建筑安装工程费	
				直接工程费				其他工程费	合计				合计（元）	单价（元）
				人工费	材料费	机械使用费	合计							
1	2	3	4	5	6	7	8	9	10	11	12	13	14	15
1～2～3～1	边沟、排水沟、截水沟浆砌片石	$10m^3$ 实体	30.641	25378	35101		60479	3260	63739	14010	4211	2795	84754	2766.08
1～1～20～3	整修边坡（二级及以上等级公路）	1km	0.183	3230			3230	110	3340	1511	218	173	5241	28641.64
1～1～20～1	机械整修路拱	$1000m^2$	1.830			263	263	8	271	10	18	10	309	168.82
1～1～21～2	刷坡检底	$1000m^3$	0.080	1205			1205	41	1246	564	81	64	1955	24439.36
	各项费用合计	公路公里		45491	41235	94828	181553	6673	188226	26256	12280	7733	234495	

编制：　　　　复核：

(8) 汇总计算工程造价(表 3-43)。

表 3-43 总 预 算 表

建设项目名称：道路路基

编制范围：

第 1 页 共 1 页

项	目	节	细目	工程或费用名称	单位	数量	预算金额(元)	技术经济指标	各项费用比例(%)	备注
				第一部分 建筑安装工程费	公路公里	1.000	234495	234495.00	100.00	
二				路基工程	km	1.000	234495	234495.00	100.00	
				第二部分 设备及工具、器具购置费	公路公里					
				第三部分 工程建设其他费用	公路公里					
				第一、二、三部分费用合计	公路公里		234495		100.00	
				预备费	元					
一				1. 价差预备费	元					
二				2. 基本预备费	元					
				预算总金额	元		234495		100.00	
				其中：回收金额	元					
				公路基本造价	公路公里		234495		100.00	

编制： 复核：

二、路基工程工程量清单计价

1. 工程量清单列项、编码、计算清单工程量

根据施工图纸，结合施工组织设计，该部分路基工程量清单计算见表 3-44。

表 3-44 第 200 章路基工程量清单

序号	清单编码	工程项目名称	计量单位	计算式	工程数量
		第 200 章 路基			
1	202-1	清理与掘除			
-a	202-1-a	清理现场	m^2	1823.9	1823.900
2	203-1	路基挖方			
-a	203-1-a	挖土方	m^3	162+359+179.5	700.500
-b	203-1-b	挖石方	m^3	182	182.000
-c	203-1-c	挖除非适用材料(包括淤泥)	m^3	600	600.000
3	204-1	路基填筑(包括填前压实)			
-b	204-1-b	换填石方	m^3	600/0.92	652.174
-c	204-1-c	利用石方	m^3	182/0.92	197.826
-e	204-1-e	借方	m^3	1635.3+1823.9×0.3/0.92	2230.05
4	207-1	…级砂砌片石边沟	m	366.77	366.770

注：“计日工明细表”“暂估价表”数据为零，表格不另附。

2. 道路工程工程量清单计价

(1) 确定施工方案

同定额计价模式。

(2) 人工、材料、机械单价及其他直接工程费、间接费、利润、税金费率的取定

同定额计价模式。

(3) 分部分项工程量清单综合单价计算

根据施工图纸、结合施工方案，确定各清单项目的组合工作内容，并计算其报价工程量，见表 3-45。

表 3-45　第 200 章路基工程量清单计算表

序号	清单编码	工程项目名称	计量单位	计算式	工程数量
		第 200 章　路基			
1	202-1	清理与掘除			
-a	202-1-a	清理现场	m^2	1823.9	1823.900
[1]	1～1～1～11	90kW 以内推土机清除表土	$100m^3$	547	5.470
[2]	1～1～10～3	装载机斗容量 $3m^3$ 以内土方	$1000m^3$ 天然密实方	547	0.547
[3]	1～1～11～9	8t 以内自卸汽车运输第一个 1km 土方	$1000m^3$ 天然密实方	547	0.547
[4]	1～1～11～10 换	8t 以内自卸汽车运输每增运 0.5km 平均运距 5km 以内土方	$1000m^3$ 天然密实方	547	0.547
2	203-1	路基挖方			
-a	203-1-a	挖土方	m^3	162＋359＋179.5	700.500
[1]	1～1～12～17	165kW 以内推土机第一个 20m 松土	$1000m^3$ 天然密实方	162	0.162
[2]	1～1～12～18	165kW 以内推土机第一个 20m 普通土	$1000m^3$ 天然密实方	359	0.359
[3]	1～1～12～19	165kW 以内推土机第一个 20m 硬土	$1000m^3$ 天然密实方	179.5	0.180
[4]	1～1～10～3	装载机斗容量 $3m^3$ 以内土方	$1000m^3$ 天然密实方	162＋359＋179.5	0.701
[5]	1～1～11～9	8t 以内自卸汽车运输第一个 1km 土方	$1000m^3$ 天然密实方	162＋359＋179.5	0.701
[6]	1～1～11～10 换	8t 以内自卸汽车运输每增运 0.5km 平均运距 5km 以内土方	$1000m^3$ 天然密实方	162＋359＋179.5	0.701
[7]	1～1～20～3	整修边坡(二级及以上等级公路)	1km	0.051	0.051
[8]	1～1～20～1	机械整修路拱	$1000m^2$	510	0.510
-b	203-1-b	挖石方	m^3	182	182.000
[1]	1～1～15～31	机械运输推土机 165kW 以内第一个 20m 开炸运次坚石	$1000m^3$ 天然密实方	(0.182)×1000.0	0.182
[2]	1～1～15～34 换	机械运输推土机 165kW 以内每增运 10m 次坚石	$1000m^3$ 天然密实方	(0.182)×1000.0	0.182

续表

序号	清单编码	工程项目名称	计量单位	计算式	工程数量
[3]	1～1～20～3	整修边坡(二级及以上等级公路)	1km	0.013	0.013
[4]	1～1～20～1	机械整修路拱	1000m²	130	0.130
-c	203-1-c	挖除非适用材料(包括淤泥)	m³	600	600.000
[1]	1～1～2～5	挖掘机挖装淤泥、流沙	1000m³	(0.6)×1000.0	0.600
[2]	1～1～10～3	装载机斗容量3m³以内土方	1000m³天然密实方	(0.6)×1000.0	0.600
[3]	1～1～11～9	8t以内自卸汽车运输第一个1km土方	1000m³天然密实方	(0.6)×1000.0	0.600
[4]	1～1～11～10换	8t以内自卸汽车运输每增运0.5km平均运距5km以内土方	1000m³天然密实方	(0.6)×1000.0	0.600
3	204-1	路基填筑(包括填前压实)			
-b	204-1-b	换填石方	m³	600/0.92	652.174
[1]	1～1～15～30换	机械运输推土机165kW以内第一个20m开炸运软石	1000m³天然密实方	600	0.600
[2]	1～1～10～6	装载机斗容量3m³以内软石	1000m³天然密实方	600	0.600
[3]	1～1～11～9	8t以内自卸汽车运输第一个1km土方	1000m³天然密实方	600	0.600
[4]	1～1～11～10换	8t以内自卸汽车运输每增运0.5km平均运距5km以内土方	1000m³天然密实方	600	0.600
[5]	1～1～18～19	二级公路10t以内振动压路机碾压石方	1000m³压实方	600/0.92	0.652
-c	204-1-c	利用石方	m³	182/0.92	197.826
[1]	1～1～18～19	二级公路10t以内振动压路机碾压石方	1000m³压实方	182/0.92	0.198
[2]	1～1～21～2	刷坡检底普通土	1000m³	21	0.021
[3]	1～1～20～3	整修边坡(二级及以上等级公路)	1km	0.015	0.015
[4]	1～1～20～1	机械整修路拱	1000m²	150	0.150
-e	204-1-e	借方	m³	1635.3＋1823.9×0.3/0.92	2230.050
[1]	1～1～5～4	填前12～15t光轮压路机压实	1000m²	1824	1.824
[2]	1～1～15～30换	机械运输推土机165kW以内第一个20m开炸运软石	1000m³天然密实方	1635.3×0.92＋1823.9×0.3－182＋(261＋121)×0.92	2.221
[3]	1～1～10～6	装载机斗容量3m³以内软石	1000m³天然密实方	1635.3×0.92＋1823.9×0.3－182＋(261＋121)×0.92	2.221
[4]	1～1～11～9	8t以内自卸汽车运输第一个1km土方	1000m³天然密实方	1635.3×0.92＋1823.9×0.3－182＋(261＋121)×0.92	2.221

续表

序号	清单编码	工程项目名称	计量单位	计算式	工程数量
[5]	1～1～11～10换	8t以内自卸汽车运输每增运0.5km平均运距5km以内土方	$1000m^3$ 天然密实方	1635.3×0.92＋1823.9×0.3－182＋(261＋121)×0.92	2.221
[6]	1～1～18～19	二级公路10t以内振动压路机碾压石方	$1000m^3$ 压实方	1635.3＋1823.9×0.3/0.92＋261＋121	2.612
[7]	1～1～21～2	刷坡检底普通土	$1000m^3$	59	0.059
[8]	1～1～20～3	整修边坡(二级及以上等级公路)	1km	0.104	0.104
[9]	1～1～20～1	机械整修路拱	$1000m^2$	1040	1.040
4	207-1	…级砂砌片石边沟	m	366.77	366.770
(1)	1～2～3～1	边沟、排水沟、截水沟浆砌片石	$10m^3$ 实体	306.4	30.640

(4) 套取定额、列项计算综合单价，见表3-46。

表3-46　工程细目单价构成分析表(一)

合同段编号：

细目号	细目名称	定额表号	单位	工程数量	工序单价(元)
202-1	清理与掘除				
-a	清理现场		m^2	1823.900	5.62
	90kW以内推土机清除表土	1～1～1～11	$100m^3$	5.470	295.68
	装载机斗容量 $3m^3$ 以内土方	1～1～10～3	$1000m^3$ 天然密实方	0.547	1452.48
	8t以内自卸汽车运输第一个1km土方	1～1～11～9	$1000m^3$ 天然密实方	0.547	6798.27
	8t以内自卸汽车运输每增运0.5km平均运距5km以内土方	1～1～11～10	$1000m^3$ 天然密实方	0.547	7532.85
203-1	路基挖方				
-a	挖土方		m^3	700.500	20.50
	165kW以内推土机第一个20m松土	1～1～12～17	$1000m^3$ 天然密实方	0.162	2193.84
	165kW以内推土机第一个20m普通土	1～1～12～18	$1000m^3$ 天然密实方	0.359	2425.42
	165kW以内推土机第一个20m硬土	1～1～12～19	$1000m^3$ 天然密实方	0.180	2941.28
	装载机斗容量 $3m^3$ 以内土方	1～1～10～3	$1000m^3$ 天然密实方	0.701	1452.48
	8t以内自卸汽车运输第一个1km土方	1～1～11～9	$1000m^3$ 天然密实方	0.701	6798.27
	8t以内自卸汽车运输每增运0.5km平均运距5km以内土方	1～1～11～10	$1000m^3$ 天然密实方	0.701	7532.85
	整修边坡(二级及以上等级公路)	1～1～20～3	1km	0.051	28641.65
	机械整修路拱	1～1～20～1	$1000m^2$	0.510	168.82

续表

细目号	细 目 名 称	定额表号	单位	工程数量	工序单价(元)
203-1	路基挖方				
-b	挖石方		m^3	182.000	29.71
	机械运输推土机 165kW 以内第一个 20m 开炸运次坚石	1～1～15～31	$1000m^3$ 天然密实方	0.182	22303.63
	机械运输推土机 165kW 以内每增运 10m 次坚石	1～1～15～34	$1000m^3$ 天然密实方	0.182	5244.63
	整修边坡(二级及以上等级公路)	1～1～20～3	1km	0.013	28641.69
	机械整修路拱	1～1～20～1	$1000m^2$	0.130	168.82
203-1	路基挖方				
-c	挖除非适用材料(包括淤泥)		m^3	600.000	22.72
	挖掘机挖装淤泥、流砂	1～1～2～5	$1000m^3$	0.600	6938.62
	装载机斗容量 $3m^3$ 以内土方	1～1～10～3	$1000m^3$ 天然密实方	0.600	1452.48
	8t 以内自卸汽车运输第一个 1km 土方	1～1～11～9	$1000m^3$ 天然密实方	0.600	6798.27
	8t 以内自卸汽车运输每增运 0.5km 平均运距 5km 以内土方	1～1～11～10	$1000m^3$ 天然密实方	0.600	7532.85
204-1	路基填筑(包括填前压实)				
-b	换填石方		m^3	652.174	31.48
	机械运输推土机 165kW 以内第一个 20m 开炸运软石	1～1～15～30	$1000m^3$ 天然密实方	0.600	10563.28
	装载机斗容量 $3m^3$ 以内软石	1～1～10～6	$1000m^3$ 天然密实方	0.600	2151.23
	8t 以内自卸汽车运输第一个 1km 土方	1～1～11～9	$1000m^3$ 天然密实方	0.600	6798.27
	8t 以内自卸汽车运输每增运 0.5km 平均运距 5km 以内土方	1～1～11～10	$1000m^3$ 天然密实方	0.600	3766.43
	二级公路 10t 以内振动压路机碾压石方	1～1～18～19	$1000m^3$ 压实方	0.652	10059.54
204-1	路基填筑(包括填前压实)				
-c	利用石方		m^3	197.826	14.95
	二级公路 10t 以内振动压路机碾压石方	1～1～18～19	$1000m^3$ 压实方	0.198	10059.54
	刷坡检底普通土	1～1～21～2	$1000m^3$	0.021	24439.38
	整修边坡(二级及以上等级公路)	1～1～20～3	1km	0.015	28641.60
	机械整修路拱	1～1～20～1	$1000m^2$	0.150	168.83
204-1	路基填筑(包括填前压实)				
-e	借方		m^3	2230.050	37.36

续表

细目号	细　目　名　称	定额表号	单位	工程数量	工序单价(元)
	填前 12～15t 光轮压路机压实	1～1～5～4	$1000m^2$	1.824	408.54
	机械运输推土机 165kW 以内第一个 20m 开炸运软石	1～1～15～30	$1000m^3$ 天然密实方	2.221	10563.28
	装载机斗容量 $3m^3$ 以内软石	1～1～10～6	$1000m^3$ 天然密实方	2.221	2151.22
	8t 以内自卸汽车运输第一个 1km 土方	1～1～11～9	$1000m^3$ 天然密实方	2.221	6798.26
	8t 以内自卸汽车运输每增运 0.5km 平均运距 5km 以内土方	1～1～11～10	$1000m^3$ 天然密实方	2.221	3766.43
	二级公路 10t 以内振动压路机碾压石方	1～1～18～19	$1000m^3$ 压实方	2.612	10059.54
	刷坡检底普通土	1～1～21～2	$1000m^3$	0.059	24439.39
	整修边坡(二级及以上等级公路)	1～1～20～3	1km	0.104	28641.64
	机械整修路拱	1～1～20～1	$1000m^2$	1.040	168.82
207-1	…级砂砌片石边沟		m	366.770	229.00
	边沟、排水沟、截水沟浆砌片石	1～2～3～1	$10m^3$ 实体	30.640	2741.23

编制：　　　　　　　　　　　　复核：

(5) 填表计算工程造价

汇总计算出各章的工程细目表见表 3-47。

表 3-47　工程量清单表

合同段：

第 200 章路基					
细目号	细　目　名　称	单位	数量	单价	合价
202-1	清理与掘除				
-a	清理现场	m^2	1823.900	5.62	10251
203-1	路基挖方				
-a	挖土方	m^3	700.500	20.50	14357
-b	挖石方	m^3	182.000	29.71	5408
-c	挖除非适用材料(包括淤泥)	m^3	600.000	22.72	13633
204-1	路基填筑(包括填前压实)				
-b	换填石方	m^3	652.174	31.48	20528
-c	利用石方	m^3	197.826	14.95	2958
-e	借方	m^3	2230.050	37.36	83323
207-1	…级砂砌片石边沟	m	366.770	229.00	83991
第 200 章　合计　人民币　234451 元					

(6) 汇总计算工程造价:

将各章的工程细目表及计日工明细表进行总汇，再加上暂定金额得出该项目的总造价，见表 3-48。

表 3-48 工程量清单汇总表

合同段：道路路基清单

序号	科目名称	金额(元)
1	第 200 章路基	234451
2	第 100 章至第 700 章合计	234451
3	已包含在清单合计中的专项暂定金额小计	
4	清单合计减去专项暂定金额	234451
5	计日工合计	
6	不可预见费(暂定金额)	
7	投标价	234451

第四章 路面工程计量与计价

第一节 路面工程定额工程量计量

一、定额说明

1. 定额包括各种类型路面及路槽、路肩、垫层、基层等，除沥青混合料路面、石拌基层稳定土混合料运输以 $1000m^3$ 路面实体为计算单位外，其他均以 $1000m^3$ 为计算单位。

2. 路面项目中的厚度均为压实厚度，培路肩厚度为净培路肩的夯实厚度。

3. 定额中混合料石按最佳含水量编制，定额中已包括养生用水并适当扣除材料天然含水量，但山西、青岛、甘肃、宁夏、内蒙古、新疆、西藏等省、自治区，由于湿度偏低，用水量可根据具体情况在定额数量的基础上酌情增加。

4. 定额中凡列有洒水汽车的子目，均按 5km 范围内洒水汽车在水源处的自吸水编制，不计水费。如工地附近无天然水源可利用，必须采用供水(如自来水)时，可根据定额子目中洒水汽车的台班数量，按每台班 $35m^3$ 来计算定额用水量，乘以供水部门规定的水价增加洒水汽车的台班消耗，但增加的洒水汽车台班消耗量不得再计水费。

5. 定额中的水泥混凝土均已包括其拌合费用，使用定额时不得再另行计算。

6. 压路机台班按行驶速度：两轮光轮压路机为 2.0km/h、三轮光轮压路机为 2.5km/h、轮胎式压路机为 5.0km/h、振动压路机为 3.0km/h 进行编制。如设计为单车道路面宽度时，两轮光轮压路机乘以 1.14 的系数、三轮光轮压路机乘以 1.33 的系数、轮胎式压路机和振动压路机乘以 1.29 的系数。

7. 自卸汽车运输稳定土混合料、沥青混合料和水泥混凝土定额项目，仅适用于平均运距在 15km 以内的混合料运输，当平均运距超过 15km 时，应按社会运输的有关规定计算其运输费用。当运距超过第一个定额运距单位时，其运距尾数不足一个增运定额单位的半数时不计算，等于或超过半数时按一个增运距单位计算。

二、路面基层及垫层

1. 各类稳定土基层、级配碎石、级配砾石基层的压实厚度在 15cm 以内，填隙碎石一层的压实厚度在 12cm 以内，其他种类的基层和底基层压实厚度在 20cm 以内，拖拉机、平地机和压路机的台班消耗按定额数量计算。如超过上述压实厚度进行分层拌合、碾压时，拖拉机、平地机和压路机的台班消耗按定额数量加倍计算，每 $1000m^2$ 增加 3 个工日。

2. 各类稳定土基层定额中的材料消耗系按一定配合比编制的，当设计配合比与定额标明的配合比不同时，有关材料可按下式进行换算：

$$C_i = [C_d + B_d \times (H - H_0)] L_i / L_d$$

式中 C_i——按设计配合比换算后的材料数量；

C_d——定额中基本压实厚度的材料数量；

B_d——定额中压实厚度每增减 1cm 的材料数量；

H_0——定额的基本压实厚度；

H——设计的压实厚度；

L_d——定额标明的该种材料的百分率；

L_i——设计配合比的该种材料的百分率。

【例 4-1】 石灰、粉煤灰稳定碎石基层，定额取定的配合比为 5∶15∶80，基本压实厚度为 15cm；设计配合比为 4∶12∶84，设计厚度为 13cm，求各种材料调整后数量。

解：水泥、石灰稳定类基层定额中的水泥或石灰与其他材料系按一定配合比编制的，当设计配合比与定额标明的配合比不同时，有关材料可分别按上式换算；

查定额 P113 页 2-1-7-31、32，计算如下：

石灰：[15.987＋1.066 ×（13－15）]×4/5＝11.084t

粉煤灰：[63.95＋4.26×（13－15）]×12/15＝44.344m^3

碎石：[166.54＋11.10×（13－15）]×84/80＝151.56m^3

3. 人工沿路翻拌合筛拌稳定土混合中均已包括土的过筛工消耗，因此土的预算价格中不应再计算过筛费用。

4. 土的预算价格，按材料采集及加工和材料运输定额中的有关项目计算。

5. 各类稳定土基层采用稳定基层定额时，每 1000m^2 路面减少 12～15t 光轮压路机 0.18 台班。

三、路面面层

1. 泥结碎石、级配碎石、级配砾石、天然砂砾、粒料改善土壤路面面层的压实厚度在 15cm 以内，拖拉机、平地机和压路机的台班消耗按定额数量计算。如等于或超过上述压实厚度进行分层拌合、碾压时，拖拉机、平地机和压路机的台班消耗按定额数量加倍计算，每 1000m^2 增加 3 个工日。

【例 4-2】 某沥青混合料路面面层摊铺工程，采用机械摊铺，沥青混合料为粗粒式，厚度 10cm，路面宽 8.0m，路段长 12km，需分层拌合碾压，试计算所需人工劳动量及压路机作业量。

解：

查定额 P163 页 2-2-14-15，定额单位为 100m^3 路面实体工程量为：

8×12000×0.1/100＝96 定额单位

题示面层需分层碾压，按规定人工每 1000m^2 需增加人工 3.0 工日，压路机台班按定额数加倍。

人工：39.4×96＋（8×12000）/1000×3＝4070.4 工日

6～8t 压路机作业量：7.68×2 ×96 ＝1474.56 台班

12～15t 压路机作业量：5.76×2 ×96 ＝1105.92 台班

2. 泥结碎石及级配碎石、级配砾石面层定额中，均未包括磨耗层和保护层，需要时应按磨耗层和保护层定额另行计算。

3. 沥青表面处治路面、沥青贯入式路面和沥青上拌下贯式路面的下贯层以及透层、黏层、封层定额中已计入热化、熬制沥青用的锅、灶等设备的费用，使用定额时不得另行计算。

4. 沥青碎石混合料、沥青混凝土和沥青碎石玛琋脂混合料路面定额中均已包括混合料拌合、运输、摊铺作业时的损耗因素，路面实体按路面设计面积乘以压实厚度计算。

5. 沥青路面定额中均未包括透层、黏层和封层，需要时可按有关定额另行计算。

6. 沥青路面定额中的乳化沥青和改性沥青均按外购成品料进行编制，如在现场自行配制时，其配制费用计入材料预算价格中。

7. 如沥青玛琋脂碎石混合料设计采用的纤维稳定剂的掺和比例与定额不同时，可按设计用量调整定额中纤维稳定剂的消耗。

8. 沥青路面定额中，均未考虑为保证石料与沥青的黏附性而采用的抗剥离措施的费用，需要时，应根据石料的性质，按设计提出的抗剥离措施，计算其费用。

9. 在冬五区、冬六区采用层铺法施工沥青路面时，其沥青用量可按定额用量乘以下列系数：沥青表面处治：1.05；沥青贯入式基层或连接层：1.02；面层：1.028；沥青上拌下贯式下贯部分：1.043。

【例 4-3】 某冬五区沥青贯入式面层工程，路面宽 8.5m，铺装长度 l0km，设计厚度 6cm，需铺黏层，采用层铺法施工，试求其总劳动量和总用油量。

解：查 P142 页 2-2-8-10，定额单位 1000m²，根据说明 9 冬五区沥青路面采用层铺法施工时，其用油量沥青贯入式面层乘 1.028 系数。

人工：17.7×8.5 ×10000/1000＝1504.5 工日

石油沥青：6.283×8.5 ×10000/1000×1.028＝549.01t

另根据说明 5 的规定，应另外记黏层的工、料、机等。

查定额 P170 页 2－2－16－5，定额单位 1000m²

人工：0.7×8.5 ×10000/1000＝59.5 工日

石油沥青：0.412×8.5 ×10000/1000＝35.02t

总计人工劳动量：1504.5＋59.5＝1564 工日

总计石油沥青：549.01＋35.02＝584.03 t

10. 定额是按一定的油石比编制的，当设计采用的油石比与定额不同时，可按设计油石比调整定额中的沥青用量，换算公式如下：

$$S_i = S_d \times L_i / L_d$$

式中 S_i——按设计油石比换算后的沥青数量；

S_d——定额中的沥青数量；

L_d——定额中标明的油石比；

L_i——设计采用的油石比。

四、路面附属工程

1. 整修和挖除旧路面按设计提出的需要整修的旧路面面积和需要挖除的旧路面体积

计算。

2. 整修旧路面定额中，砂石路面均按整修厚度 6.5cm 计算，沥青表处面层按整修厚度 2cm 计算，沥青混凝土面层按整修厚度 4cm 计算，路面基层的整修厚度均按 6.5cm 计算。

3. 硬路肩工程项目，根据其不同设计层次结构，分别采用不同的路面定额项目进行计算。

4. 铺砌水泥混凝土预制块人行道、路缘石、沥青路面镶边和土硬路肩加固定额中，均已包括水泥混凝土预制块的预制，使用定额时不得另行计算。

【例 4-4】 ××公路工程中路面基层为 30cm 厚的石灰砂砾土，计 350000m²，拟分为二层施工。底层厚度为 15cm，采用稳定土拌合机拌合施工；上层厚度为 15cm，采用厂拌法施工，15t 自卸汽车运 5km，石灰含量均为 5%。

问题：

1. 确定该项目的定额。

2. 分析两种施工方法所需主要机械设备的型号和数量。

注：假定基层施工期为 6 个月，每月工作日 22 天，机械设备幅度差 1.43（指施工产量定额换算为预算定额的幅度差）；厂拌法施工所需稳定土厂拌设备安装、拆除以及场地清理、平整、垫层、碾压不包括在内。

参考答案：

1. 石灰砂砾土定额项目见表 4-1。

表 4-1 石灰砂砾土定额项目

序号	工程细目	单位	数量	定额代号	定额调整
1	15cm 石灰砂砾土基层（路拌）	1000m²	350	20103025	12～15t 光轮压路机（1078）－0.18
2	15cm 石灰砂砾土基层（厂拌）	1000m³	350	20107019	
3	15t 自卸汽车运第一个 1km	1000m³	52.5	20108021	
4	15t 自卸汽车每增运 0.5km	1000m³	52.5	20108022	定额×8
5	机械铺筑	1000m²	350	20109003	

2. 施工 6 个月，每月工作日 22 天，机械设备幅度差 1.43，定额消耗量除以 6×22×1.43＝188.76，即为每天一班工作制所需的施工机械数量。

计算结果见表 4-2。

表 4-2 计 算 结 果

机械设备名称	15cm 石灰砂砾土基层（路拌）		15cm 石灰砂砾土基层（厂拌）		施工机械消耗量合计	计划一班工作制配备台数
	定额	消耗量	定额	消耗量		
150kW 平地机	0.37	129.5	0.37	129.5	259	2
6～8t 光轮压路机	0.27	94.5	0.14	49	143.5	1
12～15t 光轮压路机	1.27～0.18	381.5	1.27	444.5	826	5
235kW 稳定土拌合机	0.29	101.5				1
6000L 洒水汽车	0.88	308	0.31	108.5	416.5	3

续表

机械设备名称	15cm 石灰砂砾土基层（路拌）		15cm 石灰砂砾土基层（厂拌）		施工机械消耗量合计	计划一班工作制配备台数
	定额	消耗量	定额	消耗量		
$3m^3$ 装载机			0.41	143.5	143.5	1
300t/h 稳定土厂拌设备			0.21	73.5	73.5	1
15t 自卸汽车第一个 1km			5.9	309.75	586.95	4
15t 自卸汽车增运 0.5km			0.66	277.2		

【例 4-5】 某高速公路沥青路面项目，路线长 36km，行车道宽 22m，沥青混凝土厚度 18cm。在距离路线两段 1/3 处各有 1 处较平整场地适宜设置沥青拌合场，上路距离均为 200m，根据经验估计每设置 1 处拌合场的费用为 90 万元。施工组织提出了设 1 处和设 2 处拌合场的两种施工组织方案进行比较。

问题：

假设施工时工料机价格水平与定额基价一致，请从经济角度出发，选择费用较省的施工组织方案。

参考答案：

本案例主要考虑综合平均运距的确定，而综合平均运距与需要运输的数量有关。以此题为例，假设需要运输的沥青混凝土数量为 1m，则综合平均运距计算方式为：

1. 混合料综合平均运距计算

设置 1 处拌合场：

拌合场设置在路线 1/3 处，距路线起、终点分别为 12km 和 24km，平均运距分别为 6km 和 12km，其混合料综合平均运距为：

$$(36÷3×36÷3÷2+36÷3×2÷2)÷36+0.2=10.2(km)$$

设置 2 处拌合场：

拌合场设置在距离路线两端 1/3 处，两个拌合场供料范围均为 18km，每个拌合场距其供料路段的起、终点分别为 12km 和 6km，平均运距分别为 6km 和 3km，其混合料综合平均运距为：

$$(36÷3×36÷3÷2+36÷3÷2÷2)×2÷36+0.2=5.2(km)$$

2. 混合料运输费用计算

混合料工程量＝$0.18×22×36000=142560(m^3)$

设置 1 处拌合场混合料运输费用为：

$$(5473+425×18)×142\ 560÷1000=1871996(元)$$

设置 2 处拌合场时混合料运输费用为：

$$(5473+445×8)×142560÷1000=1287744(元)$$

3. 两方案的经济性比较

设置 1 处拌合场时的综合费用为：

$$900000+1871996=2771996(元)$$

设置 2 处拌合场时的费用为：

900000＋1287744＋900000＝3087744(元)

由于设置1处拌合场的综合费用低于设置2处拌合场的综合费用，从经济角度出发，推荐设置1处拌合场的施工组织方案。

第二节　路面工程清单项目工程量计量

根据《公路工程工程量计量规则》，路面工程包括：垫层、底基层、基层、沥青混凝土面层、水泥混凝土面层、其他面层、透层、黏层、封层、路面排水、路面其他工程。

一、有关问题的说明及提示

1. 水泥混凝土路面模板制作安装及缩缝、胀缝的填灌缝材料、高密度橡胶板，均包含在浇筑不同厚度水泥混凝土面层的工程项目中，不另行计量。

2. 水泥混凝土路面养生用的养护剂、覆盖的麻袋、养护器材等，均包含在浇筑不同厚度水泥混凝土面层的工程项目中，不另行计量。

3. 水泥混凝土路面的钢筋包括传力杆、拉杆、补强角隅钢筋及结构受力连续钢筋、支架钢筋。

4. 沥青混凝土路面和水泥混凝土路面所需的外掺剂不另行计量。

5. 沥青混合料、水泥混凝土和（底）基层混合料拌合场站、贮料场的建设、拆除、恢复均包括在相应工程项目中，不另行计量。

6. 钢筋的除锈、制作安装、成品运输，均包含在相应工程的项目中，不另行计量。

二、垫层

工作内容为是在完成和验收合格，经监理人批准的路基上铺筑碎石、砂砾、煤渣、矿渣和水泥稳定土、石灰稳定土垫层。它包括所需的设备、劳力和材料，以及施工、试验等全部作业。

1. 工程量清单计量规则（表4-3）

表4-3　垫层工程量清单计量规则

项	目	节	细目	项目名称	项目特征	计量单位	工程量计算规则	工程内容
三				路面				第300章
	2			路面垫层				第302节
		1		碎石垫层	1. 材料规格 2. 厚度 3. 强度等级	m^2	按设计图所示，按不同厚度以顶面面积计算	1. 清理下承层、洒水 2. 配运料 3. 摊铺、整形 4. 碾压 5. 养护

2. 计量与支付

(1) 计量

①碎石、砂砾垫层应按图纸和监理人指示铺筑、经监理人验收合格的面积，按不同厚度以平方米计量。

②水泥稳定土、石灰稳定土垫层应按图纸和监理人指示铺筑、经监理人验收合格的面积，按不同厚度以平方米计量。

③对个别特殊形状的面积，应采用适当计算方法计量，并经监理人批准以平方米计量。除监理人另有指示外，超过图纸所规定的面积，均不予计量。

（2）支付

①费用的支付，主要包括以下内容：

a. 承包人提供工程所需的材料、机具、设备和劳力等。

b. 原材料的检验、混合料设计与试验，以及经监理人批准的按照规范所要求的试验路段的全部作业。

c. 铺筑前对下承层的检查和清扫、混合料的拌合、运输、摊铺、压实、整形、养护等。

d. 质量检验所要求的检测、取样和试验等工作。

②按上述规定计量，经监理人验收并列入工程量清单的以下支付子目的工程量，其每一计量单位，将以合同单价支付。此项支付包括一切为完成本项工程所必需的全部费用。

（3）支付子目（表 4-4）

表 4-4　支　付　子　目

子 目 号	子 目 名 称	单　位
302-1	碎石垫层	
-a	厚…mm	m^2
302-2	砂砾垫层	
-a	厚…mm	m^2
302-3	水泥稳定土垫层	
-a	厚…mm	m^2
302-4	石灰稳定土垫层	
-a	厚…mm	m^2

三、路面底基层与基层

工作内容为在已完成并经监理人验收合格的路基或垫层上，铺筑各类底基层（或在底基层上铺筑基层）。它包括所需的设备、劳力和材料，以及施工、试验等全部作业。

1. 工程量清单计量规则（表 4-5）

表 4-5　路面底基层与基层工程量清单计量规则

项	目	节	细目	项目名称	项目特征	计量单位	工程量计算规则	工程内容
三				路面				第 300 章
	3			路面底基层				第 303 节、第 304 节、第 305 节、第 306 节

续表

项	目	节	细目	项目名称	项目特征	计量单位	工程量计算规则	工程内容
		1		石灰稳定土（或粒料）底基层	1. 材料规格 2. 配比 3. 厚度 4. 强度等级	m^2	按设计图所示，按不同厚度以顶面面积计算	1. 清理下承层、洒水 2. 拌合、运输 3. 摊铺、整形 4. 碾压 5. 养护
		2		水泥稳定土（或粒料）底基层				
		3		石灰粉煤灰稳定土（或粒料）底基层				
		4		级配碎（砾）石底基层	1. 材料规格 2. 级配 3. 厚度 4. 强度等级			
	4			路面基层				第 304 节、第 305 节、第 306 节
		1		水泥稳定粒料基层	1. 材料规格 2. 掺配量 3. 厚度 4. 强度等级	m^2	按设计图所示，以顶面面积计算	1. 清理下承层、洒水 2. 拌合、运输 3. 摊铺、整形 4. 碾压 5. 养护
		2		石灰粉煤灰稳定基层				
		3		级配碎（砾）石基层	1. 材料规格 2. 级配 3. 厚度 4. 强度等级			
		4		贫混凝土基层	1. 材料规格 2. 厚度 3. 强度等级			
		5		沥青稳定碎石基层	1. 材料规格 2. 沥青含量 3. 厚度 4. 强度等级			1. 清理下承层 2. 铺碎石 3. 洒铺沥青 4. 碾压

2. 计量与支付

（1）计量

①基层与底基层应按图纸所示和监理人指示铺筑的平均面积，经监理人验收合格，按不同厚度以平方米计量。

②对个别特殊形状的面积，应采用监理人认可的计算方法计算。除监理人另有指示外，超过图纸所规定的计算面积或体积均不予计量。

③桥梁和明涵处的搭板、埋板下变截面稳定土基层与底基层按图纸所示和监理人的指示铺筑，经监理人验收合格后，以立方米计量。

（2）支付

①费用的支付，主要包括以下内容：

a. 承包人提供工程所需的材料、机具、设备和劳力等。

b. 原材料的检验、混合料设计与试验，以及经监理人批准的按照规范所要求的试验路段的全部作业。

c. 铺筑前对下承层的检查和清扫、混合料的拌合、运输、摊铺、压实、整形、养护等。

d. 质量检验所要求的检测、取样和试验等工作。

②按上述规定计量，经监理人验收并列程量清单的以下支付子目的工程量，每一计量单位，将以合同单价支付。此项支付包括一切为完成此项工程所必需的全部费用。

（3）支付子目（表 4-6）

表 4-6　支 付 子 目

子 目 号	子 目 名 称	单　位
303-1	石灰稳定土底基层	
-a	厚…mm	m^2
303-2	搭板、埋板下石灰稳定土底基层	m^3
304-1	水泥稳定土底基层	
-a	厚…mm	m^2
304-2	搭板、埋板下水泥稳定土底基层	m^3
304-3	水泥稳定土基层	
-a	厚…mm	m^2
305-1	石灰粉煤灰稳定土底基层	
-a	厚…mm	m^2
305-2	搭板、埋板下石灰粉煤灰稳定土底基层	m^3
305-3	石灰工业废渣稳定土基层	
-a	厚…mm	m^2
306-1	级配碎石底基层	
-a	厚…mm	m^2
306-2	搭板、埋板下级配碎石底基层	m^3
306-3	级配碎石基层	
-a	厚…mm	m^2
306-4	级配砾石底基层	
-a	厚…mm	m^2
306-5	搭板、埋板下级配砾石底基层	m^3
306-6	级配砾石基层	
-a	厚…mm	m^2
307-1	沥青稳定碎石基层（ATB -25）	
-a	厚…mm	m^2
-b	厚…mm	m^2

四、透层与黏层

工作内容为在已建成并经监理人验收合格的基层上洒布透层沥青；在沥青面层、水泥混凝土路面或桥面上洒布黏层沥青。它包括所需的设备、劳力和材料，以及施工、试验等全部作业。

1. 工程量清单计量规则（表 4-7）

表 4-7　路面透层、黏层和封层工程量清单计量规则

项	目	节	细目	项目名称	项目特征	计量单位	工程量计算规则	工程内容
三				路面				第 300 章
	7			透层、黏层、封层				第 307 节
		1		透层	1. 材料规格 2. 沥青用量	m²	按设计图所示以面积计算	1. 清理下承层 2. 沥青加热、掺配运油 3. 洒油、撒矿料 4. 养护
		2		黏层				
		3		封层				
			a	沥青表处封层	1. 材料规格 2. 厚度 3. 沥青用量	m²	按设计图所示，按不同厚度以面积计算	1. 清理下承层 2. 沥青加热、运输 3. 洒油、撒矿料 4. 碾压 5. 兼护
			b	稀浆封层				1. 清理下承层 2. 拌合 3. 摊铺 4. 碾压 5. 养护

2. 计量与支付

（1）计量

①透层和黏层按图纸规定的或监理人指示的喷洒面积，经监理人验收合格，以平方米计量。

②对个别特殊形状的面积，应采用适当的计算方法计量。除监理人另有指示外，超过图纸规定的计算面积均不予计量。

（2）支付

①支付费用主要包括下列内容：

a. 承包人提供工程所需的材料，使用的工具、设备和劳力等。

b. 材料的检验、试验，以及按规范规定的全部作业。

c. 喷洒前对层面的检查和清扫，材料的加热、运输、喷洒、养护等工作。

②按上述规定计量，经监理人验收并列入工程量清单的以下支付子目的工程量，其每一计量单位，将以合同单价支付。此项支付包括一切为完成此项工程所必需的全部费用。

（3）支付子目（表 4-8）

表 4-8　支　付　子　目

子　目　号	子　目　名　称	单　　位
308-1	透层	m^2
308-2	黏层	m^2

五、沥青混凝土面层

工作内容为在经监理人验收合格的基层上，按照图纸和监理人指示铺筑一层或多层的热拌沥青混合料面层。它包括提供全部设备、劳力和材料，以及施工、养护、试验等全部作业。

1. 工程量清单计量规则（表 4-9）

表 4-9　沥青混凝土面层工程量清单计量规则

项	目	节	细目	项目名称	项目特征	计量单位	工程量计算规则	工程内容
三				路面				第 300 章
	8			沥青混凝土面层				第 308 节
		1		细粒式沥青混凝土面层	1. 材料规格 2. 配合比 3. 厚度 4. 压实度	m^2	按设计图所示不同厚度以面积计算	1. 清理下承层 2. 拌合、运输 3. 摊铺、整形 4. 碾压
		2		中粒式沥青混凝土面层				
		3		粗粒式沥青混凝土面层				

2. 计量与支付

（1）计量

热铺沥青混凝土，应按图纸所示或监理人指示的平均铺筑面积，经监理人验收合格，按粗、中、细粒式沥青混凝土和不同厚度分别以平方米计量。除监理人另有指示外，超过图纸所规定的面积均不予计量。

（2）支付

①费用的支付，主要包括以下内容：

a. 承包人提供工程所需的材料、机具、设备和劳力等。

b. 原材料的检验、混合料设计与试验，以及经监理人批准的按照规范所要求的试验路段的全部作业。

c. 铺筑前对下承层的检查和清扫、材料的拌合、运输、摊铺、压实、整形、养护等。

d. 质量检验所要求的检测、取样和试验等工作。

②按上述规定计量，经监理人验收并列入工程量清单的以下支付子目的工程量，其每一计量单位，将以合同单价支付。此项支付包括一切为完成此项工程所必需的全部费用。

（3）支付子目（表 4-10）

表 4-10 支 付 子 目

子目号	子目名称	单位
309-1	细粒式沥青混凝土	
-a	厚…mm	m^2
-b	厚…mm	m^2
309-2	中粒式沥青混凝土	
-a	厚…mm	m^2
-b	厚…mm	m^2
309-3	粗粒式沥青混凝土	
-a	厚…mm	m^2
-b	厚…mm	m^2

六、表面处治及其他面层

工作内容为按图纸所示施工，并经监理人验收合格的基层上铺筑单层或多层沥青表面处治面层；在沥青面层或沥青面层延迟期较长的基层上铺筑封层。它包括所需的设备、劳力和材料，以及施工、试验等全部作业。

1. 工程量清单计量规则（表 4-11）

表 4-11 表面处治及其他面层工程量清单计量规则

项	目	节	细目	项目名称	项目特征	计量单位	工程量计算规则	工程内容
三				路面				第 300 章
	9			表面处治及其他面层				第 309 节
		1		沥青表面处治				
			a	沥青表面处治（层铺）	1. 材料规格 2. 沥青用量 3. 厚度	m^2	按设计图所示，按不同厚度以面积计算	1. 清理下承层 2. 沥青加热、运输 3. 铺矿料 4. 洒油 5. 整形 6. 碾压 7. 养护
			b	沥青表面处治（拌合）	1. 材料规格 2. 配合比 3. 厚度 4. 压实度			1. 清理下承层 2. 拌合、运输 3. 摊铺、整形 4. 碾压
		2		沥青贯入式面层	1. 材料规格 2. 沥青用量 3. 厚度	m^2	按设计图所示，按不同厚度以面积计算	1. 清理下承层 2. 沥青加热、运输 3. 铺矿料 4. 洒油 5. 整形 6. 碾压 7. 养护

续表

项	目	节	细目	项目名称	项目特征	计量单位	工程量计算规则	工程内容
		3		泥结碎（砾）石路面	1. 材料规格 2. 厚度			1. 清理下承层 2. 铺料整平 3. 调浆、灌浆 4. 撒嵌缝料 5. 洒水 6. 碾压 7. 铺保护层
		4		级配碎（砾）石面层	1. 材料规格 2. 级配 3. 厚度	m^2	按设计图所示，按不同厚度以面积计算	1. 清理下承层 2. 配运料 3. 摊铺 4. 洒水 5. 碾压
		5		天然砂砾面层	1. 材料规格 2. 厚度			1. 清理下承层 2. 运输铺料、整平 3. 洒水 4. 碾压

2. 计量与支付

(1) 计量

①沥青表面处治按图纸所示或监理人指示铺筑，经监理人验收合格，按不同厚度分别以平方米计量。

②封层按图纸规定的或监理人指示的喷洒面积，经监理人验收合格，以平方米计量。

③表面处治除监理人另有指示外，超过图纸规定的面积不予计量。

(2) 支付

①费用的支付，主要包括以下内容：

a. 承包人提供工程所需的材料、机具、设备和劳力等。

b. 材料的检验、试验，以及按规范规定的全部作业。

c. 喷洒前对层面的检查和清扫，材料的加热、运输、喷洒、养护等工作。

②按上述规定计量，经监理人验收并列入工程量清单的以下支付子目的工程量，其每一计量单位，将以合同单价支付。此项支付包括一切为完成此项工程所必需的全部费用。

(3) 支付子目（表 4-12）

表 4-12　支付子目

子目号	子目名称	单位
309-1	沥青表面处治	
-a	厚…mm	m^2
-b	厚…mm	m^2
309-2	封层	m^2

七、改性沥青混凝土面层

工作内容为在完成并经监理人验收合格的基层或其他沥青面层上，铺筑改性沥青混合料面层。它包括提供所需的设备、劳力和材料，以及施工、养护、试验等全部作业。

1. 工程量清单计量规则（表 4-13）

表 4-13　改性沥青混凝土面层工程量清单计量规则

<table>
<tr><th>项</th><th>目</th><th>节</th><th>细目</th><th>项目名称</th><th>项目特征</th><th>计量单位</th><th>工程量计算规则</th><th>工程内容</th></tr>
<tr><td>三</td><td></td><td></td><td></td><td>路面</td><td></td><td></td><td></td><td>第 300 章</td></tr>
<tr><td></td><td>10</td><td></td><td></td><td>改性沥青混凝土面层</td><td></td><td></td><td></td><td>第 310 节</td></tr>
<tr><td></td><td></td><td>1</td><td></td><td>改性沥青面层</td><td rowspan="2">1. 材料规格
2. 配合比
3. 外掺材料品种、用量
4. 厚度
5. 压实度</td><td rowspan="2">m²</td><td rowspan="2">按设计图所示，按不同厚度以面积计算</td><td rowspan="2">1. 清理下承层
2. 拌合、运输
3. 摊铺、整形
4. 碾压
5. 养护</td></tr>
<tr><td></td><td></td><td>2</td><td></td><td>SMA 面层</td></tr>
</table>

2. 计量与支付

（1）计量

改性沥青混合料按图纸要求及监理人的指示按不同厚度及实际摊铺的面积以平方米计量。

（2）支付

①费用的支付，主要包括以下内容：

a. 承包人提供工程所需的材料、机具、设备和劳力等。

b. 原材料的检验、混合料设计与试验，以及经监理人批准的按照规范所要求的试验路段的全部作业。

c. 铺筑前对下承层的检查和清扫、材料的拌合、运输、摊铺、压实、整形、养护等。

d. 质量检验所要求的检测、取样和试验等工作。

②按上述规定计量，经监理人验收并列入工程量清单的以下支付子目的工程量，其每一计量单位，将以合同单价支付。此项支付包括一切为完成此项工程所必需的全部费用。

（3）支付子目（表 4-14）

表 4-14　支　付　子　目

子　目　号	子　目　名　称	单　　位
311-1	细粒式改性沥青混合料路面	
-a	厚…mm	m^2
-b	厚…mm	m^2
311-2	中粒式改性沥青混合料路面	

续表

子　目　号	子　目　名　称	单　位
-a	厚…mm	m^2
-b	厚…mm	m^2
311-3	SMA 路面	
-a	厚…mm	m^2
-b	厚…mm	m^2

八、水泥混凝土面层

工作内容为在完成并经监理人验收合格的基层上，铺筑水泥混凝土面板的工作。它包括提供所需的设备、人工和材料，以及施工、养护、试验、检测等全部作业。

1. 工程量清单计量规则（表 4-15）

表 4-15　水泥混凝土面层工程量清单计量规则

项	目	节	细目	项目名称	项目特征	计量单位	工程量计算规则	工程内容
三				路面				第 300 章
	11			水泥混凝土面层				第 311 节
		1		水泥混凝土面层	1. 材料规格 2. 配合比 3. 外掺剂品种、用量 4. 厚度 5. 强度等级	m^2	按设计图所示，按不同厚度以面积计算	1. 清理下承层、湿润 2. 拌合、运输 3. 摊铺、抹平 4. 压（刻）纹 5. 胀缝制作安装 6. 切缝、灌缝 7. 养生
		2		连续配筋混凝土面层				1. 清理下承层、湿润 2. 拌合、运输 3. 摊铺、抹平 4. 压（刻）纹 5. 胀缝制作安装 6. 灌缝 7. 养生
		3		钢筋	1. 材料规格 2. 抗拉强度	kg	按设计图所示，各规格钢筋按有效长度（不计入规定的搭接长度）以重量计算	钢筋制作安装

2. 计量与支付

(1) 计量

①水泥混凝土面板按图纸和监理人指示铺筑的面积、经监理人验收合格，按不同厚度以平方米计量。除监理人另有指示外，任何超过图纸所规定的尺寸的计算面积，均不予计量。

②水泥混凝土路面的补强钢筋及拉杆、传力杆等钢筋按图纸要求设置，经监理人现场验收后以千克计量。因搭接而增加的钢筋不予计入。

③接缝材料等未列入支付子目中的其他材料均含入水泥混凝土路面单价之中，不单独计量与支付。

（2）支付

①费用的支付，主要包括以下内容：

a. 承包人提供工程所需的材料、机具、设备和劳力等。

b. 原材料的检验、混合料设计与试验，以及经监理人批准的按照规范所要求的试验路段的全部作业。

c. 铺筑混凝土面板前对基层的检查和清扫、混凝土混合料的拌合、运输、摊铺、终饰、接缝、养护等。

d. 质量检验所要求的检测、取样和试验等工作。

②按上述规定计量，经监理人验收并列入工程量清单的以下支付子目的工程量，其每一计量单位，将以合同单价支付。此项支付包括一切为完成此项工程所必需的全部费用。

（3）支付子目（表 4-16）

表 4-16 支 付 子 目

子 目 号	子 目 名 称	单 位
312-1	水泥混凝土面板	
-a	厚…mm（混凝土弯拉强度…MPa）	m^2
-b	厚…mm（混凝土弯拉强度…MPa）	m^2
312-2	钢筋	
-a	HPB235	kg
-b	HRB335	kg

九、培土路肩、中央分隔填土、土路肩加固及路缘石

工作内容包括路肩培土、中央分隔带的回填土以及土路肩加固工程等施工作业。

1. 工程量清单计量规则（表 4-17）

表 4-17 锚杆、锚定板挡土墙工程量清单计量规则

项	目	节	细目	项目名称	项目特征	计量单位	工程量计算规则	工程内容
三				路面				第 300 章
	12			培土路肩、中央分隔带回填土、土路肩加固及路缘石				第 312 节
		1		培土路肩	1. 土壤类别 2. 压实度	m^3	按设计图所示，按压实体积计算	1. 挖运土 2. 培土、整形 3. 压实
		2		中央分隔带填土				

续表

<table>
<tr><th>项</th><th>目</th><th>节</th><th>细目</th><th>项目名称</th><th>项目特征</th><th>计量单位</th><th>工程量计算规则</th><th>工程内容</th></tr>
<tr><td rowspan="3"></td><td rowspan="3"></td><td>3</td><td></td><td>现浇混凝土加固土路肩</td><td rowspan="2">1. 材料规格
2. 断面尺寸
3. 垫层厚度
4. 强度等级</td><td rowspan="3">m</td><td rowspan="2">按设计图所示，沿路肩表面量测，以长度计算</td><td rowspan="2">1. 清理下承层
2. 配运料
3. 浇筑
4. 接缝处理
5. 养生</td></tr>
<tr><td>4</td><td></td><td>混凝土预制块加固土路肩</td></tr>
<tr><td>5</td><td></td><td>混凝土预制块路缘石</td><td>1. 断面尺寸
2. 强度等级</td><td>按设计图所示，以长度计算</td><td>1. 预制构件
2. 运输
3. 砌筑、勾缝</td></tr>
</table>

2. 计量与支付

（1）计量

①培土路肩及中央分隔带回填土按压实后并经验收的工程数量分别以立方米为单位计量。现浇混凝土加固土路肩、混凝土预制块加固土路肩经验收的工程数量分别以延米为单位计量。

②水泥混凝土加固土路肩经验收合格后，沿路肩表面量测其长度以延米为单位计量，加固土路肩的混凝土立模、摊铺、振捣、养生、拆模，预制块预制铺砌，接缝材料等及其他有关加固土路肩的杂项工作均属承包人的附属工作，均不另行计量。

③路缘石按图纸所示的长度进行现场量测，经验收合格以延米为单位计量。埋设缘石的基槽开挖与回填、夯实以及混凝土垫层或水泥砂浆垫层等有关杂项工作均属承包人的附属工作，不另行计量。

（2）支付

按上述规定计量，经监理人验收并列入工程量清单的以下支付子目的工程量，其每一计量单位将以合同单价支付，此项支付包括材料、劳力、设备、运输、试验等及其他为完成本项工程所必需的费用，是对完成工程的全部偿付。

（3）支付子目（表4-18）

表4-18　支　付　子　目

子目号	子目名称	单位
313-1	培土路肩	m^3
313-2	中央分隔带回填土	m^3
313-3	现浇混凝土加固土路肩（厚…mm）	m
313-4	混凝土预制块加固土路肩	m
313-5	混凝土预制块路缘石	m

十、路面及中央分隔带排水

工作内容为路面和中央分隔带排水工程，包括纵、横、竖向排水管、渗沟、缝隙式圆形集水管、集水井、路肩排水沟和拦水带等结构物的施工及有关的作业。

1. 工程量清单计量规则（表 4-19）

表 4-19　路面及中央分隔带排水工程量清单计量规则

项	目	节	细目	项目名称	项目特征	计量单位	工程量计算规则	工程内容
三				路面				第 300 章
	13			路面及中央分隔带排水				第 313 节
		1		中央分隔带排水				
			a	沥青油毡防水层	材料规格	m^2	按设计图所示，以铺设的净面积计算（不计入按规范要求的搭接卷边部分）	1. 挖运土石方 2. 粘贴沥青油毡 3. 接头处理 4. 涂刷沥青 5. 回填
			b	中央分隔带渗沟	1. 材料规格 2. 断面尺寸	m	按设计图所示，按不同断面尺寸以长度计算	1. 挖运土石方 2. 土工布铺设 3. 埋设 PVC 管 4. 填碎石（砾石） 5. 回填
		2		超高排水				
			a	纵向雨水沟（管）	1. 材料规格 2. 断面尺寸 3. 强度等级	m	按设计图所示，按不同断面尺寸以长度计算	1. 挖运土石方 2. 现浇（预制）沟管或安装 PVC 管 3. 伸缩缝填塞 4. 现浇或预制安装端部混凝土 5. 栅形盖板预制安装 6. 回填
			b	混凝土集水井		座	按设计图所示，按不同尺寸以座数计算	1. 挖运土石方 2. 现浇或预制混凝土 3. 钢筋混凝土盖板预制安装 4. 回填
			c	横向排水管	材料规格	m	按设计图所示，按不同孔径以长度计算	1. 挖运土石方 2. 铺垫层 3. 安装排水管 4. 接头处理 5. 回填
		3		路肩排水				
			a	沥青混凝土拦水带	1. 材料规格 2. 断面尺寸 3. 配合比	m	按设计图所示，沿路肩表面测量以长度计算	1. 拌合、运输 2. 铺筑

续表

项	目	节	细目	项目名称	项目特征	计量单位	工程量计算规则	工程内容
			b	水泥混凝土拦水带	1. 材料规格 2. 断面尺寸 3. 强度等级			1. 配运料 2. 现浇或预制混凝土 3. 砌筑（包括漫槽） 4. 勾缝
			c	混凝土路肩排水沟				
			d	砂砾（碎石）垫层	1. 材料规格 2. 厚度	m^3	按设计图所示，以压实体积计算	1. 运料 2. 铺料、整平 3. 夯实
			e	土工布	材料规格	m^2	按设计图所示，以铺设净面积计算(不计入按规范要求的搭接卷边部分	1. 下层整平 2. 铺设土工布 3. 搭接及锚固土工布

2. 计量与支付

(1) 计量

①中央分隔带处设置的排水设施，按图纸施工，经监理人验收合格的实际工程数量分别按下列项目计量：

a. 排水管按不同材料、不同直径分别以米计量。

b. 纵向雨水沟（管）按长度以米计量。

c. 集水井按不同尺寸以座计量。

d. 渗沟按不同截面尺寸以延米计量。

e. 防水沥青油毡以平方米计量。

②路肩排水沟，经监理人验收合格的实际工程数量，分别按下列项目计量：

a. 混凝土路肩排水沟按长度以米计量。

b. 路肩排水沟砂砾垫层（路基填筑中已计量者除外）按立方米计量。

c. 土工布以平方米计量。

③排水管基础开挖和基础浇筑、胶泥隔水层及出水口预制混凝土垫块及混凝土包封等不另行计量，包含在排水管单价中。

④渗沟上的土工布不另计量，包含在渗沟单价中。

⑤拦水带按长度以米计量。

(2) 支付

按上述规定计量，经监理人验收并列入了工程量清单的以下支付子目的工程量，其每一计量单位，将以合同单价支付。此项支付包括材料、劳力、设备、运输等及其他为完成加筋挡土墙工程所必需的费用，是对完成工程的全部偿付。

（3）支付子目（表 4-20）

表 4-20　支付子目

子　目　号	子　目　名　称	单　　位
314-1	排水管	
-a	PVC-U 管（ϕ…mm）	m
-b	铸铁管（ϕ…mm）	m
-c	混凝土管（ϕ…mm）	m
314-2	纵向雨水沟（管）	m
314-3	C…混凝土集水井	座
314-4	中央分隔带渗沟（…mm×…mm×…mm）	m
314-5	沥青油毡防水层	m^2
314-6	路肩排水沟	
-a	混凝土路肩排水沟	m
-b	砂砾垫层	m^3
-c	土工布	m^2
314-7	拦水带	
-a	沥青混凝土拦水带	m
-b	水泥混凝土拦水带	m

第三节　路面工程计价实例

【例 4-6】　浙江省金华地区某交通工程为二级公路标准设计，本题截用设计路段 K18＋000至 K19＋000 路面设计。该路段为直线段，路基标准断面长 7m（其中行车道宽度 2m×3.5m）。路面垫层为 15cm 级配砂砾，路面基层为 20cm 厚 5%水泥砂砾稳定层，路面为中粒式沥青混凝土 AC-16，如图 4-1、图 4-2 所示，路面工程数量见表 4-21。试分别用定额计价模式和工程量清单模式，进行该节段道路路面工程的计量与计价。

表 4-21　路面工程数量表

项目名称：

起讫桩号	长度	平均宽度	行车道、路缘带及硬路肩						沥青封层	培土路肩	
			垫　层		基　层		面　层				
			厚度	数量	厚度	数量	厚度	数量			
	（m）	（m）	（cm）	（1000m^2）	（cm）	（1000m^2）	（cm）	（1000m^2）	（1000m^2）	m^3	m^2
K18＋000～K19＋000	1000	7.02	15	8.52	20	8.17	4	7.02	8.17	96	320

注：培土路肩按表中所列数据计算，不考虑路肩支护。

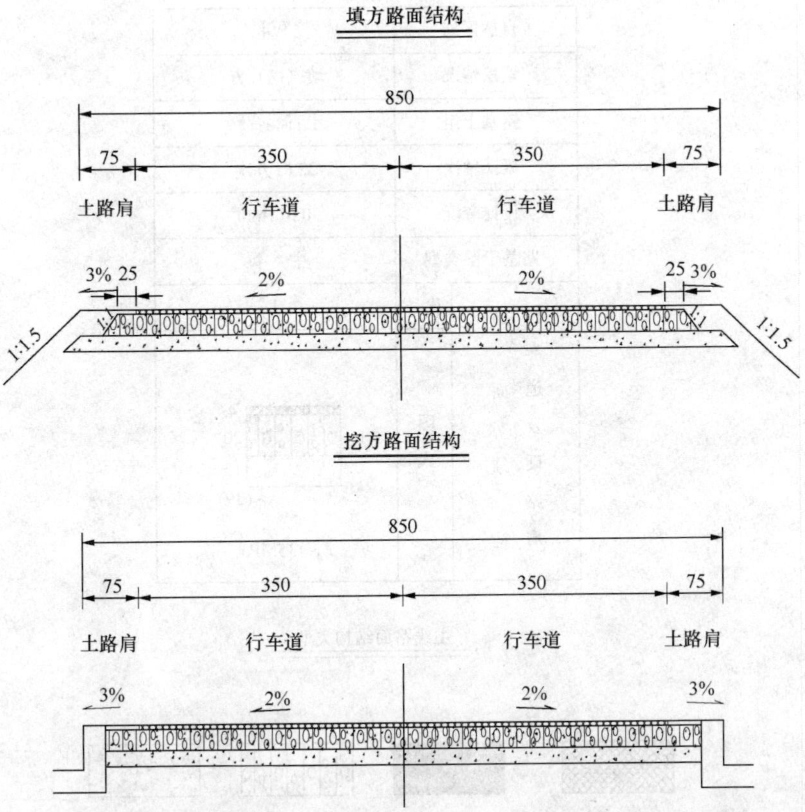

说明：

1. 本图尺寸除注明外，其余以cm计。

2. 路面基层施工完成后，应及时在其顶面加铺沥青封层。

图 4-1　路面基层施工图

一、路面工程定额计价

1. 确定施工方案

（1）路面垫层为 15cm 级配砂砾，采用机械 8t 自卸汽车运输、120kW 平地机摊铺。

（2）5%水泥砂砾稳定层基层按厂拌法施工。沿工地上行路线设一处稳定土拌合站（平均运距 3km），设备采用 100t/h 一台。8t 自卸汽车运输，120kW 平地机摊铺。

（3）路面为中粒式沥青混凝土 AC-16。在稳定土拌合站处设一个沥青拌合场，平均运距按 3km 考虑。沥青混合料拌合设备生产能力为 60t/h 以内。运输采用 8t 自卸汽车运输，机械摊铺。

（4）大型临时场地与便道费用不计取，不考虑工期影响。

2. 取费标准

（1）人工费

公路工程人工费采用 52.42 元/工日（含机械工）。

自然区划		Ⅳ4
填挖情况		填（挖）方
路基土组		土石混合料
累计轴次		22.81万次
设计弯沉		0.611mm
路基干湿类型		中　湿
行车道及硬路肩 路面结构	代号	I
	图式	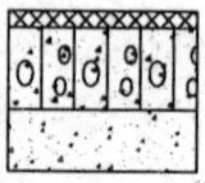 4 20 15 (39) $E_0 \geqslant 35$MPa

主线路面结构类型

中粒式沥青混凝土AC-16　沥青封层　水泥稳定砂砾(5%)　级配砂砾

图　例

图 4-2　路面基层施工图

（2）材料价格

参照浙江省交通厅工程定额站发布的《浙江交通建设工程质监与造价》价格信息专辑提供的材料信息价格，结合市场调查情况及外业调查资料综合确定（本例题按 2010 年第 1 期金华市区考虑）。

（3）机械使用费

机械台班费按交通部 2007 年公布施行的《公路工程机械台班费用定额》（JTG/TB 06—03—2007）计列，机械台班费用中的养路费和车船使用税标准按《浙江省公路养路费征收管理办法》执行。

（4）其他直接费、间接费

其他直接费、间接费均按“省补充规定”中二类项目费率取用。其中主副食运费补贴综合运距按 5km 计算；工地转移费的工地转移距离按 50km 计算，行车干扰费不计。

（5）计划利润、税金

根据“省补充规定”：计划利润按 6.3%计取，税金根据“部办法”规定按 3.41%计取。

(6) 除以上说明外，其他费率、费用均按“补充规定”或“部办法”的有关规定执行。

3. 道路路面工程定额计量与计价

(1) 计算《公路工程预算定额》第300章路面工程量，见表4-22。

表4-22　工程量计算表

工程名称：道路路面　　编制日期：

序号	定额编号	分部分项工程名称	单位	数量	计算公式	
					说明	计算式
		路面工程				
1	2～1～1～12	机械铺料压实厚度15cm砂砾	$1000m^2$	8.520		8520
2	2～1～7～3	水泥砂砾压实厚度15cm水泥剂量5%	$1000m^2$	8.170		8170
3	2～1～7～4换	水泥砂砾每增减1cm水泥剂量5%	$1000m^2$	8.170		8170
4	2～1～8～9	8t以内自卸汽车装载第一个1km	$1000m^3$	1.634		1634
5	2～1～8～10换	8t以内自卸汽车装载每增运0.5km，5km以内	$1000m^3$	1.634		1634
6	2～1～9～3	平地机120kW以内铺筑基层	$1000m^2$	8.170		8170
7	2～1～10～2	稳定土厂拌设备生产能力100t/h以内	1座	1.000		1.0
8	2～2～11～8	中粒式沥青混凝土沥青混合料拌合设备生产能力60t/h以内	$1000m^3$ 路面实体	0.281		280.8
9	2～2～13～9	8t以内自卸汽车装载第一个1km	$1000m^3$ 路面实体	0.281		280.8
10	2～2～13～10换	8t以内自卸汽车装载每增运0.5km，5km以内	$1000m^3$ 路面实体	0.281		280.8
11	2～2～14～12	机械摊铺沥青碎石混合料沥青混合料拌合设备生产能力60t/h以内中粒式	$1000m^3$ 路面实体	0.281		280.8
12	2～2～15～2	拌合设备生产能力60t/h以内	1座	1.000		1.0
13	2～2～16～11	层铺法封层下封层石油沥青	$1000m^2$	8.170		8170
14	2～3～3～5	培路肩厚度20cm	$1000m^2$	0.320		320
15	2～3～3～6	培路肩厚度每增减1cm	$1000m^2$	0.320	$h=96/320=0.3m$	10

(2) 套取定额（表4-23）。

表4-23　原始数据表（预）

建设项目：道路路面

编制范围：

项	目	节	细目	名　称	单位	工程量	费率号	备　注
1				第一部分　建筑安装工程费				
				路面工程				
			2-1-1-12	机械铺料压实厚度15cm砂砾	$1000m^2$	8.52	07	
			2-1-7-3	水泥砂砾压实厚度15cm水泥剂量5%	$1000m^2$	8.17	07	

续表

项	目	节	细目	名　　称	单位	工程量	费率号	备　注
			2-1-7-4 换	水泥砂砾每增减 1cm 水泥剂量 5%	$1000m^2$	8.17	07	定额×5.0
			2-1-8-9	8t 以内自卸汽车装载第一个 1km	$1000m^3$	1.634	03	
			2-1-8-10 换	8t 以内自卸汽车装载每增运 0.5km，5km 以内	$1000m^3$	1.634	03	定额×4.0
			2-1-9-3	平地机 120kW 以内铺筑基层	$1000m^2$	8.17	07	
			2-1-10-2	稳定土厂拌设备生产能力 100t/h 以内	1 座	1.0	07	
			2-2-11-8	中粒式沥青混凝土沥青混合料拌合设备生产能力 60t/h 以内	$1000m^3$ 路面实体	0.281	06	
			2-2-13-9	8t 以内自卸汽车装载第一个 1km	$1000m^3$ 路面实体	0.281	03	
			2-2-13-10 换	8t 以内自卸汽车装载每增运 0.5km，5km 以内	$1000m^3$ 路面实体	0.281	03	定额×4.0
			2-2-14-12	机械摊铺沥青碎石混合料沥青混合料拌合设备生产能力 60t/h 以内中粒式	$1000m^3$ 路面实体	0.281	06	
			2-2-15-2	拌合设备生产能力 60t/h 以内	1 座	1.0	06	
			2-2-16-11	层铺法封层下封层石油沥青	$1000m^2$	8.17	07	
			2-3-3-5	培路肩厚度 20cm	$1000m^2$	0.32	07	
			2-3-3-6 换	培路肩厚度每增减 1cm	$1000m^2$	0.32	07	定额×10.0
2				第二部分　设备及工具、器具购置费	公路公里	0.0		
3				第三部分　工程建设其他费用	公路公里	0.0		
4				第一、二、三部分费用合计	公路公里	0.0		
10				预备费	元	0.0		
1				1. 价差预备费	元	0.0		{部分预留上涨费}
2				2. 基本预备费	元	0.0		({I}－{N}－{P})×0%
20				预算总金额	元	0.0		
21				其中：回收金额	元	0.0		
22				公路基本造价	公路公里	0.0		

注：路面工程套取定额时，由于拌合定额单位为“路面实体”无须考虑成品运输损耗系数。

（3）人工、材料、机械台班单价汇总（表 4-24）。

表 4-24　人工、材料、机械台班单价汇总表

建设项目名称：道路路面

编制范围：

序号	名　　称	单　位	代　号	预算单价（元）	备　注
1	人工	工日	1	54.42	
2	机械工	工日	2	54.42	
3	锯材木中板 δ=19～35	m^3	102	1350.00	
4	型钢	t	182	3700.00	

续表

序号	名　　称	单　位	代　号	预算单价（元）	备　注
5	组合钢模板	t	272	5710.00	
6	铁件	kg	651	4.40	
7	32.5 级水泥	t	832	320.00	
8	石油沥青	t	851	4500.00	
9	重油	kg	861	2.80	
10	汽油	kg	862	5.20	
11	柴油	kg	863	4.90	
12	煤	t	864	265.00	
13	电	kW·h	865	1.00	
14	水	m^3	866	2.90	
15	砂	m^3	897	50.00	
16	中（粗）砂	m^3	899	80.00	
17	砂砾	m^3	902	40.00	
18	片石	m^3	931	40.00	
19	矿粉	t	949	125.00	
20	碎石（4cm）	m^3	952	48.00	
21	石屑	m^3	961	65.00	
22	路面用碎石（1.5cm）	m^3	965	68.00	
23	路面用碎石（2.5cm）	m^3	966	68.00	
24	块石	m^3	981	48.00	
25	其他材料费	元	996	1.00	
26	设备摊销费	元	997	1.00	
27	0.6m^3 履带式单斗挖掘机	台班	1027	510.42	
28	2.0m^3 轮胎式装载机	台班	1050	714.99	
29	3.0m^3 轮胎式装载机	台班	1051	921.04	
30	120kW 以内平地机	台班	1057	925.86	
31	6～8t 光轮压路机	台班	1075	256.71	
32	12～15t 光轮压路机	台班	1078	416.99	
33	0.6t 手扶式振动碾	台班	1083	107.02	
34	300t/h 以内稳定土厂拌设备	台班	1160	1212.88	
35	4000L 以内沥青洒布车	台班	1193	414.38	
36	60t/h 以内沥青混合料拌合设备	台班	1202	8093.22	
37	4.5m 以内带自动找平沥青混合料摊铺机	台班	1211	1142.17	
38	9～16t 轮胎式压路机	台班	1223	531.45	
39	250L 以内强制式混凝土搅拌机	台班	1272	125.74	
40	5t 以内自卸汽车	台班	1383	376.58	
41	8t 以内自卸汽车	台班	1385	495.07	
42	15t 以内平板拖车组	台班	1392	557.51	
43	6000L 以内洒水汽车	台班	1405	523.06	
44	12t 以内汽车式起重机	台班	1451	723.89	
45	20t 汽车式起重机	台班	1453	1067.74	
46	40t 汽车式起重机	台班	1456	2056.44	
47	小型机具使用费	元	1998	1.00	
48	定额基价	元	1999	1.00	

编制：　　　　　　　　　　　　　　　　　　　　　　　　　　复核：

（4）机械台班单价计算（表 4-25）。

表 4-25 机械台班单价计算表

建设项目名称：道路路面

编制范围：

序号	定额号	机械规格名称	台班单价（元）	不变费用（元）		可变费用（元）																		
				调整系数		机械工		重油		汽油		柴油		煤		电		水		木柴		养路费及车船税	合计
				1.0		52.42元/工日		2.8元/kg		5.2元/kg		4.9元/kg		265.0元/t		1.0元/(kW·h)		2.9元/m³		0.0元/kg			
				定额	调整值	定额	费用	定额	费用	定额	费用	定额	费用	定额	费用	定额	费用	定额	费用	定额	费用		
1	1027	0.6m³履带式单斗挖掘机	510.42	219.840	219.84	2.000	108.84					37.090	181.74										290.58
2	1050	2.0m³轮胎式装载机	714.99	200.440	200.44	1.000	54.42					92.860	455.01									5.12	514.55
3	1051	3.0m³轮胎式装载机	921.04	241.360	241.36	2.000	108.84					115.150	564.24									6.60	679.68
4	1057	120kW以内平地机	925.86	408.050	408.05	2.000	108.84					82.130	402.44									6.53	517.81
5	1075	6～8t光轮压路机	256.71	107.570	107.57	1.000	54.42					19.330	94.72										149.14
6	1078	12～15t光轮压路机	416.99	164.320	164.32	1.000	54.42					40.460	198.25										252.67
7	1083	0.6t手扶式振动碾	107.02	38.100	38.10	1.000	54.42					2.960	14.50										68.92
8	1160	300t/h以内稳定土厂拌设备	1212.88	455.640	455.64	4.000	217.68									539.560	539.56						757.24
9	1193	4000L以内沥青洒布车	414.38	179.140	179.14	1.000	54.42			34.280	178.26											2.56	235.24
10	1202	60t/h以内沥青混合料拌合设备	8093.22	1422.030	1422.03	6.000	326.52	1795.200	5026.56							1318.110	1318.11						6671.19

续表

序号	定额号	机械规格名称	台班单价（元）	不变费用（元）		可变费用（元）																养路费及车船税	合计
				调整系数		机械工		重油		汽油		柴油		煤		电		水		木柴			
				1.0		52.42元/工日		2.8元/kg		5.2元/kg		4.9元/kg		265.0元/t		1.0元/(kW·h)		2.9元/m^3		0.0元/kg			
				定额	调整值	定额	费用	定额	费用	定额	费用	定额	费用	定额	费用	定额	费用	定额	费用	定额	费用		
11	1211	4.5m以内带自动找平沥青混合料摊铺机	1142.17	772.820	772.82	3.000	163.26					42.060	206.09										369.35
12	1223	9～16t轮胎式压路机	531.45	311.850	311.85	1.000	54.42					33.710	165.18										219.60
13	1272	250L以内强制式混凝土搅拌机	125.74	18.580	18.58	1.000	54.42									52.740	52.74						107.16
14	1383	5t以内自卸汽车	376.58	103.490	103.49	1.000	54.42			41.630	216.48											2.19	273.09
15	1385	8t以内自卸汽车	495.07	194.910	194.91	1.000	54.42					49.450	242.31									3.43	300.16
16	1392	15t以内平板拖车组	557.51	242.260	242.26	2.000	108.84					40.460	198.25									8.16	315.25
17	1405	6000L以内洒水汽车	523.06	257.900	257.90	1.000	54.42					42.430	207.91									2.83	265.16
18	1451	12t以内汽车式起重机	723.89	387.110	387.11	2.000	108.84					44.950	220.26									7.68	336.78
19	1453	20t汽车式起重机	1067.74	672.980	672.98	2.000	108.84					56.000	274.40									11.52	394.76
20	1456	40t汽车式起重机	2056.44	1566.300	1566.30	2.000	108.84					74.290	364.02									17.28	490.14

编制：　　　　　　　　　　　　　　　　复核：

（5）计算其他直接费及间接费综合费率见表 4-26。

表 4-26　其他工程费及间接费综合费率计算表

建设项目名称：道路路面

编制范围：

序号	工程类别	其他工程费费率（%）													间接费费率（%）											
													综合费率		规费						企业管理费					
		冬期施工增加费	雨季期施工增加费	夜间施工增加费	高原地区施工增加费	风沙地区施工增加费	沿海地区施工增加费	行车干扰工程施工增加费	安全及文明施工措施费	临时设施费	施工辅助费	工地转移费	Ⅰ	Ⅱ	养老保险费	失业保险费	医疗保险费	住房公积金	工伤保险费	综合费率	基本费用	主副食运费补贴	职工探亲路费	职工取暖补贴	财务费用	综合费率
1	2	3	4	5	6	7	8	9	10	11	12	13	14	15	16	17	18	19	20	21	22	23	24	25	26	27
01	人工土方		0.360						0.590	1.410	0.890	0.150	3.400		20.000	2.000	8.000	12.000	1.000	43.000	3.020	0.310	0.090		0.230	3.650
02	机械土方		0.370						0.590	1.280	0.490	0.500	3.230		20.000	2.000	8.000	12.000	1.000	43.000	2.930	0.240	0.200		0.210	3.580
03	汽车运输		0.370						0.210	0.830	0.160	0.310	1.880		20.000	2.000	8.000	12.000	1.000	43.000	1.300	0.250	0.130		0.210	1.890
04	人工石方		0.270						0.590	1.440	0.850	0.160	3.310		20.000	2.000	8.000	12.000	1.000	43.000	3.110	0.240	0.090		0.220	3.660
05	机械石方		0.34						0.590	1.770	0.460	0.360	3.520		20.000	2.000	8.000	12.000	1.000	43.000	2.950	0.220	0.200		0.200	3.570
06	高级路面	0.160	0.340						1.000	1.730	0.800	0.610	4.640		20.000	2.000	8.000	12.000	1.000	43.000	1.720	0.150	0.130		0.270	2.270
07	其他路面		0.320						1.020	1.680	0.740	0.560	4.320		20.000	2.000	8.000	12.000	1.000	43.000	2.950	0.150	0.140		0.300	3.540
08	构造物Ⅰ	0.150	0.270						0.720	2.390	1.300	0.560	5.390		20.000	2.000	8.000	12.000	1.000	43.000	4.000	0.230	0.260		0.370	4.860
09	构造物Ⅱ	0.190	0.300	0.350			0.150		0.780	2.830	1.560	0.660	6.820		20.000	2.000	8.000	12.000	1.000	43.000	4.980	0.250	0.310		0.400	5.940
10	构造物Ⅲ（一般）	0.370	0.600	0.700			0.150		1.570	5.230	3.030	1.310	12.960		20.000	2.000	8.000	12.000	1.000	43.000	8.810	0.450	0.500		0.820	10.580
10-1	构造物Ⅲ（室内管道）	0.370		0.700			0.150		1.570	5.230	3.030	1.310	12.360		20.000	2.000	8.000	12.000	1.000	43.000	8.810	0.450	0.500		0.820	10.580
10-2	构造物Ⅲ（安装工程）	0.370					0.150		0.785	5.230	3.030	1.310	10.875		20.000	2.000	8.000	12.000	1.000	43.000	8.810	0.450	0.500		0.820	10.580
11	技术复杂大桥	0.210	0.340	0.350			0.150		0.860	2.630	1.680	0.750	6.970		20.000	2.000	8.000	12.000	1.000	43.000	4.250	0.200	0.180		0.460	5.090
12	隧道								0.730	2.310	1.230	0.520	4.790		20.000	2.000	8.000	12.000	1.000	43.000	3.800	0.190	0.240		0.390	4.620
13	钢材及钢结构（一般）			0.350			0.150		0.530	2.230	0.560	0.720	4.540		20.000	2.000	8.000	12.000	1.000	43.000	2.180	0.200	0.140		0.480	3.000
13-1	钢材及钢结构（金属标志牌等）						0.150		0.530	2.230	0.560	0.720	4.190		20.000	2.000	8.000	12.000	1.000	43.000	2.180	0.200	0.140		0.480	3.000

编制：　　　　　　　　　　复核：

（6）分项工程预算（表 4-27）。

表 4-27　分项工程预算表

编制范围：

工程名称：路面工程

序号	工程项目			路面垫层			水泥稳定类			水泥稳定类			厂拌基层稳定土混合料运输		
	工程细目			机械铺料压实厚度 15cm 砂砾			水泥砂砾压实厚度 15cm 水泥剂量 5%			水泥砂砾每增减 1cm 水泥剂量 5%			8t 以内自卸汽车装载第一个 1km		
	定额单位			$1000m^2$			$1000m^2$			$1000m^2$			$1000m^3$		
	工程数量			8.520			8.170			8.170			1.634		
	定额表号			2～1～1～12			2～1～7～3			2～1～7～4，定额×5.0			2～1～8～9		
	工料机名称	单位	单价（元）	定额	数量	金额（元）	定额	数量	金额（元）	定额	数量	金额（元）	定额	数量	金额（元）
1	人工	工日	54.42	0.900	7.668	417	2.700	22.059	1200	1.000	8.170	445			
2	32.5 级水泥	t	320.00				16.432	134.249	42960	5.475	44.731	14314			
3	水	m^3	2.90				20.000	163.400	474	5.000	40.850	118			
4	砂砾	m^3	40.00	191.250	1629.450	65178	199.170	1627.219	65089	66.400	542.488	21700			
5	$3.0m^3$ 轮胎式装载机	台班	921.04				0.470	3.840	3537	0.150	1.226	1129			
6	120kW 以内平地机	台班	925.86	0.270	2.300	2130									
7	6～8t 光轮压路机	台班	256.71	0.250	2.130	547									
8	12～15t 光轮压路机	台班	416.99	0.500	4.260	1776									
9	300t/h 以内稳定土厂拌设备	台班	1212.88				0.240	1.961	2378	0.100	0.817	991			
10	8t 以内自卸汽车	台班	495.07										10.790	17.631	8729
11	6000L 以内洒水汽车	台班	523.06	0.420	3.578	1872									
12	定额基价	元	1.00	6703.000	57110.000	57110	12228.000	99903.000	99903	4093.000	33440.000	33440	5248.000	8575.000	8575
	直接工程费	元				71920			115638			38696			8729
	其他工程费 Ⅰ	元		4.320		3107	4.320		4996	4.320		1672	1.880		164
	其他工程费 Ⅱ	元													
	间接费 规费	元		43.000		179	43.000		516	43.000		191	43.000		
	间接费 企业管理费	元		3.540		2656	3.540		4270	3.540		1429	1.890		168
	利润及税金	元		6.300/3.410		7716	6.300/3.410		12414	6.300/3.410		4155	6.300/3.410		899
	建筑安装工程费	元				85578			137834			46143			9960

续表

序号	工程项目			厂拌基层稳定土混合料运输			机械铺筑厂拌基层稳定土混合料			基层稳定土厂拌设备安装、拆除			中粒式		
	工程细目			8t以内自卸汽车装载每增运0.5km，5km以内			平地机120kW以内铺筑基层			稳定土厂拌设备生产能力100t/h以内			中粒式沥青混凝土沥青混合料拌合设备生产能力60t/h以内		
	定额单位			$1000m^3$			$1000m^2$			1座			$1000m^3$ 路面实体		
	工程数量			1.634			8.170			1.000			0.281		
	定额表号			2～1～8～10，定额×4.0			2～1～9～3			2～1～10～2			2～2～11～8		
	工料机名称	单位	单价（元）	定额	数量	金额（元）	定额	数量	金额（元）	定额	数量	金额（元）	定额	数量	金额（元）
1	人工	工日	54.42				4.700	38.399	2090	520.800	520.800	28342	65.500	18.392	1001
2	锯材木中板 δ=19～35	m^3	1350.00							0.004	0.004	5			
3	型钢	t	3700.00							0.016	0.016	59			
4	组合钢模板	t	5710.00							0.035	0.035	200			
5	铁件	kg	4.40							48.000	48.000	211			
6	32.5级水泥	t	320.00							33.167	33.167	10613			
7	石油沥青	t	4500.00										113.465	31.861	143374
8	水	m^3	2.90							176.000	176.000	510			
9	砂	m^3	50.00										389.790	109.453	5473
10	中（粗）砂	m^3	80.00							116.230	116.230	9298			
11	片石	m^3	40.00							151.940	151.940	6078			
12	矿粉	t	125.00										117.720	33.056	4132
13	碎石（4cm）	m^3	48.00							32.140	32.140	1543			
14	石屑	m^3	65.00										226.750	63.671	4139
15	路面用碎石（1.5cm）	m^3	68.00										334.740	93.995	6392
16	路面用碎石（2.5cm）	m^3	68.00										520.050	146.030	9930
17	块石	m^3	48.00							138.730	138.730	6659			
18	其他材料费	元	1.00							58.300	58.300	58	230.000	64.584	65
19	设备摊销费	元	1.00										3717.100	1043.762	1044
20	$0.6m^3$ 履带式单斗挖掘机	台班	510.42							1.910	1.910	975			

续表

序号	工程项目			厂拌基层稳定土混合料运输			机械铺筑厂拌基层稳定土混合料			基层稳定土厂拌设备安装、拆除			中粒式		
	工程细目			8t 以内自卸汽车装载每增运 0.5km，5km 以内			平地机 120kW 以内铺筑基层			稳定土厂拌设备生产能力 100t/h 以内			中粒式沥青混凝土沥青混合料拌合设备生产能力 60t/h 以内		
	定额单位			$1000m^3$			$1000m^2$			1 座			$1000m^3$ 路面实体		
	工程数量			1.634			8.170			1.000			0.281		
	定额表号			2～1～8～10，定额×4.0			2～1～9～3			2～1～10～2			2～2～11～8		
	工料机名称	单位	单价（元）	定额	数量	金额（元）	定额	数量	金额（元）	定额	数量	金额（元）	定额	数量	金额（元）
21	$2.0m^3$ 轮胎式装载机	台班	714.99										9.750	2.738	1957
22	120kW 以内平地机	台班	925.86				0.370	3.023	2799						
23	6～8t 光轮压路机	台班	256.71				0.140	1.144	294						
24	12～15t 光轮压路机	台班	416.99				1.270	10.376	4327						
25	60t/h 以内沥青混合料拌合设备	台班	8093.22										6.920	1.943	15726
26	250L 以内强制式混凝土搅拌机	台班	125.74							1.620	1.620	204			
27	5t 以内自卸汽车	台班	376.58										6.490	1.822	686
28	8t 以内自卸汽车	台班	495.07	5.320	8.693	4304									
29	15t 以内平板拖车组	台班	557.51							5.140	5.140	2866			
30	6000L 以内洒水汽车	台班	523.06				0.310	2.533	1325						
31	12t 以内汽车式起重机	台班	723.89							0.750	0.750	543			
32	20t 汽车式起重机	台班	1067.74							9.150	9.150	9770			
33	40t 汽车式起重机	台班	2056.44							9.150	9.150	18816			
34	小型机具使用费	元	1.00							194.300	194.300	194			
35	定额基价	元	1.00	2588.000	4229.000	4229	1285.000	10498.000	10498	95295.000	95295.000	95295	603791.000	169545.000	169545

续表

序号	工程项目				厂拌基层稳定土混合料运输			机械铺筑厂拌基层稳定土混合料			基层稳定土厂拌设备安装、拆除			中粒式		
	工程细目				8t以内自卸汽车装载每增运0.5km，5km以内			平地机120kW以内铺筑基层			稳定土厂拌设备生产能力100t/h以内			中粒式沥青混凝土沥青混合料拌合设备生产能力60t/h以内		
	定额单位				$1000m^3$			$1000m^2$			1座			$1000m^3$ 路面实体		
	工程数量				1.634			8.170			1.000			0.281		
	定额表号				2～1～8～10，定额×4.0			2～1～9～3			2～1～10～2			2～2～11～8		
	工料机名称		单位	单价（元）	定额	数量	金额（元）	定额	数量	金额（元）	定额	数量	金额（元）	定额	数量	金额（元）
	直接工程费		元				4304			10833			96945			193919
	其他工程费	Ⅰ	元		1.880		81	4.320		468	4.320		4188	4.640		8998
		Ⅱ	元													
	间接费	规费	元		43.000			43.000		899	43.000		12187	43.000		430
		企业管理费	元		1.890		83	3.540		400	3.540		3580	2.270		4606
	利润及税金		元		6.300/3.410		443	6.300/3.410		1192	6.300/3.410		10808	6.300/3.410		20611
	建筑安装工程费		元				4911			13792			127709			228564

续表

序号	工程项目			沥青混合料运输			沥青混合料运输			沥青混合料路面铺筑			沥青混合料拌合设备安装、拆除		
	工程细目			8t以内自卸汽车装载第一个1km			8t以内自卸汽车装载每增运0.5km，5km以内			机械摊铺沥青碎石混合料沥青混合料拌合设备生产能力60t/h以内中粒式			拌合设备生产能力60t/h以内		
	定额单位			1000m³ 路面实体			1000m³ 路面实体			1000m³ 路面实体			1座		
	工程数量			0.281			0.281			0.281			1.000		
	定额表号			2~2~13~9			2~2~13~10，定额×4.0			2~2~14~12			2~2~15~2		
	工料机名称	单位	单价（元）	定额	数量	金额（元）	定额	数量	金额（元）	定额	数量	金额（元）	定额	数量	金额（元）
1	人工	工日	54.42							56.400	15.837	862	1239.200	1239.200	67437
2	锯材木中板 δ=19~35	m³	1350.00										0.006	0.006	8
3	型钢	t	3700.00										0.023	0.023	85
4	组合钢模板	t	5710.00										0.050	0.050	286
5	铁件	kg	4.40										48.900	48.900	215
6	32.5级水泥	t	320.00										89.079	89.079	28505
7	水	m³	2.90										567.000	567.000	1644
8	中（粗）砂	m³	80.00										316.850	316.850	25348
9	片石	m³	40.00										342.010	342.010	13680
10	碎石（4cm）	m³	48.00										46.870	46.870	2250
11	块石	m³	48.00										468.410	468.410	22484
12	其他材料费	元	1.00										149.600	149.600	150
13	设备摊销费	元	1.00										18406.100	18406.100	18406
14	0.6m³ 履带式单斗挖掘机	台班	510.42										9.810	9.810	5007
15	6~8t光轮压路机	台班	256.71							7.200	2.022	519			
16	12~15t光轮压路机	台班	416.99							7.200	2.022	843			
17	4.5m以内带自动找平沥青混合料摊铺机	台班	1142.17							7.320	2.055	2348			
18	9~16t轮胎式压路机	台班	531.45							7.020	1.971	1048			
19	250L以内强制式混凝土搅拌机	台班	125.74										2.370	2.370	298

续表

序号	工程项目	单位	单价（元）	沥青混合料运输			沥青混合料运输			沥青混合料路面铺筑			沥青混合料拌合设备安装、拆除		
	工程细目			8t以内自卸汽车装载第一个1km			8t以内自卸汽车装载每增运0.5km，5km以内			机械摊铺沥青碎石混合料沥青混合料拌合设备生产能力60t/h以内中粒式			拌合设备生产能力60t/h以内		
	定额单位			1000m³路面实体			1000m³路面实体			1000m³路面实体			1座		
	工程数量			0.281			0.281			0.281			1.000		
	定额表号			2～2～13～9			2～2～13～10，定额×4.0			2～2～14～12			2～2～15～2		
	工料机名称	单位	单价（元）	定额	数量	金额（元）	定额	数量	金额（元）	定额	数量	金额（元）	定额	数量	金额（元）
20	8t以内自卸汽车	台班	495.07	14.670	4.119	2039	5.960	1.674	829						
21	15t以内平板拖车组	台班	557.51										7.850	7.850	4376
22	12t以内汽车式起重机	台班	723.89										16.660	16.660	12060
23	20t汽车式起重机	台班	1067.74										15.560	15.560	16614
24	小型机具使用费	元	1.00										557.300	557.300	557
25	定额基价	元	1.00	7136.000	2004.000	2004	2899.000	814.000	814	19491.000	5473.000	5473	219891.000	219891.000	219891
	直接工程费	元				2039			829			5619			219411
	其他工程费 Ⅰ	元		1.880		38	1.880		16	4.640		261	4.640		10181
	其他工程费 Ⅱ	元													
	间接费 规费	元		43.000			43.000			43.000		371	43.000		28998
	间接费 企业管理费	元		1.890		39	1.890		16	2.270		133	2.270		5212
	利润及税金	元		6.300/3.410		210	6.300/3.410		85	6.300/3.410		609	6.300/3.410		24293
	建筑安装工程费	元				2327			945			6993			288094

续表

序号	工程项目			透层、黏层、封层			挖路槽、培路肩、修筑泄水槽			挖路槽、培路肩、修筑泄水槽			合　计	
	工程细目			层铺法封层下封层石油沥青			培路肩厚度 20cm			培路肩厚度每增减 1cm				
	定额单位			1000m²			1000m²			1000m²				
	工程数量			8.170			0.320			0.320				
	定额表号			2～2～16～11			2～3～3～5			2～3～3～6，定额×10.0				
	工料机名称	单位	单价（元）	定额	数量	金额（元）	定额	数量	金额（元）	定额	数量	金额（元）	数量	金额（元）
1	人工	工日	54.42	5.500	44.935	2445	51.400	16.448	895	18.000	5.760	313	1937.669	105448
2	锯材木中板 δ=19～35	m³	1350.00										0.010	14
3	型钢	t	3700.00										0.039	144
4	组合钢模板	t	5710.00										0.085	485
5	铁件	kg	4.40										96.900	426
6	32.5 级水泥	t	320.00										301.226	96392
7	石油沥青	t	4500.00	1.185	9.681	43567							41.542	186941
8	煤	t	265.00	0.230	1.879	498							1.879	498
9	水	m³	2.90										947.250	2747
10	砂	m³	50.00										109.453	5473
11	中（粗）砂	m³	80.00										433.080	34646
12	砂砾	m³	40.00										3799.157	151966
13	片石	m³	40.00										493.950	19758
14	矿粉	t	125.00										33.056	4132
15	碎石（4cm）	m³	48.00										79.010	3792
16	石屑	m³	65.00	8.160	66.667	4333							130.339	8472
17	路面用碎石（1.5cm）	m³	68.00										93.995	6392
18	路面用碎石（2.5cm）	m³	68.00										146.030	9930
19	块石	m³	48.00										607.140	29143
20	其他材料费	元	1.00	27.700	226.309	226							498.793	499

续表

序号	工程项目			透层、黏层、封层			挖路槽、培路肩、修筑泄水槽			挖路槽、培路肩、修筑泄水槽			合 计	
	工程细目			层铺法封层下封层石油沥青			培路肩厚度 20cm			培路肩厚度每增减 1cm				
	定额单位			1000m²			1000m²			1000m²				
	工程数量			8.170			0.320			0.320				
	定额表号			2～2～16～11			2～3～3～5			2～3～3～6，定额×10.0				
	工料机名称	单位	单价（元）	定额	数量	金额（元）	定额	数量	金额（元）	定额	数量	金额（元）	数量	金额（元）
21	设备摊销费	元	1.00	14.700	120.099	120							19569.961	19570
22	0.6m³ 履带式单斗挖掘机	台班	510.42										11.720	5982
23	2.0m³ 轮胎式装载机	台班	714.99										2.738	1957
24	3.0m³ 轮胎式装载机	台班	921.04										5.065	4665
25	120kW 以内平地机	台班	925.86										5.323	4929
26	6～8t 光轮压路机	台班	256.71	0.270	2.206	566							7.501	1926
27	12～15t 光轮压路机	台班	416.99										16.658	6946
28	0.6t 手扶式振动碾	台班	107.02				5.700	1.824	195	2.000	0.640	68	2.464	264
29	300t/h 以内稳定土厂拌设备	台班	1212.88										2.778	3369
30	4000L 以内沥青洒布车	台班	414.38	0.100	0.817	339							0.817	339
31	60t/h 以内沥青混合料拌合设备	台班	8093.22										1.943	15726
32	4.5m 以内带自动找平沥青混合料摊铺机	台班	1142.17										2.055	2348
33	9～16t 轮胎式压路机	台班	531.45										1.971	1048
34	250L 以内强制式混凝土搅拌机	台班	125.74										3.990	502
35	5t 以内自卸汽车	台班	376.58										1.822	686
36	8t 以内自卸汽车	台班	495.07										32.117	15900
37	15t 以内平板拖车组	台班	557.51										12.990	7242
38	6000L 以内洒水汽车	台班	523.06										6.111	3196
39	12t 以内汽车式起重机	台班	723.89										17.410	12603

续表

序号	工程项目				透层、黏层、封层			挖路槽、培路肩、修筑泄水槽			挖路槽、培路肩、修筑泄水槽			合计	
	工程细目				层铺法封层下封层石油沥青			培路肩厚度 20cm			培路肩厚度每增减 1cm				
	定额单位				$1000m^2$			$1000m^2$			$1000m^2$				
	工程数量				8.170			0.320			0.320				
	定额表号				2～2～16～11			2～3～3～5			2～3～3～6，定额×10.0				
	工料机名称		单位	单价（元）	定额	数量	金额（元）	定额	数量	金额（元）	定额	数量	金额（元）	数量	金额（元）
40	20t 汽车式起重机		台班	1067.74										24.710	26384
41	40t 汽车式起重机		台班	2056.44										9.150	18816
42	小型机具使用费		元	1.00	3.300	26.961	27							778.561	779
43	定额基价		元	1.00	5519.000	45090.000	45090	3109.000	995.000	995	1089.000	348.000	348	753210.000	753210
	直接工程费		元				52121			1090			382		822475
	其他工程费	Ⅰ	元		4.320		2252	4.320		47	4.320		17		36484
		Ⅱ	元												
	间接费	规费	元		43.000		1052	43.000		385	43.000		135		45343
		企业管理费	元		3.540		1925	3.540		40	3.540		14		24572
	利润及税金		元		6.300/3.410		5623	6.300/3.410		130	6.300/3.410		46		89235
	建筑安装工程费		元				62973			1693			593		1018109

编制：　　　　　　　　　　　　　　　　　　　　复核：

（7）计算建安工程费用（表 4-28）。

表 4-28 建筑安装工程费计算表

建设项目名称：道路路面

编制范围：

序号	工程名称	单位	工程量	直接费（元）						间接费（元）	利润（元）	税金（元）	建筑安装工程费	
				直接工程费				其他工程费	合计		费率 6.3%	综合税率 3.41%	合计（元）	单价（元）
				人工费	材料费	机械使用费	合计							
1	2	3	4	5	6	7	8	9	10	11	12	13	14	15
1	路面工程	km	1.000	105448	581421	135607	822475	36484	858959	69915	55662	33573	1018109	1018108.99
2～1～1～12	机械铺料压实厚度 15cm 砂砾	$1000m^2$	8.520	417	65178	6325	71920	3107	75027	2835	4894	2822	85578	10044.41
2～1～7～3	水泥砂砾压实厚度 15cm 水泥剂量 5%	$1000m^2$	8.170	1200	108522	5915	115638	4996	120633	4787	7869	4545	137834	16870.75
2～1～7～4	水泥砂砾每增减 1cm 水泥剂量 5%	$1000m^2$	8.170	445	36132	2120	38696	1672	40368	1620	2633	1522	46143	5647.83
2～1～8～9	8t 以内自卸汽车装载第一个 1km	$1000m^3$	1.634			8729	8729	164	8893	168	571	328	9960	6095.43
2～1～8～10	8t 以内自卸汽车装载每增运 0.5km，5km 以内	$1000m^3$	1.634			4304	4304	81	4384	83	281	162	4911	3005.35
2～1～9～3	平地机 120kW 以内铺筑基层	$1000m^2$	8.170	2090		8744	10833	468	11301	1299	737	455	13792	1688.14
2～1～10～2	稳定土厂拌设备生产能力 100t/h 以内	1 座	1.000	28342	35236	33368	96945	4188	101133	15767	6597	4211	127709	127708.53
2～2～11～8	中粒式沥青混凝土沥青混合料拌合设备生产能力 60t/h 以内	$1000m^3$ 路面实体	0.281	1001	174548	18370	193919	8998	202916	5037	13074	7537	228564	813974.24

续表

序号	工程名称	单位	工程量	直接费（元）						间接费（元）	利润（元）费率6.3%	税金（元）综合税率3.41%	建筑安装工程费	
				直接工程费				其他工程费	合计				合计（元）	单价（元）
				人工费	材料费	机械使用费	合计							
1	2	3	4	5	6	7	8	9	10	11	12	13	14	15
2～2～13～9	8t以内自卸汽车装载第一个1km	$1000m^3$路面实体	0.281			2039	2039	38	2078	39	133	77	2327	8287.31
2～2～13～10	8t以内自卸汽车装载每增运0.5km，5km以内	$1000m^3$路面实体	0.281			829	829	16	844	16	54	31	945	3366.89
2～2～14～12	机械摊铺沥青碎石混合料沥青混合料拌合设备生产能力60t/h以内中粒式	$1000m^3$路面实体	0.281	862		4757	5619	261	5880	504	379	231	6993	24905.48
2～2～15～2	拌合设备生产能力60t/h以内	1座	1.000	67437	113061	38913	219411	10181	229592	34210	14793	9500	288094	288094.41
2～2～16～11	层铺法封层下封层石油沥青	$1000m^2$	8.170	2445	48744	932	52121	2252	54373	2976	3547	2077	62973	7707.80
2～3～3～5	培路肩厚度20cm	$1000m^2$	0.320	895		195	1090	47	1137	425	74	56	1693	5289.28
2～3～3～6	培路肩厚度每增减1cm	$1000m^2$	0.320	313		68	382	17	398	149	26	20	593	1852.77
	各项费用合计	公路公里	5.000	105448	581421	135607	822475	36484	858959	69915	55662	33573	1018109	203621.80

编制： 复核：

（8）汇总计算工程造价（表 4-29）。

表 4-29 总预算表

建设项目名称：道路路面

编制范围：

项	目	节	细目	工程或费用名称	单位	数量	预算金额（元）	技术经济指标	各项费用比例（%）	备注
				第一部分 建筑安装工程费	公路公里		1018109		100.00	
三				路面工程			1018109	1018109.00	100.00	
				第二部分 设备及工具、器具购置费	公路公里					
				第三部分 工程建设其他费用	公路公里					
				第一、二、三部分费用合计	公路公里		1018109		100.00	
				预备费	元					
一				1. 价差预备费	元					
二				2. 基本预备费	元					
				预算总金额	元		1018109		100.00	
				其中：回收金额	元					
				公路基本造价	公路公里		1018109		100.00	

编制： 复核：

二、路面工程工程量清单计价

1. 工程量清单列项、编码、计算清单工程量

根据施工图纸，结合施工组织设计，该部分路基工程量清单计算见表 4-30。

表 4-30 第 300 章路面工程量清单

序号	清单编码	工程项目名称	计量单位	计算式	工程数量
1	302-2	砂砾垫层			
-a	302-2-a	厚 150mm	m^2	8520.000	8520.000
2	302-3	水泥稳定土垫层			
-a	302-3-a	厚 200mm	m^2	8170.000	8170.000
3	309-2	中粒式沥青混凝土			
-a	309-2-a	厚 4mm	m^2	7000.000	7000.000
4	310-2	封层	m^2	8170.000	8170.000
5	313-1	培土路肩	m^3	96.000	96.000

注：“计日工明细表”“暂估价表”数据为零，表格不另附。

2. 道路工程工程量清单计价

(1) 确定施工方案

同定额计价模式。

(2) 人材机单价及其他直接工程费、间接费、利润、税金费率的取定

同定额计价模式。

(3) 分部分项工程量清单综合单价计算

根据施工图纸、结合施工方案，确定各清单项目的组合工作内容，并计算其报价工程量，见表 4-31。

表 4-31　第 300 章路基工程量清单计算表

序号	清单编码	工程项目名称	计量单位	计算式	工程数量
		第 300 章路面			
1	302-2	砂砾垫层	m^2	8520	8520.00
-a	302-2-a	厚 150mm	m^2	8520	8520.00
[1]	2～1～1～12	机械铺料压实厚度 15cm 砂砾	$1000m^2$	8520	8.52
2	302-3	水泥稳定土垫层	m^2	8170	8170.00
-a	302-3-a	厚 200mm	m^2	8170	8170.00
[1]	2～1～7～3	水泥砂砾压实厚度 15cm 水泥剂量 5%	$1000m^2$	8170	8.17
[2]	2～1～7～4 换	水泥砂砾每增减 1cm 水泥剂量 5%	$1000m^2$	8170	8.17
[3]	2～1～8～9	8t 以内自卸汽车装载第一个 1km	$1000m^3$	8170×0.2	1.634
[4]	2～1～8～10 换	8t 以内自卸汽车装载每增运 0.5km，5km 以内	$1000m^3$	8170×0.2	1.634
[5]	2～1～9～3	平地机 120kW 以内铺筑基层	$1000m^2$	8170	8.17
[6]	2～1～10～2	稳定土厂拌设备生产能力 100t/h 以内	1 座	1	1.00
3	309-2	中粒式沥青混凝土	m^2	7000	7000.00
-a	309-2-a	厚 4mm	m^2	7000	7000.00
[1]	2～2～11～8	中粒式沥青混凝土沥青混合料拌合设备生产能力 60t/h 以内	$1000m^3$ 路面实体	7020×0.04	0.281
[2]	2～2～13～9	8t 以内自卸汽车装载第一个 1km	$1000m^3$ 路面实体	7020×0.04	0.281
[3]	2～2～13～10 换	8t 以内自卸汽车装载每增运 0.5km，5km 以内	$1000m^3$ 路面实体	7020×0.04	0.281
[4]	2～2～14～12	机械摊铺沥青碎石混合料沥青混合料拌合设备生产能力 60t/h 以内中粒式	$1000m^3$ 路面实体	7020×0.04	0.281
[5]	2～2～15～2	拌合设备生产能力 60t/h 以内	1 座	1	1.00
4	310-2	封层	m^2	8170	8170.00
(1)	2～2～16～11	层铺法封层下封层石油沥青	$1000m^2$	8170	8.17
5	313-1	培土路肩	m^3	96	96.00
(1)	2～3～3～5	培土路肩厚度 20cm	$1000m^2$	320	0.32
(2)	2～3～3～6 换	培土路肩厚度每增减 1cm	$1000m^2$	320	0.32

（4）套取定额、列项计算综合单价，见表4-32。

表4-32 工程细目单价构成分析表

合同段编号：

细目号	细 目 名 称	定额表号	单位	工程数量	工序单价（元）
302-2	砂砾垫层		m^2	8520.000	10.04
-a	厚150mm		m^2	8520.000	10.04
	机械铺料压实厚度15cm砂砾	2～1～1～12	$1000m^2$	8.520	10044.41
302-3	水泥稳定土垫层		m^2	8170.000	41.66
-a	厚200mm		m^2	8170.000	41.66
	水泥砂砾压实厚度15cm水泥剂量5%	2～1～7～3	$1000m^2$	8.170	16870.75
	水泥砂砾每增减1cm水泥剂量5%	2～1～7～4	$1000m^2$	8.170	5647.83
	8t以内自卸汽车装载第一个1km	2～1～8～9	$1000m^3$	1.634	6095.43
	8t以内自卸汽车装载每增运0.5km，5km以内	2～1～8～10	$1000m^3$	1.634	3005.35
	平地机120kW以内铺筑基层	2～1～9～3	$1000m^2$	8.170	1688.14
	稳定土厂拌设备生产能力100t/h以内	2～1～10～2	1座	1.000	127708.53
309-2	中粒式沥青混凝土		m^2	7000.000	75.27
-a	厚4mm		m^2	7000.000	75.27
	中粒式沥青混凝土沥青混合料拌合设备生产能力60t/h以内	2～2～11～8	$1000m^3$ 路面实体	0.281	813974.24
	8t以内自卸汽车装载第一个1km	2～2～13～9	$1000m^3$ 路面实体	0.281	8287.31
	8t以内自卸汽车装载每增运0.5km，5km以内	2～2～13～10	$1000m^3$ 路面实体	0.281	3366.89
	机械摊铺沥青碎石混合料沥青混合料拌合设备生产能力60t/h以内中粒式	2～2～14～12	$1000m^3$ 路面实体	0.281	24905.48
	拌合设备生产能力60t/h以内	2～2～15～2	1座	1.000	288094.41
310-2	封层		m^2	8170.000	7.71
	层铺法封层下封层石油沥青	2～2～16～11	$1000m^2$	8.170	7707.80
313-1	培土路肩		m^3	96.000	23.81
	培土路肩厚度20cm	2～3～3～5	$1000m^2$	0.320	5289.28
	培土路肩厚度每增减1cm	2～3～3～6	$1000m^2$	0.320	1852.77

编制： 复核：

（5）填表计算工程造价

汇总计算出各章的工程细目表，见表 4-33。

表 4-33　工程量清单表

合同段：道路路面清单

第 300 章路面					
子目号	子目名称	单位	数量	单价	合价
302-2	砂砾垫层	m^2	8520.000	10.04	85541
-a	厚 150mm	m^2	8520.000	10.04	85541
302-3	水泥稳定土垫层	m^2	8170.000	41.66	340362
-a	厚 200mm	m^2	8170.000	41.66	340362
309-2	中粒式沥青混凝土	m^2	7000.000	75.27	526890
-a	厚 4mm	m^2	7000.000	75.27	526890
310-2	封层	m^2	8170.000	7.71	62991
313-1	培土路肩	m^3	96.000	23.81	2286
第 300 章　合计　人民币 1018069 元					

（6）汇总计算工程造价

将各章的工程细目表及计日工明细表进行总汇，再加上暂定金额得出该项目的总造价，见表 4-34。

表 4-34　投标报价汇总表

合同段：道路路面清单

序号	章次	科目名称	金额（元）
1	300	路面	1018069
2		第 100 章至第 700 章合计	1018069
3		已包含在清单合计中的材料、工程设备、专业工程暂估价合计	
4		清单合计减去材料、工程设备、专业工程暂估价合计	1018069
5		计日工合计	
6		暂列金额（不含计日工总额）	
7		投标报价	1018069

第五章　桥涵工程计量与计价

第一节　桥梁工程定额工程量计量

一、定额说明

桥梁工程包括开挖基坑，围堰、筑岛及沉井，打桩，灌注桩、砌筑，现浇混凝土及钢筋混凝土，预制、安装混凝土及钢筋混凝土构件，构件运输，拱盔、支架，钢结构和杂项工程等项目。

1. 工程量计算一般规则

（1）现浇混凝土、预制混凝土、构件安装的工程量为构筑物或预制构件的实际体积，不包括其中空心部分的体积，钢筋混凝土项目的工程量不扣除钢筋（钢丝、钢绞线）、预埋件和预留孔道所占的体积。

（2）构件安装定额中在括号内所列的构件体积数量，表示安装时需要备制的构件数量。

（3）钢筋工程量为钢筋的设计质量，定额中已计入施工操作损耗，一般钢筋因接长所需增加的钢筋质量已包括在定额中不得将这部分质量计入钢筋设计质量内。但对于某些特殊的工程，必须在施工现场分段施工采用搭接接长时，其搭接长度的钢筋质量未包括在定额中，应在钢筋的设计质量内计算。

2. 混凝土工程

（1）定额中混凝土强度等级均按一般图纸选用，其施工方法除小型构件采用人拌人捣外，其他均按机拌机捣计算。

（2）定额中混凝土工程除小型构件、大型预制构件底座、混凝土搅拌站安拆和钢桁架桥式码头项目中已考虑混凝土的拌合费用外，其他混凝土项目中均未考虑混凝土的拌合费用，应按有关定额另行计算。

（3）定额中混凝土均按露天养生考虑，如采用蒸汽养生时，应从各有关定额中扣减人工1.5个工日及其他材料费4元，并按蒸汽养生有关定额计算。

（4）定额中混凝土工程均已包括操作范围内的混凝土运输。现浇混凝土工程的混凝土平均运距超过50m时，可根据施工组织设计的混凝土平均运距，按杂项工程中混凝土运输定额增列混凝土运输。

（5）定额中采用泵送混凝土的项目均已包括水平和向上垂直泵送所消耗人工、机械，当水平泵送距离超过定额综合范围时，可按表5-1增列人工及机械消耗量。向上垂直泵不得调整。

（6）凡预埋在混凝土中的钢板、型钢、钢管等预埋件，均作为附属材料列入混凝土定额内。至于连接用的钢板，型钢等则包括在安装定额内。

表 5-1　人工及机械消耗量

项目		定额综合的水平泵送距离（m）	每 $100m^3$ 混凝土每增加水平距离 50m 增列数量	
			（人工/工日）	混凝土输送泵（台班）
基础	灌注桩	100	1.55	0.27
	其他	100	1.27	0.18
上、下部构造		50	2.82	0.26
桥面铺装		250	2.82	0.36

(7) 大体积混凝土项目必须采用埋设冷却管来降低混凝土水化热时，可根据实际需要另行计算。

(8) 除另有说明外，混凝土定额中均已综合脚手架、上下架、爬梯及安全围护等搭拆及摊销费用，使用定额时不得另行计算。

3. 钢筋工程

(1) 定额中凡钢筋直径在 10mm 以上的接头，除注明为钢套筒连接外，均采用电弧搭接焊或电阻对接焊。

(2) 定额中的钢筋按选用图纸分为光圆钢筋、带肋钢筋，如设计图纸的钢筋连接用钢套筒数量与定额有出入时，可按调整钢筋品种的比例关系。

(3) 定额中钢筋时按一般定尺长度计算的，如设计提供的钢筋连接用钢套筒数量与定额有出入时，可按设计数量调整定额中的钢套筒消耗，其他消耗不调整。

4. 模板工程

(1) 模板不单列项目。混凝土工程中所需的模板包括钢模板、组合钢模板、木模板，均按其周转摊销量计入混凝土定额中。

(2) 定额中的模板均为常规版，当设计或施工对混凝土结构的外观有特殊要求需要对模板进行特殊处理时，可根据定额中所列的混凝土模板接触面积增列相应的特设模板材料的费用。

(3) 定额中所列的钢模板材料指工厂加工的适用于某种构件的定型钢模板，其质量包括立模需的钢支撑及有关配件；组合钢模板材料指市场供应的各种型号的组合钢模板，其质量仅为组合钢模板的质量，不包括立模所需的支撑、拉杆等配件，定额中已计入所需配件材料的摊销量；木模板按工地制作编制，定额中将制作所需土、料、机械台班消耗按周转摊销量计算。

(4) 定额中均包括各种模板的维修、保养所需的工、料及费用。

5. 设备摊销费用

定额中设备摊销费的设备指属于固定资产的金属设备，包括万能杆件、装配式钢桥桁架及有关配件拼装的金属架桥设备。设备摊销费按设备质量每吨每月 90 元计算（除设备本身折旧费用，还包括设备的维修、保养等费用）。各项目中凡注明允许调整的，可按计划使用时间调整。

【例 5-1】　某梁桥现浇混凝土总数量很大，采用混凝土搅拌站集中拌合施工，搅拌站生产能力 25m³/h 以内，平均运距 1000m，用容量 6m³ 以内混凝土搅拌运输车运输，试求该桥实体式墩台基础工程预算定额中人工工日、机械台班各为多少？对运输混凝土定额应做何处理？

解：

查定额 P452 页 4-6-1-3 确定定额中材料、机械的消耗量。

查 P699 页 4-11-11-2 及 4-11-11-6 确定混凝土搅拌站安装、拆除及混凝土拌合的定额值。

查 4-11-11-20 确定混凝土运输的定额值。

二、开挖基坑

1. 工程量计算规则：

（1）基坑开挖工程量按基坑容积计算公式计算。

（2）基坑挡土板的支挡面积，按坑内需支挡的实际侧面积计算。

基坑水泵台班消耗，可根据覆盖层土壤类别和施工水位高度采用下列数值计算。

（3）墩（台）基坑水泵台班消耗＝湿处挖基工程量×挖基水泵台班＋墩（台）座数×修筑水泵台班。

（4）基坑水泵台班消耗表中水位高低栏中“地面水”适用于围堰内挖基，水位高度指施工水位至坑顶的高度，其水泵消耗台班已包括排除地下水所需台班数量，不得再按“地下水”加计水泵台班；“地下水”适用于岸滩湿处的挖基，水位高度指施工水位至坑底的高度，其工程量应为施工水位以下的湿处挖基工程数量，施工水位至坑顶部分的挖基，应按干处挖基对待，不计水泵台班。

2. 干处挖基指开挖无地面水及地下水位以上部分的土壤，湿处挖基指开挖在施工水位以下部分的土壤。挖基坑石方、淤泥、流沙不分干处、湿处均采用同一定额。

3. 开挖基坑土、石方运输按弃土于坑外 10m 范围内考虑，如坑上水平运距超过 10m 时，另按路基土、石方增运定额计算。

4. 基坑深度为坑的顶面中心标高至底面的数值。在同一基坑内，不论开挖哪一深度均执行该基坑的全部深度定额。

5. 电动卷扬机配抓斗及人工开挖配卷扬机吊运基坑土、石方定额中，已包括移动摇头扒杆用工，但摇头扒杆的配置数量应根据工程需要按吊装设备定额另行计算。

6. 开挖基坑定额中，已综合了基底夯实、基坑回填及检平石质基底用工，湿处挖基还包括挖边沟、挖集水井及排水作业用工，使用定额时，不得另行计算。

7. 开挖基坑定额中不包括挡土板，需要时应据实按有关定额另行计算。

8. 机械挖基定额中，已综合了基底标高以上 20cm 范围内采用人工开挖和基底修整用工。

9. 基坑开挖定额均按原土回填考虑，若采用取土回填时，应按路基工程有关定额另行计算取土费用。

10. 挖基定额中未包括水泵台班，挖基及基础、墩台修筑所需的水泵班按“基坑水泵台班消耗”表的规定计算，并计入挖基项目中。

【例 5-2】 某桥共有 6 个墩、台基坑开挖工程，采取 2 个坑平行施工。用电动卷扬机配抓斗开挖，其中某岸墩基坑。已知施工期无常水，运距20m，水中挖砂砾37.5m³、水中挖岩石185.0m³、基坑总挖方269.5m³、基底以上20cm处用人工挖方12.5m³。试确定该基坑所需各种定额（实际编预算时，不必逐个基坑计算或确定其定额）。

解：

(1) 根据开挖基坑节说明的规定可知该基坑的干处挖基工程量为地下水位以上的土方：即269.5－37.5－185.0＝47.0m³。

开挖深度按节说明3的规定均应按坑全深计。但由于该基坑采用机械挖基坑土石方，故本例没有必要区分干处、湿处挖基以及基坑深度等。

(2) 用卷扬机配抓斗挖基坑土石方定额，按P278页定额表“4-1-3-1”确定。砂砾部分（每1000m³实体）：

人工304.1工日；

30kN以内单筒慢速卷扬机30.21台班；

小型机具使用费391.9元；

石方部分按P278页定额表“4-1-3-1”每1000m³实体计。

三、筑岛、围堰及沉井工程

1. 工程量计算规则：

(1) 草木、草（麻）袋、竹笼围堰长度按围堰中心长度计算，高度按施工水深加0.5m计算。木笼铁丝围堰实体木笼所包围的体积。

(2) 套箱围堰的工程量为套箱金属结构的质量。套箱整体下沉时悬吊平台的钢结构及套箱内支撑的钢结构均已综合在定额中，不得作为套箱工程量进行计算。

(3) 沉井制作的工程量：重力式沉井为设计图纸井壁及隔墙混凝土数量；钢丝网水泥薄壁浮运沉井为刃脚及骨架钢材的质量，但不包括铁丝网的质量；钢壳沉井的工程量为钢材的总质量。

(4) 沉井下沉定额的工程量按沉井刃脚外缘所包围的面积乘沉井刃脚下沉入土深度计算。沉井下沉安土、石所在的不同深度分别采用不同下沉深度的定额。定额中的下沉深度指沉井顶面到作业面的高度。定额中已综合了溢流（翻砂）的数量，不得另加工程量。

(5) 沉井浮运、接高、定位落床定额的工程量为沉井刃脚外缘所包围的面积，分节施工的沉井接高的工程量应按各节沉井接高工程量之和计算。

(6) 锚碇系统定额的工程量指锚碇的数量，按施工组织设计的需要量计算。

(7) 地下连续墙导墙的工程量按设计需要设置的导墙的混凝土体积计算；成槽盒墙体混凝土的工程量按地下连续墙设计长度、厚度和深度的乘积计算；锁口管吊拔和清底置换的工程量按地下连续墙的设计槽段数（指槽壁单元槽段）计算；内衬的工程量按设计需要的内衬混凝土体积计算。

2. 围堰定额适用于挖基围堰和筑岛围堰。草木、草（麻）袋、竹笼、木笼铁丝围堰定额中已包括50m以内人工挖运土方的工日数量，定额括号内所列“土”的数量不计价，仅限于取土运距超过50m，按人工挖运土方的增运定额，增加运输用工。

3. 沉井制作分钢筋混凝土重力式沉井、钢丝网水泥薄壁浮运沉井、钢壳浮运沉井三种。

沉井浮运、落床、下沉、填塞定额，均适用于以上三种沉井。

4. 沉井下沉的工作台、三脚架、运土坡道、卷扬机工作台均已包括在定额中。井下爆破材料除硝铵炸药外，其他列入“其他材料费”中。

5. 沉井下水轨道的钢轨、枕木、铁件按周转摊销量计入定额中，定额还综合了轨道的基础及围堰等的工、料，使用定额时，不得另行计算。但轨道基础的开挖工作本定额中未计入，需要时按有关定额另行计算。

6. 沉井浮运定额仅适用于只有一节的沉井或多节沉井的底节，分节施工的沉井除底节外的其他各节的浮运、接高均应执行沉井接高定额。

7. 导向船、定位船船体本身加固所需的工、料、机消耗及沉井定位落床所需的锚绳均已综合在沉井定位落床定额中，使用定额时，不得另行计算。

8. 无导向船定位落床定额已将所需的地笼、锚碇等的工、料、机消耗综合在定额中，使用定额时，不得另行计算。有导向船定位落床定额未综合锚碇系统，应根据施工组织设计的需要按有关定额另行计算。

9. 锚碇系统定额均已将锚链的消耗计入定额中，并已将抛锚、起锚所需的工、料、机消耗综合在定额中，使用定额时，不得随意进行抽换。

10. 钢壳沉井接高所需的吊装设备定额中未计入，需要时应按金属设备吊装定额另行计算。

11. 钢壳沉井作双壁钢围堰使用时，应按施工组织设计计算回收，但回收部分的拆除所需的工、料、机消耗本定额未计入，需要时应根据实际情况按有关定额另行计算。

12. 沉井下沉定额中的软质岩石是指饱和单轴极限抗压强度在40MPa以上的各类较坚硬和坚硬的岩石。

13. 地下连续墙定额中未包括施工便道、挡土帷幕、注浆加固等，需要时应根据施工组织设计另行计算。挖出的土石方或凿铣的泥渣如需要外运时，应按路基工程中相关定额进行计算。

【例5-3】 某桥施工组织设计要求施工采用草袋围堰，围堰高为1.7m，围堰长60m，土运距100m，试求预算定额下的工、料消耗量。

解：查定额P286页4-2-2，定额单位10m围堰。因为P286注中规定围堰高度可以内插，围堰高1.7m是介于1.5～1.8m之间的，所以定额应在4-2-2-3及4-2-2-4之间内插。具体计算如下：

人工：6×[17.7+0.2×(24.7−17.7)/0.3]=134.2工日

草袋：6×[543+0.2×(741−543)/0.3]=4050个

土：6×[33.54+0.2×(45.3−33.54)/0.3]=248.28m^3

运距100m大于定额运距50m，增列超运距运输用工。查定额P9页1-1-6-4，定额单位1000m^3：(100−50)/10×18.2×248.28/1000=22.59人工

总用工数=134.2+22.59=156.79工日

四、打桩工程

1. 工程量计算规则：

(1) 打预制钢筋混凝土方桩和管桩的工程量，应根据设计尺寸及长度以体积计算（管桩的空心部分应予以扣除）。设计中规定凿去的桩头部分的数量，应计入设计工程量内。

(2) 钢筋混凝土方桩的预制工程量，应为打桩定额中括号内的备制数量。

(3) 拔桩工程量按实际需要数量计算。

(4) 打钢板桩的工程量按设计需要的钢板桩质量计算。

(5) 打桩用的工作平台的工程量，按施工组织设计所需的面积计算。

(6) 船上打桩工作平台的工程量，根据施工组织设计，按一座桥梁实际需要打桩机的台数和每台打桩机需要的船上工作平台面积的总和计算。

2. 土质划分：打桩工程土壤分为Ⅰ、Ⅱ两组。

Ⅰ组土——较易穿过的土壤，如轻亚黏土、砂粪土、腐殖土、湿的及松散的黄土等。

Ⅱ组土——较难穿过的土壤，如黏土、干的固结黄土、砂砾、砾石、卵石等。

当穿过两组土层时，如打入Ⅱ组土各层厚度之和等于或大于土层总厚度的50%或打入Ⅱ组土连续厚度大于1.5m时，按Ⅱ组土计；不足上述厚度时，则按Ⅰ组土计。

3. 打桩定额时，均按在已搭好的工作平台上操作计算，但未包括打桩用的工作平台的搭设和拆除等的工、料消耗，需要时应按打桩工作平台定额另行计算。

4. 打桩定额中已包括打导桩、打送桩及打桩架的安拆工作，并将打桩架、送桩、导桩及导桩夹木凳的工、料按摊销的方式计入定额中，编制预算时，不得另行计算。但定额中均未包括拔桩。破桩头工作，已计入承台定额中。

5. 打桩定额均为打直桩，如打斜桩时，机械乘1.20的系数，人工乘1.08的系数。

6. 利用打桩时搭设的工作平台拔桩时，不得另行搭设工作平台的工、料消耗。如需搭设工作平台时，可根据施工组织设计规定的面积，按打桩的工作平台人工消耗的50%计算人工消耗，但各种材料一律不计。

7. 打每组钢板桩时，用的夹板材料及钢板桩的街头、连接（接头）、整形等的材料已按摊销方式，将其工、料计入定额中，使用定额时，不得另行计算。

8. 钢板桩木支撑的制作、试拼、安装的工、料消耗，均计入打桩定额中，拆除的工、料消耗已计入拔桩定额中。

9. 打钢板桩、钢管桩定额中未包括钢板桩、钢管桩的防锈工作，如需进行防锈处理，另按相应定额计算。

10. 打钢管桩工程如设计钢管桩数量与本定额不相同时，可按设计数量抽换定额中的钢管桩消耗，但定额中的其他消耗量不变。

【例 5-4】　某桥采用在水中工作平台上打桩基础。已知地基上层次为亚黏土8.0m、黏土1.0m、干的固结黄土；设计斜桩入土深为12m，设计规定凿去桩头1.0m，打桩工作平台160m^2。试确定打钢筋混凝上方桩及工作平台的预算定额。

解：

(1) 打钢筋混凝土方桩的定额可从预算定额P323页“4-3-1-6”表中查得。定额单位10m^3及10个接头。

(2) 由于本例打入黏土和干的黄土中连续长度4m>1.5m，故应按Ⅱ类土计算。

(3) 打斜桩时机械乘1.20系数，人工乘1.08系数。

(4) 破桩头工作已计入承台定额，这里不再计列。但根据工程量计算规则的规定，凿去桩头的数量应计入打桩的工程量中。

(5) 根据上列各项，确定打钢筋混凝土方桩的定额为：

①斜桩：

人工：23.2×1.08=25.056(工日)

材料部分定额消耗量不做调整、同于4-3-1-6数值。

10t以内轮胎式起重机：0.17×1.20=0.204(台班)

1.8t以内柴油打桩机：2.18×1.20=2.616(台班)

221kW以内燃油拖轮：0.6×1.20=0.72(艘班)

200t以内驳船：1.34×1.20=1.608(艘班)

基价：4483(元)

②工作平台定额

查定额4-3-7-4，定额单位100(m^2)

人工：51.2×160/100=81.92(工日)

锯材：1.466×160/100=2.346(m^3)

型钢：0.971×160/100=1.554(t)

其他材料的计算方法同上。

50kV以内单筒慢速卷扬机：2.42×160/100=3.872(台班)

其他机械台班计算方法同上。

五、灌注桩工程

1. 工程量计算规则：

(1) 灌注桩成孔工程量按设计入土深度计算。定额中的孔深指护筒顶至桩底（设计标高）的深度。造孔定额中同一孔内的不同土质，不论其所在的深度如何，均采用总孔深定额。

(2) 人工挖孔的工程量按护筒（护壁）外缘所包围的面积乘设计孔深计算。

(3) 浇筑水下混凝土的工程量按设计桩径横截面面积乘设计桩长计算，不得将孔因素计入工程量。

(4) 灌注桩工作平台的工程量按设计需要的面积计算。

(5) 钢护筒的工程量按护筒的设计质量计算。设计质量为加工后的成品质量，包括加劲肋及连接用法兰盘等全部钢材的质量。当设计提供不出钢护筒的质量时，可参考表5-2进行计算，桩径不同时可内插计算。

表5-2 护筒单位质量换算

桩径（cm）	100	120	150	200	250	300	350
护筒单位质量（kg/m）	170.2	238.2	289.3	499.1	612.6	907.5	1259.2

2. 灌注桩造孔根据造孔的难易程度，将土质分为八种：

（1）砂土：粒径不大于2mm的砂类土，包括淤泥、轻亚黏土。

（2）黏土：亚黏土、黏土、黄土，包括土状风化。

（3）沙砾：粒径2～20mm的角砾、圆砾含量（指质量比，下同）小于或等于50%，包括礓石及粒状风化。

（4）砾石：粒径2～20mm的角砾、圆砾含量大于50%，有时还包括粒径20～200mm的碎石、卵石，其含量在10%以内，包括块状风化。

（5）卵石：粒径20～200mm的碎石、卵石含量大于10%，有时还包括块石、漂石，其含量在10%以内，包括块状风化。

（6）软石：饱和单轴极限抗压强度在40MPa以下的各类松软的岩石，如盐岩，胶结不紧的砾岩、泥质页岩、砂岩，较坚实的泥灰岩、块石土及漂石土，软而节理较多的石灰岩等。

（7）次坚石：饱和单轴极限抗压强度在40～100MPa的各类较坚硬的岩石，如硅质页岩、硅质砂岩、白云岩、石灰岩、坚实的泥灰岩、软玄武岩、片麻岩、正长岩、花岗岩等。

（8）坚石：饱和单轴极限抗压强度在100MPa以上的各类坚硬的岩石，如硬玄武岩、坚实的石灰岩、白云岩、大理岩、石英岩、闪长岩、粗粒花岗岩、正长岩等。

3. 灌注桩成孔定额分为人工挖孔、卷扬机带冲抓锥冲孔、卷扬机带冲击锥冲孔、冲击钻机钻孔、回旋钻机钻孔、潜水钻机钻孔六种。定额中已按摊销方式计入钻架的制作、拼装、移位、拆除及钻头维修所耗用的工、料、机械台班数量，钻头的费用已计入设备摊销费中，使用定额时，不得另行计算。

4. 灌注桩混凝土定额按机械拌合、工作平台上导管倾注水下混凝土编制，定额中已包括混凝土灌注设备（如导管等）摊销的工、料费用及扩孔增加的混凝土数量，使用定额时，不得另行计算。

5. 钢护筒定额中，干处埋设按护筒设计质量的周转摊销量计入定额中，使用定额时，不得另行计算。水中埋设按护筒全部设计质量计入定额中，可根据设计确定回收量按规定计算回收金额。

6. 护筒定额中，已包括陆地上埋设护筒用的黏土或水中埋设护筒定位用的导向架及钢质或钢筋混凝土护筒接头用的软件，硫磺胶泥等埋设时用的材料、设备消耗，使用定额时，不得另行计算。

7. 浮箱工作平台定额中，每只浮箱的工作面积为$3\times6=18m^2$。

8. 使用成孔定额时应根据施工组织设计的需要合理选用定额子目，当不采用泥浆船的方式进行水中灌注桩施工时，除按90kW以内内燃拖轮数量的一半保留拖轮和驳船的数量外，其余拖轮和驳船的消耗应扣除。

9. 在河滩、水中采用筑岛方法施工时，应采用陆地上成孔定额计算。

10. 本定额系按一般黏土造浆进行编制的，如实际采用膨润土造浆时，其膨润土的用量可按定额中黏土用量乘系数进行计算，即

$$Q=0.095\times V\times1000$$

式中　Q——膨润土的用量（kg）；

V——黏土的用量（m^3）。

当设计桩径与定额采用桩径不同时，可按表5-3系数调整。

表5-3 调 整 系 数

桩径（cm）	130	140	160	170	180	190	210	220	230	240
调整系数	0.94	0.97	0.7	0.79	0.89	0.95	0.93	0.94	0.96	0.98
计算基数	桩径150cm以内		桩径200cm以内				桩径250cm以内			

六、砌筑工程

1. 定额中的M5、M7.5、M12.5水泥砂浆为砌筑用砂浆，M10、M15水泥砂浆为勾缝用的砂浆。

2. 定额中已按砌体的总高度配置了脚手架，高度在10m以内的配踏步，高度大于10m的配井字架，并计入搭拆用工，其材料用量均以摊销方式计入定额中。

3. 浆砌混凝土预制块定额中，未包括预制块的预制，应按定额中括号内所列预制块数量，另按预制混凝土构件的有关定额计算。

4. 浆砌料石或混凝土预制块作镶面时，其内部应按填覆石定额计算。

5. 桥涵拱圈定额中，未包括拱盔和支架，需要时应按“拱盔、支架工程”中有关定额另行计算。

6. 定额中均未包括垫层及拱背、台背填料盒砂浆抹面，需要时应按杂项工程中有关定额另行计算。

7. 砌筑工程的工程量为砌体的实际体积，包括构成砌体的砂浆体积。

七、现浇混凝土及钢筋混凝土

1. 定额中未包括现浇混凝土及钢筋混凝土上部构造所需的拱盔、支架，需要时按有关定额另行计算。

2. 定额中片石混凝土中片石含量均按15%计算。

3. 有底模承台适用于高桩承台施工。

4. 使用套箱围堰浇筑承台混凝土时，应采用无底模承台的定额。

5. 定额中均未包括扒杆、提升模架、拐角门架、悬浇挂篮、移动模架等金属设备，需要时，应按有关定额另行计算。

6. 桥面铺装定额中，橡胶沥青混凝土仅适用于钢桥桥面铺装。

7. 墩台高度为基础顶、承台顶或为梁底到盖梁顶、墩台帽顶或0号块件底的高度。

8. 索塔高度为基础顶、承台顶或为梁底到索塔顶的高度。当塔墩固结时，工程量为基础顶面或承台顶部以上至塔顶的全部工程数量之和；当塔墩分离时，工程量应为桥面顶部以上塔顶的数量，桥面顶部以下部分的数量应按墩台定额数量。

9. 斜拉索锚固套筒定额中已综合加劲钢板和钢筋的数量，其工程量以混凝土箱型中锚固套筒钢管的质量计算。

10. 斜拉索钢锚箱的工程量为钢锚箱钢板、剪力钉、定位件的质量之和，不包括钢管和型钢的质量。

八、预制、安装混凝土及钢筋混凝土构件

1. 工程量计算规则：

（1）预制构件的工程量为构件的实际体积（不包括空心部分的体积），但预应力构件的工程量为构件预制体积与构件端头封锚混凝土的数量之和。预制空心板的空心堵头混凝土已综合在与之定额内，计算工程量时不应再计列这部分混凝土的数量。

（2）使用定额时，构件的预制数量应为安装定额中括号内所列的构件备制数量。

（3）安装的工程量为安装构件的体积。

（4）构件安装时的现浇混凝土的工程量为现浇混凝土和砂浆的数量之和。但如在安装定额中已列砂浆消耗的项目，则在工程量中不应再计列砂浆的数量。

（5）预制、悬拼预应力箱梁临时支座的工程量为临时支座中混凝土及硫磺砂浆的体积之和。

（6）移动模架的质量包括（牛腿）、主梁、鼻梁、横梁、吊架、工作平台及爬梯的质量，不包括液压构件和内外模板（含模板支撑系统）的质量。

（7）预应力钢绞线、预应力精轧螺纹粗钢筋及配锥形（弗氏）锚的预应力钢丝的工程量为锚固长度与工作长度的质量之和。

（8）配镦头锚的预应力钢丝的工程量为锚固长度的质量。

（9）先张钢绞线质量为设计图纸质量，定额中已包括钢绞线损耗及预制场构件间的工作长度及张拉工作长度。

（10）缆绳吊装的索跨指两塔架间的距离。

2. 预制钢筋混凝土上部构造中，矩形板、空心板、连接板、少筋微弯板、预应力桁架梁、顶推预应力连续梁、桁架拱、钢架拱均已包括底模板，其余系按配合底座（或台座）施工考虑。

3. 顶进立交箱涵、圆管涵的顶进靠背由于形式很多，宜根据不同的地形、地质情况设计，定额中未单独编列子目，需要时可根据施工图纸采用有关定额另行计算。

4. 顶进立交箱涵、圆管涵定额根据全部顶进的施工方法编制。顶进设备未包括在顶进定额中，应按顶进时设备定额另行计算。“铁路线加固”定额除铁路线路的加固外，还包括临时信号灯、行车期间的线路维修和行车指挥等全部工作。

5. 预制立交箱涵、箱梁的内模、翼板的门式支架等工、料已包括在定额中。

6. 顶推预应力连续梁按多点顶推的施工工艺编制，顶推使用的滑道单独编列子目，其他滑块、拉杆、拉锚器及顶推用的机具、预制箱梁的工作平台均摊入顶推定额中。顶推用的导梁及工作平台底模顶升千斤以下的工程，定额中未计入，应按有关定额另行计算。

7. 构件安装系指从架设孔起至安装就位，整体化完成的全部施工工序。本节定额中除安装矩形板、空心板及连续板凳项目的现浇混凝土可套用桥面铺装定额计算外，其他安装上部构造定额中均单独编列有现浇混凝土子目。

8. 定额中凡采用金属结构吊装设备和缆索吊装设备安装的项目，均未包括吊装设备的

费用，应按有关定额另行计算。

9. 制作、张拉预应力钢筋、钢丝束定额，是按不同的锚头形式分别编制的，当每吨钢丝的束数或每吨钢筋的根数有变化时，可根据定额进行抽换。定额中的“××锚”是指金属加工部件的质量，锚头所用其他材料已分别列入定额中有关材料或其他材料费内。定额中的束长为一次张拉的长度。

10. 预应力钢筋、钢丝束及钢绞线定额中均已计入预应力管道及压浆的消耗量，使用定额时不得另行计算。墩头锚的锚具质量可按设计数量进行调整。

11. 对于钢绞线不同型号的锚具，使用定额时可按表 5-4 规定计算。

表 5-4 锚具型号对照表

设计采用锚具型号（孔）	1	4	5	6	8	9	10	14	15	16	17	24
套用定额的锚具型号（孔）	3		7				12			19		

12. 金属结构吊装设备定额是根据不同的安装方法划分子目的，如“单导梁”是指安装用的拐角门架、蝴蝶架、导梁等全套设备。定额是以 10t 设备质量为单位，并列有参考质量。实际质量与定额数量不同时，可根据实际质量计算，但设备质量不包括列入材料部分的铁件、钢丝绳、鱼尾板、道钉机列入“小型机具使用费”内的滑车等。

13. 预制场用龙门架、悬浇箱梁用的墩顶拐角门架，可套用高度 9m 以内的跨墩门架定额，但质量应根据实际计算。

14. 安装金属支座的工程量是指办成品钢板的质量（包括座板、齿板、垫板、辊轴等）。至于锚栓、梁上的钢筋网、铁件等均以材料数量综合在定额内。

九、构件运输

1. 构件运输中各种运输距离以 10m、50m、1km 为计算单位，不足第一个 10m、50m、1km 者均按 10m、50m、1km 计，超过第一个定额运距单位时，其运距尾数不足一个增运定额单位半数时不计，等于或超过半数时按一个定额运距单位计算。

2. 运输便道、轨道的敷设，栈桥码头、扒杆、龙门架、缆索的架设等，均未包括在定额内，应按有关章节定额另行计算。

3. 定额未单列构件出坑堆放的定额，如需出坑堆放，可按相应构件运输第一个运距单位定额计列。

4. 凡以手摇卷扬机和电动卷扬机配合运输的构件重载升坡时，第一个定额运距单位不增加人工及机械，每增加定额单位运距按以下规定乘换算系数。

①手推车运输每增运 10m 定额的人工，按表 5-5 乘换算系数。

表 5-5 换 算 系 数

坡度（%）	1 以内	5 以内	10 以内
系 数	1.0	1.5	2.5

②垫滚子绞运每增运 10m 定额的人工河小型机具使用费，按表 5-6 乘换算系数。

表 5-6　换　算　系　数

坡度（%）	0.4 以内	0.7 以内	1.0 以内	1.5 以内	2.0 以内	2.5 以内
系数	1.0	1.1	1.3	1.9	2.5	3.0

③轻轨平车运输配电动卷扬机每增运 50m 定额的人工及电动卷扬机台班，按表 5-7 乘换算系数。

表 5-7　换　算　系　数

坡度（%）	0.7 以内	1.0 以内	1.5 以内	2.0 以内	3.0 以内
系数	1.00	1.05	1.10	1.15	1.25

十、拱盔、支架工程

1. 桥梁拱盔、木支架及简单支架均按有效宽度 8.5m 计，钢支架按有效宽度 12.0m 计，如实际宽度与定额不同时可按比例换算。

2. 木结构制作按机械配合人工编制，配备的木工机械均已计入定额中。结构中的半圆木构件，用圆木对剖加工所需的工日及机械台班均已计入定额内。

3. 所有拱盔均包括底模板及工作台的材料，但不包括现浇混凝土的侧模板。

4. 桁构式拱盔安装、拆除用的人字扒杆、地锚移动用工及拱盔缆风设备工料已计入定额，但不包括扒杆制作的工、料，扒杆数量根据施工组织设计另行计算。

5. 桁构式支架定额中已包括了墩台两旁支撑排架及中间拼装、拆除用支撑架，支撑架已加计了拱矢高度并考虑了缆风设备。定额以孔为计量单位。

6. 木支架及轻型门式钢支架的锚梁和地梁已计入定额中，地梁以下的基础工程未计入定额中，如需要时，应按有关相应定额另行计算。

7. 简单支架定额适用于安装钢筋混凝土双曲拱桥拱肋及其他桥梁需增设的临时支架。稳定支架的缆风设施已计入定额内。

8. 涵洞拱盔支架、桥涵支架定额单位的水平投影面积为涵洞乘以净跨径。

9. 桥梁拱盔定额单位的立面积是指起拱线以上的弓形侧面积，其工程量按下式计算：

$$F = K \times (\text{净跨径})^2$$

10. 桥梁支架定额单位的立面积为桥梁净跨径乘以高度，拱桥高度为起拱线以下至地面的高度，梁式桥高度为墩、台帽顶至地面的高度，这里的地面指支架地梁的底面。

11. 刚拱架的工程量为刚拱架及支座金属构件的质量之和，其设备摊销费按 4 个月计算，若实际使用期与定额不同时可予以调整。

12. 铜管支架定额指采用直径大于 30cm 的钢管作为立柱，在立柱上采用金属构件搭设水平支撑平台的支架，其中下部指立柱顶面以下的部分，上部指立柱顶面以上的部分，下部工程量按立柱质量计算，上部工程按支架水平投影面积计算。

13. 支架预压的工程量按支架上现浇混凝土的体积计算。

【例 5-5】　拱盔宽度 18m，净跨径 30m，拱矢比 1/4，起拱线至地面高度 12m，全桥工 5 孔。试计算 2 孔的拱盔立面积、支架立面积和该桥的满堂式木拱盔人工、基价预算定额。

解：

(1) 拱盔立面积工作量（2孔）

拱盔立面积工程量：

$$F=2\times K\times(\text{净跨})2=2\times0.172\times302=2\times154.8=309.6(m^2)$$

(2) 支架立面积工程量（2孔）按“拱盔、支架工程”节说明1之规定，因拱盔宽度18m>8.5m，应按比例换算定额值由目录查得本例定额在“4－9－2－3”表中，并算得定额值（每$10m^2$）：

人工：37.9×(18/8.5)=80.26(工日)

基价：3933×(18/8.5)=8328.71(元)

十一、钢结构工程

1. 工程量计算规则：

(1) 定位钢支架质量为定位支架型钢、钢板、钢管质量之和，以t为单位计算。

(2) 锚固拉杆质量为拉杆、连接器、螺母（包括锁紧或球面）、垫圈（包括锁紧和球面）质量之和，以t为单位计算。

(3) 锚固体系环氧钢绞线质量以t为单位计算。本定额包括了钢绞线张拉的工作长度。

(4) 塔顶门架质量为门架型钢质量，以t为单位计算。钢格栅以钢格栅和反力架质量之和计算，以t为单位。主索鞍质量包括承板、鞍体、安装板、挡块、槽盖、拉杆、隔板、锚梁、锌质填块的质量，以t为单位。散索鞍质量包括底板、底座、承板、鞍体、压紧梁、隔板、拉杆、锌质填块的质量，以t为单位计算。主索鞍定额按索鞍顶推按6次计算，如顶推次数不同，则按人工每10t次1.8工日，顶推设备每10t次0.18台班进行增减。鞍罩为钢结构，以套为单位计算，1个主索鞍处为1套。鞍罩的防腐和抽湿系统费用需另行计算。

(5) 牵引系统长度为牵引系统所需的单侧长度，以m为单位计算。

(6) 猫道系统长度为猫道系统的单侧长度，以m为单位计算。

2. 钢桁架桥定额是按高强螺栓接、连孔拖拉架设编制的，钢索吊桥的加劲桁拼装定额也是按高强螺栓接编制的，如采用其他方法施工，应另行计算。

3. 钢桁架桥中的钢桁架，施工用的导梁钢桁和连接及加固杆件，钢索吊桥中的钢桁、钢纵横梁、悬吊系统构件、套筒及拉杆构件均为半成品，使用定额时应按半成品价格计算。

4. 主索锚碇除套筒及拉杆、承托板以外，其他项目如锚洞开挖、衬砌，护索罩的预制、安装，检查井的砌筑等，应按其他章节有关定额另计。

5. 钢索吊桥定额中已综合了缆索吊装设备及钢桁油漆项目，使用定额时不得另行计算。

6. 抗风缆结构安装中未包括锚碇部分，使用定额时应按有关定额另行计算。

7. 安装金属栏杆的工程量是指钢管的质量。至于栏杆座钢板、插销等均以材料数量综合在定额内。

8. 定额中成品构件单价构成：工厂化生产，无须施工企业自行加工的产品为成品构件，以材料单价的形式进入定额。其材料单价为出厂价格加上运输至施工场地的费用。

(1) 平行钢丝拉索，吊杆、系杆、索股等以t为单位，以平行钢丝、钢丝绳或钢绞线质量计量，不包括锚头和PE或套管等防护料的质量，但锚头和PE或套管防护料的费用应含在成品单价中。

(2) 钢绞线斜拉索的工程量以钢绞线的质量计算，其单价包括厂家现场编索和锚具费用。悬索桥锚固系统预应力环氧钢绞线单价中包括两端锚具费用。

(3) 钢箱梁、索鞍、拱肋、钢纵横梁等以 t 为单位。钢箱梁和拱肋单价中包括工地现场焊接费用。

9. 施工电梯、施工塔式起重机未计入定额中。需要时根据施工组织设计另行计算其安拆及使用费用。

10. 钢管拱桥定额中未计入钢塔架、扣塔、地锚、索道的费用，应根据施工组织设计套用预制、安装混凝土及钢筋混凝土构件相关定额另行计算。

11. 悬索桥的主缆、吊索、索夹、检修道定额未包括涂装防护，应另行计算。

12. 定额未含施工监控费用，需要时另行计算。

13. 定额未含施工期间航道占费用，需要时另行计算。

十二、杂项工程

1. 杂项工程包括：平地场地、锥坡填土、拱上填料及台背排水、土牛（拱）胎、防水层、基础垫层、水泥砂浆勾缝及抹面、伸缩缝及泄水管、混凝土构件蒸汽养生室建筑及蒸汽养生、预制构件底座、先张法预应力张拉台座、混凝土搅拌站、混凝土搅拌船及混凝土运输、钢桁架栈桥式码头、冷却管、施工电梯、塔吊安拆、拆除旧建筑物等项目，本节定额适用于桥涵及其他构造物工程。

2. 大型预制构件底座定额分为平面底座和曲面底座两项。

平面底座定额适用于 T 形梁、I 形梁、等截面箱梁，每根梁底座面积的工程量按下式计算：

$$底座面积=(梁长+2.00m)\times(梁宽+1.00m)$$

曲面底座定额适用于梁底为曲面的箱型梁（如 T 形刚构等），每块梁底座的工程量按下式计算：

$$底座面积=构件下弧长\times底座实际修建宽度$$

平面底座的梁宽指预制梁的顶面宽度。

3. 模数式伸缩缝预留槽钢纤维混凝土中钢纤维的含量按水泥用量的 1%计算，如设计钢纤维含量与定额不同时，可按设计用量抽换定额中钢纤维的消耗。

4. 蒸汽养生室面积按有效面积计算，其工程量按每一养生室安置两片梁，其梁间距离为 0.8m，并按长度每端增加 1.5m，宽度每边增加 1.0m 考虑。定额中已将其附属工程及设备，按摊销量计入定额中，编制预算时不得另行计算。

5. 混凝土搅拌站的材料，均已按桥次摊销列入定额中。

6. 钢桁架桥式码头定额适用于大型预制构件装船。码头上部为万能杆件及各类型钢加工的半成品和钢轨等，均已按摊销费计入定额中。

7. 施工塔式起重机和施工电梯所需安拆数量和使用时间，按施工组织设计的进度安排进行计算。

【例 5-6】 预制构件场预制 T 梁的梁长 19.96m、梁肋底宽 0.18m、翼板宽 1.60m、共

12个底座。试计算预制T梁的底座所需水泥用量和养生12片梁所需的蒸汽养生室工程量及其所需原木和锯材数。

解：

（1）预制T梁的底座所需水泥量

每个底座面积＝(梁长＋2.00m)×(梁底宽＋1.00m)＝(19.26＋2.00)×(0.18＋1.00)＝25.91(m^2)

底座总面积＝25.91×12＝310.92(m^2)

由预算定额P695页“4-11-9-1”表查得定额、按底座工程量计算水泥用量。32.5级水泥：0.836×310.92/10＝25.99（t）

（2）蒸汽养生室面积（工程量）

因蒸汽养生室面积按有效面积计算，其工程量按每一养生室安置两片梁，其梁间距为0.8m，并按长度每端增加1.5m，宽度每边各增加1.0m考虑。

每个养生室面积＝19.96＋2×1.5＋2×1.6＋0.8＋2×1.0＝28.96（m^2）

养生室总工程量＝12/2×28.96＝173.76（m^2）

根据P693页“4-11-8-1”表查得蒸汽养生室建筑的定额并按工程量计算所需原木。

原木：0.007×173.76/10＝0.122（m^2）

锯材：0.141×173.76/10＝2.450（m^3）

【例5-7】 某高速公路有一直径为ϕ150cm的钢筋混凝土圆管涵，涵管壁厚为15cm，涵长为32.5m（13×2.5＝32.5m），其施工图设计的工程量见表5-8。

表5-8 工程量数量表

涵身		涵身基础		洞口					挖土方
钢筋	混凝土	混凝土	砂砾石	混凝土帽石	浆砌片石端墙与基础	浆砌片石锥坡与基础	浆砌片石隔水墙与铺砌	砂浆勾缝	
kg				m^3				m^2	m^3
2751	25	109	66	3	29	27	13	45	2174

注：混凝土构件和土方的平均运距为1km。预制场设施不考虑。

问题：

请列出该涵洞工程造价所涉及的相关定额的名称、单位、定额代号、数量等内容，并填入表格中，需要时应列式计算。

参考答案：

1. 每节涵管的重量

$$25\times2.4\div13=4.62\ (t)$$

因此，管节运输应选用载重6t以内的载重汽车。

2. 涵管接头沥青麻絮填塞

$$1.8\times\pi\times12\times0.01=0.68\ (m^2)$$

3. 涵管涂防水沥青（表5-9）

$$1.8\times3.1415\times32.5=183.78\ (m^2)$$

表 5-9　预　算　表

序号	工程细目	定额代号	单位	数量	定额调整或系数
1	挖掘机挖基坑土方	10109008	$1000m^3$	2.174	
2	自卸汽车运土方（1km）	10111009	$1000m^3$	2.174	
3	涵管砂砾石基础垫层	41105001	$10m^3$	6.6	
4	涵管基础混凝土	41105006	$10m^3$	10.9	
5	预制圆管管节	40704002	$10m^3$	2.5	1.01
6	混凝土拌合	41111001	$10m^3$	2.5	1.01×1.01
7	预制管节钢筋	40704003	t	2.751	1.01
8	安装圆管涵	40705004	$10m^3$	2.5	
9	载重汽车运输管节	40803008	$10m^3$	2.5	1.01
10	涵管接头沥青麻絮填塞	41107013	$1m^2$	0.68	
11	涵管防水层沥青	41104005	$10m^2$	18.378	
12	浆砌片石端墙与基础	40502005	$10m^3$	2.9	
13	浆砌片石锥墙与基础	40502009	$10m^3$	2.7	
14	浆砌片石隔水墙与铺砌	40502001	$10m^3$	1.3	
15	洞口帽石混凝土	40603001	$10m^3$	0.3	
16	混凝土拌合	41111001	$10m^3$	0.3	1.02

【例 5-8】　某一大桥，桥梁全长 1282m，两岸接线各 1km，路基工程已全部完工（可做预制场使用，路基宽度 26m）。上部构造为 13×30m+7×40m+20×30m 先简支后连续预应力混凝土（后张法）T 形梁结构，其中 30m 预应力混凝土 T 梁每孔桥 14 片梁，梁高 1.8m，梁顶宽 1.6m，梁底宽 48cm，40m 预应力混凝土 T 梁每孔桥 14 片梁，梁高 2.4m，梁顶宽 1.6m，梁底宽 50cm，上部构造预制安装总工期按 8 个月计算，每片梁预制周期按 8 天计算。上部构造的主要工程量见表 5-10。

表 5-10　工程数量表

序号	工　程　细　目		单位	工程量	备　注
1	40m 预制 T 梁	混凝土	m^3	2951	锚具数量：OVM15-7：784 套
2		钢绞线	t	108.288	
3		光圆钢筋	t	221.021	
4		带肋钢筋	t	359.126	
5	40m 预制 T 梁	混凝土	m^3	9243	锚具数量：OVM15-7：3234 套
6		钢绞线	t	296.136	
7		光圆钢筋	t	724.954	
8		带肋钢筋	l	1224.839	

问题：

请列出该桥梁工程上部构造施工图预算所涉及的相关定额的名称、单位、定额代号、数量、定额调整等内容，并填入表格中，需要时应列式计算或文字说明。

参考答案：

1. 预制底座计算

需要预制的 30m 跨 T 形梁的数量：(13＋20)×14＝462(片)

需要预制的 40m 跨 T 形梁的数量：7×14＝98(片)

T 形梁的预制安装总工期为 8 个月，考虑到预制与安装存在一定的时差，本题按 1 个月考虑，因此，预制与安装的工期均为 7 个月，每片梁预制需要 8 天，故需要底座数量为：

30m 跨底座：462×8÷210＝17.6（个），即底座数量应不少于 18 个

40m 跨底座；98×8÷210＝3.7（个），即底座数量应不少于 4 个

底座面积：18×(30＋2)×(0.48＋1)＋4×(40＋2)×(0.5＋1)＝1104.48(m^2)

由于接线路基工程已经完工，不需要考虑预制场地平整。

2. 吊装设备计算

由于按 22 个底座计算能满足工期要求，因此预制场可以设置在大桥一岸接线，则：

场地龙门架：按 40m 梁吊装重量计算，龙门架应配备 2 套（即预制 1 套，存梁 1 套），重量参考预算定额的参考重量按跨径 20m、高 12m 计算，即 43.9×2＝87.8（t）。设备使用期按安装、拆除 1 个月，使用 8 个月，共 9 个月计算。

架桥机：按 40m 梁吊装重量计算，全桥配备 1 套，重量参考预算定额的参考重量 165t 计算，设备使用期按安装、拆除 2 个月，使用 7 个月共 9 个月计算。

3. 临时轨道计算

考虑大桥运输的方便，大梁底座顺桥方向布置，每排布置 4 个，共布置 6 排，考虑工作场地，每排之间空 3m 的间隙。在梁场的长度按 50m 计算，因此预制场总长为：

32×5＋42＋7×3＋50＝273（m）

考虑到运输的方便，预制场与桥头直接相连。因此在路基上的临时轨道长度约：273×2＝546（m），按 550m 计算；在桥上运梁临时轨道等于桥梁总长，即 1282m，架桥机的行走临时轨道一般为两孔桥梁的长度，即 40×2×2＝160（m），因此在桥梁上的临时轨道长度应为 1282＋160＝1442（m），按 1450m 计算。

4. 预制构件运距计算

30mT 梁运输的平均运距：

[20×30÷2×20＋(20×30＋7×40＋13×20÷2)×13]÷33＝605(m)

40mT 梁运输的平均运距：20×30＋7×40÷2＝740(m)

30mT 梁单片梁的重量：9243÷462×2.50＝50(t)

40mT 梁单片梁的重量：2951÷98×2.50＝75(t)

5. 预应力钢绞线束数量的计算

(3234＋784)/(2×404.424)＝4.97(束/t)

表 5-11 预 算 表

序号	工 程 细 目	定额代号	单 位	数 量	定额调整或系数
1	T 梁预制	40714001	$10m^3$	1219.4	
2	混凝土拌合	41111003	$10m^3$	1219.4	1.01

续表

序号	工程细目		定额代号	单位	数量	定额调整或系数
3	光圆钢筋		40714003	1t	945.975	光滑：1.025、带肋：0
4	带肋钢筋		40714003	1t	1583.965	光滑：0、带肋、1.025
5	T梁安装		40714007	$10m^3$	1219.4	
6	预应力钢绞线		40720029	1t	404.424	
7			40720030	1t	404.424	1.15
8	大梁预制底座		41109001	$10m^2$	110.45	
9	300mT梁运输	第一个50m	40802005	$10m^3$	924.3	
10		每增运50m	40802014	$10m^3$	924.3	11
11	300mT梁运输	第一个50m	40802006	$10m^3$	295.1	
12		每增运50m	40802015	$10m^3$	295.1	14
13	30mT梁运输出坑堆放		40802005	$10m^3$	924.3	
14	40mT梁运输出坑堆放		40802006	$10m^3$	295.1	
15	双导梁		40731002	10t	16.5	预备摊销费，8100
16	预制场龙门架		40731004	10t	8.78	预备摊销费，8100
17	临时轨道	路基上	70104003	100m	5.5	
18		桥面上	70104004	100m	14.5	

第二节　桥涵工程清单项目工程量计量

根据《公路工程工程量计量规则》，桥梁涵洞工程包括：桥梁荷载试验、补充地质勘探、钢筋、挖基、混凝土灌注桩、钢筋混凝土沉桩、钢筋混凝土沉井、扩大基础；现浇混凝土下部构造，混凝土上部构造。预应力钢材，现浇预应力上部构造，预制预应力混凝土上部构造，斜拉桥上部构造，钢架拱上部构造；浆砌块片石及混凝土预制块、桥面铺装、桥梁支座、伸缩缝装置、涵洞工程。

一、有关问题的说明及提示

1. 本章所列基础、下部结构、上部结构混凝土的钢筋，包括钢筋及钢筋骨架用的铁丝、钢板、套筒、焊接、钢筋垫块或其他固定钢筋的材料以及钢筋除锈、制作安装、成品运输，作为钢筋工程的附属工作，不另行计量。

2. 附属结构、圆管涵、倒虹吸管、盖板涵、拱涵、通道的钢筋，均包含在各项目内，不另行计量。附属结构包括缘石、人行道、防撞墙、栏杆、护栏、桥头搭板、枕梁、抗震挡块、支座垫块等构造物。

3. 预应力钢材、斜拉索的除锈制作安装运输及锚具、锚垫板、定位筋、连接件、封锚、护套、支架、附属装置和所有预埋件，包括在相应的工程项目中，不另行计量。

4. 本章所列工程项目涉及养护、场地清理、吊装设备、拱盔、支架、工作平台、脚手架的搭设及拆除、模板的安装及拆除，均包括在相应工程项目内，不另行计量。

5. 混凝土拌合场站、构件预制场、贮料场的建设、拆除、恢复，安装架设设备摊销、预应力张拉台座的设置及拆除均包括在相应工程项目中，不另行计量。

材料的计量尺寸为设计净尺寸。

6. 桥梁支座，包括固定支座、圆形板式支座、球冠圆板式支座，以体积立方分米（dm^3）计量，盆式支座按套计量。

注：设计图纸标明的及由于地基出现溶洞等情况而进行的桥涵基底处理计量规则见第二章路基工程中特殊路基处理。

二、桥梁、涵洞检测

1. 桥梁荷载试验

（1）特大桥、结构复杂的大桥完工以后，承包人应协助和配合发包人，对桥梁或桥梁的某一部分进行荷载试验，以验证结构物是否具有足够承受设计荷载的能力。

（2）荷载试验由发包人委托有资格的科研或设计单位承担。

（3）桥梁荷载测试项目按图纸规定，一般动载试验包括冲击、自振频率、动挠度、脉动、动应变试验；静载试验包括静挠度及静应变试验。上述项目发包人将根据具体情况，选择部分或全部进行试验，必要时可增加其他项目进行试验。

（4）根据试验结果，结构物或结构物的任一部分，如由于施工原因不能满足图纸要求，承包人应进行重建或补强，重建或补强结构物的费用由承包人负责。

2. 地质情况变化时的处理

桥梁基础在施工过程中，若地质情况有变化，承包人应及时报告监理人并提出处理意见，经监理人批准后实施。需要进行补充钻探，以查明桥梁基础的地质情况时，报请监理人审查批准后，承包人可进行补充地质钻探并取样做必要的试验，据以继续进行基础施工或改变基础设计。改变基础设计时，应按变更设计程序进行，并经监理人审查批准。

3. 工程量清单计量规则（表 5-12）

表 5-12　桥涵检测工程量清单计量规则

项	目	节	细目	项目名称	项目特征	计量单位	工程量计算规则	工程内容
四				桥梁涵洞				第 400 章
	1			检测				第 401 节、第 408 节
		1		桥梁荷载试验（暂定工程量）	1. 结构类型 2. 桩长桩径	总额	按规定检测内容，以总额计算	1. 荷载试验（桥梁、桩基） 2. 破坏试验
		2		补充地质勘探及取样钻探（暂定工程量）	1. 地质类别 2. 深度			按试验合同内容（主要试验桥梁整体或部分工程的承载能力及变形）钻探
		3		钻取混凝土芯样（暂定工程量）	桩长桩径			钻孔取芯
		4		无破损检测				检测

4. 计量与支付

（1）计量

①荷载试验费用由发包人估定，以暂估价的形式按总额计入工程总价内。

②地质钻探及取样试验按实际完成并经监理人验收后，分不同钻径以米计量。

③本节的其他工程内容，均不计量。

（2）支付

按上述规定计量，经监理人验收列入了工程量清单的地质钻探及取样试验支付子目，其每一计量单位将以合同单价支付。此项支付包括为完成钻探取样所需的全部材料、劳力、设备、试验及成果分析的全部费用，是对完成钻探及取样试验的全部偿付。

（3）支付子目（表 5-13）

表 5-13　支　付　子　目

子　目　号	子　目　名　称	单　位
401-1	桥梁荷载试验（暂估价）	总额
401-2	地质钻探及取样试验（暂定工程量）	
—a	ϕ70mm	m
—b	ϕ110mm	m

三、模板、拱架和支架

工作内容包括就地浇筑和预制混凝土、钢筋混凝土、预应力混凝土，石料及混凝土预制块砌体所用的模板、拱架和支架的设计制作、安装、拆卸施工等有关作业。

本节工作为有关工程的附属工作，不作计量与支付。

四、钢筋

工作内容包括桥梁及结构物工程中钢筋的供应、试验、储存、加工及安装。

1. 工程量清单计量规则（表 5-14）

表 5-14　钢筋工程量清单计量规则

项	目	节	细目	项目名称	项目特征	计量单位	工程量计算规则	工程内容
四				桥梁涵洞				第 400 章
	3			钢筋				第 403 节
			a	光圆钢筋	1. 材料规格 2. 抗拉强度	kg	按设计图所示，各规格钢筋按有效长度（不计入规定的搭接长度），以重量计算	1. 制作、安装 2. 搭接
			b	带肋钢筋				
		3		上部结构钢筋				

续表

项	目	节	细目	项目名称	项目特征	计量单位	工程量计算规则	工程内容
			a	光圆钢筋	1. 材料规格 2. 抗拉强度	kg	按设计图所示，各规格钢筋按有效长度（不计入规定的搭接长度及吊钩）以重量计算	1. 制作、安装 2. 搭接
			b	带肋钢筋	1. 材料规格 2. 抗拉强度	kg	按设计图所示，各规格钢筋按有效长度（不计入规定的搭接长度及吊钩）以重量计算	1. 制作、安装 2. 搭接
		4		钢管拱钢材	1. 材料规格 2. 技术指标	kg	按设计图所示，以重量计算	1. 除锈防锈 2. 制作焊接 3. 定位安装 4. 检测

2. 计量与支付

(1) 计量

①根据图纸所示及钢筋表（不包括固定、定位架立钢筋）所列，按实际安设并经监理人验收的钢筋以千克（kg）计量。其内容包括钢筋混凝土中的钢筋、预应力混凝土中的非预应力钢筋及混凝土桥面铺装中的钢筋。

②除图纸所示或监理人另有认可外，因搭接而增加的钢筋不予计入。

③钢筋及钢筋骨架用的铁丝、钢板、套筒（连接套）、焊接、钢筋垫块或其他固定、定位架立钢筋的材料，以及钢筋的防锈、截取、套丝、弯曲、场内运输、安装等，作为钢筋工程的附属工作，不另行计量。

(2) 支付

按上述规定计量，经监理人验收并列入工程量清单的以下支付子目的工程量，其每一计量单位，将以合同单价支付。此项支付包括一切为完成此项工程所必需的全部费用。此项支付包括材料、劳力、设备、检验、运输及其他为完成钢筋工程所必需的费用，是对完成工程的全部偿付。

(3) 支付子目（表5-15）

表5-15　支 付 子 目

子目号	子目名称	单位
403-1	基础钢筋（包括灌注桩、承台、沉桩、沉井等）	
—a	光圆钢筋（HPB235、HPB300）	kg
—b	带肋钢筋（HRB335、HRWOO）	kg
403-2	下部结构钢筋	
—a	光圆钢筋（HPB235、HPB300）	kg
—b	带肋钢筋（HRB335、HRB400）	kg
403-3	上部结构钢筋	
—a	光圆钢筋（HPB235、HPB300）	kg
—b	带肋钢筋（HRB335、HRlB00）	kg
403-4	附属结构钢筋	
—a	光圆钢筋（HPB235、HPB300）	kg
—b	带肋钢筋（HRB335、HRB400）	kg

五、基础挖方及回填

工作内容为结构物基坑的开挖与回填以及与之有关的场地清理、支护（撑）、排水、围堰等作业。

1. 工程量清单计量规则（表 5-16）

表 5-16　基础挖方及回填工程量清单计量规则

项	目	节	细目	项目名称	项目特征	计量单位	工程量计算规则	工程内容
四				桥梁涵洞				第 400 章
	4			基础挖方及回填				第 404 节
		1		干处挖土方	土壤类别	m^3	按设计图所示，基础所占面积周边外加宽 0.5m，垂直由河床顶面至基础底标高实际工程体积计算（因施工、放坡、立模而超挖的土方不另计量）	1. 防排水 2. 基坑支撑 3. 挖运土石方 4. 清理回填
		2		干处挖石方				
		3		水中挖土方				1. 围堰、排水 2. 基坑支撑 3. 挖运土石方 4. 清理回填
		4		水中挖石方				

2. 计量与支付

（1）计量

①基础挖方应按下述规定，取用底、顶面间平均高度的棱柱体体积，分别按干处、水下及土、石，以立方米计量。干处挖方与水下挖方是以经监理人认可的施工期间实测的地下水位为界线。在地下水位以上开挖的为干处挖方；在地下水位以下开挖的为水下挖方。

基础底面、顶面及侧面的确定应符合下列规定：

a. 基础挖方底面：按图纸所示或监理人批准的基础（包括地基处理部分）的基底高程。

b. 基础挖方顶面：按监理人批准的横断面上所标示的原地面线计算。

c. 基础挖方侧面：按顶面到底面，以超出基底周边 0.5m 的竖直面为界。

②当承包人遇到特殊或非常规情况时，应及时通知监理人，由监理人定出特殊的基础挖方界线。凡未取得监理人批准，承包人以特殊情况为理由而完成的任何挖方将不予计量，其基坑超深开挖，应由承包人用砂砾或监理人批准的回填材料予以回填压实。

③为完成基础挖方所做的地面排水及围堰、基坑支撑及抽水、基坑回填与压实、错台开挖及斜坡开挖等，作为挖基工程的附属工作，不另行计量。

④台后路基填筑及锥坡填土在第 204 节内计量与支付。

⑤基坑土的运输作为挖基工程的附属工作，不另行计量与支付。

（2）支付

按上述规定计量，经监理人验收并列入工程量清单的以下支付子目的工程量，其每一计量单位，将以合同单价支付。此项支付包括材料、劳力、设备、运输等及其他为完成挖基及回填工程所必需的费用，是对完成工程的全部偿付。

（3）支付子目（表 5-17）

表 5-17 支 付 子 目

子目号	子目名称	单位
404-1	干处挖土方	m^3
404-2	水下挖土方	m^3
404-3	干处挖石方	m^3
404-4	水下挖石方	m^3

六、钻孔灌注桩

工作内容包括钻孔、安设和拆除护筒、安设钢筋笼、灌注混凝土以及按图纸规定及监理人指示的有关钻孔灌注桩的其他作业。

1. 工程量清单计量规则（表 5-18）

表 5-18 钻孔灌注桩工程量清单计量规则

项	目	节	细目	项目名称	项目特征	计量单位	工程量计算规则	工程内容
四				桥梁涵洞				第 400 章
	5			混凝土灌注桩				第 405 节、第 407 节
		1		水中钻孔灌注桩	1. 土壤类别 2. 桩长桩径 3. 强度等级	m	按设计图所示，在设计施工水位以下，按不同桩径的钻孔灌注桩以长度（桩底标高至承台底面或系梁顶面标高，无承台或系梁时，则以桩位处地面线为分界线，地面线以下部分为灌注桩桩长）计算	1. 搭设作业平台或围堰筑岛 2. 安置护筒 3. 护壁、钻进成孔、清孔 4. 埋检测管 5. 浇筑混凝土 6. 锉桩头
		2		陆上钻孔灌注桩			按设计图所示，按不同桩径的钻孔灌注桩以长度（桩底标高至承台底面或系梁顶面标高，无承台或系梁时，则以桩位处地面线为分界线，地面线以下部分为灌注桩桩长）计算	1. 搭设作业平台或围堰筑岛 2. 安置护筒 3. 护壁、钻进成孔、清孔 4. 埋检测管 5. 浇筑混凝土 6. 锉桩头
		3		人工挖孔灌注桩				1. 挖孔、抽水 2. 护壁 3. 浇混凝土

2. 计量与支付

(1) 计量

①钻孔灌注桩以实际完成并经监理人验收后的数量，按不同桩径的桩长以米计量，计量应自图纸所示或监理人批准的桩底高程至承台底或系梁底。对于与桩连为一体的柱式墩台，如无承台或系梁时，则以桩位处地面线为分界线，地面线以下部分为灌注桩桩长，若图纸有标识的，按图纸标识为准。未经监理人批准，由于超钻而深于所需的桩长部分，将不予计量。

②开挖、钻孔、清孔、钻孔泥浆、护筒、混凝土、破桩头，以及必要时在水中填土筑岛、搭设工作台架及浮箱平台、栈桥等其他为完成工程的子目，作为钻孔灌注桩的附属工作，不另行计量。混凝土桩无破损检测及所预埋的钢管等材料，均作为混凝土桩的附属工作，不另行计量。

③钢筋在第 403 节内计量，列入 403—1 子目内。

④监理人要求钻取的芯样，经检验，如混凝土质量合格，钻取的芯样应予计量，否则不予计量。混凝土取芯按取回的混凝土芯样的长度以米计量。

(2) 支付

按上述规定计量，经监理人验收并列入工程量清单的以下支付子目的工程量，其每一计量单位，将以合同单价支付。此项支付包括材料、劳力、设备、运输等及其他为完成钻孔灌注桩工程所必需的费用，是对完成工程的全部偿付。

(3) 支付子目（表 5-19）

表 5-19　支付子目

子目号	子目名称	单位
405-1	钻孔灌注桩（ϕ…m）	m
405-2	钻取混凝土芯样（ϕ70mm）（暂定工程量）	m
405-3	破坏荷载试验用桩（ϕ…m）（暂定工程量）	m

七、沉桩

工作内容包括桥梁基础钢筋混凝土或预应力混凝土沉桩的制作、养生、移运、沉入等以及按照图纸规定及监理人指示的有关沉桩的其他作业。

1. 工程量清单计量规则（表 5-20）

表 5-20　沉桩工程量清单计量规则

项	目	节	细目	项目名称	项目特征	计量单位	工程量计算规则	工程内容
四				桥梁涵洞				第 400 章
	6			沉桩				第 406 节
		1		钢筋混凝土沉桩	1. 土壤类别 2. 桩长桩径 3. 强度等级	m	按设计图所示，以桩尖标高至承台底或盖梁底标高长度计算	1. 预制混凝土桩 2. 运输 3. 锤击、射水、接桩
		2		预应力钢筋混凝土沉桩				

2. 计量与支付

（1）计量

①钢筋混凝土或预应力混凝土沉桩以实际完成并经监理人验收后的数量，按不同桩径的桩身长度以米计量。桩身长度的计量应自图纸所示或监理人批准的桩尖高程至承台底或盖梁底。未经监理人批准，沉入深度超过图纸规定的桩长部分，将不予计量与支付。

②为完成沉桩工程而进行的钢筋混凝土桩浇筑预制、养生、移运、沉入、桩头处理等一切有关作业，均为沉桩工程所包括的工作内容，不另计量与支付。

③试桩如系工程用桩，则该试桩按不同桩径分别列入支付子目中的的钢筋混凝土沉桩子目内；如果试桩不作为工程用桩，则应按不同桩径以米为单位计量，列入支付子目中的试桩子目内。

④沉桩的无破损检验作为沉桩工程的附属工作，不另行计量。

⑤钢筋混凝土或预应力混凝土沉桩（包括试桩）所用钢筋在第 403 节内计量，列入 403—1 子目内，其余钢板及材料加工等均含在钢筋混凝土沉桩工程子目中，不另行计量与支付。

⑥制造预应力混凝土沉桩用预应力钢材在第 411 节内计量。制造预应力混凝土沉桩用法兰盘及其他钢材，除按上述规定在第 403 节、第 411 节计量外的所有钢材均含入预应力沉桩工程子目中，不另行计量与支付。

⑦试桩的试验机具其提供、运输、安装、拆卸以及试验数据的分析和提供试验报告等，均系该试桩的附属工作，不另行计量与支付。

（2）支付

按上述规定计量，经监理人验收并列入工程量清单的以下支付子目的工程量，其每一计量单位，将以合同单价支付。此项支付包括材料、劳力、设备、运输等及其他为完成沉桩工程（包括试桩）所必要的费用，是对完成工程的全部偿付。

（3）支付子目（表 5-21）

表 5-21　支　付　子　目

子　目　号	子　目　名　称	单　　位
406-1	钢筋混凝土沉桩（$\phi\cdots$m）	m
406-2	预应力混凝土沉桩（$\phi\cdots$m）	m
406-3	试桩（$\phi\cdots$m）	m

八、挖孔灌注桩

工作内容包括挖孔，提供、安放和拆除孔壁支撑及护壁，设置钢筋，灌注混凝土以及按照图纸规定及按监理人指示的有关挖孔灌注桩的其他作业。

1. 工程量清单计量规则

挖孔灌注桩的清单项目设置名称、项目特征、工程量计算规则见前述钻孔灌注村的相关内容。

2. 计量与支付

（1）计量

①挖孔灌注桩以实际完成并经监理人验收后的数量，按不同桩径的桩长以米计量。计量应自图纸所示或监理人批准的从桩底高程至承台底或系梁底；如无承台或系梁时，则从桩底至图纸所示的桩顶；当图纸未示出桩顶位置，或示有桩顶位置但桩位处预先有夯填土时，由监理人根据情况确定。监理人认为由于超挖而深于所需的桩长部分，将不予计量。

②设置支撑和护壁、挖孔、清孔、通风、钎探、排水、混凝土、每桩的无破损检验以及其他为完成此项工程的项目，均为挖孔灌注桩的附属工作，不另行计量。

③钢筋在第 403 节内计量，列入 403—1 子目内。

④监理人要求钻取的混凝土芯样检验，经钻取检验后，如混凝土质量合格，钻取的芯样应予计量；否则不予计量。钻取芯样长度按取回的芯样以米计量。

（2）支付

按上述规定计量，经监理人验收并列入工程量清单的以下支付子目的工程量，其每一计量单位，将以合同单价支付。此项支付包括材料、劳力、设备、运输等及其他为完成沉桩工程（包括试桩）所必要的费用，是对完成工程的全部偿付。

（3）支付子目（表 5-22）

表 5-22　支　付　子　目

子 目 号	子 目 名 称	单　位
407-1	挖孔灌注桩（ϕ…m）	m
407-2	钻取混凝土芯样（ϕ70mm）（暂定工程量）	m
407-3	破坏荷载试验用桩（ϕ…m）（暂定工程量）	m

九、桩的垂直静荷载试验

工作内容包括对钻（挖）孔灌注桩的足尺比例的荷载试验，其中包括压载、拉桩、高吨位千斤顶及所有其他进行试验需要的材料、设备和工作。

1. 计量

（1）试桩不论是检验荷载或破坏荷载，均以经监理人验收或认可的单根试桩计量。计量包括压载、沉降观测、卸载、回弹观测、数据分析，以及为完成此项试验的其他工作子目。

（2）检验荷载试验桩如试验后作为工程结构的一部分，其工程量在第 405 节及第 407。节有关支付子目内计量与支付。破坏荷载试验用的试桩，将来不作为工程结构的一部分，其工程量在第 405 节的支付子目 405—3 及第 407 节的支付子目 407—3 内计量与支付。

（3）路缘石按图纸所示的长度进行现场量测，经验收合格以延米为单位计量。埋设缘石的基槽开挖与回填、夯实以及混凝土垫层或水泥砂浆垫层等有关杂项工作均属承包人的附属工作，不另行计量。

2. 支付

按上述规定计量，经监理人验收并列入工程量清单的以下支付子目的工程量，其每一计量单位将以合同单价支付，此项支付包括材料、劳力、设备、试验、运输、成果分析等及其他为完成试桩工程所必要的费用，是对完成工程的全部偿付。

（3）支付子目（表 5-23）

表 5-23 支 付 子 目

子 目 号	子 目 名 称	单 位
408-1	桩的检验荷载试验（暂定工程量）（ϕ…m）（kN）	每一试桩
408-2	ϕ…m 桩破坏荷载试验（…m）（暂定工程量）	每一试桩

注：1. 检验荷载试验应在括号内注明试桩检验荷载重量，按第 408.03 小节规定该试桩检验荷载为两倍设计荷载。
2. 破坏荷载试验桩应在括号内注明试桩长度。

十、沉井

工作内容包括施工场地准备，筑岛，沉井的制作，沉井下沉，基底处理，沉井封底，井孔填充，沉井顶板浇筑等以及按照图纸或监理人指示的沉井有关作业。

1. 工程量清单计量规则（表 5-24）

表 5-24 沉井工程量清单计量规则

项	目	节	细目	项目名称	项目特征	计量单位	工程量计算规则	工程内容
四				桥梁涵洞				第 400 章
	9			沉井				第 409 节
		1		混凝土或钢筋混凝土沉井				
			a	井壁混凝土	1. 土壤类别 2. 桩长桩径 3. 强度等级	m^3	按设计图所示，以体积计算	1. 围堰筑岛 2. 现浇或预制沉井 3. 浮运 4. 抽水、下沉 5. 浇筑混凝土 6. 挖井内土及基底处理 7. 浇注混凝土 8. 清理恢复河道
			b	顶板混凝土				
			c	填芯混凝土				
			d	封底混凝土				
		2		钢沉井				
			a	钢壳沉井	1. 材料规格 2. 土壤类别 3. 断面尺寸	t	按设计图所示，以重量计算	1. 制作 2. 浮运或筑岛 3. 下沉 4. 挖井内土及基底处理 5. 切割回收 6. 清理恢复河道
	6			沉桩				第 406 节

2. 计量与支付

(1) 计量

①沉井制作完成，符合图纸规定要求，经监理人验收后，混凝土及钢筋按以下规定计量：

a. 沉井的混凝土，按就位后沉井顶面以下各不同部位（井壁、顶板、封底、填芯）和不同混凝土级别的体积以立方米为单位计量。

b. 沉井所用钢筋，列入第403节基础钢筋支付子目内计量。

②沉井制作及下沉奠基，其中包括场地准备，围堰筑岛，模板、支撑的制作安装与拆除，沉井浇筑、接高，沉井下沉，空气幕助沉，井内挖土，基底处理等工作，均应视为完成沉井工程所必要的工作，不另行计量。

③沉井刃脚所用钢材，视作沉井的附属工程材料，不另行计量。

(2) 支付

按上述规定计量，经监理人验收并列入了工程量清单的以下支付子目的工程量，其每一计量单位，将以合同单价支付。此项支付包括材料、劳力、设备、运输等及其他为完成沉井基础工程所必要的费用，是对完成工程的全部偿付。

(3) 支付子目（表5-25）

表5-25　支　付　子　目

子目号	子目名称	单位
409-1	钢筋混凝土沉井	
-a	井壁混凝土（C…）	m^3
-b	顶板混凝土（C…）	m^3
-c	填芯混凝土（C…）	m^3
-d	封底混凝土（C…）	m^3

十一、结构混凝土工程

工作内容包括工程中结构混凝土的材料供应和拌合、立模、浇筑、拆模、修整、养生和质量要求。

混凝土强度等级系指150mm标准立方体试件（粗集料最大粒径为40mm），在温度(20±3)℃、相对湿度大于90%的潮湿环境下，养生28d经抗压试验所得极限抗压强度，单位为MPa，具有不低于95%的保证率。混凝土强度等级以C为前缀表示，如C30（30级）、C40（40级）。图纸有称“标号”时，应以相同“强度等级”代替，并应符合该强度等级混凝土的技术要求。

1. 工程量清单计量规则（表5-26）

表5-26　结构混凝土工程量清单计量规则

项	目	节	细目	项目名称	项目特征	计量单位	工程量计算规则	工程内容
四				桥梁涵洞				第400章

续表

项	目	节	细目	项目名称	项目特征	计量单位	工程量计算规则	工程内容
	10			结构混凝土工程				第410节、第412节、第414节、第418节
		1		基础				
			a	混凝土基础(包括支撑梁、桩基承台，但不包括桩基)	1. 断面尺寸 2. 强度等级 3. 结构类型			1. 套箱或模板制作、安装、拆除 2. 浇筑混凝土 3. 养生
		2		下部结构混凝土				
			a	斜拉桥索塔	1. 断面尺寸 2. 强度等级 3. 部位	m^2	按设计图所示，以体积计算	1. 支架、模板、劲性骨架制作安装及拆除 2. 浇筑混凝土 3. 养生
			b	重力式U型桥台				
			c	肋板式桥台				
			d	轻型桥台				
			e	柱式桥墩				
			f	薄壁式桥墩				
			g	空心桥墩				
		3		上部结构混凝土				
			a	连续钢构	1. 断面尺寸 2. 强度等级	m^3	按设计图所示，以体积计算	1. 支架模板制作、安装、拆除 2. 预埋钢筋、钢材制作、安装 3. 浇筑混凝土 4. 构件运输、安装 5. 养生
			b	混凝土箱型梁				
			c	混凝土T形梁				
			d	钢管拱				
			e	混凝土拱				
			f	混凝土空心板				
			g	混凝土矩形板				
			h	混凝土肋板				
		6		现浇混凝土附属结构				
			a	人行道	1. 结构型式 2. 材料规格 3. 强度等级	m^3	按设计图所示，以体积计算	1. 钢筋、钢板、钢管制作安装 2. 浇筑混凝土 3. 运输构件 4. 养生

续表

项	目	节	细目	项目名称	项目特征	计量单位	工程量计算规则	工程内容
			b	防撞墙（包括金属扶手）				
			c	护栏				
			d	桥头搭板				
			e	抗震挡块				
			f	支座垫石				
		7		预制混凝土附属结构（栏杆、缘石、人行道）				
			a	缘石	1. 结构型式 2. 强度等级	m^3	按设计图所示，以体积计算	1. 钢筋制作安装 2. 预制混凝土构件 3. 运输 4. 砌筑安装 5. 勾缝
			b	人行道				
			c	栏杆				

2. 计量与支付

（1）计量

①以图纸所示或监理人指示为依据，按现场已完工并经验收的混凝土，分别以不同结构类型及混凝土等级，以立方米计量。

②直径小于200mm的管子、钢筋、锚固件、管道、泄水孔或桩所占混凝土体积不予扣除。作为砌体砂浆的小石子混凝土，不另行计量。

③桥面铺装混凝土在第415节内计量与支付；结构钢筋在第403节内计量。

④为完成结构物所用的施工缝连接钢筋、预制构件的预埋钢板、防护角钢或钢板、脚手架或支架及模板、排水设施、防水处理、基础底碎石垫层、混凝土养生、混凝土表面修整及为完成结构物的其他杂项子目，以及混凝土预制构件的安装架设设备拼装、移运、拆除和为安装所需的临时性或永久性的固定扣件、钢板、焊接、螺栓等，均作为各项相应混凝土工程的附属工作，不另行计量。

（2）支付

按上述规定计量，经监理人验收并列入了工程量清单的以下支付子目的工程量，其每一计量单位，将以合同单价支付。此项支付包括材料、劳力、设备、试验、运输、安装及其他为完成混凝土工程所必要的费用，是对完成工程的全部偿付。

（3）支付子目（表5-27）

表5-27　支 付 子 目

子目号	子目名称	单位
410-1	混凝土基础（包括支撑梁、桩基承台，但不包括桩基）	m^3
410-2	混凝土下部结构	m^3

续表

子目号	子目名称	单位
410-3	现浇混凝土上部结构	m^3
410-4	预制混凝土上部结构	m^3
410-5	上部结构现浇整体化混凝土	m^3
410-6	现浇混凝土附属结构	m^3
410-7	预制混凝土附属结构	m^3

注：1. 子目号 410-1-410-4 按不同结构类型及混凝土等级分列子项。
2. 预制板、梁和拱上建筑的整体化现浇混凝土，以子项列入 410-5 子目内。
3. 子目号 410-6 及 410-7 混凝土附属结构包括缘石、人行道、防撞墙、栏杆、护栏、桥头搭板、枕梁、抗震挡块、支座垫块等，按其种类及混凝土等级分列子项。

十二、预应力混凝土工程

工作内容为预应力混凝土结构物的预应力钢材（包括钢丝、钢绞线、热轧钢筋、精轧螺纹粗钢筋）的供应、加工、冷拉、安装、张拉及封锚等作业；对先张法预应力混凝土，尚包括张拉台座的建造；对后张预应力混凝土，尚包括预应力系统（锚具、连接器及相应的预应力钢材）的选择、试验及供应，管道形成及灌浆，以及预应力混凝土的浇筑。

1. 工程量清单计量规则（表 5-28）

表 5-28 预应力混凝土工程量清单计量规则

项	目	节	细目	项目名称	项目特征	计量单位	工程量计算规则	工程内容
四				桥梁涵洞				第 400 章
		1		先张法预应力钢丝	1. 材料规格 2. 抗拉强度	kg	按设计图所示，以埋入混凝土中的实际长度计算（不计入工作长度）	1. 制作安装预应力钢材 2. 制作安装管道 3. 安装锚具、锚板 4. 张拉 5. 压浆 6. 封锚头
		2		先张法预应力钢绞线				
		3		先张法预应力钢筋				
		4		后张法预应力钢丝			按设计图所示，以两端锚具间的理论长度计算（不计入工作长度）	
		5		后张法预应力钢绞线				
		6		后张法预应力钢筋				
		7		斜拉索			按设计图所示，以斜拉索的重量计算	1. 放索 2. 牵引 3. 安装 4. 张拉 5. 索力调整 6. 锚固 7. 防护 8. 安装放松、减振设施 9. 静载试验

2. 计量与支付

(1) 计量

①预应力混凝土结构物（包括现浇和预制预应力混凝土）按图纸尺寸或监理人指示为依据，按已完工并经验收合格的结构体积，以立方米计量。计量中包括悬臂浇筑、支架浇筑及预制安装预应力混凝土梁、板的一切作业。

②完工并经验收的预应力混凝土结构的预应力钢材，按图纸所示和本条款规定相应长度计算，预应力钢材数量以千克（kg）计量。后张法预应力钢材的长度按两端锚具间的理论长度计算；先张法预应力钢材的长度按构件的长度计算。除上述计算长度以外的锚固长度及工作长度的预应力钢材含入相应预应力钢材报价之中，不另行计量。

③预应力混凝土结构的非预应力钢筋，在第403节计量与支付。

④预应力钢材的加工、锚具、管道、锚板及联结钢板、焊接、张拉、压浆等，作为预应力钢材的附属工作，不另行计量。预应力锚具包括锚圈、夹片、连接器、螺栓、垫板、喇叭管、螺旋钢筋等整套部件。

⑤后张法预应力混凝土梁封锚及端部加厚混凝土，计入相应梁段混凝土之中，不单独计量。

⑥预制板、梁的整体化现浇混凝土及其钢筋，分别在第410节及第403节计量。

⑦桥面铺装混凝土在第415节计量。

(2) 支付

按上述规定计量，经监理人验收并列入了工程量清单的以下支付子目的工程量，其每一计量单位，将以合同单价支付。此项支付，包括材料、劳力、设备、试验、运输等及其他为完成预应力混凝土工程所必要的费用，是对完成工程的全部偿付。

(3) 支付子目（表5-29）

表5-29　支　付　子　目

子目号	子目名称	单位
411-1	先张法预应力钢丝	kg
411-2	先张法预应力钢绞线	kg
411-3	先张法预应力钢筋	kg
411-4	后张法预应力钢丝	kg
411-5	后张法预应力钢绞线	kg
411-6	后张法预应力钢筋	kg
411-7	现浇预应力混凝土上部结构	m^3
411-8	预制预应力混凝土上部结构	m^3

注：1. 预应力钢丝及预应力钢绞线，应注明其松弛级别（Ⅰ级为普通松弛级，Ⅱ级为低松弛级），如在工程中两种级别均采用，则在子目内分别以子项列出。

2. 子目号411-7、411-8中的预应力混凝土结构，按不同结构类型、不同混凝土强度等级及不同施工工艺分列子项。

十三、预制构件的安装

工作内容包括钢筋混凝土及预应力混凝土预制构件的起吊、运输、装卸、储存和安装。

经验收的不同形式预制构件的安装，包括构件安装所需的临时性或永久性的固定扣件、钢板、焊接、螺栓等，其工作量包含在第 410 节及第 411 节相应预制混凝土构件或预应力混凝土构件的工程子目中，不另行计量与支付。

十四、砌石工程

工作内容包括石砌及混凝土预制块砌桥梁墩台、翼墙、拱圈等的砌筑，也可作为涵洞、锥坡、挡土墙、护坡、导流构造物砌体工程的参考。

1. 工程量清单计量规则（表 5-30）

表 5-30 砌石工程量清单计量规则

项	目	节	细目	项目名称	项目特征	计量单位	工程量计算规则	工程内容
四				桥梁涵洞				第 400 章
	13			砌石工程				第 413 节
		1		浆砌片石	1. 材料规格 2. 强度等级	m^3	按设计图所示的体积计算	1. 选修石料 2. 拌运砂浆 3. 运输 4. 砌筑、沉降缝填塞 5. 勾缝
		2		浆砌块石				
		3		浆砌料石				
		4		砌预制混凝土块	1. 断面尺寸 2. 强度等级			1. 预制混凝土块 2. 拌运砂浆 3. 运输 4. 砌筑 5. 勾缝

2. 计量与支付

（1）计量

①以图纸所示或监理人指示为依据，按工地完成的并经验收的各种石砌体或预制混凝土块砌体，以立方米计量。

②计算体积时，所用尺寸应由图纸所标明或监理人书面规定的计价线或计价体积定之。相邻不同石砌体计量中，应各包括不同石砌体间灰缝体积的一半。镶面石突出部分超过外廓线者不予计量。泄水孔、排水管或其他面积小于 0.02m^2 的孔眼不予扣除，削角或其他装饰的切削，其数量为所在石料 5%或少于 5%者，不予扣除。

③砂浆或作为砂浆的小石子混凝土，作为砌体工程的附属工作，不另计量。

④砌体垫铺材料的提供和设置，拱架、支架及砌体的勾缝，作为砌体工程的附属工作，不另计量。

（2）支付

按上述规定计量，经监理人验收并列入了工程量清单的以下支付子目的工程量，其每一计量单位，将以合同单价支付。此项支付包括材料、劳力、运输、安砌等及其他为完成砌体工程所必要的费用，是对完成工程的全部偿付。

（3）支付子目（表 5-31）

表 5-31　支　付　子　目

子 目 号	子 目 名 称	单　位
413-1	浆砌片石	
—a	M…	m^3
413-2	浆砌块石	
—a	M…	m^3
413-3	浆砌料石	
—a	M…	m^3
413-4	浆砌预制混凝土块	
—a	M…	m^3

注：按不同结构及砂浆等级分别在子项列出。

十五、小型钢构件

本节工作包括桥梁及其他公路构造物，除钢筋及预应力钢筋以外的小型钢构件（如管道支架等）的供应、制造、保护和安装。

桥梁及其他公路构造物的钢构件，作为有关子目内的附属工作，不另计量与支付。

十六、桥面铺装

工作内容为混凝土及沥青混凝土桥面铺装。

1. 工程量清单计量规则（表 5-32）

表 5-32　桥面铺装工程量清单计量规则

项	目	节	细目	项目名称	项目特征	计量单位	工程量计算规则	工程内容
四				桥梁涵洞				第 400 章
	15			桥面铺装				第 415 节
		1		沥青混凝土桥面铺装	1. 材料规格 2. 配合比 3. 厚度 4. 压实度	m^2	按设计图所示，以面积计算	1. 桥面清洗、安装泄水管 2. 拌合运输 3. 摊铺 4. 碾压
		2		水泥混凝土桥面铺装	1. 材料规格 2. 配合比 3. 厚度 4. 强度等级		按设计图所示，以面积计算	1. 桥面清洗、安装泄水管 2. 拌合运输 3. 摊铺 4. 压（刻）纹
		3		防水层				1. 桥面清洗 2. 加防剂拌合运输 3. 摊铺

2. 计量与支付

(1) 计量

①桥面铺装应按图纸所示的尺寸，或按实际完成并经监理人验收的数量，分别按不同材料、级别、厚度，以平方米计量。由于施工原因而超铺的桥面铺装，不予计量。

②桥面防水层按图纸要求施工，并经监理人验收的实际数量，以平方米计量。

③桥面泄水管及混凝土桥面铺装接缝等作为桥面铺的附属工作，不另行计量。

④桥面铺装钢筋在第403节有关工程子目中计量，本节不另行计量。

(2) 支付

按上述规定计量，经监理人验收并列入了工程量清单的以下支付子目的工程量，其每一计量单位，将以合同单价支付。此项支付包括材料、劳力、设备及其他为完成桥面铺装工程所必要的费用，是本节规定的全部工程的偿付。

(3) 支付子目（表5-33）

表5-33 支 付 子 目

子 目 号	子 目 名 称	单 位
415-1	沥青混凝土桥面铺装（厚…mm）	m^2
415-2	水泥混凝土桥面铺装（C…级、厚…mm）	m^2
415-3	防水层（厚…mm）	m^2

注：桥面铺装应按其材料、等级及厚度分列子项。

十七、桥梁支座

工作内容包括桥梁隔震橡胶支座和普通橡胶支座及球形支座的供应和安装。

1. 工程量清单计量规则（表5-34）

表5-34 桥面铺装工程量清单计量规则

项	目	节	细目	项目名称	项目特征	计量单位	工程量计算规则	工程内容
四				桥梁涵洞				第400章
	16			桥梁支座				第416节
		1		矩形板式橡胶支座				
			a	固定支座	1. 材料规格 2. 强度等级	dm^3	按设计图所示的体积计算	安装
			b	活动支座				
		2		圆形板式橡胶支座				
			a	固定支座	1. 材料规格 2. 强度等级	dm^3	按设计图所示的体积计算	安装

续表

项	目	节	细目	项目名称	项目特征	计量单位	工程量计算规则	工程内容
			b	活动支座				
		3		球冠圆板式橡胶支座				
			a	固定支座	1. 材料规格 2. 强度等级	dm^3	按设计图所示的体积计算	安装
			b	活动支座	1. 材料规格 2. 强度等级	dm^3	按设计图所示的体积计算	安装
		4		盆式支座				
			a	固定支座	1. 材料规格 2. 强度等级	套	按设计图所示的个（或套）累加数计算	安装
			b	单向活动支座				
			c	双向活动支座				

2. 计量与支付

(1) 计量

支座按图纸所示不同的类型，包括支座的提供和安装，以个计量。支座的质量检查、清洗、运输、起吊及安装支座所需的扣件、钢板、焊接、螺栓、粘结以及质量检测等作为支座安装的附属工作，不另行计量。

(2) 支付

按上述规定计量，经监理人验收并列入了工程量清单的以下支付子目的工程量，其每一计量单位，将以合同单价支付。此项支付包括材料、劳力、设备及其他为完成支座工程必要的费用，是对完成工程的全部偿付。

(3) 支付子目（表 5-35）

表 5-35　支　付　子　目

子　目　号	子　目　名　称	单　　位
416-1	矩形板式橡胶支座	个
416-2	圆形板式橡胶支座	个
416-3	球冠圆板式橡胶支座	个
416-4	盆式支座	个
416-5	隔震橡胶支座	个
416-6	球形支座	个

注：应按支座的型号、规格、材料分列子项。

十八、桥梁接缝和伸缩装置

工作内容包括为桥梁的所有竖向、横向或斜向接缝和伸缩装置，包括橡胶止水片、沥青类等接缝填料，及桥面上伸缩装置的供应和安装。

1. 工程量清单计量规则（表 5-36）

表 5-36 桥梁接缝和伸缩装置铺装工程量清单计量规则

项	目	节	细目	项目名称	项目特征	计量单位	工程量计算规则	工程内容
四				桥梁涵洞				第 400 章
	17			桥梁伸缩缝				第 417 节
		1		橡胶伸缩装置	1. 材料规格 2. 伸缩量	m	按设计图所示的长度计算	1. 缝隙的清理 2. 制作安装伸缩缝
		2		模数式伸缩装置				
		3		填充式材料伸缩装置				

2. 计量与支付

(1) 计量

桥面伸缩装置按图纸要求安装并经监理人验收的数量，分不同结构形式以米计量。其内容包括伸缩装置的提供和安装等作业，除伸缩装置外的其他接缝，如橡胶止水片、沥青类等接缝填料，作为有关工程的附属工作，不另行计量。

安装时，切割和清除伸缩装置范围内沥青混凝土铺装或安装伸缩装置所需的部分水泥混凝土及临时或永久性的扣件、钢板、钢筋、焊接、螺栓、粘结等，作为伸缩装置安装的附属工作，不另行计量。

(2) 支付

按上述规定计量，经监理人验收并列入了工程量清单的以下支付子目的工程量，其每一计量单位，将以合同单价支付。此项支付包括材料、劳力、运输、工具、安装等及其他为完成伸缩装置工程所必要的费用，是对完成工程的全部偿付。

(3) 支付子目（表 5-37）

表 5-37 支 付 子 目

子 目 号	子 目 名 称	单 位
417-1	橡胶伸缩装置	m
417-2	模数式伸缩装置	m
417-3	梳齿板式伸缩装置	m
417-4	填充式材料伸缩装置	m

注：伸缩装置应按型号或要求的伸与缩的合计量，分列子项。分列子项时，先小型后大型。人行道伸缩装置、缘石伸缩装置、护栏底座伸缩装置与车行道伸缩装置合并计量，取平均单价。

十九、防水处理

工作内容包括桥梁工程中的混凝土或砌体表面防水工作。与路堤材料或路面接触的所有公路通道等结构物的外表面，亦应按图纸及本节要求做防水处理。

沥青或油毛毡防水层，作为与其有关子目内的附属工作，不另计量与支付。

二十、圆管涵及倒虹吸管涵

工作内容为圆管涵的施工，还包括倒虹吸管涵的修筑等有关作业。

1. 工程量清单计量规则（表 5-38）

表 5-38　圆管涵及倒虹吸管涵工程量清单计量规则

项	目	节	细目	项目名称	项目特征	计量单位	工程量计算规则	工程内容
四				桥梁涵洞				第 400 章
	19			圆管涵及倒虹吸管				第 418 节、第 419 节
		1		单孔钢筋混凝土圆管涵	1. 孔径 2. 强度等级	m	按设计图所示，按不同孔径的涵身长度计算（进出口端墙外侧间距离）	1. 排水 2. 挖基、基底表面处理 3. 基座砌筑或浇筑 4. 预制或现浇钢筋混凝土管 5. 安装、接缝 6. 铺涂防水层 7. 砌筑进出口（端墙、翼墙、八字墙井口） 8. 回填
		2		双孔钢筋混凝土圆管涵				
		3		倒虹吸管涵				
			a	不带套箱	1. 管径 2. 强度等级	m	按不同孔径，以沿涵洞中心线量测的进出洞口之间的洞身长度计算	1. 排水 2. 挖基、基底表面处理 3. 基础砌筑或浇筑 4. 预制或现浇钢筋混凝土管 5. 安装、接缝 6. 铺涂防水层 7. 砌筑进出口（端墙、翼墙、八字墙井口） 8. 回填
			b	带套箱	1. 管径 2. 断面尺寸 3. 强度等级	m	按不同断面尺寸，以沿涵洞中心线量测的进出洞口之间的洞身长度计算	1. 排水 2. 挖基、基底表面处理 3. 基础砌筑或浇筑 4. 预制或现浇钢筋混凝土管 5. 安装、接缝 6. 支架、模板、制作安装、拆除 7. 钢筋制作安装 8. 混凝土浇筑、养生、沉降缝填塞、铺涂防水层 9. 砌筑进出口（端墙、翼墙、八字墙井口）

2. 计量与支付

(1) 计量

①钢筋混凝土圆管涵或倒虹吸管涵，以图纸规定的洞身长度或监理人同意的现场沿涵洞中心线量测的进出洞口之间的洞身长度，分不同孔径及孔数，经监理人检查验收后以米计量。管节所用钢筋，不另计量。

②图纸中标明的基底垫层和基座，圆管的接缝材料、沉降缝的填缝与防水材料等，洞口建筑，包括八字墙、一字墙、帽石、锥坡、铺砌、跌水井以及基础挖方及运输、地基处理与回填等，均作为承包人应做的附属工作，不另计量与支付。

③洞口（包括倒虹吸管涵）建筑以外涵洞上下游沟渠的改沟铺砌、加固以及急流槽消力坎的建造等均列入本规范第207节相应子目内计量。

④建在软土、沼泽地区的圆管涵（含倒虹吸管涵），按图纸要求特殊处理的基础工程量（如：塑料排水板、袋装砂井、各种桩基、喷粉桩等）在本规范第205节相关子目中计量与支付，本节不另行计量。

(2) 支付

按上述规定计量，经监理人验收并列入了工程量清单的以下支付子目的工程量，其每一计量单位，将以合同单价支付。此项支付包括材料、劳力、设备、运输等及其他为完成工程所必要的费用，是对完成工程的全部偿付。

在支付方式上，当完成管涵（含倒虹吸管）基础的浇筑或砌筑，经监理人检查认可后，支付管涵（含倒虹吸管）工程费用的30%；管涵（含倒虹吸管）工程全部完成后，再支付工程费用的余下部分。

(3) 支付子目（表5-39）

表5-39 支付子目

子目号	子目名称	单位
419-1	单孔钢筋混凝土圆管涵（$\phi\cdots$m）	m
419-2	双孔钢筋混凝土圆管涵（$\phi\cdots$m）	m
419-3	钢筋混凝土圆管倒虹吸管涵（$\phi\cdots$m）	m

注：圆管涵按不同的直径分列。

二十一、盖板涵及箱涵

工作内容包括钢筋混凝土盖板涵、箱涵（通道）的建造及其有关的作业。

1. 工程量清单计量规则（表5-40）

表5-40 盖板涵及箱涵工程量清单计量规则

项	目	节	细目	项目名称	项目特征	计量单位	工程量计算规则	工程内容
四				桥梁涵洞				第400章
	20			盖板涵、箱涵				第418节、第420节

续表

项	目	节	细目	项目名称	项目特征	计量单位	工程量计算规则	工程内容
			a	钢筋混凝土盖板涵	1. 断面尺寸 2. 强度等级	m	按设计图所示，按不同断面尺寸以长度计算（进出口端墙间距离）	1. 排水 2. 挖基、基底表面处理 3. 支架、模板、制作安装、拆除 4. 钢筋制作安装 5. 混凝土浇筑、养生、运输 6. 沉降缝填塞、铺涂防水层 7. 铺底及砌筑进出口
			b	钢筋混凝土箱涵				

2. 计量与支付

(1) 计量

①钢筋混凝土盖板涵（含梯坎涵、通道）、钢筋混凝土箱涵（含通道）应以图纸规定的洞身长度或经监理人同意的现场沿涵洞中心线测量的进出口之间的洞身长度，经验收合格后按不同孔径及孔数以米计量，盖板涵、箱涵所用钢筋不另计量。

②所有垫层和基座，沉降缝的填缝与防水材料，洞口建筑，包括八字墙、一字墙、帽石、锥坡（含土方）、跌水井、洞口及洞身铺砌以及基础挖方、地基处理与回填土、沉降缝的填缝与防水材料等作为承包人应做的附属工作，均不单独计量。

③洞口建筑以外涵洞上下游沟渠的改沟铺砌、加固以及急流槽等均列入本规范第 207 节有关子目计量。

④通道涵按下列原则进行计量与支付：

a. 通道涵洞身及洞口计量应符合上述第（1）款及第（2）款的规定；

b. 通道范围（进出口之间距离）以内的土石方及边沟、排水沟等均含入洞身报价之中不另行计量；

c. 通道范围以外的改路土石方及边沟、排水沟等在本规范第 200 章相关章节中计量与支付；

d. 通道路面（含通道范围内）分不同结构类型在本规范第 300 章相关章节中计量与支付。

⑤建在软土、沼泽地区的盖板涵、箱涵（含通道），按图纸要求特殊处理的基础工程量（如：塑料排水板、袋装砂井、各种桩基、喷粉桩等）在本规范第 205 节相关子目中计量与支付，本节不另行计量。

(2) 支付

按上述规定计量，经监理人验收并列入了工程量清单的以下支付子目的工程量，其每一计量单位，将以合同单价支付。此项支付包括材料、劳力、设备、运输等及其他为完成工程所必要的费用，是对完成工程的全部偿付。

在支付方式上，当完成涵洞工程基础部分的浇筑或砌筑，支付涵洞工程费用的20%；完成涵洞墙身的浇筑或砌筑，再支付涵洞工程费用的30%；涵洞工程全部完成后，再支付涵洞工程费用的余下部分。每一阶段完成的工程，均须得到监理人检查认可。

（3）支付子目（表5-41）

表5-41　支　付　子　目

子　目　号	子　目　名　称	单　　位
420-1	钢筋混凝土盖板涵（…m×…m）	m
420-2	钢筋混凝土箱涵（…m×…m）	m
420-3	钢筋混凝土盖板通道涵（…m×…m）	m
420-4	钢筋混凝土箱形通道涵（…m×…m）	m

二十二、拱涵

工作内容包括石砌拱涵和混凝土拱涵的建造等有关作业。

1. 工程量清单计量规则（表5-42）

表5-42　盖板涵及箱涵工程量清单计量规则

<table>
<tr><th>项</th><th>目</th><th>节</th><th>细目</th><th>项目名称</th><th>项目特征</th><th>计量单位</th><th>工程量计算规则</th><th>工程内容</th></tr>
<tr><td>四</td><td></td><td></td><td></td><td>桥梁涵洞</td><td></td><td></td><td></td><td>第400章</td></tr>
<tr><td></td><td>21</td><td></td><td></td><td>拱涵</td><td></td><td></td><td></td><td>第418节、第421节</td></tr>
<tr><td></td><td></td><td>1</td><td></td><td>石砌拱涵</td><td>1. 材料规格
2. 断面尺寸
3. 强度等级</td><td rowspan="2">m</td><td rowspan="2">按设计图所示，按不同断面尺寸以长度计算（进出口端墙间距离）</td><td rowspan="2">1. 排水
2. 挖基、基底表面处理
3. 支架、拱盔制作安装及拆除
4. 石料或混凝土预制块砌筑
5. 混凝土浇筑、养生
6. 沉降缝填塞、铺涂防水层
7. 铺底及砌筑进出口</td></tr>
<tr><td></td><td></td><td>2</td><td></td><td>混凝土拱涵</td><td>1. 断面尺寸
2. 强度等级</td></tr>
<tr><td></td><td></td><td>3</td><td></td><td>钢筋混凝土拱涵</td><td>1. 断面尺寸
2. 强度等级</td><td>m</td><td>按设计图所示，按不同断面尺寸以长度计算（进出口端墙间距离）</td><td>1. 排水
2. 挖基、基底表面处理
3. 支架、拱盔制作安装及拆除
4. 钢筋制作安装
5. 混凝土浇筑、养生
6. 沉降缝填塞、铺涂防水层
7. 铺底及砌筑进出口</td></tr>
</table>

2. 计量与支付

(1) 计量

①石砌和混凝土拱涵（含梯坎涵、通道）应以图纸规定的洞身长度或经监理人同意的现场沿涵洞中心线测量的进出口之间的洞身长度，经验收合格后按不同孔径以米计量，钢筋不另计量。

②所有垫层和基础，沉降缝的填缝与防水材料，洞口建筑，包括八字墙、一字墙、帽石、锥坡（含土方）、跌水井、洞口及洞身铺砌以及基础挖方、地基处理与回填土等作为承包人应做的附属工作，均不单独计量。

③洞口建筑以外涵洞上下游沟渠的改沟铺砌、加固以及急流槽等均列入本规范第 207 节有关子目计量。

④通道涵按下列原则进行计量与支付：

a. 通道涵洞身及洞口计量应符合上述第（1）款及第（2）款的规定；

b. 通道范围（进出口之间距离）以内的土石方及边沟、排水沟等均含入洞身报价之中不另行计量；

c. 通道范围以外的改路土石方及边沟、排水沟等在本规范第 200 章相关章节中计量与支付；

d. 通道路面（含通道范围内）分不同结构类型在本规范第 300 章相关章节中计量与支付。

⑤建在软土、沼泽地区的盖板涵、箱涵（含通道），按图纸要求特殊处理的基础工程量（如：塑料排水板、袋装砂井、各种桩基、喷粉桩等）在本规范第 205 节相关子目中计量与支付，本节不另行计量。

(2) 支付

同盖板涵、箱涵支付。

(3) 支付子目（表 5-43）

表 5-43　支　付　子　目

子　目　号	子　目　名　称	单　　位
421-1	拱涵（…m×…m）	m
421-2	拱形通道涵（…m×…m）	m

第三节　桥涵工程计价实例

【例 5-9】　浙江省金华地区某交通工程，为二级公路标准设计，本题截用设计路段 K17＋480.00 处一座中型桥梁设计。本桥平面位于圆曲线和直线上，纵断面位于－0.3％的纵坡上，跨越一条河流，水深常水位 0.5m。上部构造为 3m×20m 预应力混凝土空心板，下部构造为双柱式桥墩，桩基础；桥台为 U 型桥台扩大基础。具体如图 5-1～图 5-4 所示，桥梁主要工程数量见表 5-44。试分别用定额计价模式和工程量清单模式，完成该桥梁工程的计量与计价。

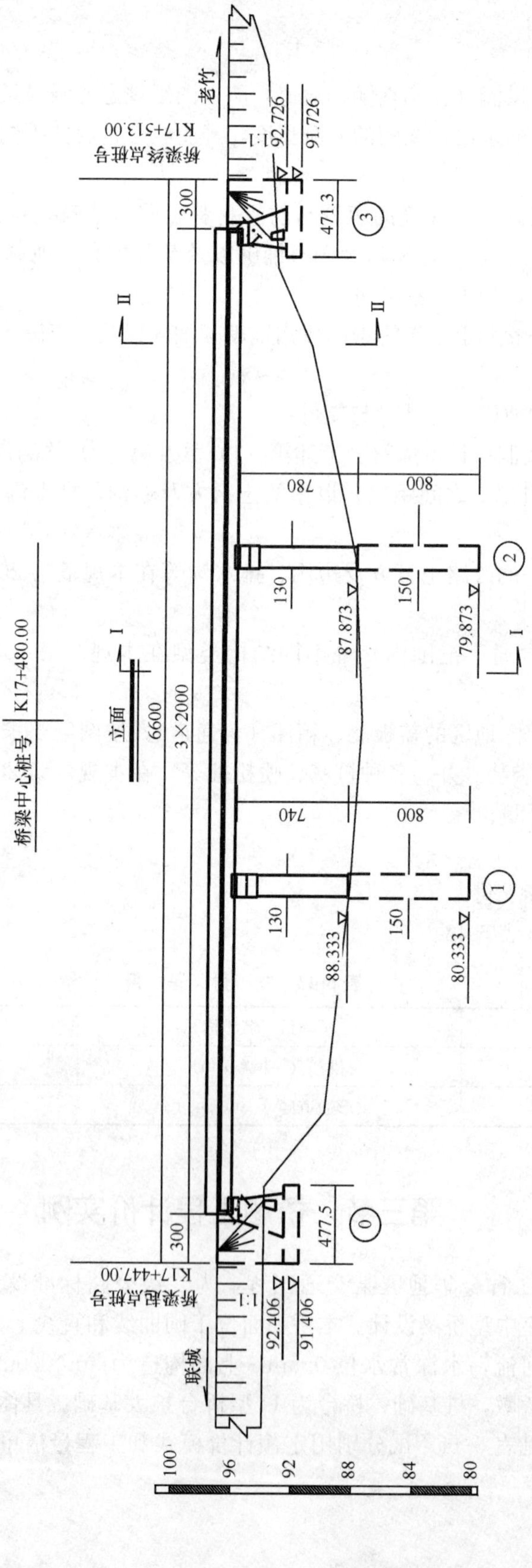
桥梁中心桩号 K17+480.00
立面
6600
3×2000
300
300
桥梁起点桩号
K17+447.00
桥梁终点桩号
K17+513.00
联城
老竹
1:1
1:1
92.406
91.406
92.726
91.726
477.5
471.3
130
150
130
150
88.333
80.333
87.873
79.873
740
800
780
800
I
I
II
II
0
1
2
3
100
96
92
88
84
80

图 5-1 中型桥梁设计（一）

平面

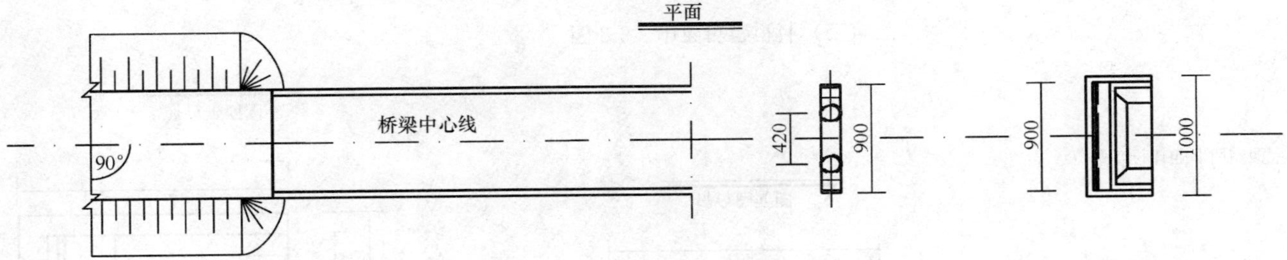

桩号	+440.00	K17+447.00	+450.00	+460.00	+470.00	+480.00	+490.00	+500.00	+510.00	+513.00	+520.00
设计高程		96.929	96.92		96.86		96.8		96.74	96.731	
坡度 / 坡长	-0.3(%) 530(m)										
地面高程	93.9			93.8	88.32	87.6	88.1	93.6			94.1

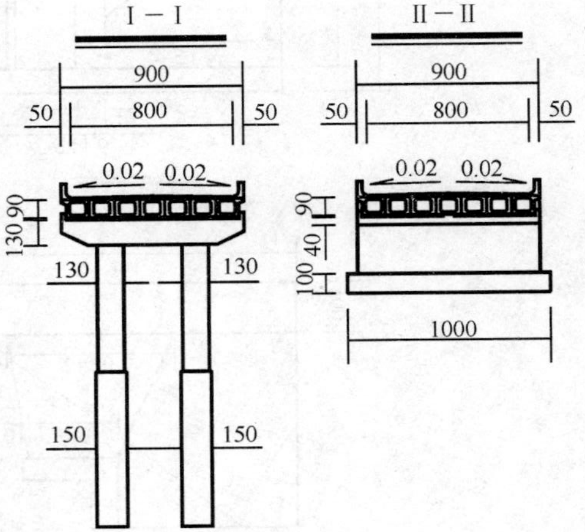

说明：

1. 本图尺寸除桩号、标高以米计外，其余均以厘米计。
2. 设计荷载：公路Ⅱ级。
3. 上部构造为3m×20m预应力混凝土空心板，下部构造为双柱式桥墩，桩基础；桥台为U型桥台扩大基础。
4. 预应力锚具为OVM15-7，铁皮波纹管，每个梁板4束。
5. 本桥为桥面连续，共1联，在0、3号台顶各设一道60型伸缩缝；在桥台顶设置GJZF4 250mm×300mm×44mm滑板橡胶支座，在墩顶设置GJZ300mm×350mm×57mm板式橡胶支座。
6. 桥面沿纵向约10m设置一道泄水管。
7. 本图比例1:400。

图 5-2　中型桥梁设计（二）

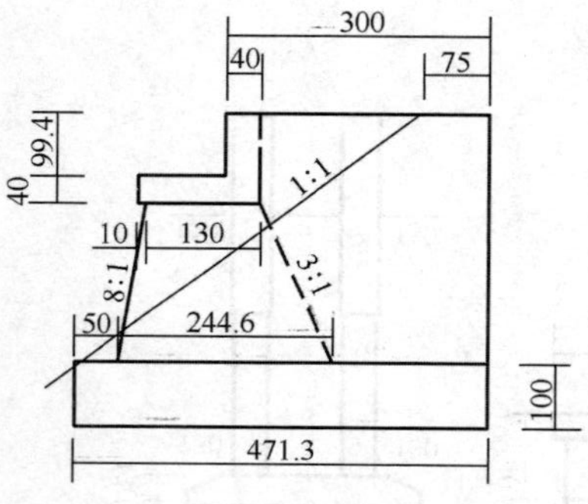

1—1

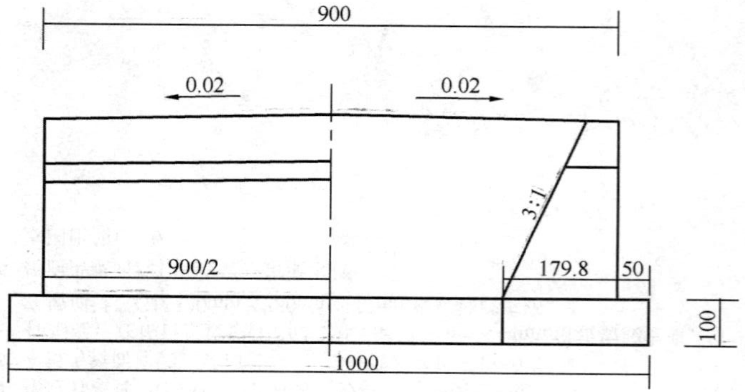

桥台立面图

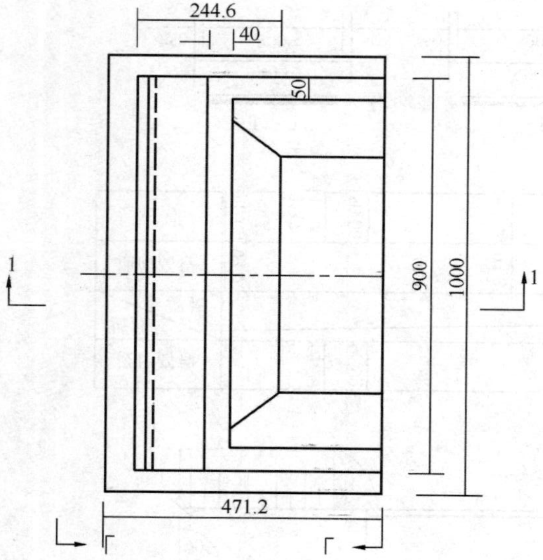

桥台平面图

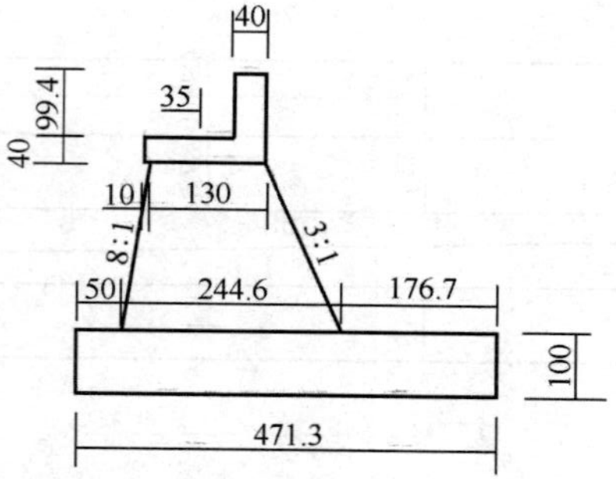

桥台侧面图

一个桥台材料数量表

材 料	单 位	数 量
背 墙	m^3	3.58
台 帽	m^3	5.04
台 身	m^3	42.14
侧墙上	m^3	5.31
侧墙下	m^3	14.79
基 础	m^3	47.12

注:

图中尺寸均以厘米为单位。

图 5-3 中型桥梁设计（三）

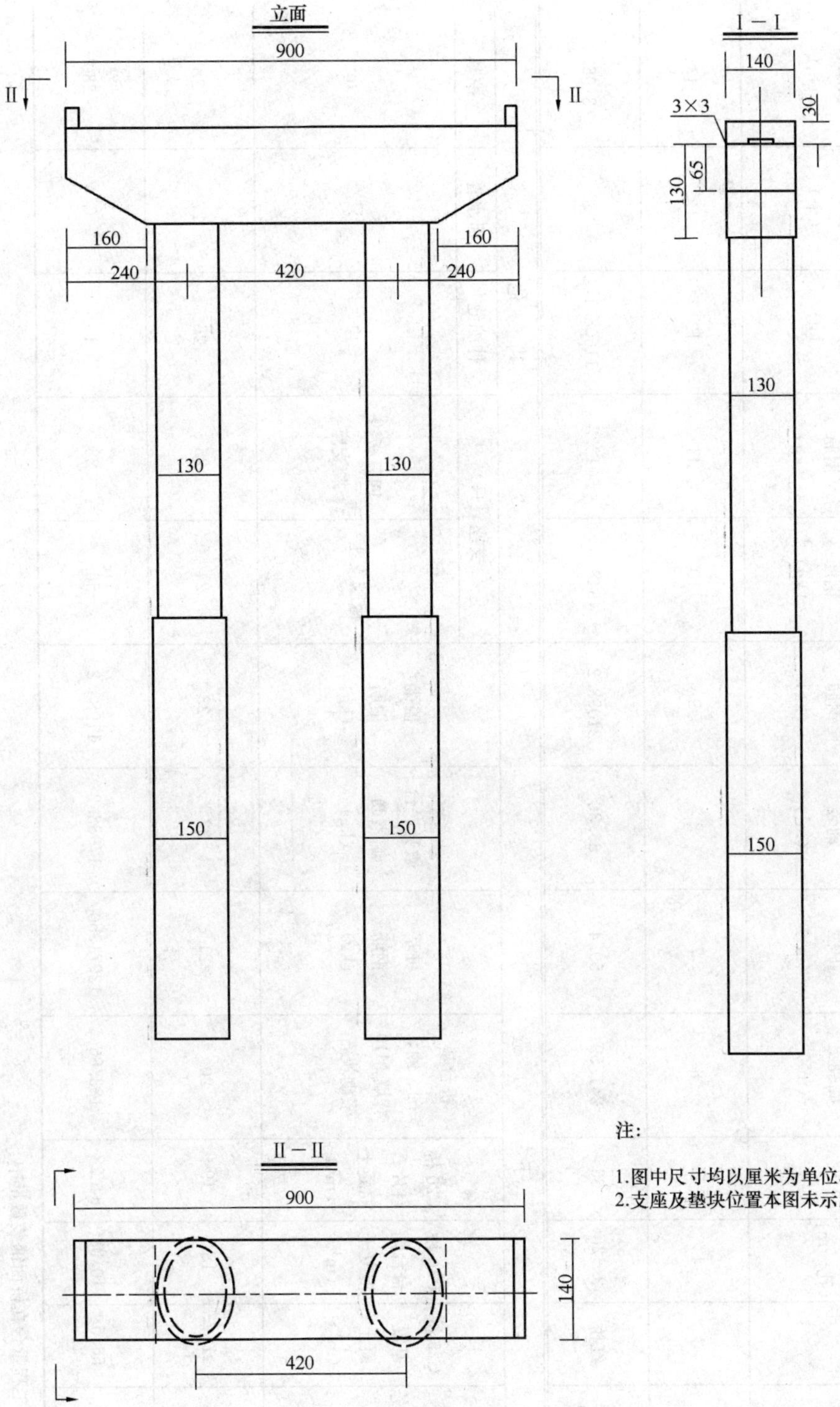

注:

1.图中尺寸均以厘米为单位。
2.支座及垫块位置本图未示出，另见设计详图。

图 5-4　中型桥梁设计（四）

表 5-44 桥梁主要工程数量汇总表

项目名称：

序号	中心桩号	桥名	孔数及孔径（孔－m）	桥长（m）	上部构造								
					C50 梁板混凝土（m^3）	C25 混凝土护栏（m^3）	C40 混凝土铺装（m^3）	梁板钢筋（kg）	护栏钢筋（kg）	桥面钢筋（kg）	钢绞线（kg）	锚具（个）	波纹管（m）
	1	2	4	5	6	7	8	9	10	11	12	13	14
1	K17＋480.00	红桥	3－20	66	241.59	59.4	63.36	21088.2	4648.6	5012.3	11608.1	168	3196.8

下部构造									其他				
									支座（只）		伸缩缝	泄水管	挖基
C30 盖梁混凝土（m^3）	C25 墩身混凝土（m^3）	C25 桩基混凝土（m^3）	C30 桥台台帽混凝土（m^3）	C20 桥台片石混凝土（m^3）	桥台基础、侧、背墙 M10 浆砌块石（m^3）	桩基钢筋（kg）	墩身、台帽钢筋（kg）	盖梁钢筋（kg）	橡胶支座	四氟板橡胶支座	m	只	m^3
15	16	17	18	19	20	21	22	23	24	25	26	27	28
78.7	67.1	56.5	10.08	84.28	123.86	12271.50	17983.2	11983.2	56	28	18	6	230

注：板间绞缝工程量含在桥面铺装数量中。

一、桥梁工程定额计价

1. 确定施工方案

(1) 河中有个墩位，水深较浅（常水位 0.5m），采用草袋围堰，高 $H=0.5+0.5=1$m，长 $L=66+10\times2=86$m。桩基开挖采用机械冲孔。由地质报告知，桩基平均开孔深度为 8.5m，其中砂砾层厚 1.2m，卵石层厚 2m，软石层厚 4m，次坚石层厚 1.3m。

(2) 该板梁采用后张法预应力。河岸边设一处预制梁场（平均运距 1km）。采用平板拖车运梁，2 台 30t 汽车吊安装（预制场内板梁出坑机械同运输）。

(3) 大型临时场地与便道费用不计取，不考虑工期影响。

(4) 混凝土除预应力板梁为商品外，均采用自拌，自拌平均运距 500m。

2. 取费标准

(1) 人工费

公路工程人工费采用 52.42 元/工日（含机械工）。

(2) 材料价格

参照浙江省交通厅工程定额站发布的《浙江交通建设工程质监与造价》价格信息专辑提供的材料信息价格，结合市场调查情况及外业调查资料综合确定（本例题按 2010 年第 1 期金华市区考虑）。

(3) 机械使用费

机械台班费按交通部 2007 年公布施行的《公路工程机械台班费用定额》(JTG/TB 06—03—2007) 计列，机械台班费用中的养路费和车船使用税标准按《浙江省公路养路费征收管理办法》执行。

(4) 其他直接费、间接费

其他直接费、间接费均按“省补充规定”中二类项目费率取用。其中主副食运费补贴综合运距按 5km 计算；工地转移费的工地转移距离按 50km 计算，行车干扰费不计。

(5) 计划利润、税金

根据“省补充规定”：计划利润按 6.3%计取，税金根据“部办法”规定按 3.41%计取。

(6) 除以上说明外，其他费率、费用均按“补充规定”或“部办法”的有关规定执行。

3. 桥梁工程定额计量与计价

(1) 计算《公路工程预算定额》第 400 章桥梁工程量见表 5-45。

表 5-45　工程量计算表

工程名称：桥梁工程　　　　编制日期：

序号	定额编号	分部分项工程名称	单位	数量	计算公式	
					说明	计算式
		桥梁工程				
1	4～2～2～1	草袋围堰高度 1.0m	10m 围堰	8.600		86
2	4～4～3～3	桩径 150cm 以内孔深 20m 以内砂砾	10m	0.480		1.2×4
3	4～4～3～5	桩径 150cm 以内孔深 20m 以内卵石	10m	0.800		2×4

续表

序号	定额编号	分部分项工程名称	单位	数量	计算公式	
					说明	计算式
4	4～4～3～6	桩径150cm以内孔深20m以内软石	10m	1.600		4×4
5	4～4～3～7	桩径150cm以内孔深20m以内次坚石	10m	0.520		1.3×4
6	4～4～8～7	钢护筒埋设干处	1t	1.157		0.2893×4
7	4～4～7～7	冲击成孔混凝土卷扬机配吊斗	$10m^3$ 实体	5.650		56.5
8	4～11～11～4换	容量750L以内	$10m^3$	5.650		56.5
9	4～11～11～16换	1t机动翻斗车运混凝土第一个100m	$100m^3$	0.565		56.5
10	4～11～11～17换	1t机动翻斗车运混凝土每增运100m	$100m^3$	0.565		56.5
11	4～4～7～22	钢筋主筋连接方式焊接连接	1t	12.272		12271.5/1000
12	4～5～2～5	实体式台、墙高10m以内	$10m^3$	8.428		84.28
13	4～5～3～1	基础、护底、截水墙	$10m^3$	12.386		123.86
14	4～6～3～3	墩、台帽混凝土泵送木模	$10m^3$ 实体	1.008		10.08
15	4～6～3～9	桥（涵）台帽钢筋	1t	2.732		2.7320
16	4～6～4～3	盖梁混凝土泵送木模	$10m^3$ 实体	7.870		78.7
17	4～6～4～11	盖梁钢筋	1t	1.198		1.1983
18	4～6～2～11	圆柱式墩台混凝土泵送10m以内	$10m^3$ 实体	6.710		67.1
19	4～11～11～4换	容量750L以内	$10m^3$	15.588		67.1+10.08+78.7
20	4～11～11～16换	1t机动翻斗车运混凝土第一个100m	$10m^3$ 实体	1.559		10.08+78.7+67.1
21	4～11～11～17换	1t机动翻斗车运混凝土每增运100m	$10m^3$ 实体	1.559		155.88
22	4～6～2～20	主筋连接方式钢筋焊接连接20m以内	1t	15.251		17.983－2.732
23	4～7～13～2换	预制混凝土泵送	$10m^3$ 实体	24.159		241.59
24	4～7～13～3	预制预应力空心板钢筋	1t钢筋	21.088		21.088
25	4～8～4～8	起重机装车40t以内第一个1km	$100m^3$ 实体	2.416		241.59
26	4～7～13～7	起重机安装跨径20m以内	$10m^3$ 实体	24.159		241.59
27	4～8～4～8	起重机装车40t以内第一个1km	$100m^3$ 实体	2.416		241.59
28	4～7～20～17	锚具束长20m以内7孔每吨8.12束	1t	11.608		11.6081

续表

序号	定额编号	分部分项工程名称	单位	数量	计算公式	
					说明	计算式
29	4～7～20～18换	锚具束长20m以内7孔每增减1束	1t	－11.608		－11.6081
30	4～6～13～2换	行车道铺装水泥混凝土面层非泵送	$10m^3$实体	6.336		63.36
31	4～6～13～10	行车道铺装水泥及防水混凝土钢筋直径8mm以上	1t	5.012		5.0123
32	4～7～30～3	板式橡胶支座	$1dm^3$橡胶支座	335.160		3×3.5×0.57×56
33	4～7～30～4	四氟板式橡胶组合支座	$1dm^3$橡胶支座	92.400		2.5×3×0.44×28
34	4～11～7～10	板式橡胶伸缩缝	1m	18.000		18
35	4～11～7～14	泄水管	10个	0.600		6
36	6～1～2～3	现浇混凝土墙体混凝土	$10m^3$实体	5.940		59.4
37	6～1～2～4	现浇混凝土墙体钢筋	1t	4.649		4.6490
38	4～11～11～4换	容量750L以内	$10m^3$	12.276		63.36＋59.4
39	4～11～11～16	1t机动翻斗车运混凝土第一个100m	$100m^3$	1.228		122.76
40	4～11～11～17换	1t机动翻斗车运混凝土每增运100m	$100m^3$	1.228		122.76

（2）套取定额（表5-46）。

表5-46　原始数据表（预）

建设项目：桥梁工程

编制范围：

项	目	节	细目	名　称	单位	工程量	费率号	备　注
1				第一部分　建筑安装工程费	公路公里	0.0		
				桥梁工程				
			4-2-2-1	草袋围堰高度1.0m	10m围堰	8.6	08	
			4-4-3-3	桩径150cm以内孔深20m以内砂砾	10m	0.48	09	
			4-4-3-5	桩径150cm以内孔深20m以内卵石	10m	0.8	09	
			4-4-3-6	桩径150cm以内孔深20m以内软石	10m	1.6	09	
			4-4-3-7	桩径150cm以内孔深20m以内次坚石	10m	0.52	09	
			4-4-8-7	钢护筒埋设干处	1t	1.157	13	

续表

项	目	节	细目	名　称	单位	工程量	费率号	备　注
			4-4-7-7	冲击成孔混凝土卷扬机配吊斗	10m³ 实体	5.65	09	
			4-11-11-4 换	容量 750L 以内	10m³	5.65	08	定额×1.273
			4-11-11-16 换	1t 机动翻斗车运混凝土第一个 100m	100m³	0.565	03	定额×1.273
			4-11-11-17 换	1t 机动翻斗车运混凝土每增运 100m	100m³	0.565	03	定额×1.273×7
			4-4-7-22	钢筋主筋连接方式焊接连接	1t	12.272	08	
			4-5-2-5	实体式台、墙高 10m 以内	10m³	8.428	08	
			4-5-3-1	基础、护底、截水墙	10m³	12.386	08	
			4-6-3-3	墩、台帽混凝土泵送木模	10m³ 实体	1.008	08	
			4-6-3-9	桥（涵）台帽钢筋	1t	2.732	13	
			4-6-4-3	盖梁混凝土泵送木模	10m³ 实体	7.87	08	
			4-6-4-11	盖梁钢筋	1t	1.198	13	
			4-6-2-11	圆柱式墩台混凝土泵送 10m 以内	10m³ 实体	6.71	08	
			4-11-11-4 换	容量 750L 以内	10m³	15.588	08	定额×1.04
			4-11-11-16 换	1t 机动翻斗车运混凝土第一个 100m	100m³	1.559	03	定额×1.04
			4-11-11-17 换	1t 机动翻斗车运混凝土每增运 100m	100m³	1.559	03	定额×1.040×7
			4-6-2-20	主筋连接方式钢筋焊接连接 20m 以内	1t 钢筋	15.251	13	
			4-7-13-2 换	预制混凝土泵送	10m³ 实体	24.159	08	泵 C40-42.5-2 换 [sh0089]
			4-7-13-3	预制预应力空心板钢筋	1t 钢筋	21.088	13	
			4-8-4-8	起重机装车 40t 以内第一个 1km	100m³ 实体	2.416	03	
			4-7-13-7	起重机安装跨径 20m 以内	10m³ 实体	24.159	08	
			4-8-4-8	起重机装车 40t 以内第一个 1km	100m³ 实体	2.416	03	
			4-7-20-17	锚具束长 20m 以内 7 孔每 t8.12 束	1t 钢绞线	11.608	08	
			4-7-20-18 换	锚具束长 20m 以内 7 孔每增减 1 束	1t 钢绞线	−11.608	08	定额×0.88
			4-6-13-2 换	行车道铺装水泥混凝土面层非泵送	10m³ 实体	6.336	08	普 C30-32.5-4 换 普 C40-32.5-4
			4-6-13-10	行车道铺装水泥及防水混凝土钢筋直径 8mm 以上	1t	5.012	13	
			4-7-30-3	板式橡胶支座	1dm³ 橡胶支座	335.16	13	

项	目	节	细目	名　　称	单位	工程量	费率号	备　注
			4-7-30-4	四氟板式橡胶组合支座	$1dm^3$ 橡胶支座	92.4	13	
			4-11-7-10	板式橡胶伸缩缝	1m	18.0	08	
			4-11-7-14	泄水管	10 个	0.6	08	
			6-1-2-3	现浇混凝土墙体混凝土	$10m^3$ 实体	5.94	08	
			6-1-2-4	现浇混凝土墙体钢筋	1t	4.649	08	
			4-11-11-4 换	容量 750L 以内	$10m^3$	12.276	08	定额×1.02
			4-11-11-16	1t 机动翻斗车运混凝土第一个 100m	$100m^3$	1.228	03	
			4-11-11-17 换	1t 机动翻斗车运混凝土每增运 100m	$100m^3$	1.228	03	定额×1.02×7
2				第二部分　设备及工具、器具购置费	公路公里	0.0		
3				第三部分　工程建设其他费用	公路公里	0.0		
4				第一、二、三部分费用合计	公路公里	0.0		
10				预备费	元	0.0		
1				1. 价差预备费	元	0.0		{部颁预留上涨费}
2				2. 基本预备费	元	0.0		({I} - {N} - {P}) ×0%
20				预算总金额	元	0.0		
21				其中：回收金额	元	0.0		
22				公路基本造价	公路公里	0.0		

(3) 人工、材料、机械台班单价汇总（表 5-47）。

表 5-47　人工、材料、机械台班单价汇总表

建设项目名称：桥梁工程

编制范围：

序号	名　　称	单位	代号	预算单价（元）	备　注
1	人工	工日	1	52.42	
2	机械工	工日	2	52.42	
3	原木	m^3	101	1120.00	
4	锯材木中板 δ=19～35	m^3	102	1350.00	
5	光圆钢筋直径 10～14mm	t	111	3300.00	
6	带肋钢筋直径 15～24mm，25mm 以上	t	112	3400.00	
7	钢绞线普通，无松弛	t	125	6500.00	
8	波纹管钢带	t	151	6350.00	

续表

序号	名　　称	单位	代号	预算单价（元）	备　注
9	型钢	t	182	3700.00	
10	钢板	t	183	4450.00	
11	钢管	t	191	5610.00	
12	钢丝绳	t	221	5853.00	
13	电焊条	kg	231	4.90	
14	钢护筒	t	263	4800.00	
15	钢模板	t	271	5970.00	
16	组合钢模板	t	272	5710.00	
17	门式钢支架	t	273	5000.00	
18	四氟板式橡胶组合支座	dm^3	401	110.00	
19	板式橡胶支座	dm^3	402	80.00	
20	板式橡胶伸缩缝	m	542	375.00	
21	钢绞线群锚（7孔）	套	576	245.00	
22	铁件	kg	651	4.40	
23	铁钉	kg	653	6.97	
24	8～12号铁丝	kg	655	6.10	
25	20～22号铁丝	kg	656	6.40	
26	铁皮	m^2	666	25.40	
27	铸铁管	kg	682	2.00	
28	草袋	个	819	1.09	
29	32.5级水泥	t	832	333.00	
30	汽油	kg	862	5.20	
31	柴油	kg	863	6.87	
32	电	kW·h	865	0.55	
33	水	m^3	866	2.90	
34	中（粗）砂	m^3	899	80.00	
35	黏土	m^3	911	8.21	
36	片石	m^3	931	40.00	
37	碎石（2cm）	m^3	951	55.00	

续表

序号	名　称	单位	代号	预算单价（元）	备　注
38	碎 石（4cm）	m^3	952	55.00	
39	块石	m^3	981	85.00	
40	其他材料费	元	996	1.00	
41	设备摊销费	元	997	1.00	
42	C50 泵送商品混凝土（5～20mm）（不含泵送费）	m^3	sh0089	355.04	
43	电动混凝土切缝机	台班	1245	144.74	
44	250L 以内强制式混凝土搅拌机	台班	1272	100.01	
45	750L 以内强制式混凝土搅拌机	台班	1275	233.48	
46	$60m^3/h$ 以内混凝土输送泵	台班	1316	1103.18	
47	油泵、千斤顶各 1 钢绞线拉伸设备	台班	1349	135.49	
48	含钢带点焊机波纹管卷制机	台班	1352	237.01	
49	10t 以内载货汽车	台班	1376	578.46	
50	60t 以内平板拖车组	台班	1396	1397.23	
51	1.0t 以内机动翻斗车	台班	1408	146.97	
52	40t 以内轮胎式起重机	台班	1444	1355.02	
53	5t 以内汽车式起重机	台班	1449	389.52	
54	12t 以内汽车式起重机	台班	1451	808.44	
55	30t 汽车式起重机	台班	1455	1532.79	
56	50kN 以内单筒慢动电动卷扬机	台班	1500	102.81	
57	50kN 以内双筒快动电动卷扬机	台班	1523	169.74	
58	32kV·A 交流电弧焊机	台班	1726	107.86	
59	小型机具使用费	元	1998	1.00	
60	定额基价	元	1999	1.00	

编制：　　　　　　　　　　　　　　　　　　　　　　复核：

（4）机械台班单价计算（表 5-48）。

（5）计算其他直接费、间接费综合费率（表 5-49）。

表 5-48　机械台班单价计算表

建设项目名称：桥梁工程

编制范围：

序号	定额号	机械规格名称	台班单价（元）	不变费用（元）		可变费用（元）																	
				调整系数		机械工		重油		汽油		柴油		煤		电		水		木柴		养路费及车船税	合计
				1.0		52.42 元/工日		0.0 元/kg		5.2 元/kg		6.87 元/kg		0.0 元/t		0.55 元/(kW·h)		2.9 元/m^3		0.0 元/kg			
				定额	调整值	定额	费用	定额	费用	定额	费用	定额	费用	定额	费用	定额	费用	定额	费用	定额	费用		
1	1245	电动混凝土切缝机	144.74	81.230	81.23	1.000	52.42									20.160	11.09						63.51
2	1272	250L 以内强制式混凝土搅拌机	100.01	18.580	18.58	1.000	52.42									52.740	29.01						81.43
3	1275	750L 以内强制式混凝土搅拌机	233.48	82.660	82.66	1.000	52.42									178.910	98.40						150.82
4	1316	$60m^3$/h 以内混凝土输送泵	1103.18	849.950	849.95	1.000	52.42									365.110	200.81						253.23
5	1349	油泵、千斤顶各 1 钢绞线拉伸设备	135.49	126.560	126.56											16.230	8.93						8.93
6	1352	含钢带点焊机波纹管卷制机	237.01	119.900	119.90	2.000	104.84									22.310	12.27						117.11
7	1376	10t 以内载货汽车	578.46	177.430	177.43	1.000	52.42					50.290	345.49									3.12	401.03
8	1396	60t 以内平板拖车组	1397.23	825.060	825.06	2.000	104.84					63.090	433.43									33.90	572.17

续表

序号	定额号	机械规格名称	台班单价（元）	不变费用（元）		可变费用（元）																	
				调整系数		机械工		重油		汽油		柴油		煤		电		水		木柴		养路费及车船税	合计
				1.0		52.42 元/工日		0.0 元/kg		5.2 元/kg		6.87 元/kg		0.0 元/t		0.55 元/（kW·h）		2.9 元/m^3		0.0 元/kg			
				定额	调整值	定额	费用	定额	费用	定额	费用	定额	费用	定额	费用	定额	费用	定额	费用	定额	费用		
9	1408	1.0t 以内机动翻斗车	146.97	32.450	32.45	1.000	52.42					9.000	61.83									0.27	114.52
10	1444	40t 以内轮胎式起重机	1355.02	825.540	825.54	2.000	104.84					60.340	414.54									10.10	529.48
11	1449	5t 以内汽车式起重机	389.52	199.620	199.62	1.000	52.42			25.710	133.69											3.79	189.90
12	1451	12t 以内汽车式起重机	808.44	387.110	387.11	2.000	104.84					44.950	308.81									7.68	421.33
13	1455	30t 汽车式起重机	1532.79	982.660	982.66	2.000	104.84					62.860	431.85									13.44	550.13
14	1500	50kN 以内单筒慢动电动卷扬机	102.81	20.080	20.08	1.000	52.42									55.110	30.31						82.73
15	1523	50kN 以内双筒快动电动卷扬机	169.74	60.090	60.09	1.000	52.42									104.060	57.23						109.65
16	1726	32kV·A 交流电弧焊机	107.86	7.240	7.24	1.000	52.42									87.630	48.20						100.62

编制： 复核：

表 5-49　其他工程费及间接费综合费率计算表

序号	工程类别	其他工程费费率（%）													间接费费率（%）											
													综合费率		规费						企业管理费					
		冬期施工增加费	雨季期施工增加费	夜间施工增加费	高原地区施工增加费	风沙地区施工增加费	沿海地区施工增加费	行车干扰工程施工增加费	安全及文明施工措施费	临时设施费	施工辅助费	工地转移费	Ⅰ	Ⅱ	养老保险费	失业保险费	医疗保险费	住房公积金	工伤保险费	综合费率	基本费用	主副食运费补贴	职工探亲路费	职工取暖补贴	财务费用	综合费率
1	2	3	4	5	6	7	8	9	10	11	12	13	14	15	16	17	18	19	20	21	22	23	24	25	26	27
01	人工土方		0.360						0.590	1.410	0.890	0.150	3.400		20.000	2.000	8.000	12.000	1.000	43.000	3.020	0.310	0.090		0.230	3.650
02	机械土方		0.370						0.590	1.280	0.490	0.500	3.230		20.000	2.000	8.000	12.000	1.000	43.000	2.930	0.240	0.200		0.210	3.580
03	汽车运输		0.370						0.210	0.830	0.160	0.310	1.880		20.000	2.000	8.000	12.000	1.000	43.000	1.300	0.250	0.130		0.210	1.890
04	人工石方		0.270						0.590	1.440	0.850	0.160	3.310		20.000	2.000	8.000	12.000	1.000	43.000	3.110	0.240	0.090		0.220	3.660
05	机械石方		0.340						0.590	1.770	0.460	0.360	3.520		20.000	2.000	8.000	12.000	1.000	43.000	2.950	0.220	0.200		0.200	3.570
06	高级路面	0.160	0.340						1.000	1.730	0.800	0.610	4.640		20.000	2.000	8.000	12.000	1.000	43.000	1.720	0.150	0.130		0.270	2.270
07	其他路面		0.320						1.020	1.680	0.740	0.560	4.320		20.000	2.000	8.000	12.000	1.000	43.000	2.950	0.150	0.140		0.300	3.540
08	构造物Ⅰ	0.150	0.270						0.720	2.390	1.300	0.560	5.390		20.000	2.000	8.000	12.000	1.000	43.000	4.000	0.230	0.260		0.370	4.860
09	构造物Ⅱ	0.190	0.300	0.350			0.150		0.780	2.830	1.560	0.660	6.820		20.000	2.000	8.000	12.000	1.000	43.000	4.980	0.250	0.310		0.400	5.940
10	构造物Ⅲ（一般）	0.370	0.600	0.700			0.150		1.570	5.230	3.030	1.310	12.960		20.000	2.000	8.000	12.000	1.000	43.000	8.810	0.450	0.500		0.820	10.580
10—1	构造物Ⅲ（室内管道）	0.370		0.700			0.150		1.570	5.230	3.030	1.310	12.360		20.000	2.000	8.000	12.000	1.000	43.000	8.810	0.450	0.500		0.820	10.580
10—2	构造物Ⅲ（安装工程）	0.370					0.150		0.785	5.230	3.030	1.310	10.875		20.000	2.000	8.000	12.000	1.000	43.000	8.810	0.450	0.500		0.820	10.580
11	技术复杂大桥	0.210	0.340	0.350			0.150		0.860	2.630	1.680	0.750	6.970		20.000	2.000	8.000	12.000	1.000	43.000	4.250	0.200	0.180		0.460	5.090
12	隧道								0.730	2.310	1.230	0.520	4.790		20.000	2.000	8.000	12.000	1.000	43.000	3.800	0.190	0.240		0.390	4.620
13	钢材及钢结构（一般）			0.350			0.150		0.530	2.230	0.560	0.720	4.540		20.000	2.000	8.000	12.000	1.000	43.000	2.180	0.200	0.140		0.480	3.000
13—1	钢材及钢结构（金属标志牌等）						0.150		0.530	2.230	0.560	0.720	4.190		20.000	2.000	8.000	12.000	1.000	43.000	2.180	0.200	0.140		0.480	3.000

编制：　　　　　　　　　　　　　　　　　　　　　　复核：

（6）分项工程预算（表 5-50）。

表 5-50　分项工程预算表

编制范围：

工程名称：桥梁工程

序号	工程项目			人工挖基坑土、石方			草袋围堰			卷扬机带冲击锥冲孔			卷扬机带冲击锥冲孔		
	工程细目			土方干处基坑深 6m 以内			草袋围堰高度 1.0m			桩径 150cm 以内孔深 20m 以内砂砾			桩径 150cm 以内孔深 20m 以内卵石		
	定额单位			$1000m^3$			10m 围堰			10m			10m		
	工程数量			0.230			8.600			0.480			0.800		
	定额表号			4～1～1～2			4～2～2～1			4～4～3～3			4～4～3～5		
	工料机名称	单位	单价（元）	定额	数量	金额（元）	定额	数量	金额（元）	定额	数量	金额（元）	定额	数量	金额（元）
1	人工	工日	52.42	539.100	123.993	6500	8.600	73.960	3877	40.300	19.344	1014	78.000	62.400	3271
2	锯材木中板 δ=19～35	m^3	1350.00							0.009	0.004	6	0.009	0.007	10
3	电焊条	kg	4.90							0.800	0.384	2	2.500	2.000	10
4	草袋	个	1.09				260.000	2236.000	2437						
5	水	m^3	2.90							81.000	38.880	113	81.000	64.800	188
6	黏土	m^3	8.21							28.020	13.450	110	28.020	22.416	184
7	其他材料费	元	1.00							1.900	0.912	1	1.900	1.520	2
8	设备摊销费	元	1.00							109.300	52.464	52	120.000	96.000	96
9	10t 以内载货汽车	台班	578.46							0.210	0.101	58	0.210	0.168	97
10	12t 以内汽车式起重机	台班	808.44							0.210	0.101	81	0.210	0.168	136
11	50kN 以内双筒快动电动卷扬机	台班	169.74							8.310	3.989	677	18.870	15.096	2562
12	32kV·A 交流电弧焊机	台班	107.86							0.090	0.043	5	0.280	0.224	24
13	小型机具使用费	元	1.00							44.800	21.504	22	100.800	80.640	81
14	定额基价	元	1.00	26524.000	6101.000	6101	707.000	6080.000	6080	4066.000	1952.000	1952	7774.000	6219.000	6219

续表

序号	工料机名称		单位	单价（元）	定额	数量	金额（元）	定额	数量	金额（元）	定额	数量	金额（元）	定额	数量	金额（元）
	工程项目				人工挖基坑土、石方			草袋围堰			卷扬机带冲击锥冲孔			卷扬机带冲击锥冲孔		
	工程细目				土方干处基坑深 6m 以内			草袋围堰高度 1.0m			桩径 150cm 以内孔深 20m 以内砂砾			桩径 150cm 以内孔深 20m 以内卵石		
	定额单位				$1000m^3$			10m 围堰			10m			10m		
	工程数量				0.230			8.600			0.480			0.800		
	定额表号				4～1～1～2			4～2～2～1			4～4～3～3			4～4～3～5		
	直接工程费		元				6500			6314			2141			6660
	其他工程费	Ⅰ	元		5.390		350	5.390		340	6.820		146	6.820		454
		Ⅱ	元													
	间接费	规费	元		43.000		2795	43.000		1667	43.000		436	43.000		1407
		企业管理费	元		4.860		333	4.860		323	5.940		136	5.940		423
	利润及税金		元		6.300/3.410		808	6.300/3.410		749	6.300/3.410		255	6.300/3.410		796
	建筑安装工程费		元				10786			9394			3115			9740

续表

序号	工程项目			卷扬机带冲击锥冲孔			卷扬机带冲击锥冲孔			钢护筒			混凝土		
	工程细目			桩径150cm以内 孔深20m以内软石			桩径150cm以内孔 深20m以内次坚石			钢护筒埋设干处			冲击成孔混凝土 卷扬机配吊斗		
	定额单位			10m			10m			1t			$10m^3$ 实体		
	工程数量			1.600			0.520			1.157			5.650		
	定额表号			4～4～3～6			4～4～3～7			4～4～8～7			4～4～7～7		
	工料机名称	单位	单价（元）	定额	数量	金额（元）	定额	数量	金额（元）	定额	数量	金额（元）	定额	数量	金额（元）
1	人工	工日	52.42	113.000	180.800	9478	153.700	79.924	4190	9.000	10.415	546	19.000	107.350	5627
2	锯材木中板 δ=19～35	m^3	1350.00	0.009	0.014	19	0.009	0.005	6						
3	电焊条	kg	4.90	2.700	4.320	21	3.200	1.664	8						
4	钢护筒	t	4800.00							0.100	0.116	555			
5	32.5级水泥	t	333.00										5.436	30.713	10228
6	水	m^3	2.90	71.000	113.600	329	71.000	36.920	107				3.000	16.950	49
7	中（粗）砂	m^3	80.00										6.490	36.669	2933
8	黏土	m^3	8.21	24.540	39.264	322	24.540	12.761	105	6.410	7.418	61			
9	碎石（4cm）	m^3	55.00										8.780	49.607	2728
10	其他材料费	元	1.00	1.900	3.040	3	1.900	0.988	1				2.300	12.995	13
11	设备摊销费	元	1.00	124.400	199.040	199	135.000	70.200	70				47.800	270.070	270
12	10t以内载货汽车	台班	578.46	0.210	0.336	194	0.210	0.109	63						
13	5t以内汽车式起重机	台班	389.52							0.160	0.185	72			
14	12t以内汽车式起重机	台班	808.44	0.210	0.336	272	0.210	0.109	88						
15	50kN以内单筒慢动电动卷扬机	台班	102.81										0.990	5.594	575
16	50kN以内双筒快动电动卷扬机	台班	169.74	28.790	46.064	7819	40.190	20.899	3547						
17	32kV·A交流电弧焊机	台班	107.86	0.310	0.496	53	0.360	0.187	20						
18	小型机具使用费	元	1.00	153.600	245.760	246	214.100	111.332	111				3.900	22.035	22
19	定额基价	元	1.00	11176.000	17882.000	17882	15156.000	7881.000	7881	1037.000	1200.000	1200	3701.000	20911.000	20911

续表

序号	工程项目			卷扬机带冲击锥冲孔			卷扬机带冲击锥冲孔			钢护筒			混凝土		
	工程细目			桩径150cm以内 孔深20m以内软石			桩径150cm以内 孔深20m以内次坚石			钢护筒埋设干处			冲击成孔混凝土 卷扬机配吊斗		
	定额单位			10m			10m			1t			$10m^3$ 实体		
	工程数量			1.600			0.520			1.157			5.650		
	定额表号			4～4～3～6			4～4～3～7			4～4～8～7			4～4～7～7		
	工料机名称	单位	单价（元）	定额	数量	金额（元）	定额	数量	金额（元）	定额	数量	金额（元）	定额	数量	金额（元）
	直接工程费	元				18956			8317			1234			22446
	其他工程费 Ⅰ	元		6.820		1293	6.820		567	5.390		67	6.820		1531
	其他工程费 Ⅱ	元													
	间接费 规费	元		43.000		4075	43.000		1802	43.000		235	43.000		2420
	间接费 企业管理费	元		5.940		1203	5.940		528	4.860		63	5.940		1424
	利润及税金	元		6.300/3.410		2268	6.300/3.410		996	6.300/3.410		143	6.300/3.410		2604
	建筑安装工程费	元				27795			12210			1742			30424

续表

序号	工程项目			混凝土搅拌机拌合			混凝土运输			混凝土运输			钢筋及检测钢管		
	工程细目			容量 750L 以内			1t 机动翻斗车运混凝土第一个 100m			1t 机动翻斗车运混凝土每增运 100m			钢筋主筋连接方式焊接连接		
	定额单位			$10m^3$			$100m^3$			$100m^3$			1t		
	工程数量			5.650			0.565			0.565			12.272		
	定额表号			4～11～11～4，定额×1.273			4～11～11～16，定额×1.273			4～11～11～17，定额×1.273×7			4～4～7～22		
	工料机名称	单位	单价（元）	定额	数量	金额（元）	定额	数量	金额（元）	定额	数量	金额（元）	定额	数量	金额（元）
1	人工	工日	52.42	2.546	14.385	754							5.000	61.358	3216
2	光圆钢筋直径 10～14mm	t	3300.00										0.112	1.374	4536
3	带肋钢筋直径 15～24mm，25mm 以上	t	3400.00										0.913	11.204	38093
4	电焊条	kg	4.90										5.100	62.585	307
5	20～22 号铁丝	kg	6.40										2.200	26.997	173
6	750L 以内强制式混凝土搅拌机	台班	233.48	0.242	1.367	319									
7	1.0t 以内机动翻斗车	台班	146.97				3.743	2.115	311	9.713	5.488	807			
8	12t 以内汽车式起重机	台班	808.44										0.120	1.473	1190
9	32kV·A 交流电弧焊机	台班	107.86										0.850	10.431	1125
10	小型机具使用费	元	1.00										15.200	186.527	187
11	定额基价	元	1.00	181.000	1023.000	1023	471.000	266.000	266	1221.000	690.000	690	3948.000	48448.000	48448
	直接工程费	元				1073			311			807			48827
	其他工程费 Ⅰ	元		5.390		58	1.880		6	1.880		15	5.390		2632
	其他工程费 Ⅱ	元													
	间接费 规费	元		43.000		324	43.000			43.000			43.000		1383
	间接费 企业管理费	元		4.860		55	1.890		6	1.890		16	4.860		2501
	利润及税金	元		6.300/3.410		129	6.300/3.410		32	6.300/3.410		83	6.300/3.410		5403
	建筑安装工程费	元				1639			355			920			60745

续表

序号	工程项目			浆砌片石			浆砌块石			混凝土			钢筋		
	工程细目			实体式台、墙高10m以内			基础、护底、截水墙			墩、台帽混凝土泵送木模			桥（涵）台帽钢筋		
	定额单位			$10m^3$			$10m^3$			$10m^3$ 实体			1t		
	工程数量			8.428			12.386			1.008			2.732		
	定额表号			4～5～2～5			4～5～3～1			4～6～3～3			4～6～3～9		
	工料机名称	单位	单价（元）	定额	数量	金额（元）	定额	数量	金额（元）	定额	数量	金额（元）	定额	数量	金额（元）
1	人工	工日	52.42	13.200	111.250	5832	9.400	116.428	6103	22.300	22.478	1178	9.300	25.408	1332
2	原木	m^3	1120.00	0.003	0.025	28				0.186	0.187	210			
3	锯材木中板 δ=19～35	m^3	1350.00	0.016	0.135	182				0.307	0.309	418			
4	光圆钢筋直径10～14mm	t	3300.00										0.170	0.464	1533
5	带肋钢筋直径15～24mm，25mm以上	t	3400.00										0.855	2.336	7942
6	钢管	t	5610.00	0.004	0.034	189									
7	电焊条	kg	4.90										2.800	7.650	37
8	铁件	kg	4.40							27.200	27.418	121			
9	铁钉	kg	6.97	0.100	0.843	6				2.900	2.923	20			
10	8～12号铁丝	kg	6.10	0.600	5.057	31									
11	20～22号铁丝	kg	6.40										3.600	9.835	63
12	铁皮	m^2	25.40							4.800	4.838	123			
13	32.5级水泥	t	333.00	0.945	7.964	2652	0.718	8.893	2961	4.368	4.403	1466			
14	水	m^3	2.90	8.000	67.424	196	4.000	49.544	144	18.000	18.144	53			
15	中（粗）砂	m^3	80.00	3.860	32.532	2603	2.940	36.415	2913	5.820	5.867	469			
16	片石	m^3	40.00	11.500	96.922	3877									
17	碎石（4cm）	m^3	55.00							7.592	7.653	421			
18	块石	m^3	85.00				10.500	130.053	11055						
19	其他材料费	元	1.00	2.800	23.598	24	1.200	14.863	15	8.600	8.669	9			
20	$60m^3/h$ 以内混凝土输送泵	台班	1103.18							0.110	0.111	122			

续表

序号	工程项目			浆砌片石			浆砌块石			混凝土			钢筋		
	工程细目			实体式台、墙高10m以内			基础、护底、截水墙			墩、台帽混凝土泵送木模			桥（涵）台帽钢筋		
	定额单位			$10m^3$			$10m^3$			$10m^3$ 实体			1t		
	工程数量			8.428			12.386			1.008			2.732		
	定额表号			4～5～2～5			4～5～3～1			4～6～3～3			4～6～3～9		
	工料机名称	单位	单价（元）	定额	数量	金额（元）	定额	数量	金额（元）	定额	数量	金额（元）	定额	数量	金额（元）
21	32kV·A交流电弧焊机	台班	107.86										0.430	1.175	127
22	小型机具使用费	元	1.00	7.000	58.996	59	5.300	65.646	66	12.000	12.096	12	24.100	65.841	66
23	定额基价	元	1.00	1640.000	13822.000	13822	1770.000	21923.000	21923	4297.000	4331.000	4331	4031.000	11013.000	11013
	直接工程费	元				15678			23256			4622			11099
	其他工程费 Ⅰ	元		5.390		845	5.390		1254	5.390		249	5.390		598
	其他工程费 Ⅱ	元													
	间接费 规费	元		43.000		2508	43.000		2624	43.000		507	43.000		573
	间接费 企业管理费	元		4.860		803	4.860		1191	4.860		237	4.860		569
	利润及税金	元		6.300/3.410		1805	6.300/3.410		2640	6.300/3.410		524	6.300/3.410		1237
	建筑安装工程费	元				21638			30966			6139			14076

续表

序号	工程项目			混凝土			钢筋			柱式墩台			混凝土搅拌机拌合		
	工程细目			盖梁混凝土泵送木模			盖梁钢筋			圆柱式墩台混凝土泵送 10m 以内			容量 750L 以内		
	定额单位			$10m^3$ 实体			1t			$10m^3$ 实体			$10m^3$		
	工程数量			7.870			11.983			6.710			15.588		
	定额表号			4～6～4～3			4～6～4～11			4～6～2～11			4～11～11～4，定额×1.04		
	工料机名称	单位	单价（元）	定额	数量	金额（元）	定额	数量	金额（元）	定额	数量	金额（元）	定额	数量	金额（元）
1	人工	工日	52.42	23.500	184.945	9695	9.000	107.847	5653	13.100	87.901	4608	2.080	32.423	1700
2	原木	m^3	1120.00	0.451	3.549	3975									
3	锯材木中板 δ=19～35	m^3	1350.00	0.769	6.052	8170				0.020	0.134	181			
4	光圆钢筋直径 10～14mm	t	3300.00				0.108	1.294	4271	0.001	0.007	22			
5	带肋钢筋直径 15～24mm，25mm 以上	t	3400.00				0.917	10.988	37361						
6	型钢	t	3700.00							0.080	0.537	1986			
7	钢板	t	4450.00							0.001	0.007	30			
8	钢管	t	5610.00							0.003	0.020	113			
9	钢丝绳	t	5853.00							0.002	0.013	79			
10	电焊条	kg	4.90				4.000	47.932	235						
11	钢模板	t	5970.00							0.031	0.208	1242			
12	门式钢支架	t	5000.00							0.007	0.047	235			
13	铁件	kg	4.40	10.900	85.783	377				25.000	167.750	738			
14	铁钉	kg	6.97	2.900	22.823	159									
15	8～12 号铁丝	kg	6.10	5.100	40.137	245									
16	20～22 号铁丝	kg	6.40				3.700	44.337	284						
17	铁皮	m^2	25.40	4.800	37.776	960									
18	32.5 级水泥	t	333.00	4.368	34.376	11447				3.869	25.961	8645			
19	水	m^3	2.90	18.000	141.660	411				18.000	120.780	350			
20	中（粗）砂	m^3	80.00	5.820	45.803	3664				6.030	40.461	3237			

续表

序号	工程项目				混凝土			钢筋			柱式墩台			混凝土搅拌机拌合		
	工程细目				盖梁混凝土泵送木模			盖梁钢筋			圆柱式墩台 混凝土泵送10m以内			容量750L以内		
	定额单位				$10m^3$ 实体			1t			$10m^3$ 实体			$10m^3$		
	工程数量				7.870			11.983			6.710			15.588		
	定额表号				4～6～4～3			4～6～4～11			4～6～2～11			4～11～11～4，定额×1.04		
	工料机名称		单位	单价（元）	定额	数量	金额（元）	定额	数量	金额（元）	定额	数量	金额（元）	定额	数量	金额（元）
21	碎石（4cm）		m^3	55.00	7.592	59.749	3286				7.590	50.929	2801			
22	其他材料费		元	1.00	8.500	66.895	67				15.300	102.663	103			
23	750L以内强制式混凝土搅拌机		台班	233.48										0.198	3.086	721
24	$60m^3/h$ 以内混凝土输送泵		台班	1103.18	0.110	0.866	955				0.090	0.604	666			
25	12t以内汽车式起重机		台班	808.44							0.430	2.885	2333			
26	50kN以内单筒慢动电动卷扬机		台班	102.81				0.310	3.715	382						
27	32kV·A交流电弧焊机		台班	107.86				0.600	7.190	775						
28	小型机具使用费		元	1.00	12.000	94.440	94	23.700	283.997	284	5.400	36.234	36			
29	定额基价		元	1.00	5236.000	41207.000	41207	4078.000	48867.000	48867	3783.000	25384.000	25384	148.000	2307.000	2307
	直接工程费		元				43506			49245			27404			2420
	其他工程费	Ⅰ	元		5.390		2345	5.390		2654	5.390		1477	5.390		130
		Ⅱ	元													
	间接费	规费	元		43.000		4169	43.000		2431	43.000		1981	43.000		731
		企业管理费	元		4.860		2228	4.860		2522	4.860		1404	4.860		124
	利润及税金		元		6.300/ 3.410		4914	6.300/ 3.410		5484	6.300/ 3.410		3073	6.300/ 3.410		290
	建筑安装工程费		元				57162			62336			35340			3696

续表

序号	工程项目			混凝土运输			混凝土运输			柱式墩台			预制、安装预应力空心板		
	工程细目			1t 机动翻斗车运混凝土第一个 100m			1t 机动翻斗车运混凝土每增运 100m			主筋连接方式钢筋焊接连接 20m 以内			预制混凝土泵送		
	定额单位			$100m^3$			$100m^3$			1t 钢筋			$10m^3$ 实体		
	工程数量			1.559			1.559			15.251			24.159		
	定额表号			4～11～11～16，定额×1.04			4～11～11～17，定额×1.040×7			4～6～2～20			4～7～13～2 改		
	工料机名称	单位	单价（元）	定额	数量	金额（元）	定额	数量	金额（元）	定额	数量	金额（元）	定额	数量	金额（元）
1	人工	工日	52.42							8.700	132.684	6955	16.100	388.960	20389
2	原木	m^3	1120.00										0.042	1.015	1136
3	锯材木中板 δ=19～35	m^3	1350.00										0.062	1.498	2022
4	光圆钢筋直径 10～14mm	t	3300.00							0.043	0.656	2164			
5	带肋钢筋直径 15～24mm，25mm 以上	t	3400.00							0.982	14.976	50920			
6	型钢	t	3700.00										0.002	0.048	179
7	钢板	t	4450.00										0.022	0.531	2365
8	电焊条	kg	4.90							4.000	61.004	299			
9	组合钢模板	t	5710.00										0.009	0.217	1242
10	铁件	kg	4.40										8.600	207.767	914
11	铁钉	kg	6.97										0.600	14.495	101
12	20～22 号铁丝	kg	6.40							2.800	42.703	273			
13	32.5 级水泥	t	333.00										0.032	0.773	257
14	水	m^3	2.90										23.000	555.657	1611
15	中（粗）砂	m^3	80.00										0.048	1.160	93
16	碎石（2cm）	m^3	55.00										0.083	2.005	110
17	其他材料费	元	1.00										51.800	1251.436	1251
18	C50 泵送商品混凝土（5～20mm）（不含泵送费）	m^3	355.04										10.300	248.838	88347
19	$60m^3/h$ 以内混凝土输送泵	台班	1103.18										0.080	1.933	2132

续表

序号	工程项目			混凝土运输			混凝土运输			柱式墩台			预制、安装预应力空心板		
	工程细目			1t 机动翻斗车运混凝土第一个 100m			1t 机动翻斗车运混凝土每增运 100m			主筋连接方式钢筋焊接连接 20m 以内			预制混凝土泵送		
	定额单位			$100m^3$			$100m^3$			1t 钢筋			$10m^3$ 实体		
	工程数量			1.559			1.559			15.251			24.159		
	定额表号			4～11～11～16，定额×1.04			4～11～11～17，定额×1.040×7			4～6～2～20			4～7～13～2 改		
	工料机名称	单位	单价（元）	定额	数量	金额（元）	定额	数量	金额（元）	定额	数量	金额（元）	定额	数量	金额（元）
20	1.0t 以内机动翻斗车	台班	146.97	3.058	4.767	701	7.935	12.369	1818						
21	50kN 以内单筒慢动电动卷扬机	台班	102.81							0.350	5.338	549			
22	32kV·A 交流电弧焊机	台班	107.86							0.690	10.523	1135			
23	小型机具使用费	元	1.00							21.900	333.997	334	8.500	205.352	205
24	定额基价	元	1.00	385.000	600.000	600	998.000	1556.000	1556	4075.000	62148.000	62148	4956.000	119732.000	119732
	直接工程费	元				701			1818			62629			122357
	其他工程费 Ⅰ	元		1.880		13	1.880		34	5.390		3376	12.960		4408
	其他工程费 Ⅱ	元													
	间接费 规费	元		43.000			43.000			43.000		2991	43.000		8767
	间接费 企业管理费	元		1.890		13	1.890		35	4.860		3208	10.580		4065
	利润及税金	元		6.300/3.410		72	6.300/3.410		187	6.300/3.410		6971	6.300/3.410		13284
	建筑安装工程费	元				799			2074			79175			152880

续表

序号	工程项目			预制、安装预应力空心板			平板拖车运输			预制、安装预应力空心板			平板拖车运输		
	工程细目			预制预应力空心板钢筋			起重机装车 40t 以内第一个 1km			起重机安装跨径 20m 以内			起重机装车 40t 以内第一个 1km		
	定额单位			1t 钢筋			$100m^3$ 实体			$10m^3$ 实体			$100m^3$ 实体		
	工程数量			21.088			2.416			24.159			2.416		
	定额表号			4～7～13～3			4～8～4～8			4～7～13～7			4～8～4～8		
	工料机名称	单位	单价（元）	定额	数量	金额（元）	定额	数量	金额（元）	定额	数量	金额（元）	定额	数量	金额（元）
1	人工	工日	52.42	8.900	187.683	9838	1.600	3.865	203	3.800	91.804	4812	1.600	3.865	203
2	锯材木中板 δ=19～35	m^3	1350.00				0.090	0.217	294				0.090	0.217	294
3	光圆钢筋直径 10～14mm	t	3300.00	0.351	7.402	24426									
4	带肋钢筋直径 15～24mm，25mm 以上	t	3400.00	0.674	14.213	48325									
5	电焊条	kg	4.90	1.600	33.741	165									
6	铁件	kg	4.40				1.000	2.416	11				1.000	2.416	11
7	20～22 号铁丝	kg	6.40	4.600	97.005	621									
8	其他材料费	元	1.00				3.900	9.422	9	0.200	4.832	5	3.900	9.422	9
9	60t 以内平板拖车组	台班	1397.23				0.790	1.909	2667				0.790	1.909	2667
10	40t 以内轮胎式起重机	台班	1355.02				0.620	1.498	2030				0.620	1.498	2030
11	30t 汽车式起重机	台班	1532.79							0.540	13.046	19997			
12	32kV·A 交流电弧焊机	台班	107.86	0.310	6.537	705									
13	小型机具使用费	元	1.00	23.400	493.459	493	1.700	4.107	4	0.100	2.416	2	1.700	4.107	4
14	定额基价	元	1.00	3981.000	83951.000	83951	1940.000	4687.000	4687	937.000	22637.000	22637	1940.000	4687.000	4687

续表

序号	工程项目			预制、安装预应力空心板			平板拖车运输			预制、安装预应力空心板			平板拖车运输		
	工程细目			预制预应力空心板钢筋			起重机装车 40t 以内第一个 1km			起重机安装跨径 20m 以内			起重机装车 40t 以内第一个 1km		
	定额单位			1t 钢筋			$100m^3$ 实体			$10m^3$ 实体			$100m^3$ 实体		
	工程数量			21.088			2.416			24.159			2.416		
	定额表号			4～7～13～3			4～8～4～8			4～7～13～7			4～8～4～8		
	工料机名称	单位	单价（元）	定额	数量	金额（元）	定额	数量	金额（元）	定额	数量	金额（元）	定额	数量	金额（元）
	直接工程费	元				84575			5217			24816			5217
	其他工程费 Ⅰ	元		5.390		4559	1.880		98	5.390		1338	1.880		98
	其他工程费 Ⅱ	元													
	间接费 规费	元		43.000		4230	43.000		87	43.000		2069	43.000		87
	间接费 企业管理费	元		4.860		4332	1.890		100	4.860		1271	1.890		100
	利润及税金	元		6.300/3.410		9421	6.300/3.410		540	6.300/3.410		2792	6.300/3.410		540
	建筑安装工程费	元				107116			6043			32287			6043

续表

序号	工程项目			预应力钢绞线			预应力钢绞线			行车道铺装混凝土			行车道铺装钢筋		
	工程细目			锚具束长 20m 以内 7 孔每 1t8.12 束			锚具束长 20m 以内 7 孔每增减 1 束			行车道铺装水泥混凝土面层非泵送			行车道铺装水泥及防水混凝土钢筋直径 8mm 以上		
	定额单位			1t 钢绞线			1t 钢绞线			$10m^3$ 实体			1t		
	工程数量			11.608			−11.608			6.336			5.012		
	定额表号			4～7～20～17			4～7～20～18，定额×0.88			4～6～13～2 改			4～6～13～10		
	工料机名称	单位	单价（元）	定额	数量	金额（元）	定额	数量	金额（元）	定额	数量	金额（元）	定额	数量	金额（元）
1	人工	工日	52.42	16.800	195.016	10223	0.968	−11.237	−589	15.300	96.941	5082	9.200	46.113	2417
2	原木	m^3	1120.00							0.001	0.006	7			
3	光圆钢筋直径 10～14mm	t	3300.00	0.025	0.290	958							0.621	3.113	10272
4	带肋钢筋直径 15～24mm，25mm 以上	t	3400.00										0.404	2.025	6885
5	钢绞线普通，无松弛	t	6500.00	1.040	12.072	78471									
6	波纹管钢带	t	6350.00	0.096	1.114	7076									
7	型钢	t	3700.00							0.001	0.006	23			
8	电焊条	kg	4.90	0.300	3.482	17							6.800	34.084	167
9	钢绞线群锚（7 孔）	套	245.00	16.400	190.373	46641	1.778	−20.639	−5057						
10	20～22 号铁丝	kg	6.40	0.800	9.286	59							3.200	16.039	103
11	32.5 级水泥	t	333.00	0.229	2.658	885				4.702	29.792	9921			
12	水	m^3	2.90							15.000	95.040	276			
13	中（粗）砂	m^3	80.00							4.384	27.777	2222			
14	碎石（4cm）	m^3	55.00							8.266	52.373	2881			
15	其他材料费	元	1.00	17.600	204.303	204				2.900	18.374	18			
16	电动混凝土切缝机	台班	144.74							0.840	5.322	770			
17	油泵、千斤顶各 1 钢绞线拉伸设备	台班	135.49	1.720	19.966	2705	0.185	−2.147	−291						
18	含钢带点焊机波纹管卷制机	台班	237.01	0.260	3.018	715									
19	1.0t 以内机动翻斗车	台班	146.97							0.850	5.386	792			
20	32kV・A 交流电弧焊机	台班	107.86	0.260	3.018	326							1.300	6.516	703

续表

序号	工料机名称	单位	单价（元）	定额	数量	金额（元）	定额	数量	金额（元）	定额	数量	金额（元）	定额	数量	金额（元）
	工程项目			预应力钢绞线			预应力钢绞线			行车道铺装混凝土			行车道铺装钢筋		
	工程细目			锚具束长 20m 以内 7 孔每 1t8.12 束			锚具束长 20m 以内 7 孔每增减 1 束			行车道铺装水泥混凝土面层非泵送			行车道铺装水泥及防水混凝土钢筋直径 8mm 以上		
	定额单位			1t 钢绞线			1t 钢绞线			$10m^3$ 实体			1t		
	工程数量			11.608			−11.608			6.336			5.012		
	定额表号			4～7～20～17			4～7～20～18，定额×0.88			4～6～13～2 改			4～6～13～10		
21	小型机具使用费	元	1.00	21.800	253.057	253	0.968	−11.237	−11	16.400	103.910	104	25.200	126.310	126
22	定额基价	元	1.00	12736.000	147841.000	147841	509.000	−5909.000	−5909	3232.000	20478.000	20478	4091.000	20505.000	20505
	直接工程费	元				148534			−5948			22095			20673
	其他工程费 Ⅰ	元		5.390		8006	5.390		−321	5.390		1191	5.390		1114
	其他工程费 Ⅱ	元													
	间接费 规费	元		43.000		4396	43.000		−253	43.000		2185	43.000		1039
	间接费 企业管理费	元		4.860		7608	4.860		−305	4.860		1132	4.860		1059
	利润及税金	元		6.300/3.410		16441	6.300/3.410		−661	6.300/3.410		2498	6.300/3.410		2303
	建筑安装工程费	元				184985			−7487			29101			26188

续表

序号	工程项目			普通钢支座及板式橡胶支座			普通钢支座及板式橡胶支座			其他伸缩缝及泄水管			其他伸缩缝及泄水管		
	工程细目			板式橡胶支座			四氟板式橡胶组合支座			板式橡胶伸缩缝			泄水管		
	定额单位			1dm³ 橡胶支座			1dm³ 橡胶支座			1m			10 个		
	工程数量			335.160			92.400			18.000			0.600		
	定额表号			4～7～30～3			4～7～30～4			4～11～7～10			4～11～7～14		
	工料机名称	单位	单价（元）	定额	数量	金额（元）	定额	数量	金额（元）	定额	数量	金额（元）	定额	数量	金额（元）
1	人工	工日	52.42	0.200	67.032	3514	0.200	18.480	969	2.900	52.200	2736	0.400	0.240	13
2	光圆钢筋直径 10～14mm	t	3300.00							0.011	0.198	653			
3	带肋钢筋直径 15～24mm，25mm 以上	t	3400.00				0.001	0.092	314						
4	钢板	t	4450.00				0.011	1.016	4523						
5	电焊条	kg	4.90				0.100	9.240	45	1.100	19.800	97			
6	四氟板式橡胶组合支座	dm³	110.00				1.000	92.400	10164						
7	板式橡胶支座	dm³	80.00	1.000	335.160	26813									
8	板式橡胶伸缩缝	m	375.00							1.000	18.000	6750			
9	铁件	kg	4.40							1.500	27.000	119			
10	铸铁管	kg	2.00										140.000	84.000	168
11	32.5 级水泥	t	333.00							0.049	0.882	294			
12	中（粗）砂	m³	80.00							0.040	0.720	58			
13	碎石（2cm）	m³	55.00							0.080	1.440	79			
14	其他材料费	元	1.00	0.200	67.032	67	1.700	157.080	157	7.600	136.800	137	8.700	5.220	5
15	32kV·A 交流电弧焊机	台班	107.86				0.020	1.848	199	0.250	4.500	485			
16	小型机具使用费	元	1.00				0.100	9.240	9	2.400	43.200	43			
17	定额基价	元	1.00	90.000	30164.000	30164	177.000	16355.000	16355	625.000	11250.000	11250	308.000	185.000	185

续表

序号															
工程项目				普通钢支座及板式橡胶支座			普通钢支座及板式橡胶支座			其他伸缩缝及泄水管			其他伸缩缝及泄水管		
工程细目				板式橡胶支座			四氟板式橡胶组合支座			板式橡胶伸缩缝			泄水管		
定额单位				$1dm^3$ 橡胶支座			$1dm^3$ 橡胶支座			1m			10个		
工程数量				335.160			92.400			18.000			0.600		
定额表号				4～7～30～3			4～7～30～4			4～11～7～10			4～11～7～14		
工料机名称		单位	单价（元）	定额	数量	金额（元）	定额	数量	金额（元）	定额	数量	金额（元）	定额	数量	金额（元）
直接工程费		元				30394			16381			11451			186
其他工程费	Ⅰ	元		5.390		1638	5.390		883	5.390		617	5.390		10
	Ⅱ	元													
间接费	规费	元		43.000		1511	43.000		417	43.000		1177	43.000		5
	企业管理费	元		4.860		1557	4.860		839	4.860		587	4.860		10
利润及税金		元		6.300/3.410		3385	6.300/3.410		1811	6.300/3.410		1296	6.300/3.410		21
建筑安装工程费		元				38485			20330			15128			231

续表

序号	工程项目			钢筋混凝土防撞护栏			钢筋混凝土防撞护栏			混凝土搅拌机拌合			混凝土运输		
	工程细目			现浇混凝土墙体混凝土			现浇混凝土墙体钢筋			容量 750L 以内			1t 机动翻斗车运混凝土第一个 100m		
	定额单位			$10m^3$ 实体			1t			$10m^3$			$100m^3$		
	工程数量			5.940			4.649			12.276			1.228		
	定额表号			6～1～2～3			6～1～2～4			4～11～11～4，定额×1.02			4～11～11～16		
	工料机名称	单位	单价（元）	定额	数量	金额（元）	定额	数量	金额（元）	定额	数量	金额（元）	定额	数量	金额（元）
1	人工	工日	52.42	26.500	157.410	8251	14.700	68.340	3582	2.040	25.043	1313			
2	原木	m^3	1120.00	0.043	0.255	286									
3	锯材木中板 δ=19～35	m^3	1350.00	0.061	0.362	489									
4	光圆钢筋直径 10～14mm	t	3300.00	0.001	0.006	20	1.025	4.765	15725						
5	钢模板	t	5970.00	0.101	0.600	3582									
6	铁件	kg	4.40	13.300	79.002	348									
7	20～22 号铁丝	kg	6.40				5.100	23.710	152						
8	32.5 级水泥	t	333.00	3.417	20.297	6759									
9	水	m^3	2.90	12.000	71.280	207									
10	中（粗）砂	m^3	80.00	4.900	29.106	2328									
11	碎石（4cm）	m^3	55.00	8.470	50.312	2767									
12	其他材料费	元	1.00	14.600	86.724	87									
13	250L 以内强制式混凝土搅拌机	台班	100.01	0.400	2.376	238									
14	750L 以内强制式混凝土搅拌机	台班	233.48							0.194	2.382	556			
15	1.0t 以内机动翻斗车	台班	146.97	0.360	2.138	314							2.940	3.609	530
16	小型机具使用费	元	1.00	5.400	32.076	32	12.100	56.253	56						
17	定额基价	元	1.00	4062.000	24128.000	24128	4150.000	19293.000	19293	145.000	1780.000	1780	370.000	454.000	454

续表

序号	工程项目		单位	单价（元）	钢筋混凝土防撞护栏			钢筋混凝土防撞护栏			混凝土搅拌机拌合			混凝土运输		
	工程细目				现浇混凝土墙体混凝土			现浇混凝土墙体钢筋			容量750L以内			1t机动翻斗车运混凝土第一个100m		
	定额单位				$10m^3$实体			1t			$10m^3$			$100m^3$		
	工程数量				5.940			4.649			12.276			1.228		
	定额表号				6～1～2～3			6～1～2～4			4～11～11～4，定额×1.02			4～11～11～16		
	工料机名称		单位	单价（元）	定额	数量	金额（元）	定额	数量	金额（元）	定额	数量	金额（元）	定额	数量	金额（元）
	直接工程费		元				25707			19516			1869			530
	其他工程费	Ⅰ	元		5.390		1386	5.390		1052	5.390		101	1.880		10
		Ⅱ	元													
	间接费	规费	元		43.000		3548	43.000		1540	43.000		564	43.000		
		企业管理费	元		4.860		1317	4.860		1000	4.860		96	1.890		10
	利润及税金		元		6.300/3.410		2941	6.300/3.410		2193	6.300/3.410		224	6.300/3.410		55
	建筑安装工程费		元				34899			25301			2854			605

续表

序号	工程项目			混凝土运输									合计	
	工程细目			1t机动翻斗车运混凝土每增运100m										
	定额单位			$100m^3$										
	工程数量			1.228										
	定额表号			4～11～11～17，定额×1.02×7										
	工料机名称	单位	单价（元）	定额	数量	金额（元）	定额	数量	金额（元）	定额	数量	金额（元）	数量	金额（元）
1	人工	工日	52.42										2947.049	154484
2	原木	m^3	1120.00										5.039	5643
3	锯材木中板 $\delta=19\sim35$	m^3	1350.00										8.956	12091
4	光圆钢筋直径10～14mm	t	3300.00										19.569	64579
5	带肋钢筋直径15～24mm，25mm以上	t	3400.00										55.835	189840
6	钢绞线普通，无松弛	t	6500.00										12.072	78471
7	波纹管钢带	t	6350.00										1.114	7076
8	型钢	t	3700.00										0.591	2188
9	钢板	t	4450.00										1.555	6918
10	钢管	t	5610.00										0.054	302
11	钢丝绳	t	5853.00										0.013	79
12	电焊条	kg	4.90										287.885	1411
13	钢护筒	t	4800.00										0.116	555
14	钢模板	t	5970.00										0.808	4823
15	组合钢模板	t	5710.00										0.217	1242
16	门式钢支架	t	5000.00										0.047	235
17	四氟板式橡胶组合支座	dm^3	110.00										92.400	10164
18	板式橡胶支座	dm^3	80.00										335.160	26813
19	板式橡胶伸缩缝	m	375.00										18.000	6750
20	钢绞线群锚（7孔）	套	245.00										169.734	41585

续表

序号	工程项目			混凝土运输									合　计	
	工程细目			1t机动翻斗车运混凝土每增运100m										
	定额单位			100m³										
	工程数量			1.228										
	定额表号			4～11～11～17，定额×1.02×7										
	工料机名称	单位	单价（元）	定额	数量	金额（元）	定额	数量	金额（元）	定额	数量	金额（元）	数量	金额（元）
21	铁件	kg	4.40										599.552	2638
22	铁钉	kg	6.97										41.084	286
23	8～12号铁丝	kg	6.10										45.194	276
24	20～22号铁丝	kg	6.40										269.913	1727
25	铁皮	m²	25.40										42.614	1082
26	铸铁管	kg	2.00										84.000	168
27	草袋	个	1.09										2236.000	2437
28	32.5级水泥	t	333.00										166.713	55516
29	水	m³	2.90										1390.679	4033
30	中（粗）砂	m³	80.00										256.509	20521
31	黏土	m³	8.21										95.308	782
32	片石	m³	40.00										96.922	3877
33	碎石（2cm）	m³	55.00										3.445	189
34	碎石（4cm）	m³	55.00										270.623	14884
35	块石	m³	85.00										130.053	11055
36	其他材料费	元	1.00										2186.788	2187
37	设备摊销费	元	1.00										687.774	688
38	C50泵送商品混凝土（5～20mm）（不含泵送费）	m³	355.04										248.838	88347
39	电动混凝土切缝机	台班	144.74										5.322	770

续表

序号	工程项目			混凝土运输									合计	
	工程细目			1t机动翻斗车运混凝土每增运100m										
	定额单位			$100m^3$										
	工程数量			1.228										
	定额表号			4～11～11～17，定额×1.02×7										
	工料机名称	单位	单价（元）	定额	数量	金额（元）	定额	数量	金额（元）	定额	数量	金额（元）	数量	金额（元）
40	250L以内强制式混凝土搅拌机	台班	100.01										2.376	238
41	750L以内强制式混凝土搅拌机	台班	233.48										6.835	1596
42	$60m^3/h$以内混凝土输送泵	台班	1103.18										3.513	3876
43	油泵、千斤顶各1钢绞线拉伸设备	台班	135.49										17.818	2414
44	含钢带点焊机波纹管卷制机	台班	237.01										3.018	715
45	10t以内载货汽车	台班	578.46										0.714	413
46	60t以内平板拖车组	台班	1397.23										3.817	5333
47	1.0t以内机动翻斗车	台班	146.97	7.783	9.554	1404							45.426	6676
48	40t以内轮胎式起重机	台班	1355.02										2.996	4059
49	5t以内汽车式起重机	台班	389.52										0.185	72
50	12t以内汽车式起重机	台班	808.44										5.072	4100
51	30t汽车式起重机	台班	1532.79										13.046	19997
52	50kN以内单筒慢动电动卷扬机	台班	102.81										14.646	1506
53	50kN以内双筒快动电动卷扬机	台班	169.74										86.048	14606
54	32kV·A交流电弧焊机	台班	107.86										52.688	5683
55	小型机具使用费	元	1.00										2941.295	2941
56	定额基价	元	1.00	979.000	1202.000	1202							875231.000	875230

续表

序号	工程项目				混凝土运输									合　计
	工程细目				1t机动翻斗车运混凝土每增运100m									
	定额单位				$100m^3$									
	工程数量				1.228									
	定额表号				4～11～11～17，定额×1.02×7									
	工料机名称		单位	单价（元）	定额	数量	金额（元）	定额	数量	金额（元）	定额	数量	金额（元）	数量	金额（元）
	直接工程费		元				1404								900939
	其他工程费	Ⅰ	元		1.880		26								46648
	其他工程费	Ⅱ	元												
	间接费	规费	元		43.000										66428
	间接费	企业管理费	元		1.890		27								44147
	利润及税金		元		6.300/3.410		145								100693
	建筑安装工程费		元				1602								1158856

编制：　　　　　　　　　　复核：

（7）计算建筑安装工程费用（表 5-51）。

表 5-51 建筑安装工程费计算表

建设项目名称：桥梁工程

编制范围：

序号	工程名称	单位	工程量	直接费（元）						间接费（元）	利润（元）费率 6.3%	税金（元）综合税率 3.41%	建筑安装工程费	
				直接工程费				其他工程费	合计				合计（元）	单价（元）
				人工费	材料费	机械使用费	合计							
1	2	3	4	5	6	7	8	9	10	11	12	13	14	15
1	桥梁工程	座	1.000	154484	671459	74996	900939	46648	947587	110576	62479	38214	1158856	1158855.76
4～1～1～2	土方干处基坑深 6m 以内	$1000m^3$	0.230	6500			6500	350	6850	3128	453	356	10786	46895.81
4～2～2～1	草袋围堰高度 1.0m	10m 围堰	8.600	3877	2437		6314	340	6655	1991	440	310	9394	1092.38
4～4～3～3	桩径 150cm 以内孔深 20m 以内砂砾	10m	0.480	1014	284	843	2141	146	2287	572	153	103	3115	6488.74
4～4～3～5	桩径 150cm 以内孔深 20m 以内卵石	10m	0.800	3271	489	2900	6660	454	7114	1829	475	321	9740	12174.44
4～4～3～6	桩径 150cm 以内孔深 20m 以内软石	10m	1.600	9478	894	8584	18956	1293	20249	5278	1351	917	27795	17371.97
4～4～3～7	桩径 150cm 以内孔深 20m 以内次坚石	10m	0.520	4190	297	3830	8317	567	8885	2329	593	403	12210	23479.96
4～4～8～7	钢护筒埋设干处	1t	1.157	546	616	72	1234	67	1301	298	86	57	1742	1505.65
4～4～7～7	冲击成孔混凝土卷扬机配吊斗	$10m^3$ 实体	5.650	5627	16222	597	22446	1531	23977	3844	1600	1003	30424	5384.84

续表

序号	工程名称	单位	工程量	直接费（元）						间接费（元）	利润（元）	税金（元）	建筑安装工程费	
				直接工程费				其他工程费	合计		费率6.3%	综合税率3.41%	合计（元）	单价（元）
				人工费	材料费	机械使用费	合计							
4～11～11～4	容量750L以内	$10m^3$	5.650	754		319	1073	58	1131	379	75	54	1639	290.11
4～11～11～16	1t机动翻斗车运混凝土第一个100m	$100m^3$	0.565			311	311	6	317	6	20	12	355	627.72
4～11～11～17	1t机动翻斗车运混凝土每增运100m	$100m^3$	0.565			807	807	15	822	16	53	30	920	1628.91
4～4～7～22	钢筋主筋连接方式焊接连接	1t	12.272	3216	43108	2502	48827	2632	51458	3884	3399	2003	60745	4950.07
4～5～2～5	实体式台、墙高10m以内	$10m^3$	8.428	5832	9787	59	15678	845	16523	3311	1092	714	21638	2567.44
4～5～3～1	基础、护底、截水墙	$10m^3$	12.386	6103	17088	66	23256	1254	24510	3816	1619	1021	30966	2500.07
4～6～3～3	墩、台帽混凝土泵送木模	$10m^3$实体	1.008	1178	3309	134	4622	249	4871	743	322	202	6139	6090.15
4～6～3～9	桥（涵）台帽钢筋	1t	2.732	1332	9575	193	11099	598	11698	1141	773	464	14076	5152.20
4～6～4～3	盖梁混凝土泵送木模	$10m^3$实体	7.870	9695	32762	1049	43506	2345	45851	6397	3029	1885	57162	7263.30
4～6～4～11	盖梁钢筋	1t	11.983	5653	42150	1441	49245	2654	51899	4953	3429	2056	62336	5202.06
4～6～2～11	圆柱式墩台混凝土泵送10m以内	$10m^3$实体	6.710	4608	19762	3035	27404	1477	28881	3385	1908	1165	35340	5266.72

续表

序号	工程名称	单位	工程量	直接费（元）						间接费（元）	利润（元）费率6.3%	税金（元）综合税率3.41%	建筑安装工程费	
				直接工程费				其他工程费	合计				合计（元）	单价（元）
				人工费	材料费	机械使用费	合计							
1	2	3	4	5	6	7	8	9	10	11	12	13	14	15
4～11～11～4	容量 750L 以内	$10m^3$	15.588	1700		721	2420	130	2551	855	169	122	3696	237.10
4～11～11～16	1t机动翻斗车运混凝土第一个 100m	$100m^3$	1.559			701	701	13	714	13	46	26	799	512.84
4～11～11～17	1t机动翻斗车运混凝土每增运 100m	$100m^3$	1.559			1818	1818	34	1852	35	119	68	2074	1330.74
4～6～2～20	主筋连接方式钢筋焊接连接 20m 以内	1t 钢筋	15.251	6955	53656	2018	62629	3376	66005	6199	4360	2611	79175	5191.47
4～7～13～2	预制混凝土泵送	$10m^3$ 实体	24.159	20389	99630	2337	122357	4408	126764	12832	8242	5041	152880	6328.06
4～7～13～3	预制预应力空心板钢筋	1t 钢筋	21.088	9838	73538	1199	84575	4559	89133	8562	5888	3532	107116	5079.48
4～8～4～8	起重机装车 40t 以内第一个 1km	$100m^3$ 实体	2.416	203	314	4700	5217	98	5315	188	341	199	6043	2501.23

续表

序号	工程名称	单位	工程量	直接费（元）							间接费（元）	利润（元）	税金（元）	建筑安装工程费	
				直接工程费				其他工程费	合计			费率 6.3%	综合税率 3.41%	合计（元）	单价（元）
				人工费	材料费	机械使用费	合计								
4～7～13～7	起重机安装跨径20m以内	$10m^3$ 实体	24.159	4812	5	19999	24816	1338	26154		3340	1728	1065	32287	1336.42
4～8～4～8	起重机装车40t以内第一个1km	$100m^3$ 实体	2.416	203	314	4700	5217	98	5315		188	341	199	6043	2501.23
4～7～20～17	锚具束长20m以内7孔每1t8.12束	1t 钢绞线	11.608	10223	134312	3999	148534	8006	156540		12004	10341	6100	184985	15935.84
4～7～20～18	锚具束长20m以内7孔每增减1束	1t 钢绞线	−11.608	−589	−5057	−302	−5948	−321	−6268		−558	−414	−247	−7487	645.01
4～6～13～2	行车道铺装水泥混凝土面层非泵送	$10m^3$ 实体	6.336	5082	15348	1666	22095	1191	23286		3317	1538	960	29101	4592.97
4～6～13～10	行车道铺装水泥及防水混凝土钢筋直径8mm以上	1t	5.012	2417	17426	829	20673	1114	21787		2098	1439	864	26188	5224.75
4～7～30～3	板式橡胶支座	$1dm^3$ 橡胶支座	335.160	3514	26880		30394	1638	32032		3068	2116	1269	38485	114.82
4～7～30～4	四氟板式橡胶组合支座	$1dm^3$ 橡胶支座	92.400	969	15203	209	16381	883	17264		1256	1140	670	20330	220.02
4～11～7～10	板式橡胶伸缩缝	1m	18.000	2736	8187	529	11451	617	12069		1763	797	499	15128	840.44

续表

序号	工程名称	单位	工程量	直接费（元）						间接费（元）	利润（元）费率6.3%	税金（元）综合税率3.41%	建筑安装工程费	
				直接工程费				其他工程费	合计				合计（元）	单价（元）
				人工费	材料费	机械使用费	合计							
1	2	3	4	5	6	7	8	9	10	11	12	13	14	15
4～11～7～14	泄水管	10个	0.600	13	173		186	10	196	15	13	8	231	385.51
6～1～2～3	现浇混凝土墙体混凝土	$10m^3$实体	5.940	8251	16872	584	25707	1386	27093	4865	1790	1151	34899	5875.18
6～1～2～4	现浇混凝土墙体钢筋	1t	4.649	3582	15877	56	19516	1052	20568	2540	1359	834	25301	5442.15
4～11～11～4	容量750L以内	$10m^3$	12.276	1313		556	1869	101	1970	660	130	94	2854	232.48
4～11～11～16	1t机动翻斗车运混凝土第一个100m	$100m^3$	1.228			530	530	10	540	10	35	20	605	493.05
4～11～11～17	1t机动翻斗车运混凝土每增运100m	$100m^3$	1.228			1404	1404	26	1431	27	92	53	1602	1305.25
	各项费用合计	公路公里		154484	671459	74996	900939	46648	947587	110576	62479	38214	1158856	

编制：　　　　复核：

（8）汇总计算工程造价（表 5-52）。

表 5-52　总　预　算　表

建设项目名称：桥梁工程

编制范围：

项	目	节	细目	工程或费用名称	单位	数量	预算金额（元）	技术经济指标	各项费用比例（%）	备注
				第一部分　建筑安装工程费	公路公里		1158856		100.00	
400 章				桥梁工程			1158856	1158856.00	100.00	
				第二部分　设备及工具、器具购置费	公路公里					
				第三部分　工程建设其他费用	公路公里					
				第一、二、三部分费用合计	公路公里		1158856		100.00	
				预备费	元					
一				1. 价差预备费	元					
二				2. 基本预备费	元					
				预算总金额	元		1158856		100.00	
				其中：回收金额	元					
				公路基本造价	公路公里		1158856		100.00	

编制：　　　　复核：

二、桥梁工程工程量清单计价

1. 工程量清单列项、编码、计算清单工程量

根据施工图纸，结合施工组织设计，该部分路基工程量清单计算见表 5-53。

表 5-53 第 400 章路面工程量清单

序号	清单编码	工程项目名称	计量单位	计算式	工程数量
		第 400 章 桥梁、涵洞			
1	403-1	基础钢筋（包括灌注桩、承台、沉桩、沉井等）	kg	12271.5	12271.500
2	403-2	下部结构钢筋	kg	2732＋11983.2＋15251.2	29966.400
3	403-3	上部结构钢筋	kg	21088＋5012.3	26100.300
4	403-4	附属结构钢筋	kg	4649	4649.000
5	404-1	干处挖土方	m^3	230	230.000
6	405-1	钻孔灌注桩（ϕ1.5m）	m	8×4	32.000
7	410-2	混凝土下部结构	m^3	155.88	155.880
8	410-6	现浇混凝土附属结构	m^3	59.4	59.400
9	411-5	后张法预应力钢绞线	kg	11608.1	11608.100
10	411-8	预制预应力混凝土上部结构	m^3	241.59	241.590
11	413-1	浆砌片石	m^3	84.28	84.280
12	413-2	浆砌块石	m^3	123.86	123.860
13	415-2	水泥混凝土桥面铺装（C40，厚 120mm）	m^2	528	528.000
14	416-1	矩形板式橡胶支座	个	56＋28	84.000
15	417-1	橡胶伸缩装置	m	18	18.000
16	415-3	排水管	个	6	6.000

注：“计日工明细表”“暂估价表”数据为零，表格不另附。

2. 桥梁工程工程量清单计价

（1）确定施工方案

同定额计价模式。

（2）人材机单价及其他直接工程费、间接费、利润、税金费率的取定

同定额计价模式。

（3）分部分项工程量清单综合单价计算

根据施工图纸、结合施工方案，确定各清单项目的组合工作内容，并计算其报价工程量，见表 5-54。

表 5-54　第 400 章桥梁工程量清单计算表

序号	清单编码	工程项目名称	计量单位	计算式	工程数量
		第 400 章　桥梁、涵洞			
1	403-1	基础钢筋（包括灌注桩、承台、沉桩、沉井等）	kg	12271.5	12271.500
(1)	4～4～7～22	钢筋主筋连接方式焊接连接	1t	12.2715	12.272
2	403-2	下部结构钢筋	kg	2732＋11983.2＋15251.2	29966.400
(1)	4～6～3～9	桥（涵）台帽钢筋	1t	2.732	2.732
(2)	4～6～4～11	盖梁钢筋	1t	11.9832	11.983
(3)	4～6～2～20	主筋连接方式钢筋焊接连接 20m 以内	1t 钢筋	17.9832-2.732	15.251
3	403-3	上部结构钢筋	kg	21088＋5012.3	26100.300
(1)	4～7～13～3	预制预应力空心板钢筋	1t 钢筋	21.088	21.088
(2)	4～6～13～10	行车道铺装水泥及防水混凝土钢筋直径 8mm 以上	1t	5.0123	5.012
4	403-4	附属结构钢筋	kg	4649	4649.000
(1)	6～1～2～4	现浇混凝土墙体钢筋	1t	4.649	4.649
5	404-1	干处挖土方	m^3	230	230.000
(1)	4～1～1～2	土方干处基坑深 6m 以内	$1000m^3$	230	0.230
6	405-1	钻孔灌注桩（ϕ1.5m）	m	8×4	32.000
(1)	4～2～2～1	草袋围堰高度 1.0m	10m 围堰	86	8.600
(2)	4～4～3～3	桩径 150cm 以内孔深 20m 以内砂砾	10m	4.8	0.480
(3)	4～4～3～5	桩径 150cm 以内孔深 20m 以内卵石	10m	8	0.800
(4)	4～4～3～6	桩径 150cm 以内孔深 20m 以内软石	10m	16	1.600
(5)	4～4～3～7	桩径 150cm 以内孔深 20m 以内次坚石	10m	5.2	0.520
(6)	4～4～8～7	钢护筒埋设干处	1t	1.1572	1.157

续表

序号	清单编码	工程项目名称	计量单位	计算式	工程数量
(7)	4～4～7～7	冲击成孔混凝土卷扬机配吊斗	$10m^3$ 实体	56.5	5.650
(8)	4～11～11～4 换	容量 750L 以内	$10m^3$	56.5	5.650
(9)	4～11～11～16 换	1t 机动翻斗车运混凝土第一个 100m	$100m^3$	56.5	0.565
(10)	4～11～11～17 换	1t 机动翻斗车运混凝土每增运 100m	$100m^3$	56.5	0.565
7	410-2	混凝土下部结构	m^3	155.88	155.880
(1)	4～6～3～3	墩、台帽混凝土泵送木模	$10m^3$ 实体	10.08	1.008
(2)	4～6～4～3	盖梁混凝土泵送木模	$10m^3$ 实体	78.7	7.870
(3)	4～6～2～11	圆柱式墩台混凝土泵送 10m 以内	$10m^3$ 实体	67.1	6.710
(4)	4～11～11～4 换	容量 750L 以内	$10m^3$	155.88	15.588
(5)	4～11～11～16 换	1t 机动翻斗车运混凝土第一个 100m	$100m^3$	155.88	1.559
(6)	4～11～11～17 换	1t 机动翻斗车运混凝土每增运 100m	$100m^3$	155.88	1.559
8	410-6	现浇混凝土附属结构	m^3	59.4	59.400
(1)	6～1～2～3	现浇混凝土墙体混凝土	$10m^3$ 实体	59.4	5.940
(2)	4～11～11～4 换	容量 750L 以内	$10m^3$	(5.94) ×10.0	5.940
(3)	4～11～11～16	1t 机动翻斗车运混凝土第一个 100m	$100m^3$	(0.594) ×100.0	0.594
(4)	4～11～11～17 换	1t 机动翻斗车运混凝土每增运 100m	$100m^3$	(0.594) ×100.0	0.594
9	411-5	后张法预应力钢绞线	kg	11608.1	11608.100
(1)	4～7～20～17	锚具束长 20m 以内 7 孔每吨 8.12 束	1t 钢绞线	11.6081	11.608
(2)	4～7～20～18 换	锚具束长 20m 以内 7 孔每增减 1 束	1t 钢绞线	−11.6081	−11.608

续表

序号	清单编码	工程项目名称	计量单位	计算式	工程数量
10	411-8	预制预应力混凝土上部结构	m^3	241.59	241.590
(1)	4～7～13～2 换	预制混凝土泵送	$10m^3$ 实体	241.59	24.159
(2)	4～8～4～8	起重机装车 40t 以内第一个 1km	$100m^3$ 实体	241.59	2.416
(3)	4～7～13～7	起重机安装跨径 20m 以内	$10m^3$ 实体	241.59	24.159
(4)	4～8～4～8	起重机装车 40t 以内第一个 1km	$100m^3$ 实体	241.59	2.416
11	413-1	浆砌片石	m^3	84.28	84.280
(1)	4～5～2～5	实体式台、墙 高 10m 以内	$10m^3$	84.28	8.428
12	413-2	浆砌块石	m^3	123.86	123.860
(1)	4～5～3～1	基础、护底、截水墙	$10m^3$	123.86	12.386

（4）套取定额、列项计算综合单价，见表 5-55。

表 5-55　工程细目单价构成分析表

合同段编号：

细目号	细 目 名 称	定额表号	单位	工程数量	工序单价（元）
403-1	基础钢筋（包括灌注桩、承台、沉桩、沉井等）		kg	12271.500	4.95
	钢筋主筋连接方式焊接连接	4～4～7～22	1t	12.272	4950.07
403-2	下部结构钢筋		kg	29966.400	5.19
	桥（涵）台帽钢筋	4～6～3～9	1t	2.732	5152.20
	盖梁钢筋	4～6～4～11	1t	11.983	5202.06
	主筋连接方式钢筋焊接连接 20m 以内	4～6～2～20	1t 钢筋	15.251	5191.47
403-3	上部结构钢筋		kg	26100.300	5.11
	预制预应力空心板钢筋	4～7～13～3	1t 钢筋	21.088	5079.48
	行车道铺装水泥及防水混凝土钢筋直径 8mm 以上	4～6～13～10	1t	5.012	5224.75
403-4	附属结构钢筋		kg	4649.000	5.44
	现浇混凝土墙体钢筋	6～1～2～4	1t	4.649	5442.15

续表

细目号	细 目 名 称	定额表号	单位	工程数量	工序单价（元）
404-1	干处挖土方		m^3	230.000	46.90
	土方干处基坑深6m以内	4～1～1～2	$1000m^3$	0.230	46895.81
405-1	钻孔灌注桩（ϕ1.5m）		m	32.000	3041.69
	草袋围堰高度1.0m	4～2～2～1	10m围堰	8.600	1092.38
	桩径150cm以内孔深20m以内砂砾	4～4～3～3	10m	0.480	6488.74
	桩径150cm以内孔深20m以内卵石	4～4～3～5	10m	0.800	12174.44
	桩径150cm以内孔深20m以内软石	4～4～3～6	10m	1.600	17371.97
	桩径150cm以内孔深20m以内次坚石	4～4～3～7	10m	0.520	23479.96
	钢护筒埋设干处	4～4～8～7	1t	1.157	1505.65
	冲击成孔混凝土卷扬机配吊斗	4～4～7～7	$10m^3$ 实体	5.650	5384.84
	容量750L以内	4～11～11～4	$10m^3$	5.650	290.11
	1t机动翻斗车运混凝土第一个100m	4～11～11～16	$100m^3$	0.565	627.72
	1t机动翻斗车运混凝土每增运100m	4～11～11～17	$100m^3$	0.565	1628.91
410-2	混凝土下部结构		m^3	155.880	674.94
	墩、台帽混凝土泵送木模	4～6～3～3	$100m^3$ 实体	1.008	6090.15
	盖梁混凝土泵送木模	4～6～4～3	$100m^3$ 实体	7.870	7263.30
	圆柱式墩台混凝土泵送10m以内	4～6～2～11	$100m^3$ 实体	6.710	5266.72
	容量750L以内	4～11～11～4	$10m^3$	15.588	237.10
	1t机动翻斗车运混凝土第一个100m	4～11～11～16	$100m^3$	1.559	512.84
	1t机动翻斗车运混凝土每增运100m	4～11～11～17	$100m^3$	1.559	1330.74
410-6	现浇混凝土附属结构		m^3	59.400	628.75
	现浇混凝土墙体混凝土	6～1～2～3	$10m^3$ 实体	5.940	5875.18
	容量750L以内	4～11～11～4	$10m^3$	5.940	232.48
	1t机动翻斗车运混凝土第一个100m	4～11～11～16	$100m^3$	0.594	493.05
	1t机动翻斗车运混凝土每增运100m	4～11～11～17	$100m^3$	0.594	1305.24
411-5	后张法预应力钢绞线		kg	11608.100	15.29
	锚具束长20m以内7孔每1t8.12束	4～7～20～17	1t钢绞线	11.608	15935.84
	锚具束长20m以内7孔每增减1束	4～7～20～18	1t钢绞线	－11.608	645.01
411-8	预制预应力混凝土上部结构		m^3	241.590	816.47
	预制混凝土泵送	4～7～13～2	$100m^3$ 实体	24.159	6328.06
	起重机装车40t以内第一个1km	4～8～4～8	$100m^3$ 实体	2.416	2501.23
	起重机安装跨径20m以内	4～7～13～7	$100m^3$ 实体	24.159	1336.42
	起重机装车40t以内第一个1km	4～8～4～8	$100m^3$ 实体	2.416	2501.23
413-1	浆砌片石		m^3	84.280	256.74

续表

细目号	细 目 名 称	定额表号	单位	工程数量	工序单价（元）
	实体式台、墙 高 10m 以内	4～5～2～5	$10m^3$	8.428	2567.44
413-2	浆砌块石		m^3	123.860	250.01
	基础、护底、截水墙	4～5～3～1	$10m^3$	12.386	2500.07
415-2	水泥混凝土桥面铺装（C40，厚 120mm）		m^2	528.000	60.06
	行车道铺装水泥混凝土面层非泵送	4～6～13～2	$10m^3$ 实体	6.336	4592.97
	容量 750L 以内	4～11～11～4	10 m^3	6.336	232.48
	1t 机动翻斗车运混凝土第一个 100m	4～11～11～16	$100m^3$	0.634	493.05
	1t 机动翻斗车运混凝土每增运 100m	4～11～11～17	$100m^3$	0.634	1305.24
416-1	矩形板式橡胶支座		个	84.000	700.18
	板式橡胶支座	4～7～30～3	$1dm^3$ 橡胶支座	335.160	114.82
	四氟板式橡胶组合支座	4～7～30～4	$1dm^3$ 橡胶支座	92.400	220.02
417-1	橡胶伸缩装置		m	18.000	840.44
	板式橡胶伸缩缝	4～11～7～10	1m	18.000	840.44
415-3	排水管		个	6.000	38.55
	泄水管	4～11～7～14	10 个	0.600	385.51

编制：　　　　　　　　　　　　　　　　　　　　　复核：

（5）填表计算工程造价

汇总计算出各章的工程细目表，见表 5-56。

表 5-56　工程量清单表

合同段：桥梁清单计价

第 400 章　桥梁、涵洞					
子目号	子目名称	单位	数量	单价	合价
403-1	基础钢筋（包括灌注桩、承台、沉桩、沉井等）	kg	12271.500	4.95	60744
403-2	下部结构钢筋	kg	29966.400	5.19	155526
403-3	上部结构钢筋	kg	26100.300	5.11	133373
403-4	附属结构钢筋	kg	4649.000	5.44	25291
404-1	干处挖土方	m^3	230.000	46.90	10787
405-1	钻孔灌注桩（ϕ1.5m）	m	32.000	3041.69	97334
410-2	混凝土下部结构	m^3	155.880	674.94	105210
410-6	现浇混凝土附属结构	m^3	59.400	628.75	37348
411-5	后张法预应力钢绞线	kg	11608.100	15.29	177488
411-8	预制预应力混凝土上部结构	m^3	241.590	816.47	197251

续表

第400章　桥梁、涵洞					
子目号	子目名称	单位	数量	单价	合价
413-1	浆砌片石	m^3	84.280	256.74	21638
413-2	浆砌块石	m^3	123.860	250.01	30966
415-2	水泥混凝土桥面铺装（C40，厚120mm）	m^2	528.000	60.06	31712
416-1	矩形板式橡胶支座	个	84.000	700.18	58815
417-1	橡胶伸缩装置	m	18.000	840.44	15128
415-3	排水管	个	6.000	38.55	231
第400章　合计　人民币　1158840元					

（6）汇总计算工程造价

将各章的工程细目表及计日工明细表进行总汇，再加上暂定金额得出该项目的总造价，见表5-57。

表5-57　投标报价汇总表

合同段：桥梁清单计价

序号	章次	科目名称	金额（元）
1	400	桥梁、涵洞	1158840
2	第100章至第700章合计		1158840
3	已包含在清单合计中的材料、工程设备、专业工程暂估价合计		
4	清单合计减去材料、工程设备、专业工程暂估价合计		1158840
5	计日工合计		
6	暂列金额（不含计日工总额）		
7	投标报价		1158840

第六章　隧道工程计量与计价

第一节　隧道工程定额工程量计量

一、定额说明

隧道工程定额包括开挖、支护、防排水、补砌、装饰、照明、通风及消防设施、洞门及辅助坑道等项目。定额是按照一般凿岩机钻爆法施工的开挖方法进行编制的，适用于新建隧道工程，改（扩）建及公路大中修工程的可参照使用。

1. 隧道工程定额按现行隧道设计、施工规范将围岩分为Ⅰ～Ⅵ六级。

2. 隧道工程定额中混凝土工程均未考虑拌合的费用，应按桥涵工程相关定额另行计算。

3. 隧道工程开挖定额中已综合考虑超控及预留变形因素。

4. 洞内出渣运输定额已综合洞门外500m运距，当洞门外运距超过此运距时，可按照路基工程自卸汽车运输土石方的增运定额加计增运部分的费用。

5. 定额中均未包括混凝土及预制块的运输，需要时应按有关定额另行计算。

6. 定额中未考虑地震、坍塌、溶洞及大量地下水处理，以及其他特殊情况所需的费用，需要时可根据设计另行计算。

7. 定额中未考虑施工时所需进行的监控量测以及超前地质预报的费用，监控量测的费用已在《公路工程基本建设项目概算预算编制方法》（JTGB 06—2007）法人施工辅助费中综合考虑，使用定额时不得另行计算，超前地质预报的费用可根据需要另行计算。

8. 隧道工程项目采用其他章节定额的规定。

（1）洞门挖基、仰坡及天沟开挖、明洞明挖土石方等，应使用其他章节有关定额计算。

（2）洞内工程项目如需采用其他章节的有关项目时，所采用定额的人工工日、机械台班数量及小型机具使用费，应乘以1.26的系数。

二、洞身工程

1. 工程量计算规则。

（1）定额所指隧道长度均指隧道进出口（不含与隧道相连的明洞）洞门端墙墙面之间的距离，即两端端墙面与路面的交线同路线中线交点间的距离。双线隧道按上下行隧道长度的评价值计算。

（2）洞身开挖、出渣工程量按设计断面数量（成洞断面加衬砌断面）计算，包含洞身及所有附属洞室的数量，定额中已考虑超挖因素，不得将超挖数量计入工程量。

（3）现浇混凝土衬砌中浇筑、运输的工程数量，均按设计断面衬砌数量计算，包含洞身及所有附属洞室的衬砌数量。定额中已综合因超挖及预留变形需回填的混凝土数量，不得将上述因素的工程量计入计价工程量中。

（4）防水板、明洞防水层的工程数量按设计敷设面积计算。

（5）拱顶压浆的工程数量按设计数量计算，设计时可按每延长米 0.25m^3 综合考虑。

（6）喷射混凝土的工程量按设计厚度乘以喷射面积计算，喷射面积按设计外轮廓线计算。

（7）砂浆锚杆工程量为锚杆、垫板及螺母等材料质量之和，中空注浆锚杆、自进式锚杆的工程量按锚杆设计长度计算。

（8）格栅钢架、型钢钢架工程数量按钢架的设计数量计算，连接钢筋的数量不得作为工程量计算。

（9）管棚、小导管的工程量按设计钢管长度计算，当管径与定额不同时，可调整定额中钢管的消耗量。

（10）横向塑料排水管每处为单洞两侧的工程数量；纵向弹簧管按隧道纵向每侧铺设长度之和计算；环向盲沟按隧道横断面敷设长度计算。

洞内通风、风水管及照明、管线路的工程量按隧道设计长度计算。

2. 定额人工开挖、机械开挖轻轨斗车运输项目系按上导洞、扩大、马口开挖编制的，也综合了下导洞扇形扩大开挖方法，并综合了木支撑和出渣、通风及临时管线的工料机消耗。

3. 定额正洞机械开挖自卸汽车运输定额系统按开挖、出渣运输分别编制，不分工程部位（即拱部、边墙、仰拱、底板、沟槽、洞室）均使用本定额。施工通风及高压风水管和照明电线路单独编制定额项目。

4. 定额连拱隧道中导洞、侧导洞开挖和中隔墙衬砌石按连拱隧道施工方法编制的，除此以外的其他部位的开挖、衬砌、支护可套用本节其他定额。

5. 格栅钢架和型钢钢架均按永久性支护编制，如作为临时支护使用时，应按规定计取回收。定额中已综合连接钢筋的数量。

6. 喷射混凝土定额中已综合考虑混凝土回弹量，钢纤维混凝土中钢纤维掺入量按喷射混凝土质量的3%掺入。当设计采用的钢纤维掺入量与隧道工程定额不同或采用其他材料时，可进行抽换。

7. 洞身衬砌项目按现浇混凝土衬砌、石料、混凝土预制块衬砌分别编制，不分工程部位（即拱部、边墙、仰拱、底板、沟槽、洞室）均使用洞身工程定额。定额中已综合考虑超挖回填因素，当设计采用的混凝土强度等级与定额采用的不符或采用特殊混凝土时，可根据具体情况对混凝土配合比进行抽换。

8. 定额中凡是按不同隧道长度编制的项目，均只编制到隧道长度在 4000m 时，应按以下规定计算：

（1）洞身开挖：以隧道长度 4000m 以内的定额为基础，与隧道长度 4000m 以上每增加 1000m 定额叠加使用。

（2）正洞出渣运输：通过隧道进出口开挖正洞，以换算隧道长度套用相应的出渣定额计算。换算隧道长度计算公式为：

换算隧道长度＝全隧道长度－通过辅助坑道开挖正洞的长度

当换算隧道长度超过 4000m 时，以隧道长度 4000m 以内定额为基础，与隧道长度 4000m 以上每增加 1000m 定额使用。

通过斜井开挖正洞，出渣运输按正洞和斜井两段分别计算，两者叠加使用。

(3) 通风、管线路定额，按正洞隧道长度综合编制，当隧道长度超过 4000m 时，以隧道长度 4000m 以内定额为基础，与隧道长度 4000m 以上每增加 1000m 定额叠加使用。

9. 混凝土运输定额仅适用于洞内混凝土运输，洞外运输应按桥涵工程有关定额计算。

10. 洞内排水定额仅适用于反坡排水的情况，排水量按 $10m^3/h$ 以内编制，超过此排水量时，抽水机台班按表 6-1 中的系数调整。

表 6-1　定额调整系数

涌水量 (m^3/h)	10 以内	15 以内	20 以内
调整系数	1.00	1.20	1.35

正洞内排水系按全隧道长度综合编制，当隧道长度超过 4000m 时，以隧道长度 4000m 以内定额为基础，与隧道长度 4000m 以上每增加 1000m 定额叠加使用。

照明设施为隧道营运所需的洞内永久性设施。定额中的洞口段包括引入段、适应段、过渡段和出口端，其他段均为基本段。定额中不包括洞外线路，需要时应另行计算。属于设备的变压器、发电设备等，其购置费用应列入预算第二部分“设备及工具、器具购置费”中。

三、洞门工程

1. 隧道和明洞洞门，均采用洞门工程定额。

2. 洞门墙工程量为主墙和翼墙等圬工体积之和。仰坡、截水沟等应按有关定额另行计算。

3. 洞门工程定额的工程量均按设计数量计算。

四、辅助坑道

1. 工程量计算规则。

(1) 开挖、出渣工程量按设计断面数量（成洞断面加衬砌断面）计算，定额中已考虑超挖因素，不得将超挖数量计入工程量。

(2) 现浇混凝土衬砌工程数量均按设计断面衬砌数量计算。

(3) 喷射混凝土工程量按设计厚度乘以喷射面积计算，喷射面积按设计外轮廓线计算。

(4) 锚杆工程量为锚杆、垫板及螺母等材料质量之和。

(4) 斜井洞内通风、风水管照明及管线路的工程量按斜井设计长度计算。

2. 斜井项目按开挖、出渣、通风及管线路分别编制，竖井项目定额中已综合了出渣、通风及管线路。

3. 斜井相关定额项目系按斜井长度 800m 以内综合编制的，已含斜井建成后，通过斜井进行正洞作业时，斜井内通风及管线路的摊销部分。

4. 斜井支护按正洞相关定额计算。

五、通风及消防设施安装

定额中不含通风机、消防栓、消防水泵接合器、水流指示器、电气信号装置、气压水罐、泡沫比例混合器、自动报警系统装置、防火门等的购置费用，应按规定列入预算第二部分“设备及工具、器具购置费”中。

通风机预埋件按设计所示为完成通风机安装而需预埋的一切金属构件的质量计算工程数量，包括钢拱架、通风机拱部钢筋、通风机支座及各部分连接件等。

洞内预埋件工程量按设计预埋件的敷设长度计算，定额中已综合了预留导线的数量。

【例 6-1】 某土质隧道内路面基层采用 15cm 的二灰碎石，数量为 $10000m^2$，试确定其工、料、机消耗量及基价。

解： 隧道工程部分无无洞内路面的相关定额，则有规定：洞内工程若采用其他章节的有关项目时，所采用定额的人工工日、机械台班数量及小型机具使用费应乘以 1.26 系数，此时洞内的路面工程应按此办理。

查定额 P96 页 2-1-4-25，定额的单位为 $1000m^2$，由此可得：

人工：22.3×10000/1000×1.26＝280.98(工日)

粉煤灰：63.31×10000/1000＝633.1(m^3)

碎石：164.89×10000/1000＝1648.9(m^3)

设备摊销费：1.6×10000/1000＝16(元)

120kW 以内自行式平地机：

0.51×10000/1000×1.26＝6.426(台班)

75kW 以内履带式拖拉机：0.21×10000/1000×1.26＝3.096(台班)

6～81 钢轮压路机：0.41×10000/1000×1.26＝5.166(台班)

12～15t 钢轮压路机：1.27×10000/1000×1.26＝16.002(台班)

6000L 以内洒水汽车：0.92×10000/1000×1.26＝11.592(台班)

基价：10297× 10000/1000＋增加的人工费和机械使用费

【例 6-2】 某隧道工程长约 500m，隧道围岩为石灰岩，隧道洞口地势较平坦，隧道弃渣堆放在洞口附近，距隧道洞口 15km 处有一碎石料场，2cm 碎石供应价为 45 元/m^3(含装卸费等杂费)。当地运价标准为 0.5 元/(t·km)，人工工资单价 45 元/工日，辅助生产间接费率为 5%，250×150 电动碎石机台班预算单价 15045 元/台班，滚筒式筛分机台班预算单价 170 元/台班，碎石的单位重量为 1.5t/m^3，定额规定的捡清片石人工消耗 27.7 工日/$100m^3$，机械加工 $100m^3$ 碎石定额消耗为人工 48.3 工日，片石 116.9m^3，250×150 电动碎石机 6.49 台班，滚筒式筛分机 6.6 台班。

问题：(计算结果均取两位数)

1. 假设隧道弃渣经破碎筛分后能满足隧道混凝土工程需要，请合理确定本项目 2cm 碎石的预算单价。

2. 如果隧道弃渣加工的碎石仅能满足 200m 隧道混凝土的工程需要，此时的 2cm 碎石预算单价是多少？

解：

1. 外购碎石预算单价计算

$$(45+15\times0.5\times1.5\times1.5)\times1.01\times1.025=64.06(\text{元}/m^3)$$

2. 考虑利用隧道弃渣自行加工碎石预算单价计算

片石单价计算：27.7×45×1.05÷100＝13.09(元/m^3)

碎石单价计算：(48.3×45×1.05＋116.9×13.09＋6.49×150＋6.6×170)÷100＝59.08(元/m^3)

3. 综合选定

由于利用隧道砌渣加工碎石单价低于外购碎石单价，因此本项目碎石应利用隧道弃渣进行加工。即本项目 2cm 碎石预算单价为 59.08 元/m^3。

4. 2cm 碎石预算单价综合计算

$$64.06\times0.6+59.08\times0.4=62.07(\text{元}/m^3)$$

【例 6-3】 某分离式山区高速公路隧道，全长 1462m，主要工程量为：

1. 洞门部分：开挖土石方 6000m^3，其中Ⅴ类围岩 30%、Ⅳ类围岩 70%；浆砌片石墙体 1028m^3，浆砌片石截水沟 69.8m^3。

2. 洞身部分：设计开挖断面为 162m^3，开挖土石方 247180m^3，其中Ⅴ类围岩 10%、Ⅳ类围岩 70%、Ⅱ类围岩 20%；钢支撑 445t；喷射混凝土 10050m^3，钢筋网 138t，ϕ25 锚杆 12600m，ϕ22 铺杆 113600m，拱墙混凝土 25259m^3，光圆钢筋 16t，带肋钢筋 145t。

3. 洞内路面：21930m^3，水泥混凝土面层厚 26cm。

4. 洞外出渣运距为 1300m。

5. 隧道防排水、洞内管沟、装饰、照明、通风、消防等不考虑。

问题：

请列出该隧道工程施工图预算所涉及的相关定额的名称、单位、定额代号、数量、定额调整等内容，并填入表格中，需要时应列式计算或文字说明。

解：

1. 洞门开挖数量计算

开挖普通土：6000×0.3＝1800(m^3)

开挖软石：6000×0.7＝4200(m^3)

2. 洞身开挖数量计算

由于 162×1462＝236844(m^3)小于题目中给定的开挖数量 247180m^3，说明在题目中给定的洞身开挖数量中包含有超挖数量，按定额规定，超挖数量是不能计价的。

按定额中的工程量计算规则，开挖数量＝设计开挖断面×隧道长度，则计价工程量应为：

开挖Ⅴ类围岩：162×1462×0.1＝23684.4(m^3)

开挖Ⅳ类围岩：162×1462×0.7＝165790.8(m^3)

开挖Ⅱ类围岩：162×1462×0.2＝47368.8(m^3)

3. 锚杆数量计算

(0.025×0.025×12600＋0.022×0.022×113600)×3.1415×7.85/4＝387.539(t)

表 6-2 预 算 表

序号	工程项目				定额代号	单位	数量	定额调整或系数
1	洞门	开挖	土质		10109008	1000m^3	1.8	
2			软石	含运 20m	10115024	1000m^3	4.2	
3				扣 20m 运输	10115027	1000m^3	－4.2	2
4			弃渣；洞外运输	土	10111017	1000m^3	1.8	
5				增运	10111018	1000m^3	1.8	1
6				装石	10110005	1000m^3	4.2	
7				运石	10111045	1000m^3	4.2	
8				增运	10111046	1000m^3	4.2	1
9		浆砌片石墙体(装修另计)			30201004	10m^3	102.8	
10		浆砌片石截水沟			10203001	10m^3	6.98	
11	洞身	开挖	Ⅴ类围岩		30103011	100m^3	236.844	
12			Ⅳ类围岩		30103010	100m^3	1657.908	
13			Ⅱ类围岩		30103008	100m^3	473.699	
14			出渣	Ⅳ、Ⅴ类围岩	30103041	100m^3	1894.752	
15				Ⅱ类围岩	30103040	100m^3	473.699	
16			运输	土	10111018	1000m^3	189.4752	2
17				石	10111046	1000m^3	47.3699	2
18		支护	钢支撑		30105001	1t	445	
19			锚杆		30106001	1t	387.539	
20			钢筋网		30106002	1t	138	
21			喷射混凝土		30108001	10m^3	1005	
22			混凝土拌合		41111011	100m^3	100.5	1.2
23			混凝土运输		30109009	100m^3	100.5	1.2
24		衬砌	拱墙混凝土		30109002	10m^3	2525.9	
25			混凝土拌合		41111011	100m^3	252.59	1.17
26			混凝土运输		30109009	100m^3	252.59	1.17
27			钢筋	光圆	30109006	1t	16	光圆：1.025；带肋：0
28				带肋	30109006	1t	145	带肋：1.025；光圆：0
29	水泥混凝土路面			厚度 20cm	20217003	1000m^2	21.93	人工、机械×1.26
30				厚度增加 6cm	20217004	1000m^2	21.93×6	人工、机械×1.26
31	混凝土拌合站安拆				41111007	1座	1	
32	正洞通风				30115002	100m	14.62	
33	正洞高压风水管、照明、电线路				30116002	100m	14.62	

第二节　隧道工程清单项目工程量计量

根据《公路工程工程量计量规则》，隧道工程包括：包括洞口与明洞工程、洞身开挖、洞身衬砌、防水与排水、洞内防火涂料和装饰工程、监控量测、地质预报等。

一、有关问题的说明及提示

1. 场地布置，核对图纸、补充调查、编制施工组织设计，试验检测、施工测量、环境保护、安全措施、施工防排水、围岩类别划分及监控、通信、照明、通风、消防等设备、设施预埋构件设置与保护，所有准备工作和施工中应采取的措施均为各节、各细目工程的附属工作，不另行计量。

2. 风水电作业及通风、照明、防尘为不可缺少的附属设施和作业，均应包括在本章各节有关工程细目中，不另行计量。

3. 隧道铭牌、模板装拆、钢筋除锈、拱盔、支架、脚手架搭拆、养护清场等工作均为各细目的附属工作，不另行计量。

4. 连接钢板、螺栓、螺帽、拉杆、垫圈等作为钢支护的附属构件，不另行计量。

5. 混凝土拌合场站、贮料场的建设、拆除、恢复均包括在相应工程项目中，不另行计量。

6. 洞身开挖包括主洞、竖井、斜井。洞外路面、洞外消防系统土石开挖、洞外弃渣防护等计量规则见有关章节。

7. 材料的计量尺寸为设计净尺寸。

二、洞口与明洞工程

工作内容包括洞口土石方开挖、排水系统、洞门、明洞、坡面防护、挡墙以及洞口的辅助工程等的施工及其他有关作业。

1. 工程量清单计量规则（表 6-3）

表 6-3　洞口与明洞工程量清单计量规则

项	目	节	细目	项目名称	项目特征	计量单位	工程量计算规则	工程内容
五				隧道				第 500 章
		1		洞口、明洞开挖				
			a	挖土方	1. 土壤类别 2. 施工方法 3. 断面尺寸	m^3	按设计图所示，按横断面尺寸乘以长度以天然密实方计算	1. 施工排水 2. 零填及挖方路基挖松压实 3. 挖运、装卸 4. 整修路基和边坡
			b	挖石方	1. 岩石类别 2. 施工方法 3. 爆破要求 4. 断面尺寸			1. 施工排水 2. 零填及挖方路基挖松压实 3. 爆破防护 4. 挖运、装卸 5. 整修路基和边坡

续表

项	目	节	细目	项目名称	项目特征	计量单位	工程量计算规则	工程内容
			c	弃方超运	1. 土壤类别 2. 超运里程	$m^3\cdot km$	按设计图所示，弃土场地不足须增加弃土场或监理工程师批准变更弃土场导致弃方超过图纸规定运距，按超运弃方数量乘以超运里程计算	1. 弃方超运 2. 整修弃土场
		2		防水与排水				
			a	浆砌片石边沟、截水沟、排水沟	1. 材料规格 2. 垫层厚度 3. 断面尺寸 4. 强度等级	m^3	按设计图所示，按横断面面积乘以长度以体积计算	1. 挖运土石方 2. 铺设垫层 3. 砌筑、勾缝 4. 伸缩缝填塞 5. 抹灰压顶、养生
			b	浆砌混凝土预制块水沟	1. 垫层厚度 2. 断面尺寸 3. 强度等级	m^3	按设计图所示，按横断面面积乘以长度以体积计算	1. 挖运土石方 2. 铺设垫层 3. 预制安装混凝土预制块 4. 伸缩缝填塞 5. 抹灰压顶、养生
			c	现浇混凝土水沟				1. 挖运土石方 2. 铺设垫层 3. 现浇混凝土 4. 伸缩缝填塞 5. 养生
			d	渗沟	1. 材料规格 2. 断面尺寸	m^3	按设计图所示，按横断面尺寸乘以长度以体积计算	1. 挖基整形 2. 混凝土垫层 3. 埋 PVC 管 4. 渗水土工布包碎砾石填充 5. 出水口砌筑 6. 试通水 7. 回填
			e	暗沟	1. 材料规格 2. 断面尺寸 3. 强度等级	m^3		1. 挖基整形 2. 铺设垫层 3. 砌筑 4. 预制安装(钢筋)混凝土盖板 5. 铺砂砾反滤层 6. 回填
			f	排水管	材料规格	m	按设计图所示，按不同孔径以长度计算	1. 挖运土石方 2. 铺垫层 3. 安装排水管 4. 接头处理 5. 回填
			g	混凝土拦水块	1. 材料规格 2. 断面尺寸 3. 强度等级	m^3	按设计图所示，按横断面尺寸乘以长度以体积计算	1. 基础处理 2. 模板安装 3. 浇筑混凝土 4. 拆模养生

续表

项	目	节	细目	项目名称	项目特征	计量单位	工程量计算规则	工程内容
			h	防水混凝土	1. 材料规格 2. 配合比 3. 厚度 4. 强度等级	m^3	按设计图所示以体积计算	1. 基础处理 2. 加防水剂拌合运输 3. 浇筑、养生
			i	黏土隔水层	1. 厚度 2. 压实度	m^3	按设计图所示，按压实后隔水层面积乘隔水层厚度以体积计算	1. 黏土挖运 2. 填筑、压实
			j	复合防水板	材料规格	m^2	按设计图所示，以面积计算	1. 复合防水板铺设 2. 焊接、固定
			k	复合土工膜			按设计图所示，以净面积计算(不计入按规范要求的搭接卷边部分)	1. 平整场地 2. 铺设、搭接、固定
		3		洞口坡面防护				
			a	浆砌片石	1. 材料规格 2. 断面尺寸 3. 强度等级	m^3	按设计图所示，按体积计算	1. 整修边坡 2. 挖槽 3. 铺垫层、铺筑滤水层、制作安装泄水孔 4. 砌筑、勾缝
			b	浆砌混凝土预制块	1. 断面尺寸 2. 强度等级			1. 整修边坡 2. 挖槽 3. 铺垫层、铺筑滤水、制作安装泄水孔 4. 预制安装预制块
			c	现浇混凝土				1. 整修边坡 2. 浇筑混凝土 3. 养生
			d	喷射混凝土	1. 厚度 2. 强度等级			1. 整修边坡 2. 喷射混凝土 3. 养生
			e	锚杆	1. 材料规格 2. 抗拉强度	m	按设计图所示，按不同规格以长度计算	1. 钻孔、清孔 2. 锚杆制作安装 3. 注浆 4. 张拉 5. 抗拔力试验
			f	钢筋网	材料规格	kg	按设计图所示，以重量计算(不计入规定的搭接长度)	制作、挂网、搭接、锚固

续表

项	目	节	细目	项目名称	项目特征	计量单位	工程量计算规则	工程内容
			g	植草	1. 草籽种类 2. 养护期	m^2	按设计图所示，按合同规定的成活率以面积计算	1. 修整边坡、铺设表土 2. 播草籽 3. 洒水覆盖 4. 养护
			h	土工格室草皮	1. 格室尺寸 2. 植草种类 3. 养护期			1. 挖槽、清底、找平、浇筑混凝土 2. 格室安装、铺种植土、播草籽、拍实 3. 清理、养护
			i	洞顶防落网	材料规格	m^2	按设计图所示，以面积计算	设置、安装、固定
		4		洞门建筑				
			a	浆砌片石	1. 材料规格 2. 断面尺寸 3. 强度等级	m^3	按设计图所示，按体积计算	1. 挖基、基底处理 2. 砌筑、勾缝 3. 沉降缝、伸缩缝处理
			b	浆砌料(块)石				
			c	片石混凝土	1. 材料规格 2. 断面尺寸 3. 片石掺量 4. 强度等级			1. 挖基、基底处理 2. 拌合、运输、浇筑混凝土 3. 养生
			d	现浇混凝土	1. 材料规格 2. 断面尺寸 3. 强度等级			1. 修补表面 2. 贴面 3. 抹平、养生
			e	镶面	1. 材料规格 2. 强度等级 3. 厚度		按设计图所示，按不同材料以体积计算	
			f	光圆钢筋	1. 材料规格 2. 抗拉强度	kg	按设计图所示，各规格钢筋按有效长度(不计入规定的搭接长度)以重量计算	1. 制作、安装 2. 搭接
			g	带肋钢筋				
			h	锚杆		m	按设计图所示，按不同规格以长度计算	1. 钻孔、清孔 2. 锚杆制作安装 3. 注浆 4. 张拉 5. 抗拔力试验
		5		明洞衬砌				
			a	浆砌料(块)石	1. 材料规格 2. 断面尺寸 3. 强度等级	m^3	按设计图所示，按体积计算	1. 挖基、基底处理 2. 砌筑、勾缝 3. 沉降缝、伸缩缝处理
			b	现浇混凝土				1. 浇筑混凝土 2. 养生 3. 伸缩缝处理

续表

项	目	节	细目	项目名称	项目特征	计量单位	工程量计算规则	工程内容
			c	光圆钢筋	1. 材料规格 2. 抗拉强度	kg	按设计图所示，各规格钢筋按有效长度（不计入规定的搭接长度）以重量计算	1. 制作、安装 2. 搭接
			d	带肋钢筋				
		6		遮光棚(板)				
			a	现浇混凝土	1. 材料规格 2. 断面尺寸 3. 强度等级	m³	按设计图所示，按体积计算	1. 浇筑混凝土 2. 养生 3. 伸缩缝处理
			b	光圆钢筋	1. 材料规格 2. 抗拉强度	kg	按设计图所示，各规格钢筋按有效长度（不计入规定的搭接长度）以重量计算	1. 制作、安装 2. 搭接
			c	带肋钢筋				
		7		洞顶(边墙墙背)回填				
			a	回填土石方	1. 土壤类别 2. 压实度	m³	按设计图所示，以体积计算	1. 挖运 2. 回填 3. 压实
		8		洞外挡土墙				
			a	浆砌片石	1. 材料规格 2. 断面尺寸 3. 强度等级	m³	按设计图示，以体积计算	1. 挖基、基底处理 2. 砌筑、勾缝 3. 铺筑滤水层、制作安装泄水孔、沉降缝处理 4. 抹灰压顶

2. 计量与支付

（1）计量

①各项工程，应按图纸所示和监理人指示为依据，按照实际完成并经验收的工程数量，进行计量。

②洞口路堑等开挖与明洞洞顶回填的土石方，不分土、石的种类，只区分为土方和石方，以立方米计量。

③弃方运距在图纸规定的弃土场内为免费运距，弃土超出规定弃土场的距离时（比如图纸规定的弃土场地不足要另外增加弃土场，或经监理人同意变更的弃土场），其超出部分另计超运距运费，按立方米公里计量。若未经监理人同意，承包人自选弃土场时，则弃土运距不论远近，均为免费运距。

④隧道洞门的端墙、翼墙、明洞衬砌及遮光棚（板）的混凝土（钢筋混凝土）或石砌圬工，以立方米计量。钢筋以千克（kg）计量

⑤截水沟（包括洞顶及端墙后截水沟）圬工以立方米计量。

⑥防水材料（无纺布）铺设完毕经验收以平方米计量，与相邻防水材料搭接部分不另

计量。

⑦洞口坡面防护工程，按不同圬工类型分别汇总以立方米计量，锚杆及钢筋网分别以千克计量；种植草皮以平方米计量。

⑧截水沟的土方开挖和砂砾垫层、隧道铭牌以及模板、支架的制作安装和拆卸等均包括在相应工程中不单独计量。

⑨泄水孔、砂浆勾缝、抹平等的处理，以及图纸示出而支付子目表中未列出的零星工程和材料，均包括在相应工程子目单价内，不另行计量。

（2）支付

①按上述规定计量，经监理人验收的列入工程量清单的以下支付子目的工程量，其每一计量单位将以合同单价支付。此项支付包括材料、劳力、设备、运输等及其为完成洞口及明洞工程所必需的费用，是对完成工程的全部偿付。

②洞口土石方开挖与明洞洞顶回填各子目的合同单价，应以第 200 章路基工程同子目的单价为结算依据。

（3）支付子目（表 6-4）

表 6-4 支 付 子 目

子目号	子目名称	单 位	子目号	子目名称	单 位
502-1	洞口、明洞开挖	总额	-a	C…混凝土	m^3
-a	土方	m^3	-b	M…浆砌粗料石(块石)	m^3
-b	石方	m^3	-c	钢筋	kg
-c	弃方超运	$m^3 \cdot km$	502-5	明洞衬砌	
502-2	防水与排水		-a	C…混凝土	m^3
-a	M…砂浆砌片石截水沟	m^3	-b	光圆钢筋(HPB235)	kg
-b	无纺布	m^2	-c	带肋钢筋(HRB335)	kg
	……			……	
502-3	洞口坡面防护		502-6	遮光棚(板)	
-a	M…浆砌片石	m^3	-a	C…混凝土	m^3
-b	C…喷射混凝土	m^3	-b	光圆钢筋(HPB235)	kg
-c	种植草皮	m^2	-c	带肋钢筋(HRB335)	kg
-d	锚杆	kg		……	
-e	钢筋网	kg	502-7	洞顶回填	
502-4	洞门建筑		-a	回填土石方	m^3

三、洞身开挖

工作内容包括洞身及行车、行人横洞以及辅助坑道的开挖、钻孔爆破、施工支护、装渣运输等有关作业。

1. 工程量清单计量规则（表 6-5）

表 6-5　洞身开挖工程量清单计量规则

项	目	节	细目	项目名称	项目特征	计量单位	工程量计算规则	工程内容
五				隧道				第 500 章
	3			洞身开挖				第 503 节、第 507 节
		1		洞身开挖	1. 围岩类别 2. 施工方法 3. 断面尺寸	m^3	按设计图所示，按横断面尺寸乘以长度以天然密实方计算	1. 防排水 2. 量测布点 3. 钻孔装药 4. 找顶 5. 出渣、修整 6. 施工观测
			a	挖土方				
			b	挖石方	1. 围岩类别 2. 施工方法 3. 爆破要求 4. 断面尺寸			
			c	弃方超运	1. 土壤类别 2. 超运里程	$m^3 \cdot km$	按设计图所示，弃土场地不足须增加弃土场或监理工程师批准变更弃土场导致弃方运距超过洞外200m，按超运弃方数量乘以超运里程计算	1. 弃方超运 2. 整修弃土场
		2		超前支护				
			a	注浆小导管	1. 材料规格 2. 强度等级	m	按设计图所示，以长度计算	1. 下料制作、运输 2. 钻孔、钢管顶入 3. 预注早强水泥浆 4. 设置止浆塞
			b	超前锚杆	1. 材料规格 2. 抗拉强度			1. 下料制作、运输 2. 钻孔 3. 安装锚杆
			c	自钻式锚杆				钻入
			d	管棚	1. 材料规格 2. 强度等级			1. 下料制作、运输 2. 钻孔、清孔 3. 安装管棚 4. 注早强水泥砂浆
			e	型钢	材料规格	kg	按设计图所示，以重量计算	1. 设计制造、运输 2. 安装、焊接、维护
			f	光圆钢筋	1. 材料规格 2. 抗拉强度		按设计图所示，各规格钢筋按有效长度(不计入规定的搭接长度)以重量计算	1. 制作、安装 2. 搭接
			g	带肋钢筋				
		3		喷锚支护				

续表

项	目	节	细目	项目名称	项目特征	计量单位	工程量计算规则	工程内容
			a	喷射钢纤维混凝土	1. 材料规格 2. 钢纤维掺配比例 3. 厚度 4. 强度等级	m^3	按设计图所示，按喷射混凝土面积乘以厚度以立方米计算	1. 设喷射厚度标志 2. 喷射钢纤维混凝土 3. 回弹料回收 4. 养生
			b	喷射混凝土	1. 材料规格 2. 厚度 3. 强度等级			1. 设喷射厚度标志 2. 喷射混凝土 3. 回弹料回收 4. 养生
			c	注浆锚杆	1. 材料规格 2. 强度等级	m	按设计图所示，以长度计算	1. 钻孔 2. 加工安装锚杆 3. 注早强水泥浆
			d	砂浆锚杆				1. 钻孔 2. 设置早强水泥砂浆 3. 加工安装锚杆
			e	预应力注浆锚杆				1. 放样、钻孔 2. 加工、安装锚杆并锚固端部 3. 张拉预应力 4. 注早强水泥砂浆
			f	早强药包锚杆	1. 材料规格 2. 早强药包性能要求	m	按设计图所示，以长度计算	1. 钻孔 2. 设制药包 3. 加工、安装锚杆
			g	钢筋网	材料规格	kg	按设计图所示，以重量计算	1. 制作钢筋网 2. 布网、搭接、固定
			h	型钢				1. 设计制造 2. 安装、固定、维护
			i	连接钢筋				1. 下料制作 2. 连接、焊接
			j	连接钢管				
		4		木材	材料规格	m^3	按设计图所示，按平均横断面尺寸乘以长度以体积计算	1. 下料制作 2. 安装

2. 计量与支付

(1) 计量

①洞内土石方开挖应符合图纸所示（包括紧急停车带、车行横洞、人行横洞以及监控、消防和供配电设施等的洞室）或监理人指示，按隧道内轮廓线加允许超挖值（设计给出的允许超挖值或《公路隧道施工技术规范》(JTG. F60—2009) 按不同围岩级别给出的允许超挖值）后计算土石方。另外，当采用复合衬砌时，除给出的允许超挖值外，还应考虑加上预留变形量。按上述要求计得的土石方工程量，不分围岩级别，以立方米计量。开挖土石方的弃渣，其弃渣距离在图纸规定的弃渣场内为免费运距；弃渣超出规定弃渣场的距离时（如图纸

规定的弃渣场地不足要另外增加弃土场，或经监理人同意变更的弃渣场），其超出部分另计超运距运费，按立方米公里计量。若未经监理人同意，承包人自选弃渣场时，则弃渣运距不论远近，均为免费运距。

②不论承包人出于任何原因而造成的超过允许范围的超挖，和由于超挖所引起增加的工程量，均不予计量。

③支护的喷射混凝土按验收的受喷面积乘以厚度，以立方米计量，钢筋以千克（kg）计量。喷射混凝土其回弹率、钢纤维以及喷射前基面的清理工作均包含在工程子目单价之内，不另行计量。

④洞身超前支护所需的材料，按图纸所示或监理人指示并经验收的各种规格的超前锚杆或小钢管、管棚、注浆小导管、锚杆以米计量；各种型钢以千克（kg）计量；连接钢板、螺栓、螺帽、拉杆、垫圈等作为钢支护的附属构件，不另行计量。木材以立方米计量。

⑤隧道开挖的钻孔爆破、弃渣的装渣作业均为土石方开挖工程的附属工作，不另行计量。

⑥隧道开挖过程，洞内采取的施工防排水措施，其工作量应含在开挖土石方工程的报价之中。

（2）支付

按上述规定计量，经监理人验收并列入了工程量清单的以下支付子目的工程量，其每一计量单位将以合同单价支付。此项支付包括材料、劳力、设备、运输及其他为完成洞身开挖工程所必要的费用，是对完成工程的全部偿付。

（3）支付子目（表 6-6）

表 6-6　支　付　子　目

子目号	子目名称	单　位	子目号	子目名称	单　位
503-1	洞身开挖		-e	型钢(规格型号)	kg
-a	土方	m^3		…	
-b	石方	m^3	503-3	初期支护	kg
-c	弃方超运	$m^3 \cdot km$	-a	C…喷射钢纤维混凝土	m^3
503-2	超前支护		-b	C…喷射混凝土	m^3
-a	锚杆(规格)	m	-c	注浆锚杆(规格)	m
-b	小钢管(规格)	m	-d	锚杆(规格)	m
-c	管棚(规格)	m	-e	钢筋网	kg
-d	注浆小导管(规格)	kg	503-4	木材	m^3

四、洞身衬砌

工作内容包括隧道洞身衬砌、模板与支架、防水层和洞内附属工程等以及有关工程的施工作业。

1. 工程量清单计量规则（表 6-7）

表 6-7 洞身衬砌工程量清单计量规则

项	目	节	细目	项目名称	项目特征	计量单位	工程量计算规则	工程内容
五				隧道				第 500 章
	4			洞身衬砌				第 504 节、第 507 节
		1		洞身衬砌				
			a	砖墙	1. 材料规格 2. 断面尺寸 3. 强度等级	m^3	按设计图示验收，以体积计算	1. 制备砖块 2. 砌砖墙、勾缝养生 3. 沉降缝、伸缩缝处理
			b	浆砌粗料石(块石)				1. 挖基、基底处理 2. 砌筑、勾缝 3. 沉降缝、伸缩缝处理
			c	现浇混凝土				1. 浇注混凝土 2. 养生 3. 沉降缝、伸缩缝处理
			d	光圆钢筋	1. 材料规格 2. 抗拉强度	kg	按设计图所示，各规格钢筋按有效长度(不计入规定的错接长度)以重量计算	1. 制作、安装 2. 搭接
			e	带肋钢筋				
		2		仰拱、铺底混凝土				
			a	仰拱混凝土	强度等级	m^3	按设计图所示，以体积计算	1. 排除积水 2. 浇筑混凝土、养生 3. 沉降缝、伸缩缝处理
			b	铺底混凝土				
			c	仰拱填充料	材料规格			1. 清除杂物、排除积水 2. 填充、养生 3. 沉降缝、伸缩缝处理
		3		管沟				
			a	现浇混凝土	1. 断面尺寸 2. 强度等级	m^3	按设计图所示，以体积计算	1. 挖基 2. 现浇混凝土 3. 养生
			b	预制混凝土				1. 挖基、铺垫层 2. 预制安装混凝土预制块
			c	(钢筋)混凝土盖板				预制安装(钢筋)混凝土盖板
			d	级配碎石	1. 材料规格 2. 级配要求			1. 运输 2. 铺设
			e	干砌片石	材料规格			干砌

续表

项	目	节	细目	项目名称	项目特征	计量单位	工程量计算规则	工程内容
			f	铸铁管	材料规格	m	按设计图所示以长度计算	安装
			g	镀锌钢管		套	按设计图所示以套计算	
			h	铸铁盖板				
			i	无缝钢管		kg	按设计图所示，以重量计算	
			j	钢管				
			k	角钢				
			l	光圆钢筋	1. 材料规格 2. 抗拉强度	kg	按设计图所示，各规格钢筋按有效长度(不计入规定的搭接长度及吊钩)以重量计算	1. 制作、安装 2. 搭接
			m	带肋钢筋				
		4		洞门				
			a	消防室洞门	1. 材料规格 2. 结构型式	个	按设计图所示，以个计算	安装
			b	通道防火匝门				
			c	风机启动柜洞门				
			d	卷帘门				
			e	检修门				
			f	双制铁门				
			g	格栅门				
			h	铝合金骨架墙	材料规格	m^2	按设计图所示，以面积计算	加工、安装
			i	无机材料吸音板				
		5		洞内路面				
			a	水泥稳定碎石	1. 材料规格 2. 掺配量 3. 厚度 4. 强度等级	m^2	按设计图所示，以顶面面积计算	1. 清理下承层、洒水 2. 拌合、运输 3. 摊铺、整形 4. 碾压 5. 养护
			b	贫混凝土基层	1. 材料规格 2. 厚度 3. 强度等级			
			c	沥青封层	1. 材料规格 2. 厚度 3. 沥青用量		按设计图所示，以面积计算	1. 清理下承层 2. 拌合、运输 3. 摊铺、压实
			d	混凝土面层	1. 材料规格 2. 厚度 3. 配合比 4. 外掺剂 5. 强度等级			1. 清理下承层、湿润 2. 拌合、运输 3. 摊铺、抹平 4. 压(刻)纹 5. 胀缝制作安装 6. 切缝、灌缝 7. 养生

续表

项	目	节	细目	项目名称	项目特征	计量单位	工程量计算规则	工程内容
			e	光圆钢筋	1. 材料规格 2. 抗拉强度	kg	按设计图所示，各规格钢筋按有效长度(不计入规定的搭接长度及吊钩)以重量计算	1. 制作、安装 2. 搭接
			f	带肋钢筋				
		6		消防设施				
			a	阀门井	1. 材料规格 2. 断面尺寸	个	按设计图所示，以个计算	1. 阀门井施工养生 2. 阀门安装
			b	集水池	1. 材料规格 2. 强度等级 3. 结构型式	座	按设计图所示，以座计算	1. 集水池施工养生 2. 防渗处理 3. 水路安装
			c	蓄水池				1. 蓄水池施工养生 2. 防渗处理 3. 水路安装
			d	取水泵房	1. 材料规格 2. 强度等级 3. 结构型式	座	按设计图示，以座计算	1. 取水泵房施工 2. 水泵及管路安装 3. 配电施工
			e	滚水坝				1. 基础处理 2. 滚水坝施工 3. 养生

2. 计量与支付

(1) 计量

①洞身衬砌的拱部（含边墙），按实际完成并经验收的工程量，分不同级别水泥混凝土和圬工，以立方米计量。洞内衬砌用钢筋，按图纸所示以千克（kg）计量。

②任何情况下，衬砌厚度超出图纸规定轮廓线的部分，均不予计量。

③允许个别欠挖的侵入衬砌厚度的岩石体积，计算衬砌。

④仰拱、铺底混凝土，应按图纸施工，以立方米计量。

⑤预制或就地浇筑混凝土边沟及电缆沟，按实际完成并经验收后的工程量，以立方米计量。

⑥洞内混凝土路面工程经验收合格以平方米计量。

⑦各类洞门按图纸要求，经验收合格以个计量。其中材料采备、加工制作、安装等均不另行计量。

⑧施工缝及沉降缝按图纸规定施工，其工作量含在相关工程子目之中，不另行计量。

(2) 支付

按上述规定计量，经监理人验收并列入工程量清单的以下支付子目的工程量，其每一计量单位，将以合同单价支付。此项支付包括材料、劳力、设备、机具等及其他为完成隧道衬砌工程所必需的费用，是对完成工程的全部偿付。

(3) 支付子目（表 6-8）

表 6-8 支 付 子 目

子目号	子目名称	单 位	子目号	子目名称	单 位
504-1	洞身衬砌		504-3	C…边沟、电缆沟混凝土	m^3
-a	C…混凝土	m^3	504-4	洞室门(规格)	个
-b	C…防水混凝土	m^3	504-5	洞内路面	
-c	M…浆砌粗料石(块石)	m^3	-a	C…混凝土(厚…mm)	m^2
-d	光圆钢筋(HPB235)	kg	-b	光圆钢筋(HPB235)	kg
-e	带肋钢筋(HRB335)	kg	-c	带肋钢筋(HRB335)	kg
504-2	C…仰拱、铺底混凝土	m^3			

五、防水与排水

工作内容包括隧道施工中的洞内外临时防水与排水和洞内永久防水、排水工程以及防水层施工等的有关作业。

1．工程量清单计量规则（表 6-9）

表 6-9 防水与排水工程量清单计量规则

项	目	节	细目	项目名称	项目特征	计量单位	工程量计算规则	工程内容
五				隧道				第 500 章
	5			防水与排水				第 505 节、第 507 节
		1		防水与排水				
			a	复合防水板	材料规格	m^2	按设计图所示，以面积计算	1. 基底处理 2. 铺设防水板 3. 接头处理 4. 防水试验
			b	复合土工防水层				1. 基底处理 2. 铺设防水层 3. 搭接、固定
			c	止水带		m	按设计图所示，以长度计算	1. 安装止水带 2. 接头处理
			d	止水条				1. 安装止水条 2. 接头处理
			e	压注水泥-水玻璃浆液(暂定工程量)	1. 材料规格 2. 强度等级 3. 浆液配比	m^3	按实际完成数量，以体积计算	1. 制备浆液 2. 压浆堵水
			f	压注水泥浆液(暂定工程量)				
			g	压浆钻孔(暂定工程量)	孔径孔深	m	按实际完成，以长度计算	钻孔
			h	排水管	材料规格	m	按实际完成，以长度计算	安装
			i	镀锌铁皮		m^2	按设计图所示，以面积计算	1. 基底处理 2. 铺设镀锌铁皮 3. 接头处理

2. 计量与支付

(1) 计量

①洞内排水用的排水管按不同类型、规格以米计量。

②压浆堵水按所用原材料（如水泥浆液、水泥水玻璃浆液）以吨（t）计量。压浆钻孔以米计。

③防水层按所用材料（防水板、无纺布等）以平方米计量；止水带、止水条以米计量。

④为完成上述项目工程加工安装所有工料、机具等均不另行计量。

⑤隧道洞身开挖时，洞内外的临时防排水工程应作为洞身开挖的附属工作，不另行支付。为此，第503节支付子目的土方及石方工程报价时，应考虑本节支付子目外的其他施工时采取的防排水措施的工作量。

(2) 支付

按上述规定计量，经监理人验收并列入了工程量清单的以下支付子目的工程量，其每一计量单位将以合同单价支付。此项支付包括材料、劳力、设备、运输等及其他为完成防排水工程所必需的费用，是对完成工程的全部偿付。

(3) 支付子目（表6-10）

表6-10 支 付 子 目

子目号	子目名称	单 位	子目号	子目名称	单 位
505-1	防水与排水		-e	压注水泥——水玻璃浆液	t
-a	防水板	m^2	-f	压注水泥浆液	t
-b	无纺布	m^2	-g	压浆钻孔	m
-c	止水带	m	-h	排水管（ϕ…mm）	m
-d	止水条	m			

六、洞内防火涂料和装饰工程

工作内容包括隧道的洞内防火涂料及装饰工程（镶贴瓷砖）施工，以及喷涂混凝土专用漆等有关工程的施工作业。

1. 工程量清单计量规则（表6-11）

表6-11 洞内防火涂料和装饰工程量清单计量规则

项	目	节	细目	项目名称	项目特征	计量单位	工程量计算规则	工程内容
五				隧道				第500章
	6			洞内防水涂料和装饰工程				第506节、第507节
		1		洞内防火涂料				
			a	喷涂防火涂料	1. 材料规格 2. 遍数	m^2	按设计图所示，以面积计算	1. 基层表面处理 2 拌料 3. 喷涂防火涂料 4. 养生

续表

项	目	节	细目	项目名称	项目特征	计量单位	工程量计算规则	工程内容
		2		洞内装饰工程				
			a	镶贴瓷砖	1. 材料规格 2. 强度等级	m^2	按设计图所示，以面积计算	1. 混凝土墙表面的处理 2. 砂浆找平 3. 镶贴瓷砖
			b	喷涂混凝土专用漆	材料规格			1. 基层表面处理 2. 喷涂混凝土专用漆

2. 计量与支付

（1）计量

本节完成的各项工程，应根据图纸要求，按实际完成并经监理人验收的数量，分别按以下的工程子目进行计量：

①喷涂防火涂料：喷涂的面积，以平方米为单位计量。其工作内容包括材料的采备、供应、运输，支架、脚手架的制作安装和拆除，基层表面处理，防火涂料喷涂后的养生，施工的照明、通风等一切与此有关的作业。

②镶贴瓷砖：镶贴瓷砖的面积，以平方米为单位计量。其工作内容包括材料的采备、供应、运输，混凝土边墙表面的处理，砂浆找平，施工的照明、通风等一切与此有关的作业。找平用的砂浆不另行计量。

③喷涂混凝土专用漆：喷涂混凝土专用漆的面积，以平方米为单位计量。其工作内容包括材料的采备、供应、运输，基层处理，施工的照明、通风等一切与此有关的作业。

（2）支付

按上述规定计量，经监理人验收并列入工程量清单的以下支付子目的工程量，其每一计量单位，将以合同单价支付。此项支付包括材料、劳力、设备、运输等及其他为完成洞内防火涂料和装饰工程所必需的费用，是对完成工程的全部偿付。

（3）支付子目（表 6-12）

表 6-12　支　付　子　目

子目号	子目名称	单　位	子目号	子目名称	单　位
506-1	洞内防火涂料		-a	镶贴瓷砖	m^2
-a	喷涂防火涂料	m^2	-b	喷涂混凝土专用漆	m^2
506-2	洞内装饰工程				

七、风水电作业及通风防尘

工作内容包括隧道施工中的供风、供水、供电、照明以及施工中的通风、防尘等作业。

风水电作业及通风防尘为隧道施工的不可缺少的附属工作，其工作量均包含在本章各节有关支付子目的报价中，不予另行计量。

八、监控量测

1. 工程量清单计量规则（表 6-13）

表 6-13 监控工程量清单计量规则

项	目	节	细目	项目名称	项目特征	计量单位	工程量计算规则	工程内容
五				隧道				第 500 章
	8			监控量测				第 507 节、第 508 节
		1		监控量测				
			a	必测项目（项目名称）	1. 围岩类别 2. 检测手段、要求	总额	按规定以总额计算	1. 加工、采备、标定、埋设测量元件 2. 检测仪器采备、标定、安装、保护 3. 实施观测 4. 数据处理反馈应用
			b	选测项目（项目名称）				

2. 计量与支付

监控量测是隧道安全施工必须采取的措施，监控量测除必测项目外，应根据具体情况确定选测项目，分别以总额报价及支付。

（1）支付子目（表 6-14）

表 6-14 支付子目

子目号	子目名称	单位	子目号	子目名称	单位
508-1	监控量测		-b	选测项目（项目名称）	总额
-a	必测项目（项目名称）	总额			

九、特殊地质地段的施工与地质预报

工作内容为隧道施工中常遇到的几种特殊地质地段，在这些地段中施工的有关作业以及地质预报有关事项。

1. 工程量清单计量规则（表 6-15）

表 6-15 监控工程量清单计量规则

项	目	节	细目	项目名称	项目特征	计量单位	工程量计算规则	工程内容
五				隧道				第 500 章
	9			特殊地质地段的施工与地质预报				第 507 节、第 509 节
		1		地质预报	1. 地质类别 2. 探测手段、方法	总额	按规定以总额计算	1. 加工、采备、标定、安装探测设备 2. 检测仪器采备、标定、安装、保护 3. 实施观测 4. 数据处理反馈应用

2. 计量与支付

（1）隧道施工中遇到特殊地质地段时承包人应采取的有关施工措施，不另行计量与支付。地质预报其采用的方法手段应根据具体情况选用，以总额报价及支付。

（2）支付子目（表 6-16）

表 6-16　支　付　子　目

子 目 号	子 目 名 称	单　位
509-1	地质预报（探测手段）	总　额

第三节　隧道工程计价实例

【例 6-4】 浙江省金华地区某交通工程，为高速公路标准设计，全长。该隧道全长 1210m，具体如图 6-1～图 6-5 所示。主要工程量为：

洞门部分：开挖土石方 4000m^3，其中Ⅴ类围岩 20%、Ⅵ类围岩 80%；浆砌片石墙体 920m^3，浆砌片石截水沟 58m^3。

洞身部分设计开挖断面为 210m^2，其中Ⅴ类围岩 10%、Ⅳ类围岩 70%、Ⅱ类围岩 20%；钢支撑 510t；喷射混凝土 11000m^3，钢筋网 120t，ϕ25 锚杆 11800m，ϕ22 锚杆 128000m，拱墙混凝土 26200m^3，钢筋 210t。

洞内路面：22102m^2，水泥混凝土面层厚 26cm。

洞外出渣运距 1.5km。隧道内防排水、管沟、照明、通风、消防、通信、装饰等不考虑。

锚杆数量计算＝(0.025×0.025×11800＋0.022×0.022×128000)×3.14×7.85/4＝427.21t。

试分别用定额计价模式和工程量清单模式，完成该桥梁工程的计量与计价。

一、隧道工程定额计价

1. 确定施工方案

（1）混凝土均采用自拌，设一拌合站，平均运距 1.5km。

（2）采用新奥法施工，二次衬砌采用台车模铸。

（3）洞外弃渣运输采用 12t 自卸汽车；洞内弃渣采用 5t 自卸汽车。弃土场平均运距 1.5km。不考虑工期影响。

2. 取费标准

（1）人工费

公路工程人工费采用 52.42 元/工日（含机械工）。

（2）材料价格

参照浙江省交通厅工程定额站发布的《浙江交通建设工程质监与造价》价格信息专辑提供的材料信息价格，结合市场调查情况及外业调查资料综合确定（本例题按 2010 年第 1 期金华市区材料价格信息考虑）。

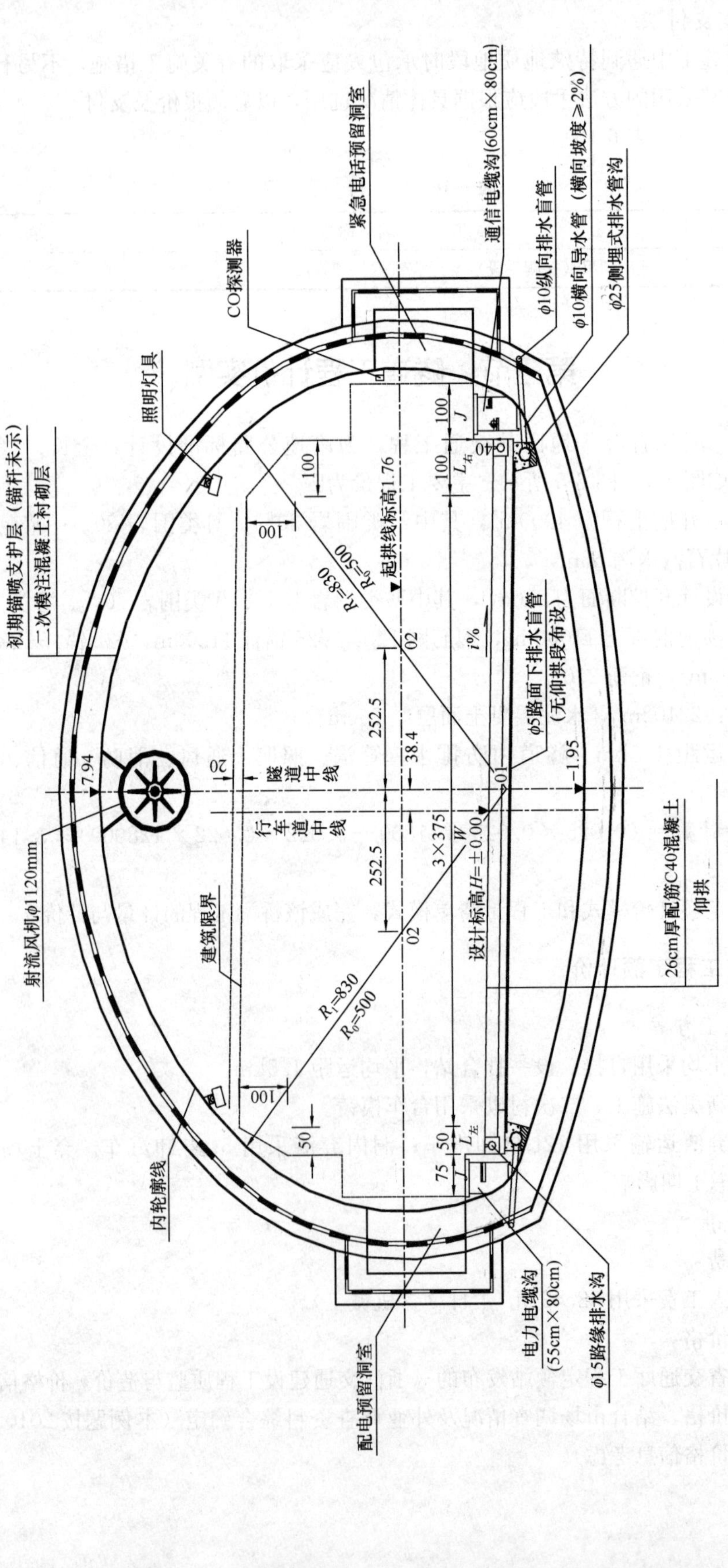

图 6-1 隧道横断面总体布置图

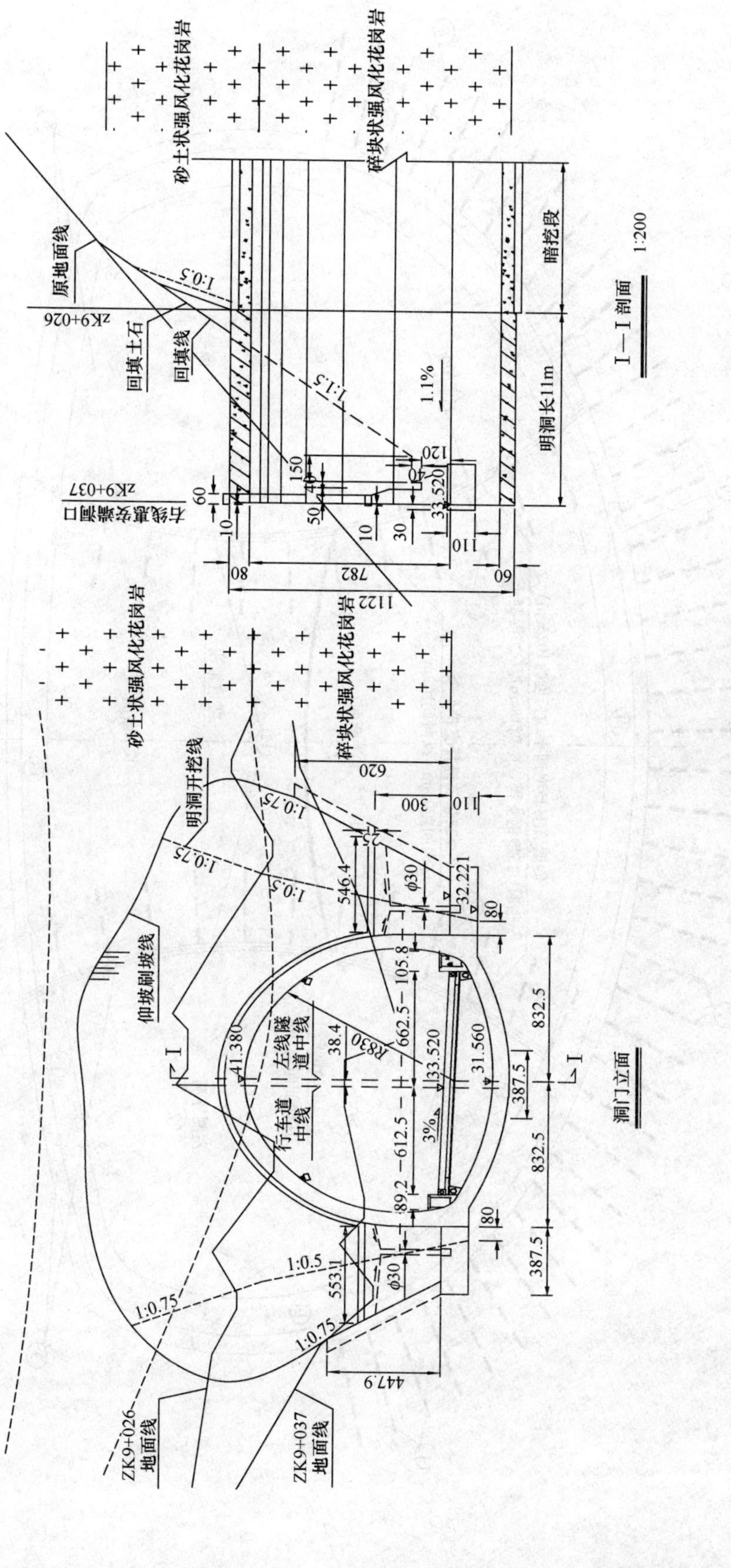

图 6-2 洞门立面及剖面图

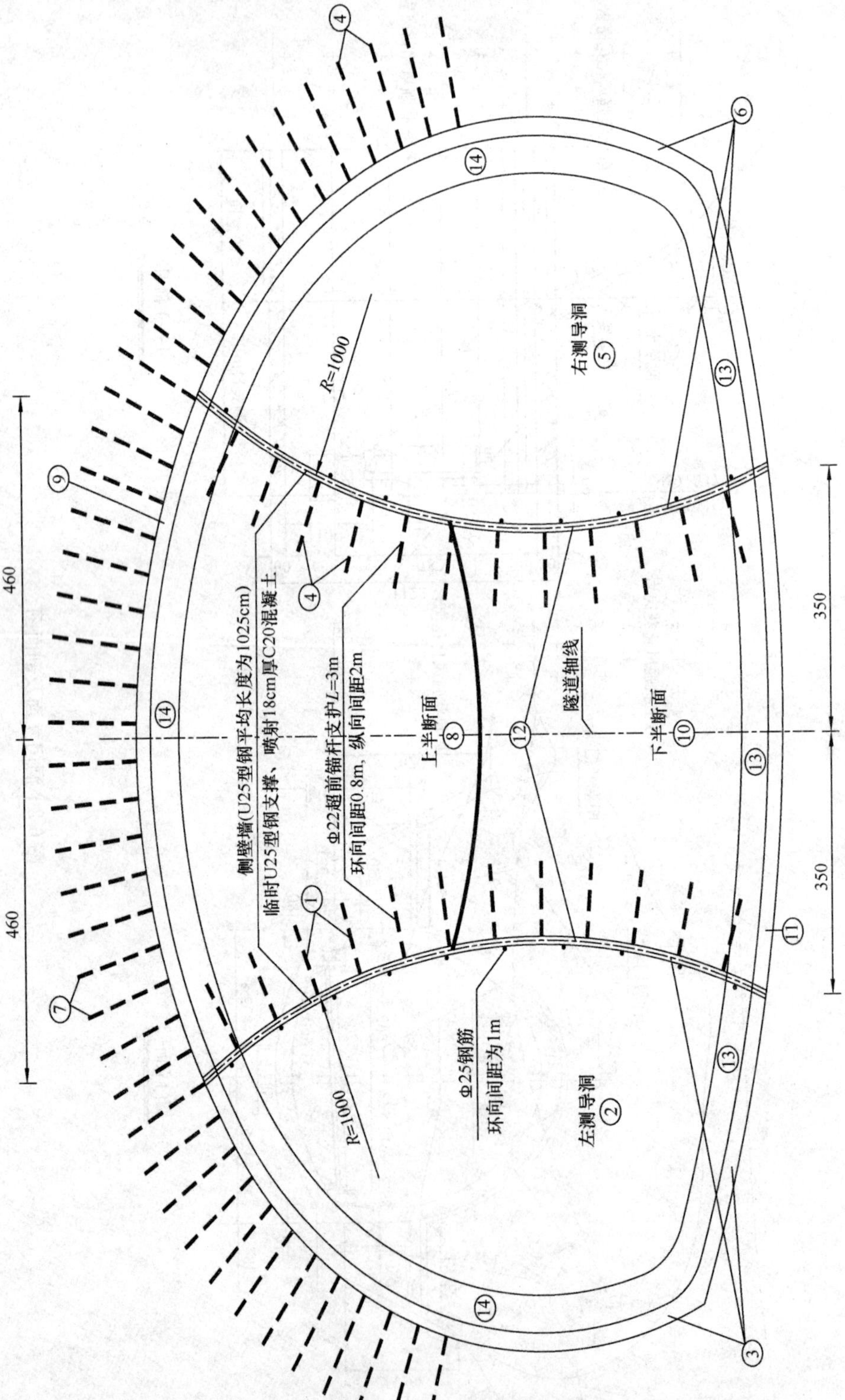

图 6-3 Ⅴ级围岩施工工序立面示意图

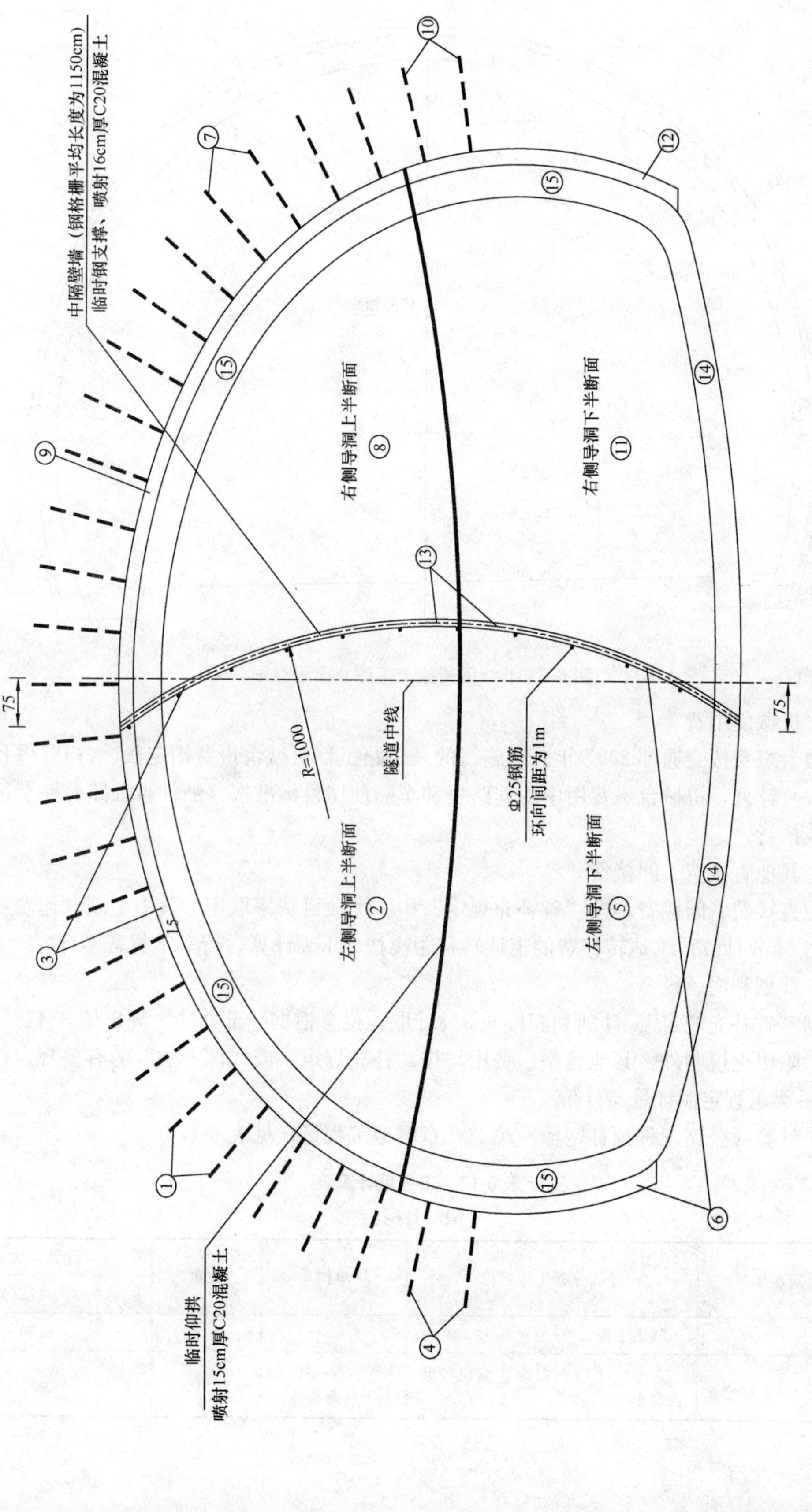

图 6-4　Ⅳ级围岩施工工序立面示意图

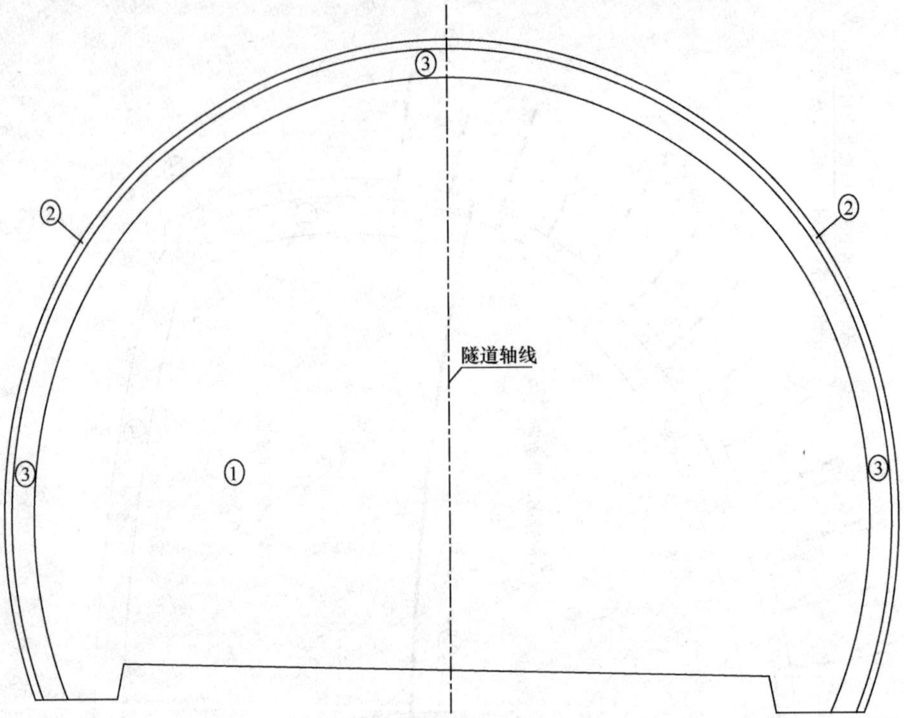

图 6-5 Ⅱ级围岩施工工序立面示意图

（3）机械使用费

机械台班费按交通部 2007 年公布施行的《公路工程机械台班费用定额》（JTG/TB 06—03—2007）计列，机械台班费用中的养路费和车船使用税标准按《浙江省公路养路费征收管理办法》执行。

（4）其他直接费、间接费

其他直接费、间接费均按“省补充规定”中一类项目费率取用。其中主副食运费补贴综合运距按 5km 计算；工地转移费的工地转移距离按 50km 计算，行车干扰费不计。

（5）计划利润、税金

根据“省补充规定”：计划利润按 6.3%计取，税金根据“部办法”规定按 3.41%计取。

（6）除以上说明外，其他费率、费用均按“补充规定”或“部办法”的有关规定执行。

3. 桥梁工程定额计量与计价

（1）计算《公路工程预算定额》第 300 章隧道工程量，见表 6-17。

表 6-17 工程量计算表

工程名称：桥梁工程　　　　　　　　编制日期：

序号	定额编号	分部分项工程名称	单位	数量	计算公式	
					说明	计算式
		隧道工程				(0.0)×1.0
1	1～1～9～8	斗容量 2.0m³ 以内挖掘机挖装普通土	1000m³ 天然密实方	0.800		4000×0.2

续表

序号	定额编号	分部分项工程名称	单位	数量	计算公式	
					说明	计算式
2	1～1～15～24	机械运输推土机 135kW 以内第一个 20m 开炸运软石	$1000m^3$ 天然密实方	3.200		4000×0.8
3	1～1～15～27 换	机械运输推土机 135kW 以内每增运 10m 软石	$1000m^3$ 天然密实方	−3.200		−4000×0.8
4	1～1～11～17	12t 以内自卸汽车运输第一个 1km 土方	$1000m^3$ 天然密实方	0.800		800
5	1～1～11～18	12t 以内自卸汽车运输每增运 0.5km 平均运距 5km 以内土方	$1000m^3$ 天然密实方	0.800		800
6	1～1～10～5	装载机斗容量 $2m^3$ 以内软石	$1000m^3$ 天然密实方	3.200		3200
7	1～1～11～45	12t 以内自卸汽车运输第一个 1km 石方	$1000m^3$ 天然密实方	3.200		3200
8	1～1～11～46	12t 以内自卸汽车运输每增运 0.5km 平均运距 5km 以内石方	$1000m^3$ 天然密实方	3.200		3200
9	3～2～1～4	浆砌片石	$10m^3$ 实体	92.000		920
10	1～2～3～1	边沟、排水沟、截水沟浆砌片石	$10m^3$ 实体	5.800		58
11	3～1～3～11	隧道长度 2000m 以内Ⅴ级围岩	$100m^3$ 自然密实土、石	254.100		1210×0.1×210
12	3～1～3～10	隧道长度 2000m 以内Ⅳ级围岩	$100m^3$ 自然密实土、石	1778.700		1210×0.7×210
13	3～1～3～8	隧道长度 2000m 以内Ⅱ级围岩	$100m^3$ 自然密实土、石	508.200		1210×0.2×210
14	3～1～3～41	隧道长度 2000m 以内Ⅳ～Ⅴ级围岩	$100m^3$ 自然密实土、石	2032.800		25410＋177870
15	3～1～3～40	隧道长度 2000m 以内Ⅰ～Ⅲ级围岩	$100m^3$ 自然密实土、石	508.200		50820
16	1～1～11～18 换	12t 以内自卸汽车运输每增运 0.5km 平均运距 5km 以内土方	$1000m^3$ 天然密实方	203.280		203280
17	1～1～11～46 换	12t 以内自卸汽车运输每增运 0.5km 平均运距 5km 以内石方	$1000m^3$ 天然密实方	50.820		50820
18	3～1～5～1	制作、安装型钢钢架	1t	510.000		510
19	3～1～6～1	砂浆锚杆	1t	427.210		(0.025×0.025×11800＋0.022×0.022×12800)×3.14×7.85/4
20	3～1～6～4	金属网钢筋网	1t	120.000		120
21	3～1～8～1	混凝土	$10m^3$	1100.000		11000
22	4～11～11～11 换	混凝土搅拌站拌合($40m^3$/h 以内)	$100m^3$	110.000		11000
23	3～1～9～9 换	混凝土运输 $6m^3$ 以内第一个 1km	$100m^3$	110.000		11000
24	3～1～9～10 换	混凝土运输 $6m^3$ 以内每增运 0.5km	$100m^3$	110.000		11000

续表

序号	定额编号	分部分项工程名称	单位	数量	计算公式	
					说明	计算式
25	3～1～9～2	现浇混凝土模筑模架	$10m^3$	2620.000		26200
26	4～11～11～11	混凝土搅拌站拌合（$40m^3/h$ 以内）	$100m^3$	262.000		26200
27	3～1～9～9	混凝土运输 $6m^3$ 以内第一个 1km	$100m^3$	262.000		26200
28	3～1～9～10	混凝土运输 $6m^3$ 以内每增运 0.5km	$100m^3$	262.000		26200
29	3～1～9～6	衬砌钢筋	1t	210.000		210
30	2～2～17～3 换	普通混凝土摊铺机铺筑轨道式路面厚度 20cm	$1000m^2$ 路面	22.102		22102
31	2～2～17～4 换	普通混凝土摊铺机铺筑轨道式路面厚度每增减 1cm	$1000m^2$ 路面	22.102		22102
32	4～11～11～7	混凝土搅拌站（楼）安拆（$40m^3/h$ 以内）	1 座	1.000		1

（2）套取定额（表 6-18）。

表 6-18　原始数据表（预）

建设项目：隧道工程

编制范围：

项	目	节	细目	名　称	单　位	工程量	费率号	备　注
1				第一部分 建筑安装工程费	公路公里	0.0		
				隧道工程		0.0		
			1-1-9-8	斗容量 $2.0m^3$ 以内挖掘机挖装普通土	$1000m^3$ 天然密实方	0.8	02	
			1-1-15-24	机械运输推土机 135kW 以内第一个 20m 开炸运软石	$1000m^3$ 天然密实方	3.2	05	
			1-1-15-27 换	机械运输推土机 135kW 以内每增运 10m 软石	$1000m^3$ 天然密实方	—3.2	05	定额×2.0
			1-1-11-17	12t 以内自卸汽车运输第一个 1km 土方	$1000m^3$ 天然密实方	0.8	03	
			1-1-11-18	12t 以内自卸汽车运输每增运 0.5km 平均运距 5km 以内土方	$1000m^3$ 天然密实方	0.8	03	
			1-1-10-5	装载机斗容量 $2m^3$ 以内软石	$1000m^3$ 天然密实方	3.2	05	
			1-1-11-45	12t 以内自卸汽车运输第一个 1km 石方	$1000m^3$ 天然密实方	3.2	03	
			1-1-11-46	12t 以内自卸汽车运输每增运 0.5km 平均运距 5km 以内石方	$1000m^3$ 天然密实方	3.2	03	

续表

项	目	节	细目	名　称	单　位	工程量	费率号	备　注
			3-2-1-4	浆砌片石	$10m^3$实体	92.0	12	
			1-2-3-1	边沟、排水沟、截水沟浆砌片石	$10m^3$实体	5.8	08	
			3-1-3-11	隧道长度 2000m 以内Ⅴ级围岩	$100m^3$自然密实土、石	254.1	12	
			3-1-3-10	隧道长度 2000m 以内Ⅳ级围岩	$100m^3$自然密实土、石	1778.7	12	
			3-1-3-8	隧道长度 2000m 以内Ⅱ级围岩	$100m^3$自然密实土、石	508.2	12	
			3-1-3-41	隧道长度 2000m 以内Ⅳ～Ⅴ级围岩	$100m^3$自然密实土、石	2032.8	12	
			3-1-3-40	隧道长度 2000m 以内Ⅰ～Ⅲ级围岩	$100m^3$自然密实土、石	508.2	12	
			1-1-11-18 换	12t 以内自卸汽车运输每增运 0.5km 平均运距 5km 以内土方	$1000m^3$天然密实方	203.28	03	定额×2.0
			1-1-11-46 换	12t 以内自卸汽车运输每增运 0.5km 平均运距 5km 以内石方	$1000m^3$天然密实方	50.82	03	定额×2.0
			3-1-5-1	制作、安装型钢钢架	1t 钢架	510.0	12	
			3-1-6-1	砂浆锚杆	1t 钢材	427.21	12	
			3-1-6-4	金属网钢筋网	1t 钢材	120.0	13	
			3-1-8-1	混凝土	$10m^3$	1100.0	12	
			4-11-11-11 换	混凝土搅拌站拌合($40m^3/h$ 以内)	$100m^3$	110.0	08	定额×1.2
			3-1-9-9 换	混凝土运输 $6m^3$ 以内第一个 1km	$100m^3$	110.0	03	定额×1.2
			3-1-9-10 换	混凝土运输 $6m^3$ 以内每增运 0.5km	$100m^3$	110.0	03	定额×1.2
			3-1-9-2	现浇混凝土模筑模架	$10m^3$	2620.0	12	
			4-11-11-11	混凝土搅拌站拌合($40m^3/h$ 以内)	$100m^3$	262.0	08	
			3-1-9-9	混凝土运输 $6m^3$ 以内第一个 1km	$100m^3$	262.0	03	
			3-1-9-10	混凝土运输 $6m^3$ 以内每增运 0.5km	$100m^3$	262.0	03	
			3-1-9-6	衬砌钢筋	1t	210.0	13	
			2-2-17-3 换	普通混凝土摊铺机铺筑轨道式路面厚度 20cm	$1000m^2$路面	22.102	06	普 C30-32.5-4 换普 C40-32.5-4 定额×6.0；人×1.000×1.26；机×1.000×1.26

续表

项	目	节	细目	名 称	单 位	工程量	费率号	备 注
			2-2-17-4 换	普通混凝土摊铺机铺筑轨道式路面厚度每增减 1cm	1000m²路面	22.102	06	普 C30-32.5-4 换 普 C40-32.5-4 定额×6.0；人 × 1.000 ×1.26；机 × 1.000 ×1.26
			4-11-11-7	混凝土搅拌站(楼)安拆(40m³/h 以内)	1 座	1.0	08	
2				第二部分 设备及工具、器具购置费	公路公里	0.0		
3				第三部分 工程建设其他费用	公路公里	0.0		
4				第一、二、三部分费用合计	公路公里	0.0		
10				预备费	元	0.0		
1				1. 价差预备费	元	0.0		{部颁预留上涨费}
2				2. 基本预备费	元	0.0		({I}-{N}-{P})×0%
20				预算总金额	元	0.0		
21				其中：回收金额	元	0.0		
22				公路基本造价	公路公里	0.0		

(3) 人工、材料、机械台班单价汇总（表 6-19）。

表 6-19 人工、材料、机械台班单价汇总表

建设项目名称：隧道工程

编制范围：

序号	名 称	单位	代号	预算单价(元)	备 注
1	人工	工日	1	52.42	
2	机械工	工日	2	52.42	
3	原木	m³	101	1120.00	
4	锯材木中板 δ=19～35	m³	102	1350.00	
5	光圆钢筋直径 10～14mm	t	111	3300.00	
6	带肋钢筋直径 15～24mm，25mm 以上	t	112	3400.00	
7	型钢	t	182	3700.00	
8	钢板	t	183	4450.00	
9	钢管	t	191	5610.00	
10	空心钢钎	kg	212	7.00	
11	ϕ50mm 以内合金钻头	个	213	27.21	
12	电焊条	kg	231	4.90	

续表

序号	名　　称	单位	代号	预算单价（元）	备　注
13	组合钢模板	t	272	5710.00	
14	铁件	kg	651	4.40	
15	铁钉	kg	653	6.97	
16	8～12号铁丝	kg	655	6.10	
17	20～22号铁丝	kg	656	6.40	
18	32.5级水泥	t	832	333.00	
19	硝铵炸药	kg	841	10.00	
20	导火线	m	842	1.00	
21	普通雷管	个	845	1.00	
22	非电毫秒雷管	个	847	1.52	
23	导爆索	m	848	1.10	
24	石油沥青	t	851	3800.00	
25	汽油	kg	862	5.20	
26	柴油	kg	863	6.87	
27	煤	t	864	265.00	
28	电	kW·h	865	1.00	
29	水	m^3	866	2.90	
30	青（红）砖	千块	877	212.00	
31	中（粗）砂	m^3	899	80.00	
32	砂砾	m^3	902	31.00	
33	片石	m^3	931	40.00	
34	碎石（2cm）	m^3	951	55.00	
35	碎石（4cm）	m^3	952	55.00	
36	其他材料费	元	996	1.00	
37	75kW以内履带式推土机	台班	1003	727.62	
38	135kW以内履带式推土机	台班	1006	1383.20	
39	2.0m^3履带式单斗挖掘机	台班	1037	1593.57	
40	1.0m^3轮胎式装载机	台班	1048	504.82	
41	2.0m^3轮胎式装载机	台班	1050	895.93	
42	3.0m^3轮胎式装载机	台班	1051	1143.88	

续表

序号	名　　称	单位	代号	预算单价（元）	备　注
43	8～10t 光轮压路机	台班	1076	329.30	
44	气腿式风动凿岩机	台班	1102	18.40	
45	2.5～4.5m 轨道式水泥混凝土摊铺机	台班	1235	1182.52	
46	电动混凝土刻纹机	台班	1243	218.87	
47	电动混凝土切缝机	台班	1245	153.81	
48	250L 以内强制式混凝土搅拌机	台班	1272	123.74	
49	生产率 4～6m^3/h 混凝土喷射机	台班	1283	206.20	
50	6m^3 以内混凝土搅拌运输车	台班	1307	1349.80	
51	60m^3/h 以内混凝土输送泵	台班	1316	1267.48	
52	40m^3/h 以内水泥混凝土搅拌站	台班	1325	1273.31	
53	4t 以内载货汽车	台班	1372	298.54	
54	8t 以内载货汽车	台班	1375	510.60	
55	12t 以内自卸汽车	台班	1387	752.57	
56	6000L 以内洒水汽车	台班	1405	604.64	
57	1.0t 以内机动翻斗车	台班	1408	146.97	
58	12t 以内汽车式起重机	台班	1451	808.44	
59	20t 汽车式起重机	台班	1453	1174.06	
60	32kV·A 交流电弧焊机	台班	1726	147.29	
61	10m^3/min 以内电动空气压缩机	台班	1837	518.25	
62	20m^3/min 以内电动空气压缩机	台班	1838	837.03	
63	9m^3/min 以内机动空气压缩机	台班	1842	670.02	
64	小型机具使用费	元	1998	1.00	
65	定额基价	元	1999	1.00	

编制：　　　　　　　　　　　　　　　　　　　　　　　　复核：

（4）机械台班单价计算（表 6-20）。

表 6-20　机械台班单价计算表（一）

建设项目名称：隧道工程

编制范围：

序号	定额号	机械规格名称	台班单价(元)	不变费用(元)				可变费用(元)															
				调整系数		机械工		重油		汽油		柴油		煤		电		水		木柴		养路费及车船税	合计
				1.0		52.42 元/工日		0.0 元/kg		5.2 元/kg		6.87 元/kg		265.0 元/t		1.0 元/(kW·h)		2.9 元/m³		0.0 元/kg			
				定额	调整值	定额	费用	定额	费用	定额	费用	定额	费用	定额	费用	定额	费用	定额	费用	定额	费用		
1	1003	75kW 以内履带式推土机	727.62	245.140	245.14	2.000	104.84					54.970	377.64										482.48
2	1006	135kW 以内履带式推土机	1383.20	604.690	604.69	2.000	104.84					98.060	673.67										778.51
3	1037	2.0m³ 履带式单斗挖掘机	1593.57	855.380	855.38	2.000	104.84					92.190	633.35										738.19
4	1048	1.0m³ 轮胎式装载机	504.82	112.920	112.92	1.000	52.42					49.030	336.84									2.64	391.90
5	1050	2.0m³ 轮胎式装载机	895.93	200.440	200.44	1.000	52.42					92.860	637.95									5.12	695.49
6	1051	3.0m³ 轮胎式装载机	1143.88	241.360	241.36	2.000	104.84					115.150	791.08									6.60	902.52
7	1076	8～10t 光轮压路机	329.30	117.500	117.50	1.000	52.42					23.200	159.38										211.80
8	1102	气腿式风动凿岩机	18.40	18.400	18.40																		
9	1235	2.5～4.5m 轨道式水泥混凝土摊铺机	1182.52	695.500	695.50	3.000	157.26					48.000	329.76										487.02

续表

序号	定额号	机械规格名称	台班单价(元)	不变费用(元)		可变费用(元)																	
				调整系数		机械工		重油		汽油		柴油		煤		电		水		木柴		养路费及车船税	合计
				1.0		52.42元/工日		0.0元/kg		5.2元/kg		6.87元/kg		265.0元/t		1.0元/(kW·h)		2.9元/m^3		0.0元/kg			
				定额	调整值	定额	费用	定额	费用	定额	费用	定额	费用	定额	费用	定额	费用	定额	费用	定额	费用		
10	1243	电动混凝土刻纹机	218.87	128.650	128.65	1.000	52.42									37.800	37.80						90.22
11	1245	电动混凝土切缝机	153.81	81.230	81.23	1.000	52.42									20.160	20.16						72.58
12	1272	250L以内强制式混凝土搅拌机	123.74	18.580	18.58	1.000	52.42									52.740	52.74						105.16
13	1283	生产率4～6m^3/h混凝土喷射机	206.20	58.760	58.76	2.000	104.84									42.600	42.60						147.44
14	1307	6m^3以内混凝土搅拌运输车	1349.80	909.820	909.82	1.000	52.42					55.540	381.56									6.00	439.98
15	1316	60m^3/h以内混凝土输送泵	1267.48	849.950	849.95	1.000	52.42									365.110	365.11						417.53
16	1325	40m^3/h以内水泥混凝土搅拌站	1273.31	512.060	512.06	7.000	366.94									394.310	394.31						761.25
17	1372	4t以内载货汽车	298.54	66.380	66.38	1.000	52.42			34.280	178.26											1.48	232.16
18	1375	8t以内载货汽车	510.60	146.810	146.81	1.000	52.42					44.950	308.81									2.56	363.79
19	1387	12t以内自卸汽车	752.57	271.930	271.93	1.000	52.42					61.600	423.19									5.03	480.64
20	1405	6000L以内洒水汽车	604.64	257.900	257.90	1.000	52.42					42.430	291.49									2.83	346.74

续表

序号	定额号	机械规格名称	台班单价(元)	不变费用(元) 调整系数 1.0		可变费用(元) 机械工 52.42元/工日		重油 0.0元/kg		汽油 5.2元/kg		柴油 6.87元/kg		煤 265.0元/t		电 1.0元/(kW·h)		水 2.9元/m^3		木柴 0.0元/kg		养路费及车船税	合计
				定额	调整值	定额	费用	定额	费用	定额	费用	定额	费用	定额	费用	定额	费用	定额	费用	定额	费用		
21	1408	1.0t 以内机动翻斗车	146.97	32.450	32.45	1.000	52.42					9.000	61.83									0.27	114.52
22	1451	12t 以内汽车式起重机	808.44	387.110	387.11	2.000	104.84					44.950	308.81									7.68	421.33
23	1453	20t 汽车式起重机	1174.06	672.980	672.98	2.000	104.84					56.000	384.72									11.52	501.08
24	1726	32kV·A 交流电弧焊机	147.29	7.240	7.24	1.000	52.42									87.630	87.63						140.05
25	1837	10m^3/min 以内电动空气压缩机	518.25	118.960	118.96	1.000	52.42									346.870	346.87						399.29
26	1838	20m^3/min 以内电动空气压缩机	837.03	183.370	183.37	1.000	52.42									601.240	601.24						653.66
27	1842	9m^3/min 以内机动空气压缩机	670.02	203.060	203.06	1.000	52.42					60.340	414.54										466.96

编制：　　　　复核：

（5）计算其他直接费、间接费综合费率（表 6-21）。

表 6-21　其他工程费及间接费综合费率计算表

建设项目名称：隧道工程

编制范围：

序号	工程类别	其他工程费费率(%)													间接费费率(%)											
													综合费率		规费						企业管理费					
		冬期施工增加费	雨季期施工增加费	夜间施工增加费	高原地区施工增加费	风沙地区施工增加费	沿海地区施工增加费	行车干扰工程施工增加费	安全及文明施工措施费	临时设施费	施工辅助费	工地转移费	Ⅰ	Ⅱ	养老保险费	失业保险费	医疗保险费	住房公积金	工伤保险费	综合费率	基本费用	主副食运费补贴	职工探亲路费	职工取暖补贴	财务费用	综合费率
1	2	3	4	5	6	7	8	9	10	11	12	13	14	15	16	17	18	19	20	21	22	23	24	25	26	27
01	人工土方		0.360						0.590	1.570	0.890	0.150	3.560		20.000	2.000	8.000	12.000	1.000	43.000	3.360	0.310	0.100		0.230	4.000
02	机械土方		0.370						0.590	1.420	0.490	0.500	3.370		20.000	2.000	8.000	12.000	1.000	43.000	3.260	0.240	0.220		0.210	3.930
03	汽车运输		0.370						0.210	0.920	0.160	0.310	1.970		20.000	2.000	8.000	12.000	1.000	43.000	1.440	0.250	0.140		0.210	2.040
04	人工石方		0.270						0.590	1.600	0.850	0.160	3.470		20.000	2.000	8.000	12.000	1.000	43.000	3.450	0.240	0.100		0.220	4.010
05	机械石方		0.340						0.590	1.970	0.460	0.360	3.720		20.000	2.000	8.000	12.000	1.000	43.000	3.280	0.220	0.220		0.200	3.920
06	高级路面	0.160	0.340						1.000	1.920	0.800	0.610	4.830		20.000	2.000	8.000	12.000	1.000	43.000	1.910	0.150	0.140		0.270	2.470
07	其他路面		0.320						1.020	1.870	0.740	0.560	4.510		20.000	2.000	8.000	12.000	1.000	43.000	3.280	0.150	0.160		0.300	3.890
08	构造物Ⅰ	0.150	0.270						0.720	2.650	1.300	0.560	5.650		20.000	2.000	8.000	12.000	1.000	43.000	4.440	0.230	0.290		0.370	5.330
09	构造物Ⅱ	0.190	0.300	0.350			0.150		0.780	3.140	1.560	0.660	7.130		20.000	2.000	8.000	12.000	1.000	43.000	5.530	0.250	0.340		0.400	6.520
10	构造物Ⅲ(一般)	0.370	0.600	0.700			0.150		1.570	5.810	3.030	1.310	13.540		20.000	2.000	8.000	12.000	1.000	43.000	9.790	0.450	0.550		0.820	11.610
10-1	构造物Ⅲ(室内管道)	0.370		0.700			0.150		1.570	5.810	3.030	1.310	12.940		20.000	2.000	8.000	12.000	1.000	43.000	9.790	0.450	0.550		0.820	11.610
10-2	构造物Ⅲ(安装工程)	0.370					0.150		0.785	5.810	3.030	1.310	11.455		20.000	2.000	8.000	12.000	1.000	43.000	9.790	0.450	0.550		0.820	11.610
11	技术复杂大桥	0.210	0.340	0.350			0.150		0.860	2.920	1.680	0.750	7.260		20.000	2.000	8.000	12.000	1.000	43.000	4.720	0.200	0.200		0.460	5.580
12	隧道								0.730	2.570	1.230	0.520	5.050		20.000	2.000	8.000	12.000	1.000	43.000	4.220	0.190	0.270		0.390	5.070
13	钢材及钢结构(一般)			0.350			0.150		0.530	2.480	0.560	0.720	4.790		20.000	2.000	8.000	12.000	1.000	43.000	2.420	0.200	0.160		0.480	3.260
13-1	钢材及钢结构(金属标志牌等)						0.150		0.530	2.480	0.560	0.720	4.440		20.000	2.000	8.000	12.000	1.000	43.000	2.420	0.200	0.160		0.480	3.260

编制：　　　　　　　　　　　　　　　　　　　　复核：

（6）分项工程预算（表 6-22）。

表 6-22　分项工程预算表

编制范围：

工程名称：隧道工程

序号	工程项目			挖掘机挖装土、石方			机械打眼开炸石方			机械打眼开炸石方			自卸汽车运土、石方		
	工程细目			斗容量 $2.0m^3$ 以内挖掘机挖装普通土			机械运输推土机 135kW 以内第一个 20m 开炸运软石			机械运输推土机 135kW 以内每增运 10m 软石			12t 以内自卸汽车运输第一个 1km 土方		
	定额单位			$1000m^3$ 天然密实方			$1000m^3$ 天然密实方			$1000m^3$ 天然密实方			$1000m^3$ 天然密实方		
	工程数量			0.800			3.200			−3.200			0.800		
	定额表号			1～1～9～8			1～1～15～24			1～1～15～27，定额×2.0			1～1～11～17		
	工料机名称	单位	单价（元）	定额	数量	金额（元）	定额	数量	金额（元）	定额	数量	金额（元）	定额	数量	金额（元）
1	人工	工日	52.42	4.500	3.600	189	28.500	91.200	4781						
2	空心钢纤	kg	7.00				9.000	28.800	202						
3	ϕ50mm 以内合金钻头	个	27.21				17.000	54.400	1480						
4	硝铵炸药	kg	10.00				129.000	412.800	4128						
5	导火线	m	1.00				335.000	1072.000	1072						
6	普通雷管	个	1.00				268.000	857.600	858						
7	其他材料费	元	1.00				18.100	57.920	58						
8	75kW 以内履带式推土机	台班	727.62	0.250	0.200	146									
9	135kW 以内履带式推土机	台班	1383.20				2.520	8.064	11154	2.020	−6.464	−8941			
10	$2.0m^3$ 履带式单斗挖掘机	台班	1593.57	1.150	0.920	1466									
11	12t 以内自卸汽车	台班	752.57										6.620	5.296	3986
12	$9m^3$/min 以内机动空气压缩机	台班	670.02				4.590	14.688	9841						
13	小型机具使用费	元	1.00				270.500	865.600	866						
14	定额基价	元	1.00	1991.000	1593.000	1593	8944.000	28621.000	28621	2391.000	−7651.000	−7651	4124.000	3299.000	3299

续表

序号	工程项目			挖掘机挖装土、石方			机械打眼开炸石方			机械打眼开炸石方			自卸汽车运土、石方		
	工程细目			斗容量 $2.0m^3$ 以内挖掘机挖装普通土			机械运输推土机 135kW 以内第一个 20m 开炸运软石			机械运输推土机 135kW 以内每增运 10m 软石			12t 以内自卸汽车运输第一个 1km 土方		
	定额单位			$1000m^3$ 天然密实方			$1000m^3$ 天然密实方			$1000m^3$ 天然密实方			$1000m^3$ 天然密实方		
	工程数量			0.800			3.200			−3.200			0.800		
	定额表号			1～1～9～8			1～1～15～24			1～1～15～27，定额×2.0			1～1～11～17		
	工料机名称	单位	单价（元）	定额	数量	金额（元）	定额	数量	金额（元）	定额	数量	金额（元）	定额	数量	金额（元）
	直接工程费	元				1800			34439			−8941			3986
	其他工程费 Ⅰ	元		3.370		61	3.720		1281	3.720		−333	1.970		79
	其他工程费 Ⅱ	元													
	间接费 规费	元		43.000		81	43.000		2056	43.000			43.000		
	间接费 企业管理费	元		3.930		73	3.920		1400	3.920		−364	2.040		83
	利润及税金	元		7.000/3.410		209	7.000/3.410		4023	7.000/3.410		−1026	7.000/3.410		442
	建筑安装工程费	元				2224			43199			−10663			4589

续表

序号	工料机名称	单位	单价(元)	定额	数量	金额(元)	定额	数量	金额(元)	定额	数量	金额(元)	定额	数量	金额(元)
	工程项目			自卸汽车运土、石方			装载机装土、石方			自卸汽车运土、石方			自卸汽车运土、石方		
	工程细目			12t以内自卸汽车运输每增运0.5km平均运距5km以内土方			装载机斗容量$2m^3$以内软石			12t以内自卸汽车运输第一个1km石方			12t以内自卸汽车运输每增运0.5km平均运距5km以内石方		
	定额单位			$1000m^3$ 天然密实方			$1000m^3$ 天然密实方			$1000m^3$ 天然密实方			$1000m^3$ 天然密实方		
	工程数量			0.800			3.200			3.200			3.200		
	定额表号			1～1～11～18			1～1～10～5			1～1～11～45			1～1～11～46		
1	$2.0m^3$ 轮胎式装载机	台班	895.93				2.150	6.880	6164						
2	12t以内自卸汽车	台班	752.57	0.880	0.704	530				10.820	34.624	26057	1.380	4.416	3323
3	定额基价	元	1.00	548.000	438.000	438	1515.000	4848.000	4848	6741.000	21571.000	21571	860.000	2752.000	2752
	直接工程费	元				530			6164			26057			3323
	其他工程费 Ⅰ	元		1.970		10	3.720		229	1.970		513	1.970		65
	其他工程费 Ⅱ	元													
	间接费 规费	元		43.000			43.000			43.000			43.000		
	间接费 企业管理费	元		2.040		11	3.920		251	2.040		542	2.040		69
	利润及税金	元		7.000/3.410		59	7.000/3.410		707	7.000/3.410		2887	7.000/3.410		368
	建筑安装工程费	元				610			7351			29999			3826

续表

序号	工程项目			洞门墙砌筑			石砌边沟、排水沟、截水沟、急流槽			开 挖			开 挖		
	工程细目			浆砌片石			边沟、排水沟、截水沟浆砌片石			隧道长度 2000m 以内Ⅴ级围岩			隧道长度 2000m 以内Ⅳ级围岩		
	定额单位			10m³ 实体			10m³ 实体			100m³ 自然密实土、石			100m³ 自然密实土、石		
	工程数量			92.000			5.800			254.100			1778.700		
	定额表号			3～2～1～4			1～2～3～1			3～1～3～11			3～1～3～10		
	工料机名称	单位	单价（元）	定额	数量	金额（元）	定额	数量	金额（元）	定额	数量	金额（元）	定额	数量	金额（元）
1	人工	工日	52.42	18.200	1674.400	87772	15.800	91.640	4804	58.400	14839.440	777883	57.000	101385.900	5314649
2	原木	m^3	1120.00	0.072	6.624	7419				0.021	5.336	5976	0.022	39.131	43827
3	锯材木中板 δ=19～35	m^3	1350.00	0.051	4.692	6334				0.019	4.828	6518	0.020	35.574	48025
4	钢管	t	5610.00							0.011	2.795	15681	0.011	19.566	109764
5	空心钢纤	kg	7.00							4.000	1016.400	7115	6.400	11383.680	79686
6	ϕ50mm 以内合金钻头	个	27.21							2.000	508.200	13828	3.000	5336.100	145195
7	铁件	kg	4.40	0.400	36.800	162									
8	铁钉	kg	6.97							0.200	50.820	354	0.200	355.740	2480
9	8～12 号铁丝	kg	6.10	5.900	542.800	3311				1.800	457.380	2790	1.900	3379.530	20615
10	32.5 级水泥	t	333.00	1.024	94.208	31371	0.869	5.040	1678						
11	硝铵炸药	kg	10.00							30.500	7750.050	77501	76.700	136426.290	1364263
12	非电毫秒雷管	个	1.52							53.000	13467.300	20470	84.000	149410.800	227104
13	导爆索	m	1.10							53.000	13467.300	14814	53.000	94271.100	103698
14	水	m^3	2.90	7.000	644.000	1868	18.000	104.400	303	25.000	6352.500	18422	25.000	44467.500	128956
15	中（粗）砂	m^3	80.00	4.140	380.880	30470	4.270	24.766	1981						
16	片石	m^3	40.00	11.500	1058.000	42320	11.500	66.700	2668						
17	其他材料费	元	1.00	6.300	579.600	580	2.400	13.920	14	8.700	2210.670	2211	18.500	32905.950	32906
18	气腿式风动凿岩机	台班	18.40							4.650	1181.565	21741	3.560	6332.172	116512
19	$10m^3/min$ 以内电动空气压缩机	台班	518.25							0.300	76.230	39506	0.230	409.101	212017
20	$20m^3/min$ 以内电动空气压缩机	台班	837.03							1.480	376.068	314780	1.130	2009.931	1682373

续表

序号	工料机名称	单位	单价（元）	定额	数量	金额（元）	定额	数量	金额（元）	定额	数量	金额（元）	定额	数量	金额（元）
	工程项目			洞门墙砌筑			石砌边沟、排水沟、截水沟、急流槽			开挖			开挖		
	工程细目			浆砌片石			边沟、排水沟、截水沟浆砌片石			隧道长度2000m以内Ⅴ级围岩			隧道长度2000m以内Ⅳ级围岩		
	定额单位			10m³ 实体			10m³ 实体			100m³ 自然密实土、石			100m³ 自然密实土、石		
	工程数量			92.000			5.800			254.100			1778.700		
	定额表号			3～2～1～4			1～2～3～1			3～1～3～11			3～1～3～10		
21	小型机具使用费	元	1.00	7.500	690.000	690				74.400	18905.040	18905	57.700	102630.990	102631
22	定额基价	元	1.00	2067.000	190164.000	190164	1714.000	9941.000	9941	4523.000	1149294.000	1149294	4577.000	8141110.000	8141110
	直接工程费	元				212297			11448			1358495			9734700
	其他工程费 Ⅰ	元		5.050		10721	5.650		647	5.050		68604	5.050		491602
	其他工程费 Ⅱ	元													
	间接费 规费	元		43.000		37742	43.000		2066	43.000		334490	43.000		2285299
	间接费 企业管理费	元		5.070		11307	5.330		645	5.070		72354	5.070		518474
	利润及税金	元		7.000/3.410		26240	7.000/3.410		1427	7.000/3.410		171078	7.000/3.410		1222108
	建筑安装工程费	元				298307			16232			2005021			14252182

续表

序号	工程项目			开　挖			出　渣			出　渣			自卸汽车运土、石方		
	工程细目			隧道长度 2000m 以内 Ⅱ级围岩			隧道长度 2000m 以内 Ⅳ～Ⅴ级围岩			隧道长度 2000m 以内 Ⅰ～Ⅲ级围岩			12t 以内自卸汽车运输 每增运 0.5km 平均运距 5km 以内土方		
	定额单位			100m³ 自然密实土、石			100m³ 自然密实土、石			100m³ 自然密实土、石			1000m³ 天然密实方		
	工程数量			508.200			2032.800			508.200			203.280		
	定额表号			3～1～3～8			3～1～3～41			3～1～3～40			1～1～11～18，定额×2.0		
	工料机名称	单位	单价（元）	定额	数量	金额（元）	定额	数量	金额（元）	定额	数量	金额（元）	定额	数量	金额（元）
1	人工	工日	52.42	58.100	29526.420	1547775	7.900	16059.120	841819	4.100	2083.620	109223			
2	原木	m³	1120.00	0.025	12.705	14230									
3	锯材木中板 δ=19～35	m³	1350.00	0.023	11.689	15780									
4	钢管	t	5610.00	0.013	6.607	37063									
5	空心钢钎	kg	7.00	14.000	7114.800	49804									
6	ϕ50mm 以内合金钻头	个	27.21	7.000	3557.400	96797									
7	铁钉	kg	6.97	0.200	101.640	708									
8	8～12 号铁丝	kg	6.10	2.200	1118.040	6820									
9	硝铵炸药	kg	10.00	103.800	52751.160	527512									
10	非电毫秒雷管	个	1.52	133.000	67590.600	102738									
11	导爆索	m	1.10	60.000	30492.000	33541									
12	水	m³	2.90	35.000	17787.000	51582									
13	其他材料费	元	1.00	32.500	16516.500	16517									
14	2.0m³ 轮胎式装载机	台班	895.93				0.350	711.480	637436	0.450	228.690	204890			
15	气腿式风动凿岩机	台班	18.40	10.500	5336.100	98184									
16	12t 以内自卸汽车	台班	752.57				1.100	2236.080	1682807	1.440	731.808	550737	1.760	357.773	269249
17	10m³/min 以内电动空气压缩机	台班	518.25	0.400	203.280	105350									
18	20m³/min 以内电动空气压缩机	台班	837.03	2.010	1021.482	855011									
19	小型机具使用费	元	1.00	169.300	86038.260	86038									
20	定额基价	元	1.00	5873.000	2984659.000	2984659	1321.000	2685329.000	2685329	1416.000	719611.000	719611	1096.000	222795.000	222795

续表

序号	工程项目			开 挖			出 渣			出 渣			自卸汽车运土、石方		
	工程细目			隧道长度 2000m 以内 Ⅱ级围岩			隧道长度 2000m 以内 Ⅳ～Ⅴ级围岩			隧道长度 2000m 以内 Ⅰ～Ⅲ级围岩			12t 以内自卸汽车运输 每增运 0.5km 平均运距 5km 以内土方		
	定额单位			100m³ 自然密实土、石			100m³ 自然密实土、石			100m³ 自然密实土、石			1000m³ 天然密实方		
	工程数量			508.200			2032.800			508.200			203.280		
	定额表号			3～1～3～8			3～1～3～41			3～1～3～40			1～1～11～18，定额×2.0		
	工料机名称	单位	单价（元）	定额	数量	金额（元）	定额	数量	金额（元）	定额	数量	金额（元）	定额	数量	金额（元）
	直接工程费	元				3645449			3162062			864850			269249
	其他工程费 Ⅰ	元		5.050		184095	5.050		159684	5.050		43675	1.970		5304
	其他工程费 Ⅱ	元													
	间接费 规费	元		43.000		665543	43.000		361982	43.000		46966	43.000		
	间接费 企业管理费	元		5.070		194158	5.070		168413	5.070		46062	2.040		5601
	利润及税金	元		7.000/ 3.410		451167	7.000/ 3.410		384000	7.000/ 3.410		103253	7.000/ 3.410		29833
	建筑安装工程费	元				5140412			4236141			1104806			309987

续表

序号	工程项目			自卸汽车运土、石方			钢支撑			锚杆及金属网			锚杆及金属网		
	工程细目			12t以内自卸汽车运输每增运0.5km平均运距5km以内石方			制作、安装型钢钢架			砂浆锚杆			金属网钢筋网		
	定额单位			1000m³天然密实方			1t钢架			1t钢材			1t钢材		
	工程数量			50.820			510.000			427.210			120.000		
	定额表号			1～1～11～46，定额×2.0			3～1～5～1			3～1～6～1			3～1～6～4		
	工料机名称	单位	单价(元)	定额	数量	金额(元)	定额	数量	金额(元)	定额	数量	金额(元)	定额	数量	金额(元)
1	人工	工日	52.42				18.700	9537.000	499930	48.500	20719.685	1086126	21.800	2616.000	137131
2	原木	m³	1120.00							0.013	5.554	6220			
3	锯材木中板 δ=19～35	m³	1350.00							0.024	10.253	13842			
4	光圆钢筋直径10～14mm	t	3300.00										1.025	123.000	405900
5	带肋钢筋直径15～24mm，25mm以上	t	3400.00				0.048	24.480	83232	1.025	437.890	1488827			
6	型钢	t	3700.00				0.960	489.600	1811520						
7	钢板	t	4450.00				0.100	51.000	226950						
8	空心钢纤	kg	7.00							13.900	5938.219	41568			
9	ϕ50mm以内合金钻头	个	27.21							9.000	3844.890	104619			
10	电焊条	kg	4.90				4.100	2091.000	10246				6.300	756.000	3704
11	铁件	kg	4.40				15.000	7650.000	33660						
12	铁钉	kg	6.97							0.100	42.721	298			
13	8～12号铁丝	kg	6.10							1.800	768.978	4691			
14	20～22号铁丝	kg	6.40										0.900	108.000	691
15	32.5级水泥	t	333.00							0.347	148.242	49365			
16	水	m³	2.90							13.000	5553.730	16106			
17	中(粗)砂	m³	80.00							0.240	102.530	8202			
18	其他材料费	元	1.00				15.700	8007.000	8007	9.300	3973.053	3973			
19	气腿式风动凿岩机	台班	18.40							9.280	3964.509	72947			
20	4t以内载货汽车	台班	298.54				0.530	270.300	80695						

续表

序号	工程项目			自卸汽车运土、石方			钢支撑			锚杆及金属网			锚杆及金属网		
	工程细目			12t以内自卸汽车运输每增运0.5km平均运距5km以内石方			制作、安装型钢钢架			砂浆锚杆			金属网钢筋网		
	定额单位			1000m³ 天然密实方			1t钢架			1t钢材			1t钢材		
	工程数量			50.820			510.000			427.210			120.000		
	定额表号			1～1～11～46，定额×2.0			3～1～5～1			3～1～6～1			3～1～6～4		
	工料机名称	单位	单价(元)	定额	数量	金额(元)	定额	数量	金额(元)	定额	数量	金额(元)	定额	数量	金额(元)
21	12t以内自卸汽车	台班	752.57	2.760	140.263	105558									
22	1.0t以内机动翻斗车	台班	146.97							0.550	234.966	34533			
23	32kV·A交流电弧焊机	台班	147.29				1.010	515.100	75869				2.080	249.600	36764
24	10m³/min以内电动空气压缩机	台班	518.25							4.430	1892.540	980809			
25	小型机具使用费	元	1.00				5.500	2805.000	2805	102.000	43575.420	43575	25.600	3072.000	3072
26	定额基价	元	1.00	1719.000	87360.000	87360	5449.000	2778990.000	2778990	8345.000	3565067.000	3565067	4735.000	568200.000	568200
	直接工程费	元				105558			2832914			3955700			587262
	其他工程费 Ⅰ	元		1.970		2079	5.050		143062	5.050		199763	4.790		28130
	其他工程费 Ⅱ	元													
	间接费 规费	元		43.000			43.000		214970	43.000		467034	43.000		58966
	间接费 企业管理费	元		2.040		2196	5.070		150882	5.070		210682	3.260		20062
	利润及税金	元		7.000/3.410		11696	7.000/3.410		340300	7.000/3.410		480864	7.000/3.410		69678
	建筑安装工程费	元				121529			3682128			5314043			764098

续表

序号	工程项目			喷射混凝土			混凝土搅拌站拌合			现浇混凝土衬砌			现浇混凝土衬砌		
	工程细目			混凝土			混凝土搅拌站拌合（$40m^3$/h以内）			混凝土运输$6m^3$以内第一个1km			混凝土运输$6m^3$以内每增运0.5km		
	定额单位			$10m^3$			$100m^3$			$100m^3$			$100m^3$		
	工程数量			1100.000			110.000			110.000			110.000		
	定额表号			3～1～8～1			4～11～11～11，定额×1.2			3～1～9～9，定额×1.2			3～1～9～10，定额×1.2		
	工料机名称	单位	单价(元)	定额	数量	金额(元)	定额	数量	金额(元)	定额	数量	金额(元)	定额	数量	金额(元)
1	人工	工日	52.42	31.500	34650.000	1816353									
2	锯材木中板δ=19～35	m^3	1350.00	0.009	9.900	13365									
3	32.5级水泥	t	333.00	5.628	6190.800	2061536									
4	水	m^3	2.90	22.000	24200.000	70180									
5	中(粗)砂	m^3	80.00	7.200	7920.000	633600									
6	碎石(2cm)	m^3	55.00	6.840	7524.000	413820									
7	其他材料费	元	1.00	358.300	394130.000	394130									
8	75kW以内履带式推土机	台班	727.62				0.504	55.440	40339						
9	$1.0m^3$轮胎式装载机	台班	504.82				0.504	55.440	27987						
10	生产率4～$6m^3$/h混凝土喷射机	台班	206.20	1.420	1562.000	322084									
11	$6m^3$以内混凝土搅拌运输车	台班	1349.80							1.944	213.840	288641	0.120	13.200	17817
12	$40m^3$/h以内水泥混凝土搅拌站	台班	1273.31				0.588	64.680	82358						
13	$9m^3$/min以内机动空气压缩机	台班	670.02	1.220	1342.000	899167									
14	小型机具使用费	元	1.00	98.400	108240.000	108240									
15	定额基价	元	1.00	5564.000	6120400.000	6120400	1143.000	125730.000	125730	2393.000	263230.000	263230	148.000	16280.000	16280

续表

序号	工料机名称		单位	单价(元)	定额	数量	金额(元)	定额	数量	金额(元)	定额	数量	金额(元)	定额	数量	金额(元)
	工程项目				喷射混凝土			混凝土搅拌站拌合			现浇混凝土衬砌			现浇混凝土衬砌		
	工程细目				混凝土			混凝土搅拌站拌合（$40m^3/h$以内）			混凝土运输$6m^3$以内第一个1km			混凝土运输$6m^3$以内每增运0.5km		
	定额单位				$10m^3$			$100m^3$			$100m^3$			$100m^3$		
	工程数量				1100.000			110.000			110.000			110.000		
	定额表号				3～1～8～1			4～11～11～11，定额×1.2			3～1～9～9，定额×1.2			3～1～9～10，定额×1.2		
	直接工程费		元				6732476			150684			288641			17817
一	其他工程费	Ⅰ	元		5.050		339990	5.650		8514	1.970		5686	1.970		351
		Ⅱ	元													
二	间接费	规费	元		43.000		781032	43.000			43.000			43.000		
		企业管理费	元		5.070		358574	5.330		8485	2.040		6004	2.040		371
	利润及税金		元		7.000/3.410		817942	7.000/3.410		17856	7.000/3.410		31981	7.000/3.410		1974
	建筑安装工程费		元				9030014			185539			332313			20513

续表

序号	工程项目			现浇混凝土衬砌			混凝土搅拌站拌合			现浇混凝土衬砌			现浇混凝土衬砌		
	工程细目			现浇混凝土模筑模架			混凝土搅拌站拌合（$40m^3/h$ 以内）			混凝土运输 $6m^3$ 以内第一个 1km			混凝土运输 $6m^3$ 以内每增运 0.5km		
	定额单位			$10m^3$			$100m^3$			$100m^3$			$100m^3$		
	工程数量			2620.000			262.000			262.000			262.000		
	定额表号			3～1～9～2			4～11～11～11			3～1～9～9			3～1～9～10		
	工料机名称	单位	单价(元)	定额	数量	金额(元)	定额	数量	金额(元)	定额	数量	金额(元)	定额	数量	金额(元)
1	人工	工日	52.42	17.300	45326.000	2375989									
2	原木	m^3	1120.00	0.012	31.440	35213									
3	锯材木中板 δ=19～35	m^3	1350.00	0.024	62.880	84888									
4	型钢	t	3700.00	0.008	20.960	77552									
5	钢板	t	4450.00	0.028	73.360	326452									
6	铁件	kg	4.40	8.000	20960.000	92224									
7	铁钉	kg	6.97	0.100	262.000	1826									
8	8～12 号铁丝	kg	6.10	1.800	4716.000	28768									
9	32.5 级水泥	t	333.00	4.352	11402.240	3796946									
10	水	m^3	2.90	12.000	31440.000	91176									
11	中(粗)砂	m^3	80.00	6.790	17789.800	1423184									
12	碎石(4cm)	m^3	55.00	8.540	22374.800	1230614									
13	其他材料费	元	1.00	7.400	19388.000	19388									
14	75kW 以内履带式推土机	台班	727.62				0.420	110.040	80067						
15	$1.0m^3$ 轮胎式装载机	台班	504.82				0.420	110.040	55550						
16	$6m^3$ 以内混凝土搅拌运输车	台班	1349.80							1.620	424.440	572909	0.100	26.200	35365
17	$60m^3/h$ 以内混凝土输送泵	台班	1267.48	0.130	340.600	431704									
18	$40m^3/h$ 以内水泥混凝土搅拌站	台班	1273.31				0.490	128.380	163468						
19	4t 以内载货汽车	台班	298.54	0.060	157.200	46930									
20	小型机具使用费	元	1.00	5.000	13100.000	13100									

续表

序号	工程项目				现浇混凝土衬砌			混凝土搅拌站拌合			现浇混凝土衬砌			现浇混凝土衬砌		
	工程细目				现浇混凝土模筑模架			混凝土搅拌站拌合（$40m^3/h$ 以内）			混凝土运输 $6m^3$ 以内第一个 1km			混凝土运输 $6m^3$ 以内每增运 0.5km		
	定额单位				$10m^3$			$100m^3$			$100m^3$			$100m^3$		
	工程数量				2620.000			262.000			262.000			262.000		
	定额表号				3～1～9～2			4～11～11～11			3～1～9～9			3～1～9～10		
	工料机名称		单位	单价(元)	定额	数量	金额(元)	定额	数量	金额(元)	定额	数量	金额(元)	定额	数量	金额(元)
21	定额基价		元	1.00	3547.000	9293140.000	9293140	952.000	249424.000	249424	1994.000	522428.000	522428	123.000	32226.000	32226
	直接工程费		元				10075954			299085			572909			35365
	其他工程费	Ⅰ	元		5.050		508836	5.650		16898	1.970		11286	1.970		697
		Ⅱ	元													
	间接费	规费	元		43.000		1021675	43.000			43.000			43.000		
		企业管理费	元		5.070		536649	5.330		16842	2.040		11918	2.040		736
	利润及税金		元		7.000/3.410		1219128	7.000/3.410		35442	7.000/3.410		63478	7.000/3.410		3918
	建筑安装工程费		元				13362241			368267			659591			40716

续表

序号	工程项目			现浇混凝土衬砌			普通混凝土			普通混凝土			混凝土搅拌站(楼)安拆		
	工程细目			衬砌钢筋			普通混凝土摊铺机铺筑轨道式路面厚度 20cm			普通混凝土摊铺机铺筑轨道式路面厚度每增减 1cm			混凝土搅拌站(楼)安拆(40m³/h 以内)		
	定额单位			1t			1000m² 路面			1000m² 路面			1 座		
	工程数量			210.000			22.102			22.102			1.000		
	定额表号			3～1～9～6			2～2～17～3，定额×6.0，改			2～2～17～4，定额×6.0，改			4～11～11～7		
	工料机名称	单位	单价(元)	定额	数量	金额(元)	定额	数量	金额(元)	定额	数量	金额(元)	定额	数量	金额(元)
1	人工	工日	52.42	15.300	3213.000	168425	624.456	13801.727	723487	16.632	367.600	19270	1039.100	1039.100	54470
2	原木	m³	1120.00										0.050	0.050	56
3	锯材木中板 δ=19～35	m³	1350.00				0.348	7.691	10384	0.018	0.398	537	0.022	0.022	30
4	光圆钢筋直径 10～14mm	t	3300.00				0.018	0.398	1313				0.089	0.089	294
5	带肋钢筋直径 15～24mm，25mm 以上	t	3400.00	1.025	215.250	731850									
6	型钢	t	3700.00				0.006	0.133	491				0.086	0.086	318
7	电焊条	kg	4.90	4.300	903.000	4425									
8	组合钢模板	t	5710.00										0.186	0.186	1062
9	铁件	kg	4.40										71.300	71.300	314
10	8～12 号铁丝	kg	6.10										0.400	0.400	2
11	20～22 号铁丝	kg	6.40	3.100	651.000	4166									
12	32.5 级水泥	t	333.00				564.264	12471.363	4152964	28.212	623.542	207639	25.327	25.327	8434
13	石油沥青	t	3800.00				0.594	13.129	49889	0.024	0.530	2016			
14	煤	t	265.00				0.120	2.652	703	0.006	0.133	35			
15	水	m³	2.90				180.000	3978.360	11537	12.000	265.224	769	229.000	229.000	664
16	青(红)砖	千块	212.00										66.260	66.260	14047
17	中(粗)砂	m³	80.00				526.320	11632.725	930618	26.304	581.371	46510	57.950	57.950	4636
18	砂砾	m³	31.00										73.660	73.660	2283
19	碎石(4cm)	m³	55.00				991.440	21912.807	1205204	49.596	1096.171	60289	43.710	43.710	2404
20	其他材料费	元	1.00				1639.800	36242.860	36243	23.400	517.187	517	213.300	213.300	213

续表

序号	工程项目			现浇混凝土衬砌			普通混凝土			普通混凝土			混凝土搅拌站(楼)安拆		
	工程细目			衬砌钢筋			普通混凝土摊铺机铺筑轨道式路面厚度 20cm			普通混凝土摊铺机铺筑轨道式路面厚度每增减 1cm			混凝土搅拌站(楼)安拆(40m³/h 以内)		
	定额单位			1t			1000m² 路面			1000m² 路面			1 座		
	工程数量			210.000			22.102			22.102			1.000		
	定额表号			3～1～9～6			2～2～17～3，定额×6.0，改			2～2～17～4，定额×6.0，改			4～11～11～7		
	工料机名称	单位	单价(元)	定额	数量	金额(元)	定额	数量	金额(元)	定额	数量	金额(元)	定额	数量	金额(元)
21	3.0m³ 轮胎式装载机	台班	1143.88				9.526	210.544	240837	0.454	10.034	11478			
22	8～10t 光轮压路机	台班	329.30										3.140	3.140	1034
23	2.5～4.5m 轨道式水泥混凝土摊铺机	台班	1182.52				3.553	78.528	92861	0.151	3.337	3947			
24	电动混凝土刻纹机	台班	218.87				67.360	1488.791	325852						
25	电动混凝土切缝机	台班	153.81				25.553	564.772	86868						
26	250L 以内强制式混凝土搅拌机	台班	123.74										1.920	1.920	238
27	6m³ 以内混凝土搅拌运输车	台班	1349.80				20.714	457.821	617967	1.058	23.384	31564			
28	40m³/h 以内水泥混凝土搅拌站	台班	1273.31				7.560	167.091	212759	0.378	8.355	10638			
29	8t 以内载货汽车	台班	510.60										6.100	6.100	3115
30	6000L 以内洒水汽车	台班	604.64				14.364	317.473	191957						
31	12t 以内汽车式起重机	台班	808.44										1.570	1.570	1269
32	20t 汽车式起重机	台班	1174.06										4.880	4.880	5729
33	32kV·A 交流电弧焊机	台班	147.29	0.790	165.900	24435									
34	小型机具使用费	元	1.00	34.000	7140.000	7140							45.900	45.900	46
35	定额基价	元	1.00	4395.000	922950.000	922950	372420.000	8231227.000	8231227	16580.000	366451.000	366451	93706.000	93706.000	93706

续表

序号	工程项目			现浇混凝土衬砌			普通混凝土			普通混凝土			混凝土搅拌站(楼)安拆		
	工程细目			衬砌钢筋			普通混凝土摊铺机铺筑轨道式路面厚度 20cm			普通混凝土摊铺机铺筑轨道式路面厚度每增减 1cm			混凝土搅拌站(楼)安拆(40m³/h 以内)		
	定额单位			1t			1000m² 路面			1000m² 路面			1 座		
	工程数量			210.000			22.102			22.102			1.000		
	定额表号			3～1～9～6			2～2～17～3，定额×6.0，改			2～2～17～4，定额×6.0，改			4～11～11～7		
	工料机名称	单位	单价(元)	定额	数量	金额(元)	定额	数量	金额(元)	定额	数量	金额(元)	定额	数量	金额(元)
	直接工程费	元				940442			8891931			395208			100658
	其他工程费 Ⅰ	元		4.790		45047	4.830		429480	4.830		19089	5.650		5687
	其他工程费 Ⅱ	元													
	间接费 规费	元		43.000		72423	43.000		311099	43.000		8286	43.000		23422
	间接费 企业管理费	元		3.260		32127	2.470		230239	2.470		10233	5.330		5668
	利润及税金	元		7.000/3.410		110833	7.000/3.410		1027735	7.000/3.410		45489	7.000/3.410		12727
	建筑安装工程费	元				1200872			10890484			478306			148162

续表

序号	工程项目												合计	
	工程细目													
	定额单位													
	工程数量													
	定额表号													
	工料机名称	单位	单价(元)	定额	数量	金额(元)	定额	数量	金额(元)	定额	数量	金额(元)	数量	金额(元)
1	人工	工日	52.42										297025.452	15570074
2	原木	m^3	1120.00										100.840	112941
3	锯材木中板 $\delta=19\sim35$	m^3	1350.00										147.927	199701
4	光圆钢筋直径 10～14mm	t	3300.00										123.487	407507
5	带肋钢筋直径 15～24mm，25mm 以上	t	3400.00										677.620	2303909
6	型钢	t	3700.00										510.779	1889881
7	钢板	t	4450.00										124.360	553402
8	钢管	t	5610.00										28.967	162507
9	空心钢纤	kg	7.00										25481.899	178373
10	ϕ50mm 以内合金钻头	个	27.21										13300.990	361920
11	电焊条	kg	4.90										3750.000	18375
12	组合钢模板	t	5710.00										0.186	1062
13	铁件	kg	4.40										28718.100	126360
14	铁钉	kg	6.97										812.921	5666
15	8～12 号铁丝	kg	6.10										10983.128	66997
16	20～22 号铁丝	kg	6.40										759.000	4858
17	32.5 级水泥	t	333.00										30960.762	10309934
18	硝铵炸药	kg	10.00										197340.300	1973403
19	导火线	m	1.00										1072.000	1072
20	普通雷管	个	1.00										857.600	858

续表

序号	工程项目											合计	
	工程细目												
	定额单位												
	工程数量												
	定额表号												
	工料机名称	单位	单价(元)	定额	数量	金额(元)	定额	数量	金额(元)	定额	数量	金额(元)	数　量	金额(元)
21	非电毫秒雷管	个	1.52										230468.700	350312
22	导爆索	m	1.10										138230.400	152053
23	石油沥青	t	3800.00										13.659	51904
24	煤	t	265.00										2.785	738
25	水	m^3	2.90										135021.714	391563
26	青(红)砖	千块	212.00										66.260	14047
27	中(粗)砂	m^3	80.00										38490.022	3079202
28	砂砾	m^3	31.00										73.660	2283
29	片石	m^3	40.00										1124.700	44988
30	碎石(2cm)	m^3	55.00										7524.000	413820
31	碎石(4cm)	m^3	55.00										45427.488	2498512
32	其他材料费	元	1.00										514755.959	514756
33	75kW以内履带式推土机	台班	727.62										165.680	120552
34	135kW以内履带式推土机	台班	1383.20										1.600	2213
35	2.0m^3履带式单斗挖掘机	台班	1593.57										0.920	1466
36	1.0m^3轮胎式装载机	台班	504.82										165.480	83538
37	2.0m^3轮胎式装载机	台班	895.93										947.050	848491
38	3.0m^3轮胎式装载机	台班	1143.88										220.578	252315
39	8～10t光轮压路机	台班	329.30										3.140	1034
40	气腿式风动凿岩机	台班	18.40										16814.346	309384

续表

序号	工程项目											合计	
	工程细目												
	定额单位												
	工程数量												
	定额表号												
	工料机名称	单位	单价(元)	定额	数量	金额(元)	定额	数量	金额(元)	定额	数量	金额(元)	数量	金额(元)
41	2.5～4.5m 轨道式水泥混凝土摊铺机	台班	1182.52										81.866	96808
42	电动混凝土刻纹机	台班	218.87										1488.791	325852
43	电动混凝土切缝机	台班	153.81										564.772	86868
44	250L 以内强制式混凝土搅拌机	台班	123.74										1.920	238
45	生产率 4～6m³/h 混凝土喷射机	台班	206.20										1562.000	322084
46	6m³ 以内混凝土搅拌运输车	台班	1349.80										1158.885	1564263
47	60m³/h 以内混凝土输送泵	台班	1267.48										340.600	431704
48	40m³/h 以内水泥混凝土搅拌站	台班	1273.31										368.506	469222
49	4t 以内载货汽车	台班	298.54										427.500	127626
50	8t 以内载货汽车	台班	510.60										6.100	3115
51	12t 以内自卸汽车	台班	752.57										3510.964	2642246
52	6000L 以内洒水汽车	台班	604.64										317.473	191957
53	1.0t 以内机动翻斗车	台班	146.97										234.966	34533
54	12t 以内汽车式起重机	台班	808.44										1.570	1269
55	20t 汽车式起重机	台班	1174.06										4.880	5729
56	32kV·A 交流电弧焊机	台班	147.29										930.600	137068
57	10m³/min 以内电动空气压缩机	台班	518.25										2581.151	1337682
58	20m³/min 以内电动空气压缩机	台班	837.03										3407.481	2852164
59	9m³/min 以内机动空气压缩机	台班	670.02										1356.688	909008

续表

序号	工料机名称		单位	单价(元)	定额	数量	金额(元)	定额	数量	金额(元)	定额	数量	金额(元)	合计	
	工程项目														
	工程细目														
	定额单位														
	工程数量														
	定额表号													数量	金额(元)
60	小型机具使用费		元	1.00										387108.210	387108
61	定额基价		元	1.00										49395183.000	49395183
	直接工程费		元												55308513
	其他工程费	Ⅰ	元												2730834
	其他工程费	Ⅱ	元												
	间接费	规费	元												6695132
	间接费	企业管理费	元												2620745
	利润及税金		元												6687815
	建筑安装工程费		元												74043039

编制：　　　　　　复核：

（7）计算建安工程费用（表 6-23）。

表 6-23 建筑安装工程费计算表

建设项目名称：隧道工程

编制范围：

序号	工程名称	单位	工程量	直接费(元)						间接费（元）	利润(元) 费率 7.0%	税金(元) 综合税率 3.41%	建筑安装工程费	
				直接工程费				其他工程费	合计				合计（元）	单价（元）
				人工费	材料费	机械使用费	合计							
1	2	3	4	5	6	7	8	9	10	11	12	13	14	15
1	隧道工程			15570074	26192904	13545535	55308513	2730834	58039347	9315877	4246206	2441609	74043039	
1～1～9～8	斗容量 2.0m³ 以内挖掘机挖装普通土	1000m³ 天然密实方	0.800	189		1612	1800	61	1861	154	135	73	2224	2780.00
1～1～15～24	机械运输推土机 135kW 以内第一个 20m 开炸运软石	1000m³ 天然密实方	3.200	4781	7797	21861	34439	1281	35720	3456	2598	1425	43199	13499.70
1～1～15～27	机械运输推土机 135kW 以内每增运 10m 软石	1000m³ 天然密实方	−3.200			−8941	−8941	−333	−9274	−364	−675	−352	−10663	3332.30
1～1～11～17	12t 以内自卸汽车运输第一个 1km 土方	1000m³ 天然密实方	0.800			3986	3986	79	4064	83	290	151	4589	5735.80
1～1～11～18	12t 以内自卸汽车运输每增运 0.5km 平均运距 5km 以内土方	1000m³ 天然密实方	0.800			530	530	10	540	11	39	20	610	762.46
1～1～10～5	装载机斗容量 2m³ 以内软石	1000m³ 天然密实方	3.200			6164	6164	229	6393	251	465	242	7351	2297.31
1～1～11～45	12t 以内自卸汽车运输第一个 1km 石方	1000m³ 天然密实方	3.200			26057	26057	513	26570	542	1898	989	29999	9374.83

续表

序号	工程名称	单位	工程量	直接费(元)						间接费(元)	利润(元)费率7.0%	税金(元)综合税率3.41%	建筑安装工程费	
				直接工程费				其他工程费	合计				合计(元)	单价(元)
				人工费	材料费	机械使用费	合计							
1	2	3	4	5	6	7	8	9	10	11	12	13	14	15
1～1～11～46	12t以内自卸汽车运输每增运0.5km平均运距5km以内石方	1000m³天然密实方	3.200			3323	3323	65	3389	69	242	126	3826	1195.68
3～2～1～4	浆砌片石	10m³实体	92.000	87772	123835	690	212297	10721	223018	49049	16403	9837	298307	3242.46
1～2～3～1	边沟、排水沟、截水沟浆砌片石	10m³实体	5.800	4804	6644		11448	647	12095	2710	892	535	16232	2798.66
3～1～3～11	隧道长度2000m以内Ⅴ级围岩	100m³自然密实土、石	254.100	777883	185680	394932	1358495	68604	1427099	406844	104962	66117	2005021	7890.68
3～1～3～10	隧道长度2000m以内Ⅳ级围岩	100m³自然密实土、石	1778.700	5314649	2306519	2113532	9734700	491602	10226302	2803773	752134	469973	14252182	8012.70
3～1～3～8	隧道长度2000m以内Ⅱ级围岩	100m³自然密实土、石	508.200	1547775	953090	1144583	3645449	184095	3829544	859701	281659	169508	5140412	10114.94
3～1～3～41	隧道长度2000m以内Ⅳ～Ⅴ级围岩	100m³自然密实土、石	2032.800	841819		2320243	3162062	159684	3321746	530395	244311	139689	4236141	2083.89

续表

序号	工程名称	单位	工程量	直接费(元)						间接费(元)	利润(元)	税金(元)	建筑安装工程费	
				直接工程费				其他工程费	合计		费率 7.0%	综合税率 3.41%	合计(元)	单价(元)
				人工费	材料费	机械使用费	合计							
1	2	3	4	5	6	7	8	9	10	11	12	13	14	15
3～1～3～40	隧道长度2000m以内Ⅰ～Ⅲ级围岩	100m³自然密实土、石	508.200	109223		755627	864850	43675	908525	93028	66821	36432	1104806	2173.96
1～1～11～18	12t以内自卸汽车运输每增运0.5km平均运距5km以内土方	1000m³天然密实方	203.280			269249	269249	5304	274553	5601	19611	10222	309987	1524.93
1～1～11～46	12t以内自卸汽车运输每增运0.5km平均运距5km以内石方	1000m³天然密实方	50.820			105558	105558	2079	107637	2196	7688	4007	121529	2391.36
3～1～5～1	制作、安装型钢钢架	1t钢架	510.000	499930	2173615	159369	2832914	143062	2975976	365852	218880	121420	3682128	7219.86
3～1～6～1	砂浆锚杆	1t钢材	427.210	1086126	1737710	1131864	3955700	199763	4155463	677716	305630	175233	5314043	12438.95
3～1～6～4	金属网钢筋网	1t钢材	120.000	137131	410296	39836	587262	28130	615392	79028	44482	25197	764098	6367.48
3～1～8～1	混凝土	10m³	1100.000	1816353	3586631	1329491	6732476	339990	7072466	1139606	520173	297770	9030014	8209.10
4～11～11～11	混凝土搅拌站拌合(40m³/h以内)	100m³	110.000			150684	150684	8514	159198	8485	11738	6118	185539	1686.72
3～1～9～9	混凝土运输6m³以内第一个1km	100m³	110.000			288641	288641	5686	294327	6004	21023	10958	332313	3021.03

续表

序号	工程名称	单位	工程量	直接费(元)						间接费(元)	利润(元)	税金(元)	建筑安装工程费	
				直接工程费				其他工程费	合计		费率 7.0%	综合税率 3.41%	合计(元)	单价(元)
				人工费	材料费	机械使用费	合计							
1	2	3	4	5	6	7	8	9	10	11	12	13	14	15
3～1～9～10	混凝土运输 $6m^3$ 以内每增运 0.5km	$100m^3$	110.000			17817	17817	351	18168	371	1298	676	20513	186.48
3～1～9～2	现浇混凝土模筑模架	$10m^3$	2620.000	2375989	7208230	491734	10075954	508836	10584789	1558324	778501	440627	13362241	5100.09
4～11～11～11	混凝土搅拌站拌合($40m^3/h$ 以内)	$100m^3$	262.000			299085	299085	16898	315984	16842	23298	12144	368267	1405.60
3～1～9～9	混凝土运输 $6m^3$ 以内第一个 1km	$100m^3$	262.000			572909	572909	11286	584195	11918	41728	21750	659591	2517.52
3～1～9～10	混凝土运输 $6m^3$ 以内每增运 0.5km	$100m^3$	262.000			35365	35365	697	36061	736	2576	1343	40716	155.40
3～1～9～6	衬砌钢筋	1t	210.000	168425	740441	31575	940442	45047	985489	104550	71233	39599	1200872	5718.44
2～2～17～3	普通混凝土摊铺机铺筑轨道式路面厚度 20cm	$1000m^2$ 路面	22.102	723487	6399345	1769100	8891931	429480	9321411	541338	668616	359120	10890484	492737.51
2～2～17～4	普通混凝土摊铺机铺筑轨道式路面厚度每增减 1cm	$1000m^2$ 路面	22.102	19270	318313	57626	395208	19089	414297	18519	29717	15772	478306	21640.83
4～11～11～7	混凝土搅拌站(楼)安拆($40m^3/h$ 以内)	1 座	1.000	54470	34758	11431	100658	5687	106345	29090	7841	4886	148162	148162.18

续表

序号	工程名称	单位	工程量	直接费(元)						间接费(元)	利润(元)	税金(元)	建筑安装工程费	
				直接工程费				其他工程费	合计		费率 7.0%	综合税率 3.41%	合计(元)	单价(元)
				人工费	材料费	机械使用费	合计							
1	2	3	4	5	6	7	8	9	10	11	12	13	14	15
	各项费用合计	公路公里		15570074	26192904	13545535	55308513	2730834	58039347	9315877	4246206	2441609	74043039	

编制：　　　　复核：

(8) 汇总计算工程造价(表 6-24)。

表 6-24　总　预　算　表

建设项目名称：隧道工程

编制范围：

项	目	节	细目	工程或费用名称	单位	数量	预算金额(元)	技术经济指标	各项费用比例(%)	备　注
				第一部分　建筑安装工程费	公路公里		74043039		100.00	
				隧道工程			74043039		100.00	
				第二部分　设备及工具、器具购置费	公路公里					
				第三部分　工程建设其他费用	公路公里					
				第一、二、三部分费用合计	公路公里		74043039		100.00	
				预备费	元					
一				1. 价差预备费	元					
二				2. 基本预备费	元					
				预算总金额	元		74043039		100.00	
				其中：回收金额	元					
				公路基本造价	公路公里		74043039		100.00	

编制：　　　　复核：

二、隧道工程工程量清单计价

1. 工程量清单列项、编码、计算清单工程量

根据施工图纸，结合施工组织设计，该部分路基工程量清单计算见表 6-25。

表 4-25 第 500 章隧道工程量清单

序号	清单编码	工程项目名称	计量单位	计算式	工程数量
		第 500 章 隧道			
1	502-1	洞口、明洞开挖			
-a	502-1-a	土方	m^3	800	800.000
-b	502-1-b	石方	m^3	3200	3200.000
-c	502-1-c	弃方超运	$m^3 \cdot km$	（3200＋800）/1.5	2666.667
2	502-2	防水与排水			
-a	502-2-a	M…浆砌片石截水沟	m^3	58	58.000
3	502-4	洞门建筑			
-b	502-4-b	M…浆砌粗料石（块石）	m^3	920	920.000
4	503-1	洞身开挖			
-a	503-1-a	土方	m^3	25410	25410.000
-b	503-1-b	石方	m^3	177870＋50820	228690.000
-c	503-1-c	弃方超运	$m^3 \cdot km$	（203280＋50820）/1.5	169400.000
5	503-2	超前支护			
-a	503-2-a	锚杆（ϕ25）	m	11800	11800.000
-e	503-2-e	型钢（规格型号）	kg	510000	510000.000
6	503-3	初期支护			
-b	503-3-b	C25 喷射混凝土	m^3	11000	11000.000
-d	503-3-d	锚杆（ϕ22）	m	128000	128000.000
7	504-1	洞身衬砌			
-a	504-1-a	C…混凝土	m^3	26200	26200.000
-e	504-1-e	带肋钢筋（HRB335）	kg	210000	210000.000
8	504-5	洞内路面			
-a	504-5-a	C40 混凝土（厚 260mm）	m^2	22102	22102.000

注：“计日工明细表”“暂估价表”数据为零，表格不另附。

2. 道路工程工程量清单计价

（1）确定施工方案

同定额计价模式。

(2) 人材机单价及其他直接工程费、间接费、利润、税金费率的取定

同定额计价模式。

(3) 分部分项工程量清单综合单价计算

根据施工图纸、结合施工方案，确定各清单项目的组合工作内容，并计算其报价工程量，见表 6-26。

表 6-26　第 500 章隧道工程量清单计算表

序号	清单编码	工程项目名称	计量单位	计算式	工程数量
		第 500 章　隧道			
1	502-1	洞口、明洞开挖			
-a	502-1-a	土方	m^3	800	800.000
[1]	1～1～9～8	斗容量 2.0m^3 以内挖掘机挖装普通土	1000m^3 天然密实方	800	0.800
-b	502-1-b	石方	m^3	3200	3200.000
[1]	1～1～15～24	机械运输推土机 135kW 以内第一个 20m 开炸运软石	1000m^3 天然密实方	(3.2) ×1000.0	3.200
[2]	1～1～15～27 换	机械运输推土机 135kW 以内每增运 10m 软石	1000m^3 天然密实方	－3200	－3.200
-c	502-1-c	弃方超运	m^3·km	(3200＋800) /1.5	2666.667
[1]	1～1～11～17	12t 以内自卸汽车运输第一个 1km 土方	1000m^3 天然密实方	800	0.800
[2]	1～1～11～18	12t 以内自卸汽车运输每增运 0.5km 平均运距 5km 以内土方	1000m^3 天然密实方	800	0.800
[3]	1～1～10～5	装载机斗容量 2m^3 以内软石	1000m^3 天然密实方	3200	3.200
[4]	1～1～11～45	12t 以内自卸汽车运输第一个 1km 石方	1000m^3 天然密实方	3200	3.200
[5]	1～1～11～46	12t 以内自卸汽车运输每增运 0.5km 平均运距 5km 以内石方	1000m^3 天然密实方	3200	3.200
2	502-2	防水与排水			
-a	502-2-a	M…浆砌片石截水沟	m^3	58	58.000
[1]	1～2～3～1	边沟、排水沟、截水沟浆砌片石	10m^3 实体	58	5.800
3	502-4	洞门建筑			
-b	502-4-b	M…浆砌粗料石（块石）	m^3	920	920.000
[1]	3～2～1～4	浆砌片石	10m^3 实体	920	92.000
4	503-1	洞身开挖			
-a	503-1-a	土方	m^3	25410	25410.000

续表

序号	清单编码	工程项目名称	计量单位	计算式	工程数量
[1]	3～1～3～11	隧道长度2000m以内Ⅴ级围岩	$100m^3$ 自然密实土、石	25410	254.100
-b	503-1-b	石方	m^3	177870＋50820	228690.000
[1]	3～1～3～10	隧道长度2000m以内Ⅳ级围岩	$100m^3$ 自然密实土、石	177870	1778.700
[2]	3～1～3～8	隧道长度2000m以内Ⅱ级围岩	$100m^3$ 自然密实土、石	50820	508.200
-c	503-1-c	弃方超运	m^3 · km	（203280＋50820）/1.5	169400.000
[1]	3～1～3～41	隧道长度2000m以内Ⅳ～Ⅴ级围岩	$100m^3$ 自然密实土、石	203280	2032.800
[2]	3～1～3～40	隧道长度2000m以内Ⅰ～Ⅲ级围岩	$100m^3$ 自然密实土、石	50820	508.200
[3]	1～1～11～18换	12t以内自卸汽车运输每增运0.5km平均运距5km以内土方	$1000m^3$ 天然密实方	203280	203.280
[4]	1～1～11～46换	12t以内自卸汽车运输每增运0.5km平均运距5km以内石方	$1000m^3$ 天然密实方	50820	50.820
5	503-2	超前支护			
-a	503-2-a	锚杆（ϕ25）	m	11800	11800.000
[1]	3～1～6～1	砂浆锚杆	1t钢材	（0.025×0.025×11800×3.14/4×7.85）	45.447
-e	503-2-e	型钢（规格型号）	kg	510000	510000.000
[1]	3～1～5～1	制作、安装型钢钢架	1t钢架	510	510.000
6	503-3	初期支护			
-b	503-3-b	C…喷射混凝土	m^3	11000	11000.000
[1]	3～1～8～1	混凝土	$10m^3$	（1100.0）×10.0	1100.000
[2]	4～11～11～11换	混凝土搅拌站拌合（$40m^3/h$ 以内）	$100m^3$	（110.0）×100.0	110.000
[3]	3～1～9～9换	混凝土运输 $6m^3$ 以内第一个1km	$100m^3$	（110.0）×100.0	110.000
[4]	3～1～9～10换	混凝土运输 $6m^3$ 以内每增运0.5km	$100m^3$	（110.0）×100.0	110.000
-d	503-3-d	锚杆（ϕ22）	m	128000	128000.000
[1]	3～1～6～1	砂浆锚杆	1t钢材	（0.022×0.022×128000×3.14×7.85/4）	381.764
-e	503-3-e	钢筋网	kg	120000	120000.000
[1]	3～1～6～4	金属网钢筋网	1t钢材	120	120.000

续表

序号	清单编码	工程项目名称	计量单位	计算式	工程数量
7	504-1	洞身衬砌			
-a	504-1-a	C25 混凝土	m^3	26200	26200.000
[1]	3～1～9～2	现浇混凝土模筑模架	$10m^3$	26200	2620.000
[2]	4～11～11～11	混凝土搅拌站拌合（$40m^3/h$ 以内）	$100m^3$	26200	262.000
[3]	3～1～9～9	混凝土运输 $6m^3$ 以内第一个 1km	$100m^3$	（262.0）×100.0	262.000
[4]	3～1～9～10	混凝土运输 $6m^3$ 以内每增运 0.5km	$100m^3$	（262.0）×100.0	262.000
[5]	4～11～11～7	混凝土搅拌站（楼）安拆（$40m^3/h$ 以内）	1 座	1	1.000
-e	504-1-e	带肋钢筋（HRB335）	kg	210000	210000.000
[1]	3～1～9～6	衬砌钢筋	1t	（210.0）×1.0	210.000
8	504-5	洞内路面			
-a	504-5-a	C40 混凝土（厚 260mm）	m^2	22102	22102.000
[1]	2～2～17～3 换	普通混凝土摊铺机铺筑轨道式路面厚度 20cm	$1000m^2$ 路面	（22.102）×1000.0	22.102
[2]	2～2～17～4 换	普通混凝土摊铺机铺筑轨道式路面厚度每增减 1cm	$1000m^2$ 路面	（22.102）×1000.0	22.102

（4）套取定额、列项计算综合单价，见表 6-27。

表 6-27　工程细目单价构成分析表

合同段编号：

细目号	细　目　名　称	定额表号	单位	工程数量	工序单价（元）
502-1	洞口、明洞开挖				
-a	土方		m^3	800.000	2.78
	斗容量 $2.0m^3$ 以内挖掘机挖装普通土	1～1～9～8	$1000m^3$ 天然密实方	0.800	2780.00
502-1	洞口、明洞开挖				
-b	石方		m^3	3200.000	10.17
	机械运输推土机 135kW 以内第一个 20m 开炸运软石	1～1～15～24	$1000m^3$ 天然密实方	3.200	13499.70
	机械运输推土机 135kW 以内每增运 10m 软石	1～1～15～27	$1000m^3$ 天然密实方	－3.200	3332.30
502-1	洞口、明洞开挖				
-c	弃方超运		$m^3 \cdot km$	2666.667	17.39

续表

细目号	细　目　名　称	定额表号	单位	工程数量	工序单价（元）
	12t以内自卸汽车运输第一个1km土方	1～1～11～17	$1000m^3$ 天然密实方	0.800	5735.80
	12t以内自卸汽车运输每增运0.5km平均运距5km以内土方	1～1～11～18	$1000m^3$ 天然密实方	0.800	762.46
	装载机斗容量 $2m^3$ 以内软石	1～1～10～5	$1000m^3$ 天然密实方	3.200	2297.31
	12t以内自卸汽车运输第一个1km石方	1～1～11～45	$1000m^3$ 天然密实方	3.200	9374.83
	12t以内自卸汽车运输每增运0.5km平均运距5km以内石方	1～1～11～46	$1000m^3$ 天然密实方	3.200	1195.68
502-2	防水与排水				
-a	M…浆砌片石截水沟		m^3	58.000	279.87
	边沟、排水沟、截水沟浆砌片石	1～2～3～1	$10m^3$ 实体	5.800	2798.66
502-4	洞门建筑				
-b	M…浆砌粗料石（块石）		m^3	920.000	324.25
	浆砌片石	3～2～1～4	$10m^3$ 实体	92.000	3242.46
503-1	洞身开挖				
-a	土方		m^3	25410.000	78.91
	隧道长度2000m以内Ⅴ级围岩	3～1～3～11	$100m^3$ 自然密实土、石	254.100	7890.68
503-1	洞身开挖				
-b	石方		m^3	228690.000	84.80
	隧道长度2000m以内Ⅳ级围岩	3～1～3～10	$100m^3$ 自然密实土、石	1778.700	8012.70
	隧道长度2000m以内Ⅱ级围岩	3～1～3～8	$100m^3$ 自然密实土、石	508.200	10114.94
503-1	洞身开挖				
-c	弃方超运		$m^3\cdot km$	169400.000	34.08
	隧道长度2000m以内Ⅳ～Ⅴ级围岩	3～1～3～41	$100m^3$ 自然密实土、石	2032.800	2083.89
	隧道长度2000m以内Ⅰ～Ⅲ级围岩	3～1～3～40	$100m^3$ 自然密实土、石	508.200	2173.96
	12t以内自卸汽车运输每增运0.5km平均运距5km以内土方	1～1～11～18	$100m^3$ 自然密实土、石	203.280	1524.93
	12t以内自卸汽车运输每增运0.5km平均运距5km以内石方	1～1～11～46	$100m^3$ 自然密实土、石	50.820	2391.36

续表

细目号	细　目　名　称	定额表号	单位	工程数量	工序单价（元）
503-2	超前支护				
-a	锚杆（ϕ25）		m	11800.000	47.91
	砂浆锚杆	3～1～6～1	1t 钢材	45.447	12438.95
503-2	超前支护				
-e	型钢（规格型号）		kg	510000.000	7.22
	制作、安装型钢钢架	3～1～5～1	1t 钢架	510.000	7219.86
503-3	初期支护				
-b	C25 喷射混凝土		m^3	11000.000	869.68
	混凝土	3～1～8～1	$10m^3$	1100.000	8207.44
	混凝土搅拌站拌合（$40m^3/h$ 以内）	4～11～11～11	$100m^3$	110.000	1686.32
	混凝土运输 $6m^3$ 以内第一个 1km	3～1～9～9	$100m^3$	110.000	3020.34
	混凝土运输 $6m^3$ 以内每增运 0.5km	3～1～9～10	$100m^3$	110.000	186.44
503-3	初期支护				
-d	锚杆（ϕ22）		m	128000.000	37.10
	砂浆锚杆	3～1～6～1	1t 钢材	381.764	12438.95
503-3	初期支护				
-e	钢筋网		kg	120000.000	6.37
	金属网钢筋网	3～1～6～4	1t 钢材	120.000	6367.48
504-1	洞身衬砌				
-a	C…混凝土		m^3	26200.000	556.45
	现浇混凝土模筑模架	3～1～9～2	$10m^3$	2620.000	5100.09
	混凝土搅拌站拌合（$40m^3/h$ 以内）	4～11～11～11	$100m^3$	262.000	1405.60
	混凝土运输 $6m^3$ 以内第一个 1km	3～1～9～9	$100m^3$	262.000	2517.52
	混凝土运输 $6m^3$ 以内每增运 0.5km	3～1～9～10	$100m^3$	262.000	155.40
	混凝土搅拌站（楼）安拆（$40m^3/h$ 以内）	4～11～11～7	1 座	1.000	148162.18
504-1	洞身衬砌				
-e	带肋钢筋（HRB335）		kg	210000.000	5.72
	衬砌钢筋	3～1～9～6	1t	210.000	5718.44
504-5	洞内路面				
-a	C40 混凝土（厚 260mm）		m^2	22102.000	514.38

续表

细目号	细目名称	定额表号	单位	工程数量	工序单价（元）
	普通混凝土摊铺机铺筑轨道式路面厚度 20cm	2～2～17～3	1000m^2 路面	22.102	492737.51
	普通混凝土摊铺机铺筑轨道式路面厚度每增减 1cm	2～2～17～4	1000m^2 路面	22.102	21640.83

编制： 复核：

（5）填表计算工程造价

汇总计算出各章的工程细目表，见表 6-28。

表 6-28 工程量清单表

合同段：隧道清单计价

第 500 章 隧道					
子目号	子目名称	单位	数量	单价	合价
502-1	洞口、明洞开挖				
-a	土方	m^3	800.000	2.78	2224
-b	石方	m^3	3200.000	10.17	32544
-c	弃方超运	m^3 · km	2666.667	17.39	46373
502-2	防水与排水				
-a	M…浆砌片石截水沟	m^3	58.000	279.87	16232
502-4	洞门建筑				
-b	M…浆砌粗料石（块石）	m^3	920.000	324.25	298310
503-1	洞身开挖				
-a	土方	m^3	25410.000	78.91	2005103
-b	石方	m^3	228690.000	84.80	19392912
-c	弃方超运	m^3 · km	169400.000	34.08	5773152
503-2	超前支护				
-a	锚杆（ϕ25）	m	11800.000	47.91	565338
-e	型钢（规格型号）	kg	510000.000	7.22	3682200
503-3	初期支护				
-b	C25 喷射混凝土	m^3	11000.000	869.68	9566480
-d	锚杆（ϕ22）	m	128000.000	37.10	4748800
-e	钢筋网	kg	120000.000	6.37	764400
504-1	洞身衬砌				
-a	C…混凝土	m^3	26200.000	556.45	14578990
-e	带肋钢筋（HRB335）	kg	210000.000	5.72	1201200
504-5	洞内路面				
-a	C40 混凝土（厚 260mm）	m^2	22102.000	514.38	11368827
第 500 章 合计 人民币 74043086 元					

（6）汇总计算工程造价

将各章的工程细目表及计日工明细表进行总汇，再加上暂定金额得出该项目的总造价，见表 6-29。

表 6-29　投标报价汇总表

合同段：隧道清单计价

序号	章次	科　目　名　称	金额（元）
1	500	隧道	74043086
2	第 100 章至第 700 章合计		74043086
3	已包含在清单合计中的材料、工程设备、专业工程暂估价合计		
4	清单合计减去材料、工程设备、专业工程暂估价合计		74043086
5	计日工合计		
6	暂列金额（不含计日工总额）		
7	投标报价		74043086

清单　第 1 页　共 1 页

附　　录

附录一　全国冬期施工气温区划分表

省、自治区、直辖市	地区、市、自治州、盟（县）	气温区	
北京	全境	冬二	Ⅰ
天津	全境	冬二	Ⅰ
河北	石家庄、邢台、邯郸、衡水市（冀州市、枣强县、故城县）	冬一	Ⅱ
	廊坊、保定（涞源县及以北除外）、衡水（冀州市、枣强县、故城县除外）、沧州市	冬二	Ⅰ
	唐山、秦皇岛市		Ⅱ
	承德（围场县除外）、张家口（沽源县、张北县、尚义县、康保县除外）、保定市（涞源县及以北）	冬三	
	承德（围场县）、张家口市（沽源县、张北县、尚义县、康保县）	冬四	
山西	运城市（万荣县、夏县、绛县、新绛县、稷山县、闻喜县除外）	冬一	Ⅱ
	运城（万荣县、夏县、绛县、新绛县、稷山县、闻喜县）、临汾（尧都区、侯马市、曲沃县、翼城县、襄汾县、洪洞县）、阳泉（盂县除外）、长治（黎城县）、晋城市（城区、泽州县、沁水县、阳城县）	冬二	Ⅰ
	太原（娄烦县除外）、阳泉（盂县）、长治（黎城县除外）、晋城（城区、泽州县、沁水县，阳城县除外）、晋中（寿阳县、和顺县、左权县除外）、临汾（尧都区、侯马市、曲沃县、翼城县、襄汾县、洪洞县除外）、吕梁市（孝义市、汾阳市、文水县、交城县、柳林县、石楼县、交口县、中阳县）		Ⅱ
	太原（娄烦县）、大同（左云县除外）、朔州（右玉县除外）、晋中（寿阳县、和顺县、左权县）、忻州、吕梁市（离石区、临县、岚县、方山县、兴县）	冬三	
	大同（左云县）、朔州市（右玉县）	冬四	
内蒙古	乌海市，阿拉善盟（阿拉善左旗、阿拉善右旗）	冬二	Ⅰ
	呼和浩特（武川县除外）、包头（固阳县除外）、赤峰、鄂尔多斯、巴彦淖尔、乌兰察布市（察哈尔右翼中旗除外），阿拉善盟（额济纳旗）	冬三	
	呼和浩特（武川县）、包头（固阳县）、通辽、乌兰察布市（察哈尔右翼中旗），锡林郭勒（苏尼特右旗、多伦县）、兴安盟（阿尔山市除外）	冬四	
	呼伦贝尔市（海拉尔区、新巴尔虎右旗、阿荣旗），兴安（阿尔山市）、锡林郭勒盟（冬四区以外各地）	冬五	
	呼伦贝尔市（冬五区以外各地）	冬六	
辽宁	大连（瓦房店市、普兰店市、庄河市除外）、葫芦岛市（绥中县）	冬二	Ⅰ
	沈阳（康平县、法库县除外）、大连（瓦房店市、普兰店市、庄河市）、鞍山、本溪（桓仁县除外）、丹东、锦州、阜新、营口、辽阳、朝阳（建平县除外）、葫芦岛（绥中县除外）、盘锦市	冬三	
	沈阳（康平县、法库县）、抚顺、本溪（桓仁县）、朝阳（建平县）、铁岭市	冬四	

续表

省、自治区、直辖市	地区、市、自治州、盟（县）	气温区	
吉林	长春（榆树市除外）、四平、通化（辉南县除外）、辽源、白山（靖宇县、抚松县、长白县除外）、松原（长岭县）、白城市（通榆县），延边自治州（敦化市、汪清县、安图县除外）	冬四	
	长春（榆树市）、吉林、通化（辉南县）、白山（靖宇县、抚松县、长白县）、白城（通榆县除外）、松原市（长岭县除外），延边自治州（敦化市、汪清县、安图县）	冬五	
黑龙江	牡丹江市（绥芬河市、东宁县）	冬四	
	哈尔滨（依兰县除外）、齐齐哈尔（讷河市、依安县、富裕县、克山县、克东县、拜泉县除外）、绥化（安达市、肇东市、兰西县）、牡丹江（绥芬河市、东宁县除外）、双鸭山（宝清县）、佳木斯（桦南县）、鸡西、七台河、大庆市	冬五	
	哈尔滨（依兰县）、佳木斯（桦南县除外）、双鸭山（宝清县除外）、绥化（安达市、肇东市、兰西县除外）、齐齐哈尔（讷河市、依安县、富裕县、克山县、克东县、拜泉县）、黑河、鹤岗、伊春市，大兴安岭地区	冬六	
上海	全境	准二	
江苏	徐州、连云港市	冬一	Ⅰ
	南京、无锡、常州、淮安、盐城、宿迁、扬州、泰州、南通、镇江、苏州市	准二	
浙江	杭州、嘉兴、绍兴、宁波、湖州、衢州、舟山、金华、温州、台州、丽水市	准二	
安徽	亳州市	冬一	Ⅰ
	阜阳、蚌埠、淮南、滁州、合肥、六安、马鞍山、巢湖、芜湖、铜陵、池州、宣城、黄山市	准一	
	淮北、宿州市	准二	
福建	宁德（寿宁县、周宁县、屏南县）、三明市	准一	
江西	南昌、萍乡、景德镇、九江、新余、上饶、抚州、宜春市	准一	
山东	全境	冬一	Ⅰ
河南	安阳、商丘、周口（西华县、淮阳县、鹿邑县、扶沟县、太康县）、新乡、三门峡、洛阳、郑州、开封、鹤壁、焦作、济源、濮阳、许昌市	冬一	Ⅰ
	驻马店、信阳、南阳、周口（西华县、淮阳县、鹿邑县、扶沟县、太康县除外）、平顶山、漯河市	准二	
湖北	武汉、黄石、荆州、荆门、鄂州、宜昌、咸宁、黄岗、天门、潜江、仙桃市、恩施自治州	准一	
	孝感、十堰、襄樊、随州市，神农架林区	准二	
湖南	全境	准一	
四川	阿坝（黑水县）、甘孜自治州（新龙县、道浮县、泸定县）	冬一	Ⅱ
	甘孜自治州（甘孜县、康定县、白玉县、炉霍县）	冬二	Ⅰ
	阿坝（壤塘县、红原县、松潘县）、甘孜自治州（德格县）		Ⅱ
	阿坝（阿坝县、若尔盖县、九寨沟县）、甘孜自治州（石渠县、色达县）	冬三	
	广元市（青川县），阿坝（汶川县、小金县、茂县、理县）、甘孜（巴塘县、雅江县、得荣县、九龙县、理塘县、乡城县、稻城县）、凉山自治州（盐源县、木里县）	准一	
	阿坝（马尔康县、金川县）、甘孜自治州（丹巴县）	准二	

续表

省、自治区、直辖市	地区、市、自治州、盟（县）	气温区	
贵州	贵阳、遵义（赤水市除外）、安顺市、黔东南、黔南、黔西南自治州	准一	
	六盘水市，毕节地区	准二	
云南	迪庆自治州（德钦县、香格里拉县）	冬一	Ⅱ
	曲靖（宣威市、会泽县）、丽江（玉龙县、宁蒗县）、昭通市（昭阳区、大关县、威信县、彝良县、镇雄县、鲁甸县）、迪庆（维西县）、怒江（兰坪县）、大理自治州（剑川县）	准一	
西藏	拉萨市（当雄县除外），日喀则（拉孜县）、山南（浪卡子县、错那县、隆子县除外）、昌都（芒康县、左贡县、类乌齐县、丁青县、洛隆县除外）、林芝地区	冬一	Ⅰ
	山南（隆子县）、日喀则地区（定日县、聂拉木县、亚东县、拉孜县除外）		Ⅱ
	昌都地区（洛隆县）	冬二	Ⅰ
	昌都（芒康县、左贡县、类乌齐县、丁青县）、山南（浪卡子县）、日喀则（定日县、聂拉木县）、阿里地区（普兰县）		Ⅱ
	拉萨市（当雄县），那曲（安多县除外）、山南（错那县）、日喀则（亚东县）、阿里地区（普兰县除外）	冬三	
	那曲地区（安多县）	冬四	
陕西	西安、宝鸡、渭南、咸阳（彬县、旬邑县、长武县除外）、汉中（留坝县、佛坪县）、铜川市（耀州区）	冬一	Ⅰ
	铜川（印台区、王益区）、咸阳市（彬县、旬邑县、长武县		Ⅱ
	延安（吴起县除外）、榆林（清涧县）、铜川市（宜君县）	冬二	Ⅱ
	延安（吴起县）、榆林市（清涧县除外）	冬三	
	商洛、安康、汉中市（留坝县、佛坪县除外）	准二	
甘肃	陇南市（两当县、徽县）	冬一	Ⅱ
	兰州、天水、白银（会宁县、靖远县）、定西、平凉、庆阳、陇南市（西和县、礼县、宕昌县），临夏、甘南自治州（舟曲县）	冬二	Ⅱ
	嘉峪关、金昌、白银（白银区、平川区、景泰县）、酒泉、张掖、武威市，甘南自治州（舟曲县除外）	冬三	
	陇南市（武都区、文县）	准一	
	陇南市（成县、康县）	准二	
青海	海东地区（民和县）	冬二	Ⅱ
	西宁市，海东地区（民和县除外），黄南（泽库县除外）、海南、果洛（班玛县、达日县、久治县）、玉树（襄谦县、杂多县、称多县、玉树县）、海西自治州（德令哈市、格尔木市、都兰县、乌兰县）	冬三	
	海北（野牛沟、托勒除外）、黄南（泽库县）、果洛（玛沁县、甘德县、玛多县）、玉树（曲麻莱县、治多县）、海西自治州（冷湖、茫崖、大柴旦、天峻县）	冬四	
	海北（野牛沟、托勒）、玉树（清水河）、海西自治州（唐古拉山区）	冬五	

续表

省、自治区、直辖市	地区、市、自治州、盟（县）	气温区	
宁夏	全境	冬二	Ⅱ
新疆	阿拉尔市，喀什（喀什市、伽师县、巴楚县、英吉沙县、麦盖提县、莎车县、叶城县、泽普县）、哈密（哈密市泌城镇）、阿克苏（沙雅县、阿瓦提县）、和田地区，伊犁（伊宁市、新源县、霍城县霍尔果斯镇）、巴音郭楞（库尔勒市、若羌县、且末县、尉犁县铁干里可）、克孜勒苏自治州（阿图什市、阿克陶县）	冬二	Ⅰ
	喀什地区（岳普湖县）		Ⅱ
	乌鲁木齐市（牧业气象试验站、达板城区、乌鲁木齐县小渠子乡），塔城（乌苏市、沙湾县、额敏县除外）、阿克苏（沙雅县、阿瓦提县除外）、哈密（哈密市十三间房、哈密市红柳河、伊吾县淖毛湖）、喀什（塔什库尔干县）、吐鲁番地区，克孜勒苏（乌恰县、阿合奇县）、巴音郭楞（和静县、焉耆县、和硕县、轮台县、尉犁县、且末县塔中）、伊犁自治州（伊宁市、霍城县、察布查尔县、尼勒克县、巩留县、昭苏县、特克斯县）	冬三	
	乌鲁木齐市（冬三区以外各地），塔城（额敏县、乌苏县）、阿勒泰（阿勒泰市、哈巴河县、吉木乃县）、哈密地区（巴里坤县），昌吉（昌吉市、米泉市、木垒县、奇台县北塔山镇、阜康市天池）、博尔塔拉（温泉县、精河县、阿拉山口口岸）、克孜勒苏自治州（乌恰县吐尔尕特口岸）	冬四	
	克拉玛依、石河子市，塔城（沙湾县）、阿勒泰地区（布尔津县、福海县、富蕴县、青河县），博尔塔拉（博乐市）、昌吉（阜康市、玛纳斯县、呼图壁县、吉木萨尔县、奇台县、米泉市蔡家湖）、巴音郭楞自治州（和静县巴音布鲁克乡）	冬五	

注：表中行政区划以2006年地图出版社出版的《中华人民共和国行政区划简册》为准。为避免繁冗，各民族自治州名称予以简化，如青海省的“海西蒙古族藏族自治州”简化为“海西自治州”。

附录二　全国雨季期施工雨量区及雨季期划分表

省、自治区、直辖市	地区、市、自治州、盟（县）	雨量区	雨季期（月数）
北京	全境	Ⅱ	2
天津	全境	Ⅰ	2
河北	张家口、承德市（围场县）	Ⅰ	1.5
	承德（围场县除外）、保定、沧州、石家庄、廊坊、邢台、衡水、邯郸、唐山、秦皇岛市	Ⅱ	2
山西	全境	Ⅰ	1.5
内蒙古	呼和浩特、通辽、呼伦贝尔（海拉尔区、满洲里市、陈巴尔虎旗、鄂温克旗）、鄂尔多斯（东胜区、准格尔旗、伊金霍洛旗、达拉特旗、乌审旗）、赤峰、包头、乌兰察布市（集宁区、化德县、商都县、兴和县、四子王旗、察哈尔右翼中旗、察哈尔右翼后旗、卓资县及以南），锡林郭勒盟（锡林浩特市、多伦县、太仆寺旗、西乌珠穆沁旗、正蓝旗、正镶白旗）	Ⅰ	1
	呼伦贝尔市（牙克石市、额尔古纳市、鄂伦春旗、扎兰屯市及以东），兴安盟		2
辽宁	大连（长海县、瓦房店市、普兰店市、庄河市除外）、朝阳市（建平县）	Ⅰ	2
	沈阳（康平县）、大连（长海县）、锦州（北宁市除外）、营口（盖州市）、朝阳市（凌原市、建平县除外）		2.5
	沈阳（康平县、辽中县除外）、大连（瓦房店市）、鞍山（海城市、台安县、岫岩县除外）、锦州（北宁市）、阜新、朝阳（凌原市）、盘锦、葫芦岛（建昌县）、铁岭市		3
	抚顺（新宾县）、辽阳市		3.5
	沈阳（辽中县）、鞍山（海城市、台安县）、营口（盖州市除外）、葫芦岛市（兴城市）	Ⅱ	2.5
	大连（普兰店市）、葫芦岛市（兴城市、建昌县除外）		3
	大连（庄河市）、鞍山（岫岩县）、抚顺（新宾县除外）、丹东（凤城市、宽甸县除外）、本溪市		3.5
	丹东市（凤城市、宽甸县）		4
吉林	辽源、四平（双辽市）、白城、松原市	Ⅰ	2
	吉林、长春、四平（双辽市除外）、白山市，延边自治州	Ⅱ	2
	通化市		3
黑龙江	哈尔滨（市区、呼兰区、五常市、阿城市、双城市）、佳木斯（抚远县）、双鸭山（市区、集贤县除外）、齐齐哈尔（拜泉县、克东县除外）、黑河（五大连池市、嫩江县）、绥化（北林区、海伦市、望奎县、绥棱县、庆安县除外）、牡丹江、大庆、鸡西、七台河市，大兴安岭地区（呼玛县除外）	Ⅰ	2
	哈尔滨（市区、呼兰区、五常市、阿城市、双城市除外）、佳木斯（抚远县除外）、双鸭山（市区、集贤县）、齐齐哈尔（拜泉县、克东县）、黑河（五大连池市、嫩江县除外）、绥化（北林区、海伦市、望奎县、绥棱县、庆安县）、鹤岗、伊春市，大兴安岭地区（呼玛县）	Ⅱ	2

续表

省、自治区、直辖市	地区、市、自治州、盟（县）	雨量区	雨季期（月数）
上海	全境	Ⅱ	4
江苏	徐州、连云港市	Ⅱ	2
	盐城市		3
	南京、镇江、淮安、南通、宿迁、扬州、常州、泰州市		4
	无锡、苏州市		4.5
浙江	舟山市	Ⅱ	4
	嘉兴、湖州市		4.5
	宁波、绍兴市		6
	杭州、金华、温州、衢州、台州、丽水市		7
安徽	亳州、淮北、宿州、蚌埠、淮南、六安、合肥市	Ⅱ	1
	阜阳市		2
	滁州、巢湖、马鞍山、芜湖、铜陵、宣城市		3
	池州市		4
	安庆、黄山市		5
福建	泉州市（惠安县崇武）	Ⅰ	4
	福州（平潭县）、泉州（晋江市）、厦门（同安区除外）、漳州市（东山县）	Ⅱ	5
	三明（永安市）、福州（市区、长乐市）、莆田市（仙游县除外）		6
	南平（顺昌县除外）、宁德（福鼎市、霞浦县）、三明（永安市、尤溪县、大田县除外）、福州（市区、长乐市、平潭县除外）、龙岩（长汀县、连城县）、泉州（晋江市、惠安县崇武、德化县除外）、莆田（仙游县）、厦门（同安区）、漳州市（东山县除外）		7
	南平（顺昌县）、宁德（福鼎市、霞浦县除外）、三明（尤溪县、大田县）、龙岩（长汀县、连城县除外）、泉州市（德化县）		8
江西	南昌、九江、吉安市	Ⅱ	6
	萍乡、景德镇、新余、鹰潭、上饶、抚州、宜春、赣州市		7
山东	济南、潍坊、聊城市	Ⅰ	3
	淄博、东营、烟台、济宁、威海、德州、滨州市		4
	枣庄、泰安、莱芜、临沂、菏泽市		5
	青岛市	Ⅱ	3
	日照市		4
河南	郑州、许昌、洛阳、济源、新乡、焦作、三门峡、开封、濮阳、鹤壁市	Ⅰ	2
	周口、驻马店、漯河、平顶山、安阳、商丘市		3
	南阳市		4
	信阳市	Ⅱ	2

续表

省、自治区、直辖市	地区、市、自治州、盟（县）	雨量区	雨季期（月数）
湖北	十堰、襄樊、随州市、神农架林区	Ⅰ	3
	宜昌（秭归县、远安县、兴山县）、荆门市（钟祥市、京山县）	Ⅱ	2
	武汉、黄石、荆州、孝感、黄岗、咸宁、荆门（钟祥市、京山县除外）、天门、潜江、仙桃、鄂州、宜昌市（秭归县、远安县、兴山县除外），恩施自治州		6
湖南	全境	Ⅱ	6
广东	茂名、中山、汕头、潮州市	Ⅰ	5
	广州、江门、肇庆、顺德、湛江、东莞市		6
	珠海市	Ⅱ	5
	深圳、阳江、汕尾、佛山、河源、梅州、揭阳、惠州、云浮、韶关市		6
	清远市		7
广西	百色、河池、南宁、崇左市	Ⅱ	5
	桂林、玉林、梧州、北海、贵港、钦州、防城港、贺州、柳州、来宾市		6
海南	全境	Ⅱ	6
重庆	全境	Ⅱ	4
四川	甘孜自治州（巴塘县）	Ⅰ	1
	阿坝（若尔盖县）、甘孜自治州（石渠县）		2
	乐山（峨边县）、雅安市（汉源县），甘孜自治州（甘孜县、色达县）		3
	雅安（石棉县）、绵阳（干武县）、泸州（古蔺县）、遂宁市，阿坝（若尔盖县、汶川县除外）、甘孜自治州（巴塘县、石渠县、甘孜县、色达县、九龙县、得荣县除外）		4
	南充（高坪区）、资阳市（安岳县）		5
	宜宾市（高县），凉山自治州（雷波县）	Ⅱ	3
	成都、乐山（峨边县、马边县除外）、德阳、南充（南部县）、绵阳（平武县除外）、资阳（安岳县除外）、广元、自贡、攀枝花、眉山市，凉山（雷波县除外）、甘孜自治州（九龙县）		4
	乐山（马边县）、南充（高坪区、南部县除外）、雅安（汉源县、石棉县除外）、广安（邻水县除外）、巴中、宜宾（高县除外）、泸州（古蔺县除外）、内江市		5
	广安（邻水县）、达州市		6
贵州	贵阳、遵义市，毕节地区	Ⅱ	4
	安顺市，铜仁地区，黔东南自治州		5
	黔西南自治州		6
	黔南自治州		7

续表

省、自治区、直辖市	地区、市、自治州、盟（县）	雨量区	雨季期（月数）
云南	昆明（市区、嵩明县除外）、玉溪，曲靖（富源县、师宗县、罗平县除外），丽江（宁蒗县、水胜县）、思茅（墨江县）、昭通市，怒江（兰坪县、泸水县六库镇）、大理（大理市、漾濞县除外）、红河（个旧市、开远市、蒙自县、红河县、石屏县、建水县、弥勒县、泸西县）、迪庆、楚雄自治州	Ⅰ	5
	保山（腾冲县、龙陵县除外）、临沧市（凤庆县、云县、永德县、镇康县），怒江（福贡县、泸水县）、红河自治州（元阳县）		6
	昆明（市区、嵩明县）曲靖（富源县、师宗县、罗平县）、丽江（古城区、华坪县）、思茅市（翠云区、景东县、镇沅县、普洱县、景谷县），大理（大理市、漾濞县）、文山自治州	Ⅱ	5
	保山（腾冲县、龙陵县）、临沧（临祥区、双江县、耿马县、沧源县）、思茅市（西盟县、澜沧县、孟连县、江城县），怒江（贡山县）、德宏、红河（绿春县、金平县、屏边县、河口县）、西双版纳自治州		6
西藏	那曲（索县除外）、山南（加查县除外）、日喀则（定日县）、阿里地区	Ⅰ	1
	拉萨市，那曲（索县），昌都（类乌齐县、丁青县、芒康县除外）、日喀则（拉孜县）、林芝地区（察隅县）		2
	昌都（类乌齐县）、林芝地区（米林县）		3
	昌都（丁青县）、林芝地区（米林县、波密县、察隅县除外）		4
	林芝地区（波密县）		5
	山南（加查县）、日喀则地区（定日县、拉孜县除外）	Ⅱ	1
	昌都地区（芒康县）		2
陕西	榆林、延安市	Ⅰ	1.5
	铜川、西安、宝鸡、咸阳、渭南市，杨凌区		2
	商洛、安康、汉中市		3
甘肃	天水（甘谷县、武山县）、陇南市（武都区、文县、礼县），临夏（康乐县、广河县、永靖县）、甘南自治州（夏河县）	Ⅰ	1
	天水（北道区、秦城区）、定西（渭源县）、庆阳（西峰区）、陇南市（西和县），临夏（临夏市）、甘南自治州（临潭县、卓尼县）		1.5
	天水（秦安县）、定西（临洮县、岷县）、平凉（崆峒区）、庆阳（华池县、宁县、环县）、陇南市（宕昌县），临夏（临夏县、东乡县、积石山县）、甘南自治州（合作市）		2
	天水（张家川县）、平凉（静宁县、庄浪县）、庆阳（镇原县）、陇南市（两当县），临夏（和政县）、甘南自治州（玛曲县）		2.5
	天水（清水县）、平凉（泾川县、灵台县、华亭县、崇信县）、庆阳（西峰区、合水县、正宁县）、陇南市（徽县、成县、康县），甘南自治州（碌曲县、迭部县）		3

续表

省、自治区、直辖市	地区、市、自治州、盟（县）	雨量区	雨季期（月数）
青海	西宁市（湟源县），海东地区（平安县、乐都县、民和县、化隆县），海北（海晏县、祁连县、刚察县、托勒）、海南（同德县、贵南县）、黄南（泽库县、同仁县）、海西自治州（天峻县）	Ⅰ	1
	西宁市（湟源县除外），海东地区（互助县），海北（门源县）、果洛（达日县、久治县、班玛县）、玉树自治州（称多县、杂多县、囊谦县、玉树县），河南自治县		1.5
宁夏	固原地区（隆德县、泾源县）	Ⅰ	2
新疆	乌鲁木齐市（小渠子乡、牧业气象试验站、大西沟乡），昌吉地区（阜康市天池），克孜勒苏（吐尔尕特、托云、巴音库鲁提）、伊犁自治州（昭苏县、霍城县二台、松树头）	Ⅰ	1
台湾	（资料暂缺）		

注：1. 表中未列的地区除西藏林芝地区墨脱县因无资料未划分外，其余地区均因降雨天数或平均日降雨量未达到计算雨季期施工增加费的标准，故未划分雨量区及雨季期。

2. 行政区划依据资料及自治州、市的名称列法同冬期施工气温区划分说明。

附录三　全国风沙地区公路施工区划表

区划	沙漠（地）名称	地理位置	自然特征
风沙一区	呼伦贝尔沙地、嫩江沙地	呼伦贝尔沙地位于内蒙古呼伦贝尔平原，嫩江沙地位于东北平原西北部嫩江下游	属半干旱、半湿润严寒区，年降水量280～400mm，年蒸发量1400～1900mm，干燥度1.2～1.5
	科尔沁沙地	散布于东北平原西辽河中、下游主干及支流沿岸的冲积平原上	属半湿润温冷区，年降水量300～450mm，年蒸发量1700～2400mm，干燥度1.2～2.0
	浑善达克沙地	位于内蒙古锡林郭勒盟南部和昭乌达盟西北部	属半湿润温冷区，年降水量100～400mm，年蒸发量2200～2700mm，干燥度1.2～2.0，年平均风速3.5～5m/s，年大风日数50～80d
	毛乌素沙地	位于内蒙古鄂尔多斯中南部和陕西北部	属半干旱温热区，年降水量东部400～440mm，西部仅250～320mm，年蒸发量2100～2600mm，干燥度1.6～2.0
	库布齐沙漠	位于内蒙古鄂尔多斯北部，黄河河套平原以南	属半干旱温热区，年降水量150～400mm，年蒸发量2100～2700mm，干燥度2.0～4.0，年平均风速3～4m/s
风沙二区	乌兰布和沙漠	位于内蒙古阿拉善东北部，黄河河套平原西南部	属干旱温热区，年降水量100～145mm，年蒸发量2400～2900mm，干燥度8.0～16.0，地下水相当丰富，埋深一般为1.5～3m
	腾格里沙漠	位于内蒙古阿拉善东南部及甘肃武威部分地区	属干旱温热区，沙丘、湖盆、山地、残丘及平原交错分布，年降水量116～148mm，年蒸发量3000～3600mm，干燥度4.0～12.0
	巴丹吉林沙漠	位于内蒙古阿拉善西南边缘及甘肃酒泉部分地区	属干旱温热区，沙山高大密集，形态复杂，起伏悬殊，一般高200～300m，最高可达420m，年降水量40～80mm，年蒸发量1720～3320mm，干燥度7.0～16.0
	柴达木沙漠	位于青海柴达木盆地	属极干旱寒冷区，风蚀地、沙丘、戈壁、盐湖和盐土平原相互交错分布，盆地东部年均气温2～4℃，西部为1.5～2.5℃，年降水量东部为50～170mm，西部为10～25mm，年蒸发量2500～3000mm，干燥度16.0～32.0
	古尔班通古特沙漠	位于新疆北部准噶尔盆地	属干旱温冷区，其中固定、半固定沙丘面积占沙漠面积的97%，年降水量70～150mm，年蒸发量1700～2200mm，干燥度2.0～10.0
风沙三区	塔克拉玛干沙漠	位于新疆南部塔里木盆地	属极干旱炎热区，年降水量东部20mm左右，南部30mm左右，西部40mm左右，北部50mm以上，年蒸发量在1500～3700mm，中部达高限，干燥度>32.0
	库姆达格沙漠	位于新疆东部、甘肃西部，罗布泊低地南部和阿尔金山北部	属极干旱炎热区，全部为流动沙丘，风蚀严重，年降水量10～20mm，年蒸发量2800～3000mm，干燥度>32.0，8级以上大风大数在100d以上

参考文献

［1］ 中华人民共和国交通运输部．公路工程标准施工招标文件(2009 年版)．北京：人民交通出版社，2009.

［2］ 交通公路工程定额站．JTG/T B06—01—2007 公路工程概算定额．北京：人民交通出版社，2007.

［3］ 交通公路工程定额站．JTG/T B06—02—2007 公路工程预算定额．北京：人民交通出版社，2007.

［4］ 交通公路工程定额站．JTG/T B06—03—2007 公路工程机械台班费用定额．北京：人民交通出版社，2007.

［5］ 交通公路工程定额站，湖南省交通厅．公路工程工程量清单计量规则．北京：人民交通出版社，2005.

［6］ 交通公路工程定额站．JTG B06—2007 公路工程基本建设项目概算预算编制办法．北京：人民交通出版社，2007.

［7］ 交通公路工程定额站．公路工程造价人员考试用书［M］．北京：人民交通出版社，2010.